城乡建设发展系列

农户粮食生产的经营分化及效率提升机制研究

高明国◎著

STUDY ON PEASANTS' DIFFERENTIATION AND EFFICIENCY IMPROVEMENT IN GRAIN PRODUCTION

中国经济出版社
CHINA ECONOMIC PUBLISHING HOUSE
北京

图书在版编目(CIP)数据

农户粮食生产的经营分化及效率提升机制研究 / 高明国著. --北京：中国经济出版社，2022.7

ISBN 978-7-5136-7004-3

Ⅰ. ①农… Ⅱ. ①高… Ⅲ. ①粮食-生产-研究-中国 Ⅳ. ①F326.11

中国版本图书馆 CIP 数据核字(2022)第 124561 号

策划编辑 叶亲忠
责任编辑 黄傲寒
责任印制 马小宾
封面设计 华子图文

出版发行 中国经济出版社
印 刷 者 北京艾普海德印刷有限公司
经 销 者 各地新华书店
开　　本 710mm×1000mm 1/16
印　　张 19
字　　数 331 千字
版　　次 2022 年 7 月第 1 版
印　　次 2022 年 7 月第 1 次
定　　价 88.00 元
广告经营许可证 京西工商广字第 8179 号

中国经济出版社 **网址** www.economyph.com **社址** 北京市东城区安定门外大街 58 号 **邮编** 100011
本版图书如存在印装质量问题，请与本社销售中心联系调换(联系电话：010-57512564)

摘要
PREFACE

农户是农业生产的直接生产单元，也是粮食生产经营、消费的直接参与者与利益相关主体。中华人民共和国成立以来，特别是实行家庭承包经营以来，农户的经营制度空间、政策环境及要素交换关系处在不停的变化中，对农户的经营分化产生了巨大的影响。大集体时代，在强制性制度背景下，农户务农只能在政策性、社会性的安排下固化，经营分化难以进行；农村家庭承包经营初期，农户经营在小农经济的自致性演化下快速分化，但是受制于近20年的土地细分的循环往复，农户经营分化总体来说是在简单小商品经营的路径下演进的。20世纪90年代以来，在社会主义市场经济体制，以及农地细分中止等市场制度、农地制度背景下，农业市场化进程加速发展，极大地推动了农户经营分化。21世纪以来，农业税的取消、社会主义新农村建设的开展、土地“三权分置”、农业供给侧结构性改革的推进、乡村振兴战略的实施，使得农户经营在农业种植结构、农与非农、规模、组织等方面开始呈现分化加速的趋势。农户的经营分化对粮食生产行为及选择、粮食经营效率(也称营粮效率)影响巨大。因此，在农户经营结构多样、农户非农倾向加重、规模分化异动、组织分化多元的情况下，科学引导农户经营分化，设计营粮效率的提升机制，提升农户营粮效率，确保各个层面的粮食安全，具有重要的理论与现实意义。

一、研究内容

(一)农业生产、粮食经营分化的演化进程

农业生产、粮食经营在70多年的发展进程中所体现的制度、形式、战略和内涵体现着农户分化，也是农户分化的动因。在农业生产组织制度演进的推动下，粮食经营特征由单一方式逐步转变为专业化、多样化、非农化等多元主体方式，专业化、组织化程度大幅提高，农户经营方式也从

单纯的种养经营、粮食为纲逐渐发展为覆盖第一、第二、第三产业的经营方式。农业生产制度从原有的以大集体为主导，转变为以家庭承包经营为基础、统分结合的双层经营体制，土地得以发挥其固有的核心作用，粮食产量大幅增长。粮食流通制度的改革适应了市场化的要求，实现了政府与市场在粮食储备上的均衡。国家对绿色农业的扶持使得农产品质量及农业生态环境得到了改善。

从农户组织演进上看，中华人民共和国成立后，我国农业先后经历了家庭个体组织形式和互助合作的集体制组织形式。农村家庭承包经营之后，农户家庭构成了基本的经营单元。在新的历史时期，各类新型农业组织在农户家庭经营单元的根基上一步步发展，一方面构建起现代农业产业经营体系，另一方面快速推进了农业市场化进程，成为破除城乡二元经济体制的组织基础。

从战略演进看，我国的粮食经营方式发生了巨大的改变，集约度、组织化程度大幅提升，粮食经营从"劳动密集型、生产工具落后、手工劳动，以求温饱为主要目标的低水平粗放式"的生产力水平及"以农为主，兼顾副业"的混业经营方式，转向"劳动和资本并举、机械化、部分农业服务外包"的生产力水平及"以追求小康生活为主要目标的集约式、农业与非农产业并举"的混业经营方式。21 世纪以来，市场逐渐对粮食产品进行了全面调控，粮食从本质到外部特征都融入市场经济中，国家力量对粮食因素的干预也越来越强，粮食对国家的政治、社会安全带来的影响使得粮食治理成为一个粮食人口大国的社会治理的组成部分。粮食逐渐变成一种产业化物资，融合城乡、惠及工农的全国性粮食市场网络形式。中华人民共和国成立以来，一直致力于处理好农村与城市、农业与工业、粮食产品与经济作物的关系，将发展农业摆在基础性位置。改革开放伊始，我国进行的农村改革，确立了农业的根本性地位。党的十九大以后，乡村振兴战略更被确立为我国的一项重要战略，确立了农业在我国的重要地位。

（二）中部地区粮食生产在全国的地位演化

中华人民共和国自成立以来，粮食产量呈现在波动中稳步增长的趋势。从中华人民共和国成立初期的老百姓吃不饱到如今的全面建成小康社会，社会的不断发展也从粮食产量的不断增长中体现出来。全国粮食播种面积始终维持在 18 亿亩以上。粮食主产区逐渐从南方向北方转移，河南、黑龙江、山东、安徽、内蒙古的粮食产量增长迅速。在中国经济重心逐渐南移的同时，中国粮食生产的重心却在逐渐北移。2000—2020 年，15 个北方省份粮食产量占全国总产量的比例，从 45.65%攀升至 59.22%。北粮南运，已然成了当下粮食产销格局的典型特征。2020 年，全国粮食总产量为 66949 万吨，同比增加 565 万吨，增长了 0.9 个百分点。北方省份在粮食生产方面占据主力地位。2020 年，粮食产量 10 强省中，北方省份占据 6 席，其中黑龙江、河南、山东为前三名，3 省的粮食总产量占全国粮食总产量的比例接近 3 成。其中，黑龙江以 7541 万吨的粮食产量领跑全国，这一产量约为广东同期产量的 6 倍。由此看来，中国粮食生产重心北移的趋势明显。从中华人民共和国成立以来粮食波动的总体情况看，每当粮食产量连续增长几年之后，都会出现一个相对的低谷时期，粮食增长率降到一个较低水平，几年之后再进入上升通道，产量变化表现出一定的周期性。粮食产量变化一般是自然条件、政策导向、生产要素等多个因素综合作用的结果。随着社会不断发展，绿色农业变得越来越重要。全国农业绿色发展总体水平显著提高，2012—2018 年，全国农业绿色发展指数从 73.46 提升至 76.12，提高了 3.63 个百分点。农业生产方式持续向绿色化生产方式转型，化肥和农药的利用率不断提高。农业生态系统建设取得明显进展，形成了基本的绿色农业补贴政策体系。

中部粮食主产区是我国农耕文明的基础发育区，是我国粮食品种最齐全、粮食产量最高的重要区域。区域内的河南是我国冬小麦的最大产区，湖南是水稻的最大产区，河南、安徽均是小麦、玉米双粮产区，湖北、湖南、江西则是我国水稻生产连片度最高、产量较为稳定的区域。中部粮食主产区的粮食生产的地位与人地关系配置、农户分化特征密切相关。对中部粮食主产区粮食生产战略地位的巩固，应从加强粮食科技研究与应用开发、支持企业投资粮食产业、加大对新型农业经营主体的扶持力度、提升农户粮食生产经营效率等方面入手。

（三）农户经营四大分化

农户的非农分化（农户非农化）意味着农户劳动力在农业/非农业领域重新配置，部分农户非农就业后，促使土地要素向种植大户集中，农户非农分化导致了农户经营的规模分化和种植结构分化。农户经营主体地位的确立、农户农业结构调整自主权的确立，为农户种植结构调整奠定了制度基础。农户经营的规模分化，主要是从耕地的规模经营角度上讲的。尽管发展规模经营不可避免，但是单个农户的小规模经营仍是中国现阶段农村土地经营的主要特征，这种经营方式渐渐暴露出了规模效益较差的问题。中国的农户规模分化总体来说体现了“小而全”的特点，分化的朝向是追求“适度规模经营”，在规模经营的基础上将否定“资本主义大农场优于传统小农经济”的观点。从组织角度看农户经营分化，马克思主义者认为，随着农业的转型，“家庭经营必然会被资本主义农业大生产所代替。”农业合作社则是一种避免大私有制农业的选择。小农主义者认为，“小农家庭农场能够自主运行，而不被企业制的大农业企业所取代。”在我国，随着农业市场化及农业现代化的发展，农村家庭承包经营初期，相对同质、匀质的家庭经营农户占主导的格局向现阶段的多类型经营主体并存的格局转变，种植大户、专业合作社、龙头企业、家庭农场迅速发展。农业经营主体多样化是农业现代化演进过程中出现的必然现象，但专业大户和家庭农场还是新型农业经营主体中的骨干，家庭经营的基础地位、主体地位仍然难以改变。

因此，本书将农户经营分化归结为种植结构分化、非农分化、规模分化、组织分化四大类型，即农户种植结构分化、农户非农分化、农户经营规模分化以及农户组织分化。农户种植结构分化方面，以湖北麻城市和河南杞县为研究对象，将其分为农业内部结构分化、粮食与经济作物结构分化和粮食内部结构调整三种分化类型；农户非农分化方面，以江西修水县为研究对象，将其分为纯农户、工农兼业农户、重工微农户和完全转移户四种分化类型；农户经营规模分化方面，以湖南平江县为研究对象，将其分为大型农户、中型农户和小型农户三种分化类型；农户组织分化方面，以安徽涡阳县为研究对象，将其分为小农户、家庭农场、农民专业合作社三种分化类型。

（四）中部地区农户具体的经营分化

农村家庭承包经营制实施以来，农户经营在种植结构、农/非农结构、大中小规模结构、组织结构等方面的分化已经呈现出显性化的现状。农户经营分化直接影响着农户的粮食种植结构、营粮劳动力转移、营粮规模及粮农组织形态的演化。本书根据研究得出结论：中部地区由于自然地理特征和农户社会经济特征，呈现小农户种植的现实普遍性和规模化粮食种植潜力大之间的矛盾；农产品价格、粮食产量、农产品生产成本直接影响主粮与杂粮的种植结构、经济作物与粮食作物的种植结构；随着城镇化速度的加快，中部地区农村劳动力非农化转移和农村人口的城镇化迁移呈现加速趋势，人口的非农化倾向为农地适度规模化和农村人力资源优化配置创造了有利条件，这在一定程度上会影响中部地区粮食经营的耕地面积、播种面积、复种指数；农村劳动力非农化转移后，会导致土地资源向种粮大户集中，从而导致农户的种植结构和经营规模分化；根据自然资源禀赋差异、家庭劳动力特征、农业机械化程度差异等，本书将经营规模划分为大规模经营、中等规模经营和小规模经营；中部地区农户经营组织伴随农业经营主体的分化而出现，在当前基础农户较多的情况下，农业企业化主体、农业社会化服务体系、田园综合体逐渐发展，不仅在规模上表现出合理性与适度性，在内部管理上也逐步呈现现代组织特征。

中部地区需要严守粮食耕地红线，合理划分农业用地与商业用地，遏制耕地"非农化""非粮化"；合理确定粮食作物与经济作物的种植比例，并适当提高农户的经营性收入，从而调动农户生产粮食的积极性；在农户的非农分化过程中，土地资源转向种植大户，规模化经营就需要种植大户向现代粮农角色转变、粗放式管理向精细化管理转变、传统技术向现代技术转变。同时，政府应加大财政支出来满足农业生产所需的公共物品支出，加大中部地区农业科研投入，修建农田水利灌溉系统等。在农户经营分化的同时，政府划分禁止开发、保护性耕作、优先开发等功能区，以稳定耕地面积，确保粮食安全有耕地基础。中部地区在进行规模化经营选择时，要把握好原则，并不是经营的规模越大越好，要根据农机设备的可用度、农作物的品种、成本与产出效率差来合理选择大规模、中等规模、小规模经营类型及结构。尽管农户经营组织近年来的发展呈现合理性、规范性，但我们要在确保一家一户经营地位的前提下，推动各种新型农业经营主体、农业企业化主体、田园综合体和农业社会化服务体系的协调和长期稳定的可持续发展，充分认识中部地区农户经营分化所带来的种植结构分化、营粮结构分化及农户非农转移的经济规律，有效增加农户规模化经营的利益空间，优化营粮农户的社会化服务体系，提升种粮农户非农转移的综合效率，这是优化种粮农户经营行为、提升营粮收益、调控粮经作物、提升中部地区在国家粮食安全中的地位的必由之举。

（五）农户经营分化对粮食经营效率的影响

近年来，受多方面因素的影响，农户经营分化日益显著。农户经营分化的根本原因是社会生产力的发展，决定因素是农村的人、地，农业生产的要素投入市场化，前提是农村家庭承包经营的实行，必要条件是农村改革的持续推进，重要外因是工业化的发展与城市化的推进。农户经营分化对粮食生产的影响很大，保证粮食安全首先要保证粮食产量，提高粮食生产效率是保证粮食产量的重要措施。

农户经营分化是否会对营粮效率产生影响呢？本书通过对麻城市早稻实证研究分析，发现2010年早稻的综合效率达到最佳状态，2011—2019年早稻的综合效率都未达到最佳状态，出现了资源要素投入的浪费，营粮效率有待提升，而晚稻的综合效率除2010年外都为最佳状态，且规模报酬呈递增状态，营粮效率呈现良好发展趋势。这说明，农户应改进早稻种植技术，保持晚稻种植要素投入模式，从而达到最佳双季稻营粮状态，提高粮食产量，实现粮食安全。

本书通过对杞县小麦的综合效率的实证研究发现，2010—2016年，杞县的小麦种植呈边际报酬递减趋势，原因在于资源投入过多，导致要素投入浪费，降低了粮食生产率。到2017年，其综合效率达到最佳状态。杞县玉米的营粮效率整体呈最佳状态，只是在2019年出现了小幅度的下降。

从2006年至今，修水县农村劳动力出现了大量的区域性显著、彻底转移，有些农户已经彻底抛弃农业生产，成为完全转移户。2010—2019年，修水县纯农户和工农兼业农户的综合效率都达到了最佳状态。两种类型农户都将各种要素资源充分利用，使得营粮效率达到最佳。重工微农户在2019年也实现了营粮效率最佳，完全转移户则即将实现营粮效率最佳。总体上，各种非农分化类型农户的整体营粮效率都呈现递增状态。

本书通过对平江县的实证研究发现，2019年，平江县农户以大型农户为主，中小型农户逐渐减少。从2016年开始，平江县的粮食生产技术效率达到最佳状态。早稻的综合效率值只在2009年、2018年达到最佳状态。2009—2019年规模报酬呈“递增—递减—递增”态势，2018和2019年综合技术效率达到最佳状态，要素投入得到最大限度的利用，资源得到优化配置，因此农户不需要改变早稻各要素的投入。中稻的综合效率值只在2019年达到最佳，2009—2018年规模报酬持续增长，2019年保持不变。平江县中稻种植各要素投入出现了大规模的浪费，因此农户应该减少各生产要素的投入，从而实现营粮效率最大化。晚稻的综合效率，只在2009年达到了最佳状态，技术效率大致呈递减状态，2015年规模报酬处于递减状态，2009年、2017年呈不变状态，剩余年份均呈递增状态。过度规模经营会造成投入要素的浪费，从而降低营粮效率，因此，调查组主张适度规模经营。

本书通过对涡阳县的调查研究发现，1992—2006年，涡阳县各类专业合作社发展迅速，粮食产量明显增加；2006年至今，新型农业经营主体如家庭农场、专业合作社迅速发展。家庭农场的机械化投入水平高，营粮效率相对也有所提高。2011—2019年，小农户和家庭农场的综合效率值相对较高，资源要素投入浪费少，各项生产要素投入均得到较充分利用，仅在2019年，家庭农场达到规模效率最佳状态，其余年份各类型农户的规模效率都未达到最佳状态，因此应该对投入要素进行调整，避免因投入过多造成营粮效率下降。2011—2019年，小农户、家庭农场和农民专业合作社营粮全要素生产率的平均增长率和技术进步率均为负值，技术投入对提高营粮效率无明显作用，因此农户要减少技术要素投入，以提高营粮效率。

（六）借鉴经验，构建面向农户经营分化的农户粮食经营效率提升机制

本书对黑龙江粮食规模化经营经验和浙江粮食补贴政策经验进行了分析。黑龙江粮食规模化经营的成功离不开黑龙江自身优越的自然环境、便利的交通条件，以及粮食规模经营在耕地广阔、土壤肥沃的黑土地上的适用性；而浙江实行的政府购买粮食政策，以及各项粮食补贴确实在一定程度上降低了粮食生产成本，并在有效扶持的基础上节约了政府补贴成本。

本书借鉴美国、韩国、日本三个国家和“金砖”国家的相关经验。发达国家在对本国粮食进行补贴时多会进行立法保护，或是设立“先保护后鼓励”的补贴政策，抑或成立专门的农业协同组织，以全时、全方位地对粮食的生产、经营、销售进行监管保护。“金砖国家”对新型粮农的职业化培训多采用政府主导、法案与高校科研相结合的模式，对粮农实行细致化、规范化、种类化、专业化引导，从而实现粮农经营效率的提升。汇总国内外经验，本书认为，各种方法对于提升农户粮食经营效率均有不同方面、不同程度的积极影响，其中，粮食规模化经营、职业粮农培训及创新型的粮食立法补贴对于提升农户粮食经营效率的直接影响较大。

现阶段，我国传统营粮效率提升工具可归结为涉及良种、良技、良法的科学技术、粮食补贴政策，以及农业基础设施建设辅助，但事实表明，这三大工具目前的作用并不明显。第一，先进的粮食种植技术受粮农文化水平、年龄和接受程度的影响，虽投入空间尚存但无法进一步推广；第二，虽然当前粮食补贴政策以调动农民营粮积极性为目的，但目前的耕地制度和补贴机制很大程度上降低了农民营粮的积极性；第三，农业基础设施的投入不足，投入方向和投入主体不明确，导致农业基础设施建设并没有实现预期的提升效果。

鉴于我国农户营粮效率提升工具的缺陷，本书借鉴国际经验，构建中部粮食主产区农户营粮效率提升机制，其中关键在于建立规模经营与营粮效率提升的双向关系，科学引导农户经营分化，提升农户营粮效率，确保国家粮食安全。本书从锚定机制、方向机制、动力机制、发力机制、合力机制五个方面构建中部粮食主产区农户营粮效率提升机制。第一，通过对粮田的永久性保护、为粮农营粮基本收益托底、促进粮经结构优化与弹性平衡等，深化粮食供给侧结构性改革，确保主粮生产安全。第二，通过培养乡村营粮人才主体培育新型粮农；通过人才培训实现优质营粮、高效营粮，吸引新兴营粮主体下乡、返乡，解决营粮后继无人的问题；留住农村优质劳动力，夯实粮食生产人力资源基础。第三，实现营粮区域的适度规模化，实现不同粮食品种经营的适度规模化，找到营粮规模和效率的最大公约数。第四，巩固基础农户的原生组织地位，最大程度地发挥小农户粮食自我满足的基本面作用；创新三大新兴营粮组织，扩大粮食生产保障的主体面；推进社会化服务组织建设，扩大粮食生产服务保障的横截面，推动粮食经营的组织化建设，以组织优化提升营粮效率。

二、研究的创新性

第一，研究视角与学术思想创新。本书将农户经营分化置于我国二元经济社会结构转换的大背景下进行具体考量，研究具体的农户经营分化行为及其对粮食生产的影响，大学术思想投射，微观视角切入，在学术思想上是一种创新。

第二，学术观点创新。本书集国内外众家之所长，从农户非农分化、农户种植结构分化、农户经营规模分化、农户组织分化四个方面提出有关农户经营分化的观点，在学术观点上是一种创新。

第三，研究方法创新。农户营粮效率评价不仅涉及不同产区粮食生产的变化，也涉及不同形式农户的差异分析，还涉及与其他农业主体的对比分析。本书兼顾微观绩效的直接表现与间接表现，构建全新的农户粮食生产效率测度体系，耦合时序与截面数据进行计量，在研究方法上是一种突破。同时，本书利用省级、县级农户数据，将不同层面的面板数据进行糅合，从宏观、中观、微观角度分别研究农户经营分化对于粮食生产的影响。

三、研究的不足

本书在以下几方面需要进一步深化研究。

第一，需要对于中部地区全区域、全粮食品种的经营效率进行进一步的研究。

第二，需要对中部地区的不同耕地自然条件区域，特别是黄淮平原区、江汉平原区、鄱阳湖平原区、洞庭湖平原区的农地“非农化”“非粮化”及“撂荒”现象做进一步的跟踪研究。

第三，需要对中部粮食主产区农户经营分化中不同区域的共性特征与个性差异进行进一步的研究。

第四，需要对山西省的杂粮生产农户经营分化进行进一步的研究。

目 录
CONTENTS

1

引 言

1.1 研究的依据

1.1.1 农户经营分化的过往路径

农户经营分化是农业经营分化的主体性表达，是指在国家政治制度、土地所有制等宏观制度变迁主导下，在农业生产组织形式、农村人地关系、城乡要素流动等中观要素变迁传导下，农户在农业生产结构、农地经营规模、劳动投入量与结构、农业主体发育等方面的微观变动与分化。

中国是一个传统农业大国，每次宏观政治制度的变革首先表现为农业制度的变革，进而影响农户经营的变迁与分化。中华人民共和国成立后，农地制度与农业经营方式发生了巨大的变革，形成了微观化的小规模家庭私人经营模式，多样化、“小而全”的农业种植结构彰显了新社会大国小农的经营特征。[1]数十年来，中国农业生产的经营结构、经营规模、组织形式、经营主体发生了巨大的变化，农户经营在历史进程中不停分化与变迁，见表1-1。

表1-1 1949—2019年中国农户经营分化表

时期	分化发起	分化程度	分化要点		
			规模分化	种植结构分化	组织主分化
中华人民共和国成立初期（1949—1952年）	土地改革	激变式	家户小规模、细碎化	“小而全”	私有制小农
社会主义过渡时期（1952—1958年）	互助组合作化	渐变式—激变式	逐渐至村社边界	水分植	高级社
“大跃进”时期（1958—1959年）	“大跃进”	突变式	超出自然村社边界	单一化趋势	大兵团式村社组织

续表

时期	分化发起	分化程度	分化要点		
			规模分化	种植结构分化	组织主分化
人民公社化时期（1959—1978 年）	人民公社	激变式—渐变式	跨社队规模、以队为主体	以粮为纲	社—大队—小队降序层级
家庭承包经营初期（1978—1992 年）	包干到户	自变式、激变式、渐变式	重回家户、小规模、细碎化	逐渐多种经营	农户经营为主
家庭承包经营中期（1992—2006 年）	市场化改革	自变式、渐变式	自发调整规模、难以避免细碎化	自发性非粮种植、非农经营	家庭经营、其他主体自生
21 世纪新时期（2006 年至今）	新农村建设、乡村振兴战略	自变式、渐变式	适度规模化	保粮、活经、限非	新型农业经营主体快速发育

资料来源：根据研究所得。

1.1.1.1　中华人民共和国成立初期小农土地经营权的确立（1949—1952 年）

中华人民共和国成立之前，广大解放区已经进行了各种形式的土地改革，其核心是变封建地主土地私有制为新民主主义农民土地私有制。中华人民共和国成立之后，在广大新解放地区，进一步推行了惠及 3 亿多人的土地改革，满足了广大农民对获得土地的迫切要求。中华人民共和国成立初的土地改革主要实行“耕者有其田”的制度，是之前解放区土地改革的延续。到 1952 年年底，土地改革基本完成，全国近 5 亿农民、1 亿农户取得了 16.2 亿亩的土地的耕种权，人均 3.2 亩，户均耕地 16 亩，实现了土地的均等化细分，农民取得了土地所有权资格。多样化的温饱需求、单一化的土地来源产出供给，使农民在不多的土地上高密度种植其吃穿住用所需的一切作物，尽管每个家庭生产单元不大，但是供给很全面，在一定的区域范围内几乎无所不包。尽管仍然是私有制经济，仍为过密分布的小农经济，但中华人民共和国借助国家力量，短短几年之内，便以同质化的农民家庭经营实现又一种小农经济的“一统天下”。[2] 这一时期的农业生产经营方式的分化既与新中国成立前有所割裂，又不可能完全超越以前的农业生产物质技术基础。总之，这种经营方式分化体现了小规模均质化、小农户同质化、“小而全”、多样化的特征，也反映了建立在土地私有制基础上的农户小规模分散经营的特质。

1.1.1.2　向社会主义集体农业过渡（1952—1958 年）

土地改革的完成极大地调动了农民的生产积极性，但从生产关系来看，仍然是小私有制的土地制度，分散的农户小规模经营，是农业生产力欠发达的体现。在当时市场化水平极低甚至缺失的情况下，农民通过自发的互助合作，建立了临时互助组、常年互助组和初级合作社等来弥补小农经济的缺陷，是历史的必然。互助组在没有触动土地农民个体所有的前提下进行活动，不同程度地在农户中产生了渐变性经营分化，对农民的经营规模与组织形式均产生了一定的影响，但对农业种植结构影响不大。1950 年，互助组有 272 万个，到 1954 年发展到 993 万个，其中临时互助组占总数的 70%，常年互助组占总数的 24%。[3]初级社是农业集体经济的原始形态，被称作半社会主义性质的村社经济，与互助组一同在农户中自发发展，到 1954 年，参加互助组与初级社的农户有 4790 万户，占全国总农户数的 43%[4]，对当时的中国而言，在这种渐变式的经营分化中，各种层次的经营规模逐渐渗透或延及自然村社的边界，临时互助组、常年互助组、初级社等农业生产组织形态很快冲击了单一化的小农私有经济组织，单干户很快成为少数。这种经营分化总体上体现了农民意愿，是一种渐进性的诱致性制度变迁，最大的经营规模仍然没有超越自然村社范围，与当时的农业生产力水平是相容的，经营效率总体上与规模分化、组织演进一同发展。在私有的个体经济基础上组织起来的互助合作组织，既能保持自耕的小农经济的优势，又能弥补其缺点，在一定程度上解决了各地农民生产生活中的困难，保证了耕作的及时性，促进了农业生产的发展。[5]

真正标志农户经营形式与社会主义制度相匹配的是高级社的强制推行与全国性的试办，被称作社会主义改造。1955 年 10 月，中共七届六中全会通过《关于农业合作化问题的决议》，对农业领域的生产关系作出巨大调整，即引导农民实施土地集体所有、集体经营、按劳分配，掀起了高级社的高潮。到 1956 年年底，社会主义三大改造完成，全国各类互助组消失，建立了 75. 6 万个农业生产合作社，入社农户比例达到 96. 3%，入社农户达 1. 2 亿多户，其中高级社户数为 1 亿多户，占农户总数的 83%，初级社农户为 2000 多万户，占农户入社总数的 17%。短短两三年时间，我国农业经营的主要形态由一家一户小私有制经营迅速转变为以生产队集体经营为主，经营规模由 1952 年的户均 16. 2 亩增至 1956 年年底的社(生产队)均 2833. 79 亩，经营规模为 1952 年的 175 倍，农业生产主体单元由 1952 年的约 1. 215 亿个农户个体单元，变成了 1956 年年底的 75. 6 万个合作社和 430 万个各种类型的个体经营单元，农业生产经营主体缩减了 95. 8%。1956 年 6 月 30 日，全国人大一届三次会议通过的《高级农业生产合作社示范章程》严格规定“入社的农民必须把私有的土地和耕畜、大型农具等主要生产资料转为合作社集体所有”“社员的土地转为合作社集体所有，取消土地报酬”“农业生产合作社应该抽出一定数量的土地分配给社员种植蔬菜。分配给每户社员的这种土地的数量，按照每户社员人口的多少决定，每人使用的这种土地，一般不能超过当地每人平均土地数的5%”。[6]同属合作社，高级社与初级社完全不同，初级社是以各类互助组为基础的，土地入股、役力农具入社，统一经营，农业收入实行按土地股分配、按生产资料分配和按劳动报酬分配的三分配原则。因为土地、牲畜、大农具仍归农民私有，所以初级社是一种具有半社会主义性质的小农私有制经济形式。高级社中土地、牲畜、大农具已经收归村社集体所有，因此具有了公有制性质的社会主义经济组织特征，高级社已经在其基本的生产经营单位“生产队”内部建立了超越自然村社边界的劳动组织，不仅超越了小农户生产的边界，而且超越了村社的自然边界。从互助组、初级社到高级社，是一次农户经营分化的大跨越，这次跨越主要靠强制性的政治制度安排，是强制性制度变迁的类属，与互助组、初级社农户自愿自发形成的自致性、渐变性经营分化形成强烈对比，对中国农户经营分化产生了巨大影响。从短期的历史来讲，高级社使土改时期农民分到手的土地还没有焐热就被收走了[7]；从长期的历史来讲，高级社打破了千百年来中国农民希望由家庭拥有土地、采取家庭式分散经营方式的梦想，与保证每个成员都享有同样的土地权利的惯性安排相悖。

1.1.1.3 从“一大二公”回调至“三级所有，队为基础”(1958—1978年)

这一时期可以分为两个阶段，即迈向人民公社的阶段和人民公社化的渐次稳固阶段。

第一个阶段——迈向人民公社。

高级社归根结底还是集体所有制经济，而1958年开始的“大跃进”则将农业经营强制地推向了类似城市工业化的全民所有制体制。1958年年底，全国原来的基础农业经营单元由430万个①陡然缩减至2.58万个。每个单元的经营规模由1956年年底的社(高级社为主体)均155.7户、2833.8亩耕地扩大至社(人民公社)均4709.4户、8.977万亩耕地。相对于高级社的经营单位，人民公社的社均主体规模扩大了30.25倍，社均耕地规模扩大了31.68倍。1958年下半年始，我国不仅取消了生产队高级社时期为经营核算基本单元的地位，

① 包括涵盖全国1.06677亿农户的高级社53.7万个，涵盖1052.3万农户的初级社21.1万个和涵盖354万农户的非社个体农业经营家庭。

还取消了生产队基层行政管理权的独立地位，将经济社会管理权全部上收至人民公社，用“大跃进”这种突变的方式，很快实现了人民公社的“政社合一”。土地改革后土地产权清晰的个体农户不仅失去了作为农业生产经营基本单元的地位[8]，而且连作为基本家庭生活单元的地位，也在“大食堂”的推行下消失了。

人民公社不仅将高级社时期生产队的集体耕地上收至人民公社，而且将高级社时期村社保留给农户的少量自留地、公共林木、水面等统一收回人民公社中，实现了农业基本劳动资料的“一大二公”，而且在公社范围内任意调配农业生产劳动力，实行大兵团作战，实行农业生产动员的军事化。在这种制度安排下，农业生产的经营分化不可能正常进行。[9]

1958 年后，粮食产量持续下降，农业生产力遭到极大破坏，由于“大跃进”、人民公社化风潮，加上 3 年自然灾害，粮食生产从 1958 年的 1.9765 亿吨减至 1961 年的 1.365 亿吨，平均每年减产 2000 多万吨。

人民公社制度的张力在加大，引起其制度内部的反弹[10]，促使中央政府调整政策，随后出现了渐进性的反向回调，农业生产激变后呈现渐进式转变：首先是对“一大二公”的调整，体现出自致性制度变迁的色彩。“与人民公社‘一大二公’制度相适应的是农业生产经营上政社合一，统一生产经营，集中劳动，统一核算；管理上实行公社、生产大队、生产小队三级管理；实行全公社统一分配。”[11] 1959 年 2—3 月，中共中央将过度的“一大二公”作为“共产风”问题，进行纠正，起草了《关于人民公社管理体制的若干规定（草案）》，规定人民公社实行“队为基础，三级所有”的体制，从而确定了我国农村土地以生产队为基本所有单位的制度，并且恢复了社员的自留地，农业生产经营核算单位从公社范围缩小到“生产大队”，农业生产经营组织单位从公社范围缩小到“生产小队”，自留地、村社果园等耕地的所有权又回调到了高级社甚至初级社时期，降低所有制层次，松动部分耕地的经营权，部分默许农户家庭作为农业生产经营权单元的地位，大大缩小了农业生产的经营规模，农业经营主体（核算单位）的数量随之增加，农业生产的经营弹性随之增大，政社合一的张力得到一定程度的释放。[12] 1960 年 11 月，中共中央发出了《关于农村人民公社当前政策问题的紧急指示信》（即“十二条”），要求各地彻底纠正“一平二调”的“共产风”及浮夸风、命令风、干部特殊化风和瞎指挥风，允许社员经营少量自留地和小规模的家庭副业，恢复农村集市贸易。

第二个阶段：人民公社化的渐次稳固。

1966 年开始，社员以家庭作为基本单元经营的少量自留地和小规模的家庭副业遭到禁止，全国多数自留地被上收至生产小队，果园被收回至生产大队，家庭副业的默许立场开始倒退，开始收紧对农村集市贸易的管理。尽管 1961—1966 年农业经营管理政策不时有良性的回调，体现了渐进的诱致性制度变迁特征，农业经营自发分化的制度环境时有松动；尽管 1966—1978 年全国各地的农业调整时不时有突破强制性制度安排的好做法出现，但是人民公社化的 20 年总体上对农业经营分化的正常通路是起阻塞作用的，农业经营规模只能固化在最低为生产小队的层次上，呈现农业生产组织单位在小队、核算范围在大队、计划空间在公社的格局。[13] 农民家庭作为基本经营单位是遭到否定的，纵使有一些有限自留地，也是时放时收、时紧时松，农业经营主体相对单一和单调。农业生产结构体现出“以粮为纲，全民营粮”的特点，但是粮食总产量在 1958 年后持续减少，直到 1966 年才恢复到 1958 年的水平。[14]

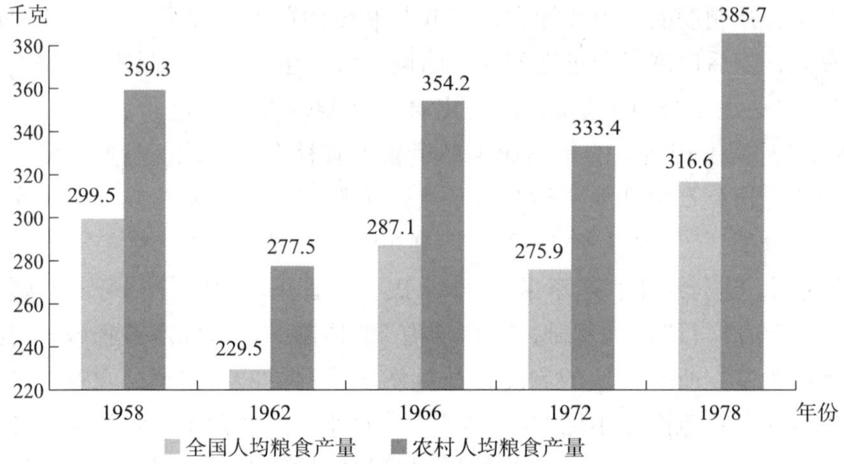

图 1-1　1958—1978 年粮食产量变化情况

数据来源：根据调研所得。

总体而言，人民公社 20 年，农业经营分化受“大跃进”和 1961 年后渐变式的制度调整影响，基本被禁锢在计划经济的体制之中，农业经营规模、农业生产结构和农业经营主体状况在计划经济体制的大环境下长期不变。农业经营规模由跨社队规模渐渐回归到以队为主体，其中农业生产组织单元以小队为主体，农业生产核算单位以生产大队为主体；农业种植结构调整中多年贯彻“以粮为纲”的方针。但是粮食的生产效率较低（如图 1-1）。1958 年，全国人均粮食产量为 299.5 千克，1962 年为 229.5 千克，1966 年为 287.1 千克，

1972年为275.9千克，1978年为316.6千克。到20世纪70年代后期，农业已经成为国民经济中最薄弱的环节，农民口粮人均在150千克以下。全国有近1/4的生产队年人均收入在40元以下，有2.5亿人吃不饱饭。1977年，平均一个大队的公积金不到1万元，买不了一部中型拖拉机，甚至连简单的再生产都难以维持。[15]到1978年，全国农村仍然有2.7亿贫困人口。因此，这一时期的农业经营分化基本上是被禁止的，农业生产效率是极低的，尽管粮食产量有所增加，但是从"以粮为纲""全民营粮"的角度来看，是一种典型的"内卷式"发展。[16]

1.1.1.4 农户经营自主权重新确立，农户自然分化初现(1978—1992年)

农村家庭承包经营的推进说明中国农业经营固化难以为继，必须在中国农业经营分化中探索出适合农业生产力发展的经营规模、经营结构，实现经营主体权益的重拾。农村家庭承包经营的实施是农业发展约束势能下的区域性农民避险及自发性突破，体现着农业经营分化的潜变色彩。[17]以这个变迁的原点——安徽小岗村的"单干"行为为例，其将原来以生产小队为单元的农业生产经营分散至单个社员家庭，人民公社制度固化下的农业生产经营规模从小岗小队的480亩(如果以经营核算单位的大队，或者政社一体的公社为标准则更大)调整到户均不足30亩，经营主体在生产小队范围内由1个变为18个，并且在周边区域内很快产生了传播效应，在全国范围内产生了示范效应。到1984年，全国性的农业经营规模已经降到了户均9.3亩的水平，农业种植结构也由之前的"以粮为纲"变成了多种经营。1984年，全国农业播种面积中，粮食播种面积占比为75.8%，经济作物播种面积占比为22%，在三大主粮播种面积中，口粮占82.6%，较1978年出现了一定的变化(如图1-2)，各类经济作物的增长体现了农户在农业生产经营自主权上及农业经营效率、粮食产出效率上的巨大改变；从主体上看，以人民公社为主体，经营单元已经由2.6万个增加至1.53亿个，以生产小队为主体，经营单元已经由72.1万个增加至1.53亿个。

农村家庭承包经营初期的农业经营分化是激进式分化与渐进式分化的统一。从1978年开始，用不到1年的时间，全国36.7%的农村地区实现了承包到组，13.6%的农村地区实现了承包到户；到1981年年底，全国实行"双包"到户的生产队数量占总数的50%[18]；到1982年，全国90%以上的农村地区实现了包产到户[19]；到1984年，全国只有为数不多的农村在坚持人民公社化

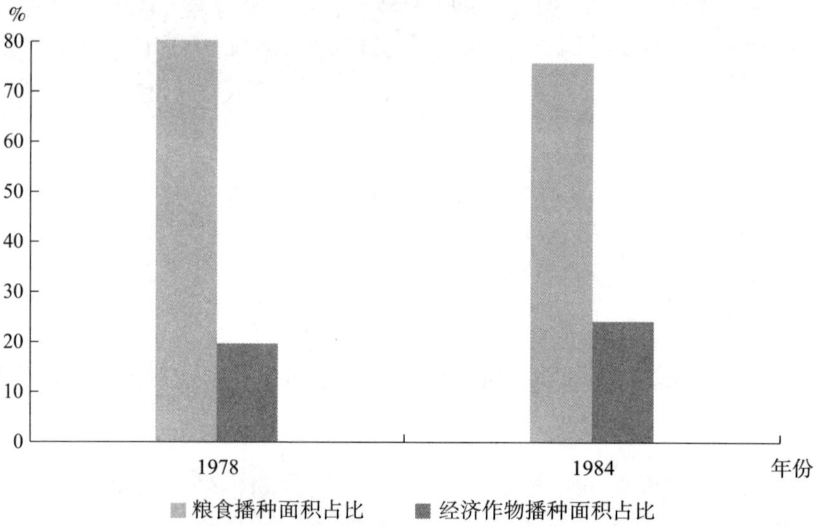

图 1-2　家庭承包经营初期农户粮/经作物播种面积占比

数据来源：根据调研所得。

时期的农业生产经营与组织方式，由“主体形式”变为“零星分布”。从 1978 年到 1992 年的 14 年间，中国农村家庭主干化、核心化、小型化的趋势不断加剧，户均人口由 1978 年的 5. 36 人减少到 1992 年的 4. 7 人，相应的农业经营单位由 1978 年的 1. 538 亿户变为 1992 年的 2. 13 亿户，每户经营耕地面积由 1978 年的 14. 6 亩减少到 1992 年的 11. 3 亩；这种经营规模、经营主体的变化体现了明显的渐变性经营分化的特征。[20]这种经营分化既是农村家庭承包经营实施以来农户经营自主权不断强化的反映，也与 14 年间中国城镇化发展、农村剩余劳动力转移密切相关，此外，这还与农村商品经济持续发展有关。

总体而言，农村家庭承包经营的实施，使农业生产的经营效率明显提高。以粮食生产为例，1978 年亩均产量为 337 斤，到了 1992 年上升为 546 斤，我国粮食产量也由 1978 年的 3. 0477 亿吨上升到 1992 年的 4. 4266 亿吨。但是我国农业经营分化也出现了一些问题：第一，出现丰收悖论，即农业的比较效益较为低下[21]；第二，农民的相对贫困与农业丰收趋势并行，1978 年城乡居民收入差距比是 1. 78 ∶ 1，到了 1992 年达到 2. 51 ∶ 1；第三，农户农业生产的积极性衰减，与 1978—1984 年相比，1992 年之后撂荒面积占耕地面积的比例有了很大幅度的上升[22]。此外，农业经营分化本身也出现了问题：土地细碎化；家庭超小规模经营；主体同质化、匀质化；面向商品化、市场化的农业发展受阻[23]。

1.1.1.5 面对“两只手”，农户经营分化全面呈现(1992—2006年)

农村家庭承包经营全面实施的10多年间，在农户自发的经营生计决策基础上，中国农户的经营分化继续发展。国家在农村继续稳固家庭联产承包为主的统分结合、双层经营体制，逐步取消了对农产品的统购、派购，放开了大部分农产品价格，促进了农村经济向着专业化、商品化、社会化方向迅速发展，乡镇企业异军突起，为农村剩余劳动力从土地上转移出来、促进工业和经济的改革和发展开辟了一条新路。到1992年，国家对农业农村问题展开了走向市场化的进一步顶层设计，即在将农村家庭联产承包为主的责任制、统分结合的双层经营体制作为一项基本制度长期稳定下来的基础上，积极发展多种形式的农业社会化服务体系。抓紧进行农产品价格和农村流通体制的改革，继续强化市场在农村经济中的调节作用。到1992年，随着社会主义市场经济制度实施，农户的家庭经营逐渐被卷入市场化的大潮。[24]农业生产方式及其各要素的配置开始加速沿着市场化的方向实现新的分化组合。[25]一方面，适合市场化农业发展的新的农业经营规模、经营结构、经营主体发展加速；另一方面，农业要素的市场化对农户经营分化也产生了巨大的影响，即开始出现近几十年来不断被提及的“小农户对接大市场”的问题。[26]因此，在政府宏观调控“有形之手”加农业市场化“无形之手”的双重影响下，农户经营分化呈现弱质化的小农户难以分化、面向市场的小农户弃农而逃、市场化的资源“隔岸观农”的态势。[27]1992—2006年，是农户经营分化局面较为复杂的时期。此阶段农户经营分化既是家庭承包经营路径下的自发性变迁，也是社会主义市场经济体制下的诱发性变迁，还是不同农户经营在城乡资源要素配置选择下潜变的必然结果。[28]到2006年，全国性的农业经营规模已经降到了户均不足8亩的水平，农业种植结构呈现单一化的趋势，2002年全国农业播种面积中，口粮占34.2%，各类经济作物占46.7%，分别较1985年增长-7.8个百分点和6.2个百分点，三大粮食作物总播种面积的波动与减少，体现了农户经营在市场化上的无奈逃避及无所适从。[29]

此阶段，市场化对农户经营分化造成诱致性影响的一个重要表现是农户配置劳动力的农业/非农业分化。[30]20世纪80年代，农户的非农业劳动力配置以农村多种经营、乡镇企业兼业和本地区范围内的务工为主，而21世纪以来，这种农户农业/非农业劳动力的配置则以跨区域的劳动力外出务工为主。[31]1985年，农村各类兼业及务工人口(农民工)为1300万，而到了1995年则为3400万，增长了2.6倍，到2006年达到13181万，较1995年增长了2.88倍(如图1-3)。

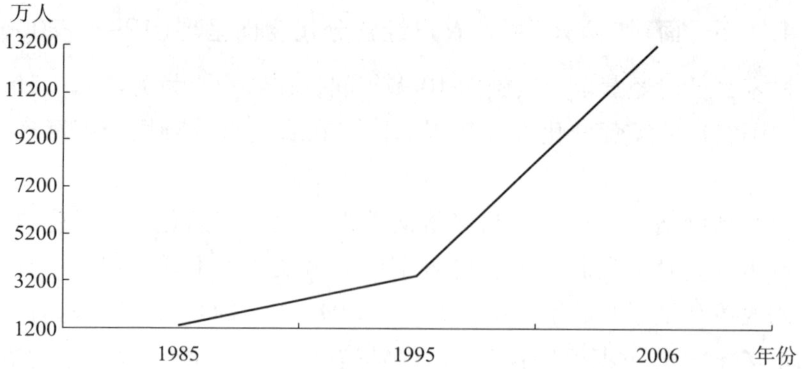

图 1-3　1985—2006 年农民工数量变化

数据来源：1986—1999 年、2000—2009 年《全国农村社会经济典型调查数据汇编》。

伴随农业劳动力的非农化转移，农地流转也由潜流变成了显性化的现象，对农户的经营规模产生了较大的影响。1985 年，农村年户均流入耕地面积为 0. 3 亩，1995 年为 0. 2 亩，呈现下降趋势，到 2006 年上涨到 0. 45 亩。伴随农地流转的加快，单个农户经营规模呈现下降趋势，由 1985 年的户均耕地面积 9. 2 亩，到 1995 年为户均 7. 9 亩，再到 2006 年的户均 7. 5 亩的水平（如图 1-4），中国农地经营细碎化继续发展。[34] 这可能与市场化条件下中国农户家庭规模小型化有关，也可能与农村家庭承包经营初始 20 年频繁的土地承包经营权属调整有关。[35]

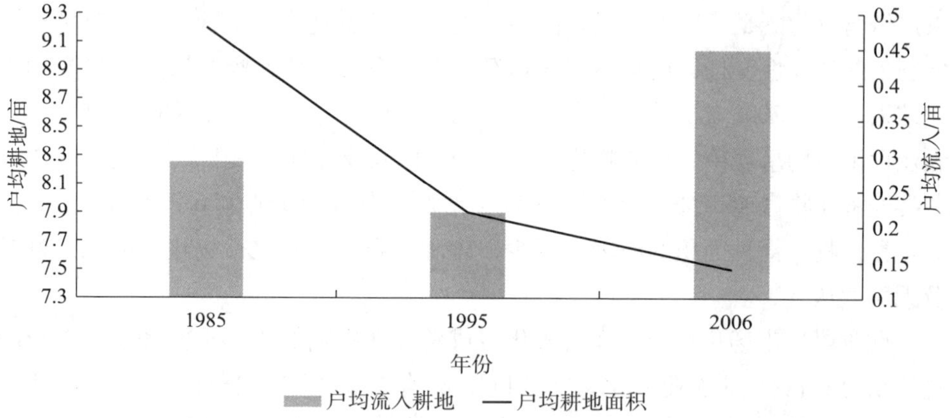

图 1-4　1985—2006 年户均耕地面积与流入面积

数据来源：1986—1999 年、2000—2009 年《全国农村社会经济典型调查数据汇编》。

总体而言，1992 年开始实施的市场经济体制，对农户的经营分化影响很大。各个农村社区的农地重新分配，导致农村经营耕地重新细分和人地关系又一次“一对一”地对应性调整。这是农地经营规模不稳定的根源。尽管在集体经济组织的大盘子中，土地的权属关系是稳定的，即农民所说的“肉烂在锅里”[36]，但是这种具体经营关系的“五年一大动”“三年一小动”仍然给农民留下制度不稳的印象。围绕土地关系的经营分化难以开展[36]，即农户经营分化、农户组织分化几乎难以实行。但是，市场化的冲击对农户的经营收入还是产生了不小的影响，1992—2006 年，我国城乡居民可支配收入比增大，从 1992 年的 2.59 : 1，到 2002 年的 3.11 : 1，再到 2006 年的 3.28 : 1(见表 1-2)，农户的农业生产积极性被挫伤到了极点，以“农业兼业化、农村空洞化、农民老龄化为特征的“三化”问题更加突出。[38] 农民种简单田、靠天吃饭及将主要、中坚的劳动力配置在非农领域，成了 21 世纪以来最常见的状态。农户经营分化朝向不利于现代农业发展、农村可持续发展及国家粮食安全保障的方向运行。

表 1-2 1992—2006 年中国城乡居民家庭人均收入和指数

年份	城镇居民家庭人均可支配收入			农村居民家庭人均纯收入			城乡居民可支配收入比
	绝对数（元）	指数（上年=100）	指数（1978 年=100）	绝对数（元）	指数（上年=100）	指数（1978 年=100）	
1992	2026.6	109.7	232.9	784	105.9	336.2	2.59 : 1
1993	2577.4	109.5	255.1	921.6	103.2	346.9	2.79 : 1
1994	3496.2	108.5	276.8	1221	105	364.3	2.86 : 1
1995	4283	104.9	290.3	1577.7	105.3	383.6	2.72 : 1
1996	4838.9	103.8	301.6	1926.1	109	418.1	2.51 : 1
1997	5160.3	103.4	311.9	2090.1	104.6	437.3	2.47 : 1
1998	5425.1	105.8	329.9	2162	104.3	456.1	2.51 : 1
1999	5854	109.3	360.6	2210.3	103.8	473.5	2.65 : 1
2000	6280	106.4	383.7	2253.4	102.1	483.4	2.79 : 1
2001	6859.6	108.5	416.3	2366.4	104.2	503.7	2.90 : 1
2002	7702.8	113.4	472.1	2475.6	104.8	527.9	3.11 : 1
2003	8472.2	109	514.6	222.2	104.3	550.6	323 : 1
2004	9421.6	107.7	554.2	2936.4	106.8	588	3.21 : 1
2005	10493	1096	607.4	3254.9	106.2	624.5	3.22 : 1
2006	11759.5	110.4	670.7	3587	107.4	670.7	3.28 : 1

数据来源：1993—2007 年《中国统计年鉴》。

1.1.2 农户经营分化的时代性主题

1.1.2.1 21世纪新时代农户经营分化的政策环境

21世纪以来，围绕“三农”发展的一系列政策连续实施，对农户经营产生了广泛而深远的影响。

(1)“三权分置”改革

1998年，全国普遍推行土地承包经营权30年不变，即土地承包期满30年以后仍可归农户使用，并以法律形式予以确认。30年期间的农户土地使用权仍可转移，但不是通过行政手段定期或不定期进行调整，而是通过土地市场机制在农户之间进行流动。在这种情况下，农民集体将拥有最终所有权。这顺应了社会生产力发展的客观要求，对当时我国农村土地产权形式作了一次优化安排。[39]

2017年，为进一步推动农村土地“三权分置”改革，中央政府决定保持土地承包关系稳定并长久不变，即在第二轮土地承包到期后的30年内，土地集体所有、家庭承包经营的基本制度不会改变，集体经济组织成员依法承包集体土地的基本权利不会改变。这样，农民拥有依法承包集体土地的权利，一方面，可以沉下心来搞生产，激发农业投入、发展生产的积极性，进一步巩固基础农户的主体地位；另一方面，保障了农民对承包地占有、使用、获取收益、流转和抵押土地经营权、担保等权利，将“不动”的土地转化为“流动”的活资产，有力促进土地经营权流转，为吸引工商资本进入农村、发挥新型经营主体的引领作用创造条件，同时有利于保护和实现进城农民的土地承包权益，促使有条件的农业人口放心落户城镇，加快形成城乡融合发展格局。[40]政策在结合城乡要素的前提下，推动农户的组织分化，推动农村的人地关系结构、农业种植结构、农民农业与非农业就业结构、农业资源利用结构的优化，最终向优化农户经营分化方向发展。

(2)“两免一补”政策的划时代意义

始于2005年的国家对农业税赋的彻底免除及补贴政策的同时实施，彻底解除了压在农户正常经营分化头上的两块石头。首先，“两免一补”政策(取消农业税、农业特产税和对种粮农民进行直接补贴)的实施，解除了城乡二元经济社会体制的第一道围墙，特别是农业税的取消，彻底解放了农民对国家的不平等的赋税义务，农民在经济社会上的人格权开始与市民处于同等地位，为逐步取消农村户口与城市户口的差别奠定了基础；农民的自由迁徙权和城乡居住选择权得以确立，为农民的身份重新认定、职业分化开辟了先河，成为农户社会分化、经营分化的重要一步。其次，农业税的取消，将其派生的各种税费的载体彻底消除，使向农户伸手要钱的体制彻底崩塌，也为随后的惠农补贴政策的出台创造了条件，为愿意“缘田亩”、能够“缘田亩”的农户从事农业经营解除了约束、提供了支持，也为不愿“缘田亩”、不善“缘田亩”的农户从事非农经营与务工解除了农地流转的约束，这本身既是促使农户经营分化的条件，也是农户经营分化的重要组成部分。最后，以农业税取消为核心的“两免一补”的“干货”基数，直接推动了农民财富的增加，为农户经营分化提供的源源不断的经济来源，实际上成为催生农户经营分化的直接支持。

(3)新农村建设及现代农业推进

始于2005年的社会主义新农村建设及现代农业推进，在调整农业结构、推进农村综合改革、促进农民持续增收、保障务工农民合法权益、逐步形成城乡统一的市场要素、增强农村经济发展活力等方面持续发力，大大促进了农业产业化经营，经过10多年的支持与投入，我国已经培育出了一批农业龙头企业和农业示范性企业，同时农业合作组织、家庭农场等也实现了广泛发展。农户经营分化实现了全方位发展。首先，根据农业优势功能区、农业优化功能区、生态农业优先发展区、生态农业保护区的功能要求，一大批优势农产品产业带、粮食经济优先发展带、生态特色农业主体功能区陆续发展，为农户种植结构的调整做出重要贡献。其次，在进城务工农民的社保、子女教育城乡统筹的推动下，农村劳动力转移及农村人口迁移在数量上及转移程度、性质等方面都呈现与以前不同的状况，人的迁移与地的流转加速，为农村人力资源的优化配置及农地适度规模化发展创造了条件。在这个基础上，农户的农业/非农业，以及农村内/外的经营分化呈现加速的发展趋势。最后，人地的重新配置、农地的适度规模经营，不管是在法律权属上还是在实际农业生产作业过程中均实现了质的突破，从2005年到2019年，我国农村常住人口由7.4544亿减少至5.5162亿，户均耕地规模由7.26亩增长至12.02亩，农村的常住人口人均耕地面积由2.46亩增至3.67亩，劳均耕地面积由5.39亩增长至10.40亩(见表1-3)。农户规模经营开始进入常态增长模式，各地也探索出不同的适度规模经营标准和地方性实用模式。[41]

表1-3 2005—2019年中国农村人口及耕地规模变化

年份	农村常住人口(亿)	农村劳动力人口(亿)	农村住户(亿户)	耕地面积(亿亩)	人均耕地面积(亩)	劳均耕地面积(亩)	户均耕地面积(亩)
2005	7.4544	3.397	2.52226	18.31	2.46	5.39	7.26
2010	6.7113	2.85	1.8963	18.26	2.72	6.41	9.63

续表

年份	农村常住人口(亿)	农村劳动力人口(亿)	农村住户(亿户)	耕地面积(亿亩)	人均耕地面积(亩)	劳均耕地面积(亩)	户均耕地面积(亩)
2015	6.0346	2.192	1.7991	20.25	3.36	9.24	11.26
2019	5.5162	1.9445	1.6832	20.23	3.67	10.40	12.02

数据来源：2006—2020 年《中国统计年鉴》。

与种植经营分化、农/非农分化、规模经营分化相适应，一大批新型农业经营主体涌现出来，并逐步发展成熟。从 2012 年到 2019 年，我国家庭农场由 7.23 万家发展至 71.6 万家，其中营粮型家庭农场由 2.63 万家增长至 28.4 万家。从 2012 年到 2019 年，专业合作社由 63.4 万家发展至 220.3 万家(如图 1-5)，新型农业经营主体发展步入了快车道。

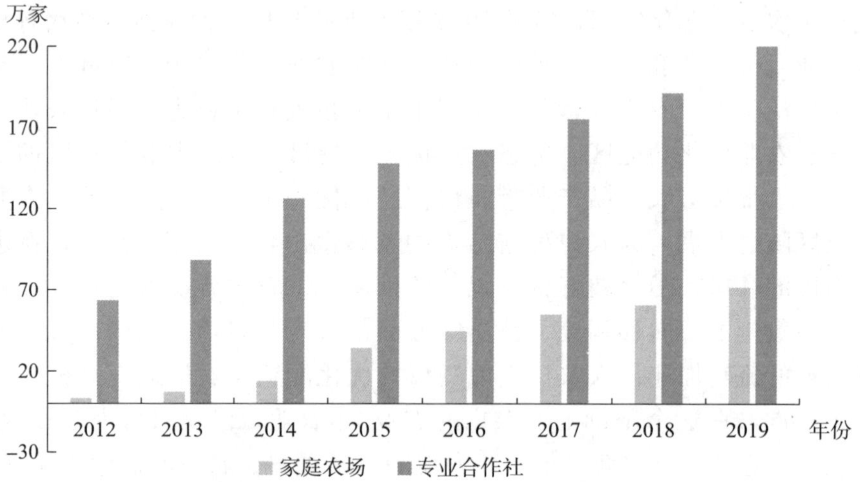

图 1-5　2012—2019 年家庭农场、专业合作社发展趋势

数据来源：根据调研所得。

(4)农业供给侧结构性改革及乡村振兴战略

经过农业供给侧结构性改革及乡村振兴战略的全面规划与推进，农户经营分化进入加速阶段。

2017 年，"中央一号文件"将农业供给侧结构性改革作为供给侧结构性改革的重要一环来抓，进一步强调优化产品产业结构，着力推进农业提质增效；推行绿色生产方式，增强农业可持续发展能力；壮大新产业新业态，拓展农业产业链、价值链；强化科技创新驱动，引领现代农业加快发展；补齐农业农村短板，夯实农村共享发展基础；加大农村改革力度，激活农业农村内生发展动力。优化农业资源和要素配置，加强农业主体建设和人才保障，强力推进“三大调整”——调优产品结构，突出“优”字；调好生产方式，突出“绿”字；调顺产业体系，突出“新”字。以改革为核心，理顺政府和市场的关系，以实现“三大激活”——激活市场，激活要素，激活主体。农业供给侧结构性改革，使得市场对农业资源配置的基础作用进一步深化，农业农村发展的社会经济要素进一步丰富，农业农村发展的农户主体潜能进一步被激发。农业供给侧结构性改革，对农业农村新动能的培育起到了决定性作用，对农户经营结构、农户经营规模及主体组织发育是一次大的推动。

2017 年下半年，党的十九大进一步提出了实施乡村振兴战略，提出在巩固和完善农村基本经营制度、深化农村土地制度改革、完善承包地“三权分置”制度的基础上，构建现代农业产业体系、生产体系、经营体系，完善农业支持保护制度，发展多种形式适度规模经营，培育新型农业经营主体，健全农业社会化服务体系，实现小农户和现代农业发展有机衔接。促进农村第一、第二、第三产业融合发展，支持和鼓励农民创业、就业，拓宽增收渠道。2017 年以来，农户的种植结构围绕供给侧结构性改革发生了很大的改变。在农产品结构上，围绕优特农产品做文章，过剩的、无效的、处于质量边缘的农产品逐步减少，甚至退出种植和供给市场，将国家的价格补贴和市场的行情波动传递给基础农户和各类农业经营主体。在农户种植结构调整上，本着有效农产品结构调高、低端农产品结构调低的原则，突出“优质专用”大宗农产品和“特色优势”引导农户调整农业种植结构。在大的农业结构范围内，引导农户实现粮食作物和经济作物、口粮与饲料粮种植结构的调整与切换，提升农产品质量和食品安全水平。将优化农业生产方式作为调整农户种植结构的一个重要方面，调高农户绿色种养业、生态修复农业、低环境扰动农作物的比例，突出绿色，引导农户进行结构调整。围绕产业体系优化和农村新兴产业创新，着力开发农村新产业、新业态，通过促进第一、第二、第三产业的深度融合，将农户经营结构整合进新兴产业体系中，到 2020 年，各类农村旅游、农产品电商、农村电子商务、现代特色农产品开发较 2017 年均有不同程度的发展。农业产业结构、农户经营结构朝着全面优化与升级的方向发展。

1.1.2.2 农户经营分化的现实基础

(1)农村劳动力转移的高速发展趋势

21 世纪以来，特别是 2006 年开展社会主义新农村建设以来，我国农民工从 2005 年的 1.27 亿人增加到 2019 年的近 3 亿人，本地农民工和跨省市的外出农民工的流动及迁移对农村家庭的渗透率为近 100%(见表 1-4)。

表 1-4　2005—2019 年城乡从业人员及农民工本地/外地转移结构表

单位：亿人

年份	全国总人口	城镇常住人口	农村常住人口	总就业人口	城镇就业人口	农村户籍人口	农村就业人口	农业就业人口	农民工	本地农民工	外出农民工
2005	13.08	5.62	7.45	7.59	2.73	8.96	4.85	3.40	1.27	0.53	0.73
2006	13.14	5.83	7.32	7.64	2.83	8.92	4.81	3.26	2.01	0.85	1.17
2007	13.21	6.06	7.15	7.70	2.94	8.86	4.76	3.14	2.14	0.88	1.26
2008	13.28	6.24	7.04	7.75	3.02	8.86	4.73	3.07	2.25	0.85	1.40
2009	13.35	6.45	6.89	7.80	3.11	8.82	4.69	2.97	2.30	0.84	1.45
2010	13.41	6.70	6.71	7.71	3.23	8.92	4.48	2.85	2.42	0.89	1.53
2011	13.47	6.91	6.57	7.64	3.59	8.87	4.05	2.66	2.53	0.94	1.59
2012	13.54	7.12	6.42	7.67	3.71	8.78	3.96	2.58	2.63	0.99	1.63
2013	13.61	7.31	6.30	7.70	3.82	8.75	3.87	2.42	2.69	1.03	1.66
2014	13.67	7.49	6.19	7.73	3.93	8.72	3.79	2.28	2.74	1.06	1.68
2015	13.75	7.71	6.035	7.75	4.04	8.50	3.70	2.19	2.77	1.09	1.69
2016	13.83	7.93	5.90	7.76	4.14	8.35	3.62	2.15	2.82	1.12	1.69
2017	13.90	8.14	5.77	7.76	4.25	8.21	3.52	2.10	2.87	1.15	1.72
2018	13.95	8.31	5.64	7.76	4.34	8.05	3.42	2.03	2.88	1.16	1.73
2019	14.00	8.48	5.52	7.75	4.42	7.88	3.	1.94	2.91	1.17	1.74

资料来源：《人力资源和社会保障事业发展统计公报》；2000—2019 年《中国统计年鉴》。

社会主义新农村建设及现代农业建设实施以来，农村的剩余劳动力转移及各类人口迁移出现了陡然增长的态势，2005 年全国的农民工人口为 1.27 亿，2006 年达到 2.01 亿，较 2005 年增长了 58 个百分点，到 2019 年达到 2.91 亿，较 2006 年增长了 45 个百分点。2005—2019 年我国本地/外地农民工总量及结构如图 1-6 所示。

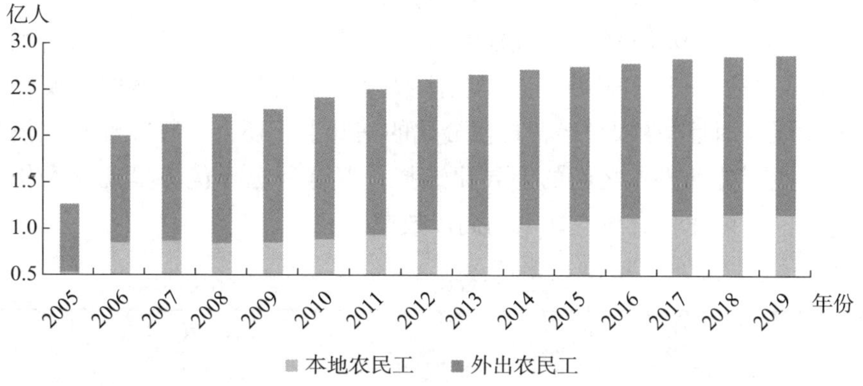

图 1-6　2005—2019 年我国本地/外地农民工总量及结构

数据来源：根据调研所得。

(2)农村劳动力转移催生农户经营分化

2006 年，我国家户分离人口涉及家庭为 1.4 亿户，其中有 1.1 亿户对农村基本的两块地——承包耕地及宅基地有“分置”变动。2011 年，我国农户分离人口所涉及家庭为 2.1 户，其中 1.8 亿户有两块地的“分置”变动。2019 年有 1.7 亿户，其中 1.3 亿户有两块地的“分置”变动。3 个年份户单位变动比例分别为 78.6%、85.7%和 76.5%，耕地面积变动比例分别为 30.9%、33.6%和 35.8%。农民工非农务工年收入分别为 18615 元/人、23067 元/人和 36074 元/人，占当年农户家庭经营收入的比重分别为 38.7%、41.2%和 58.4%。随着农户非农经营收入占比的不断提升，农户与农地脱离系数也在上升。[42]

随着农户规模分化的层次与高度不断提升，农地资源享赋与农户农地转入参与行为呈现的“马太效应”不断展现，根据文长存等的研究[43]，2006 年，按照农户家庭承包地拟合比 0.31~0.69、0.70~0.89、0.90 以上的分类标准，基础农户接近 0.7~0.89 的基准规模占比为 56%，耕地面积占比为 37.4%，0.31~0.69 的社居性农户的占比为 23%，耕地面积占比为 11.2%，而高于 0.90 的适度规模经营农户及主体占比为 26.4%，耕地面积占比为 51.4%；2011 年，按照农户家庭承包地拟合比 0.31~0.69、0.70~0.89、0.90 以上的分类标准，基础农户接近0.7~0.89的基准规模占比提高至62%，耕地面积占比为31.5%，0.31~0.69的社居性农户的占比为26%，耕地面积占比为8.1%，而高于0.90的适度规模经营农户及主体占18.9%，耕地面积占比为60.4%。2017年，按照农户家庭承包地拟合比0.31~0.69、0.70~0.89、0.90以上的分类标准，基础农户接近0.7~0.89的基准规模占比提高至66%，耕地面积占比为29.4%，0.31~0.69的社居性农户的占比为27%，耕地面积占比为7.8%，而高于0.90的适度规模经营农户及主体占18.9%，耕地面积占比为62.8%(见表1-5)。可见在三类主体数量异动的背景下，适度规模经营却在向前发展。而且“在农户经营规模分化的基础上，还会呈现在经营规模分化与非农业生产劳动投入之间的差异化选择，但这种选择优势呈现非农化劳动投入递减、规模化集聚效应递增的同步效应”。[44]

表1-5 农户与农地拟合比变化及农户规模分化变动表

户地拟合比	农户分类	耕地面积占比		
		2006年	2011年	2017年
0.31~0.69	社居性农户	11.2%	8.1%	7.8%
0.70~0.89	基础农户	37.4%	31.5%	29.4%
0.90以上	适度规模经营农户	51.4%	60.4%	62.8%

资料来源：根据研究所得。

(3)农户组织分化的常态化趋势

城乡间要素流动的常态化以农村剩余劳动力转移及农村人口向城镇迁移为标志，农户分化成为中国农村社会的常态。[45]一方面，传统农户由同质性的纯农户逐渐分化为纯农户和兼业户等不同生计策略类型的农户[46]；另一方面，种粮能手通过土地等要素的聚集成为规模大户[47]，既巩固了基础农户的主体地位，也催生了新型农业经营主体的进一步发展。同时，现代农业企业的发展既是农户经营分化的一部分，也为农户经营分化提供动力支持。

1.1.2.3 农户经营分化的时代性主题

经过近40年的发展，中国农户已经由家庭承包经营初期一统天下的小农户变成了异质性很强的多元农户群体，农户经营分化呈现许多新的特征，也引出了许多时代性的主题。

(1)农户经营分化的决定性因素

农户经营在不同的时代背景、社会制度、土地制度、自然资源条件、人地关系、历史条件、生产力基础、历史文化传统、政策导向等综合因素影响下发生不同的分化，不同的分化可以通过规模状态、生产结构状态、主体分布状态、城乡选择状态、区域结构状态等体现出来。

第一，时代特征。在农耕文明的上万年历史进程中，无论是原始农业、古代农业、近代农业的时代分期，或是传统农业、混合农业、现代农业的演化过程分期，还是原始采集渔猎、沟洫农业、精耕细作的中国农业特殊历史分期，抑或是自给型农业、商品型农业的市场二分法分期，传统农业、转型农业、现代农业概念是通用的，是可以涵盖农业发展时代特征的。

传统农业在中国维持了几千年，而且在不少边远地区，传统农业还有相当大面积的分布。[48]在东部沿海、几大城市圈周边、东北平原的部分区域，现代农业的特征亦有明显的显现；中国大部分地区的农业发展形态处于从传统农业向现代农业转型之中，带有很强的精耕细作的历史印迹，具有中国农业现代化推进的时代色彩。“传统农业是完全以农民世代使用的各种生产要素为基础的农业，向现代农业转型，需要改造传统农业，需要改造传统农业的原有的技术水平”，需要改变原有农业生产要素的累加状态和组合配置。这个累加状态和组合配置的改变既有农业生产要素自身的演化，也有在外部改造力作用下的曲线改变过程，本书称之为传统农业的经营分化，即“打破过去常规”的过程[49]。因此，中国农业的经营分化必须首先表现为小农户的经营分化，而小农户的经营分化必须被置于传统农业改造与转型的大背景下。[50]

第二，社会制度。制度是对人的行为产生约束的一系列规则范式的总称。这种规则包括人类社会的经济规则、社会规则和政治规则。因此，制度包括经济制度、社会制度和政治制度。社会制度的变化会导致生产力要素组合方式发生变化，进而导致生产力各要素组合发生变化；社会制度的改变直接改变了农业生产关系的三大要素，因此社会制度的最大变化是农业生产关系的改变。[51]社会制度通过直接改变农业生产关系作用于农业生产力的方式，影响农业生产者与农业生产工具、土地的结合方式，这就是典型的农户经营分化。

中国几千年的农业立国的社会制度是封建社会背景下的私有制经济，不管是封建地主土地私有制，还是小农土地私有制，或是地主/小农(自耕农)混合的土地私有制，均标识着不同时期农业经营分化的状态与程度，影响着不同时期农业生产、交换、分配、消费等各个环节，决定着不同时期中国精耕细作的发展程度。中华人民共和国成立后，经过农业社会主义改造，中国一改农业社会制度的长期私有化的形态，变土地私有制为社会主义公有制，使农业生产关系出现了根本性的变革，农业经营分化受制于农业生产关系，进而改变了分化的方向、形态与路径。

第三，土地制度。土地制度在农业生产经营的实体性制度中居首要位置，因为土地是农业生产力系统中唯一具有自然属性的劳动资料，从社会制度、意识形态及生产关系角度讲，土地制度分为公有制与私有制；与土地经营权、农业生产组织形式相联系，土地制度可以分为大地主土地所有制，小农土地所有制，租佃制，混合土地制度，纯粹的小农私有制，小私有制下的互助合作制，合作化、大集体土地所有制，全民土地所有制，统分结合的双层经营制，三权分立下的土地适度规模经营制等。从中华人民共和国成立以来的发展历程来看，土地制度的变化既有与社会制度密切相关的从私有制向公有制的转变，也有与农业生产经营方式密切相关的土地私有制主导下的混合所有制经营——小农土地私有制主导下的互助合作经营——社会主义改造后的合作化——“大跃进”后的人民公社化——大包干后的土地家庭承包经营——当前正在推进的“三权分置”下的土地适度规模经营的转变，均是从生产关系变迁、生产力演化等方面考量中国农业土地制度的环境，对农业经营分化的作用很大，而农地制度最终落脚到与农户的结合，因此农业经营的分化最终会向农户经营分化传导。[52]

第四，自然资源。土地首先作为自然资源(岩土圈)而存在，一定质量的土地，其整作化程度，土地的气候条件、光热、水、大气(作为生态圈而存在)条件，加上土地上的动植物分布、生物群落(生物圈)，构成了土地自然资源状况的基本要素。作为自然资源的土地，通过人类活动及农业生产开发，产出人类社会所需要的符合一定质量及数量要求的粮农产品，这样土地就进入了社会性要素及农业经济的投入产出要素范畴。

岩土圈的土地自然资源，其面积、土壤类型、地形状况对农业经营分化的影响很大，如地处平原地区与地处丘陵地区的土地首先可能有粮作/经作、水作/旱作的结构之分，平原区更易连片种植，其规模化经营水平可能更高，而丘陵或山区土地农业的种植结构可能更加多样化，土地利用更加微型化与细碎化；作为生态圈的土地对农业经营产生的影响更大，东北的腐殖质的黑土、华北平原的黄土和长江中下游平原的水稻土，对作物的栽培与选择起着决定性的作用。

(2)农户经营分化的区域性特征

我国不同地区的农业形态、农业类型不同，其农户分化形态具有很大的差异性(见表1-6)。

表 1-6　我国 31 个省份农户经营分化比较表

省（直辖市、自治区）	区位	地区或地位	农业类型带	地区或类型归并	农户经营分化状况															
					经营结构分化特征				农户农/非农业分化特征			农户规模分化特征			农户组织分化特征					
					种植结构分化	产品品质分化	农村电商	乡村旅游	本土非农转移	跨区非农转移	非农转移吸收	大规模分化	适度规模分化	精致化分化	基础农户巩固	新型经营主体	专业合作组织	产业化组织	纵向一体化	田园综合体
北京	东部地区	京津冀都市圈	生态保障型农业带	东部都市农业带	—	√	◎	√	√	—	√	—	◎	√	◎	◎	√	◎	◎	√
天津	东部地区	京津冀都市圈	生态保障型农业带	东部都市农业带	◎	√	—	◎	√	√	—	—	√	√	◎	√	√	◎	◎	√
黑龙江	东北地区	国家粮食核心区	农场型农业带	东北农业带	√	√	◎	◎	√	√	—	√	◎	—	√	√	√	√	√	—
吉林	东北地区	国家粮食核心区	农场型农业带	东北农业带	√	√	◎	◎	√	√	—	√	√	—	√	√	√	√	√	◎
辽宁	东北地区	粮食主产区	粮食带向牧区渐变	东北农业带	√	√	◎	◎	√	√	—	√	√	◎	√	√	√	√	√	◎
内蒙古	东北地区	粮食主产区	粮区+牧区	畜牧农业带	√	√	—	◎	√	√	—	√	√	—	√	√	√	√	√	—
新疆	西北地区	粮食主产区	粮区+牧区	畜牧农业带	√	◎	—	◎	◎	√	—	√	◎	—	◎	◎	√	√	◎	—
青海	西北地区	高原农业区	高原农业+牧区	畜牧农业带	—	—	◎	√	◎	√	—	—	√	—	√	◎	◎	—	—	—
西藏	西南地区	高原农业区	高原农业+牧区	畜牧农业带	√	◎	—	—	—	—	—	—	◎	—	√	◎	◎	—	—	—
甘肃	西北地区	黄土旱作带	旱作+畜牧	西北杂粮带	√	√	◎	◎	◎	√	—	—	√	◎	√	◎	◎	◎	◎	—
宁夏	西北地区	黄土旱作带	旱作+畜牧	西北杂粮带	√	√	◎	—	◎	√	—	—	◎	√	√	◎	◎	◎	—	—
陕西	西北地区	黄土旱作带	旱作+畜牧	西北杂粮带	√	√	√	◎	◎	√	—	—	√	◎	√	√	√	◎	◎	—
山西	中部地区	黄土旱作带	旱作+杂粮	西北杂粮带	√	◎	◎	◎	◎	√	—	—	◎	√	√	◎	◎	—	◎	—
河南	中部地区	国家粮食核心区	小麦、玉米主粮带	中部粮食主产区	√	◎	√	◎	√	√	—	—	√	—	√	√	√	◎	√	√

续表

省（直辖市、自治区）	区位	地区或地位	农业类型带	地区或类型归并	农户经营分化状况															
					经营结构分化特征				农户农/非农业分化特征			农户规模分化特征			农户组织分化特征					
					种植结构分化	产品品质分化	农村电商	乡村旅游	本土非农转移	跨区非农转移	非农转移吸收	大规模分化	适度规模分化	精致化分化	基础农户巩固	新型经营主体	专业合作组织	产业化组织	纵向一体化	田园综合体
安徽	中部地区	粮食主产区	小麦玉米水稻主粮带	中部粮食主产区	√	◎	√	◎	√	√	—	—	√	—	√	√	√	◎	√	√
湖北	中部地区	粮食主产区	水稻主产区	中部粮食主产区	√	◎	√	◎	√	√	—	—	√	—	√	√	√	◎	√	√
湖南	中部地区	粮食主产区	水稻主产区	中部粮食主产区	√	◎	√	◎	√	√	—	—	√	—	√	√	√	◎	√	√
江西	中部地区	粮食主产区	水稻主产区	中部粮食主产区	√	◎	√	◎	√	√	—	—	√	◎	√	√	√	◎	√	√
山东	东部地区	粮食主产区	小麦、玉米主粮带	东部粮食主产区	√	√	◎	◎	√	√	—	◎	√	√	√	√	√	√	√	—
江苏	东部地区	粮食主产区	小麦、水稻主粮带	东部粮食主产区	√	√	√	√	√	◎	√	◎	√	√	√	√	√	√	√	√
上海	东部地区	粮食主销区	都市农业带	东部都市农业带	√	√	◎	√	√	—	√	—	◎	√	◎	◎	√	—	—	√
浙江	东部地区	粮食主销区	原水稻主产区	东部农业产业区	√	√	√	√	√	—	√	—	√	√	◎	√	√	◎	√	√
福建	东部地区	粮食主销区	山地丘陵水作区	东部农业产业区	√	√	√	√	√	—	◎	—	√	√	√	√	√	◎	√	√
广东	东部地区	粮食主销区	山地丘陵水作区	东部农业产业区	√	√	√	◎	√	—	√	◎	√	√	◎	√	√	√	√	◎
河北	中部地区	粮食主产区	小麦、玉米主粮带	黄淮海核心区	√	◎	◎	◎	√	√	—	◎	√	◎	√	√	√	√	◎	—
广西	西部地区	云贵高原农业区	水稻、玉米主粮带	西南高原农业区	√	◎	◎	◎	√	√	—	—	√	√	√	√	√	◎	◎	—
贵州	西部地区	云贵高原农业区	水稻、玉米主粮带	西南高原农业区	√	◎	◎	◎	√	√	—	—	√	√	√	√	√	—	◎	◎
云南	西部地区	云贵高原农业区	水稻、玉米主粮带	西南高原农业区	√	◎	◎	◎	√	√	—	—	√	√	√	√	√	◎	◎	—

续表

省(直辖市、自治区)	区位	地区或地位	农业类型带	地区或类型归并	农户经营分化状况															
					经营结构分化特征				农户农/非农业分化特征			农户规模分化特征			农户组织分化特征					
					种植结构分化	产品品质分化	农村电商	乡村旅游	本土非农转移	跨区非农转移	非农转移吸收	大规模分化	适度规模分化	精致化分化	基础农户巩固	新型经营主体	专业合作组织	产业化组织	纵向一体化	田园综合体
四川	西部地区	粮食主产区	水稻、玉米主粮带	西南高原农业区	√	◎	√	√	√	√	—	—	√	√	√	√	√	◎	√	◎
	成都平原	西部粮仓	水稻主产区	西南高原农业区	√	√	√	√	√	√	—	—	◎	√	◎	√	√	√	√	√
重庆	西部地区	粮食平衡区	水稻主产区	西南高原农业区	√	√	◎	√	√	√	—	—	√	√	√	√	√	◎	◎	√
海南	海岛省份	热带海岛农业区	水稻主产区	热带作物区	√	√	◎	√	√	◎	—	—	◎	√	√	√	√	◎	◎	√
台湾	海岛省份	热带海岛农业区	水稻主产区	热带作物区	√	√	—	√	√	◎	—	—	◎	√	√	√	√	◎	◎	√

注：“√”代表农户经营分化“显著”，“—”代表农户经营分化“不显著”，“◎”代表农户经营分化“模糊”。

第一，东部发达地区的农业、农户的经营分化。东部发达地区在20年前基本上实现了土地资源的资本化转型，在农业生产不断萎缩的情况下，第二、第三产业快速发展，农村土地(不管是经营性用地还是住宅性用地)资产的价值很大，东部发达地区的农业、农村形态催生的农户经营分化是面向城市的、工业的，其土地的资产性价值不仅能够容纳更多的金融资本，而且能够产生较大的人力资本配套吸引。[53]农村、农业与农户分化的特征与城市化、工业化的产业经营具有基本相同的动机，或者说东部地区农户对农村、农地的经营目标、经营模式、经营效率有向城镇居民靠齐的趋势。

第二，东北大农场的农业、农户的经营分化。在东北平原从事大规模粮食经营的农户，由于东北平原地广人稀、城镇化率高、开发较晚、国有农场发育面广等，经营带有很强的农场化经营的特色。因此，东北地区的农户经营朝另一个方向分化：大规模经营，组织化程度高，种植结构趋向单一，农业/非农业经营分开两边，兼业化弱。[54]

第三，西部牧区及黄土高原区农业、农户的经营分化。作为传统四大牧区之一及黄土高原区，其农业经营以畜牧业及杂粮种植为主，农户经营分化呈现另一类形态，种植结构分化不仅是背向粮食的，也是背向杂粮的，即朝向生态维护性农业及保护性耕作分化。[55]非农分化则是背向农业的，但不是背向乡村的；其规模经营分化特别是粮食规模经营分化较不明显，但由于多样化的品种结构，组织分化较强，各类专业合作组织发展较为迅速。

第四，中部地区农业、农户的经营分化。以鄂湘赣和豫皖为代表的中部地区在我国从传统农业到现代农业转型的过程中，所涉及的农户经营分化既具有传统中国农耕立国、粮安天下的代表性，又对与时俱进的农户现代分化具有指向性。[56]中部地区农户经营分化从种植结构上看有粮/经结构分化的协调与平衡，更有对粮产品的品质结构升级和乡村产业结构的现代化改造；从农业与非农业经营分化上看，中部地区是分化最明显的，这与中部地区人地关系紧张有关系；中部地区的非农转移强度之大、类型之完善、转移半径之大在全国最突出，对农地流转、非农收入占总收入比、兼业化、粮食经营倾向产生的影响也是最大的。[57]中部地区农业规模经营分化程度比东北地区低，比东部地区高，与西部地区的成都平原地区基本相当。中部地区不同区域、不同作物种植的结构分化最能体现中国特色。

(3)农户经营分化与农户粮食生产主题

“小农户”源于中国人地关系黏着性[58]，是自雇目标倾向下的小农发育的典型代表，与西方庄园制下的领主经济有区别。中国的小农户即使存在经营分化，也是以生存机会最大化为第一位的[59]，在这种情形下，农户的经营分化难以开展，经营方式只能在简单生产条件下，按照简单再生产的经营模式不断复制[60]，是以粮食生产为主体的口粮供应下的简单经营方式的复制，因此形成了以粮食生产经营为主的单一种植业化，是对土地高度依赖、自给性强，商品贸易发育迟缓、经营规模较小，精耕细作与粗放式耕作兼具、单个农户同质化经营的特殊分化路径。粮食几乎成为农业生产与农户经营的唯一目标，而粮食的自我供给也构成了东方自给自足自然经济的普式图谱。研究中国农业问题、中国农户经营问题和中国农村可持续发展，无论如何也绕不开粮食生产与经营问题。

第一，农户经营分化与“谁来种粮”的问题。关于小农户的农业生产与粮食产出及供应，不同时代有不同的粮食话语。传统时代，有“天下粮仓”“四海无闲田，农户犹饿死”“使其缘田亩”的粮食问题，而“民以食为天”“仓廪实而知礼节”“粮安天下”等粮食主题则构成了中国传统农耕文化的核心内容。

中华人民共和国成立后，中国农业先后经历了个体小农、互助式小农、合作化小农、大集体、个体农户经营的恢复、市场化条件下的个体农户转变等不同的农户经营阶段。不同时期农户（或者不同农户集成的不同的经营组织方式）经营最关心的就是粮食经营的地位、如何经营粮食、经营粮食的意愿等永恒话题。

当前，在农村非农化快速发展、农业生产经营主体老龄化的情况下，农户将劳动力配置倚重在外出务工、农户非农化经营、农业非粮化经营、农户兼业化的现象异常突出。我国农村常住人口逐年减少，由 2000 年的 8.3 亿减少到 2019 年的 5.6 亿，其中劳动力人口由 4.1 亿减少至 2.2 亿，以妇女和老年人为主体的半劳动力人口由 0.73 亿增长为 0.92 亿。随着农户经营的分化，特别是农户的农业/非农业经营分化加剧，农村劳动力人口呈现以非粮、非农经营为主的特征，农村半劳动力人口、老年人口则成为粮食生产的主力军。[61]新型农业经营主体的粮食经营意愿及新型职业型粮农的涵养则成了重要问题。

第二，何种农户来营粮的问题。我国基础农户的经营耕地面积比例已经由 2000 年的 96.3%，降为 2010 年的 93.4%，再降到 2019 年的 89.7%。农业经营主体已经呈现包含基础农户、三大新型主体及产业化农业企业的三大类结构。但是 95%以上的粮食仍然是基础农户生产出来的（东北地区除外）。这说明在农户组织分化中，基础农户还是倾向于粮食经营的；在农户的经营规模分化中，产业化程度越高、经营规模越大，则其越背向粮食生产的经营。

第三，营何种粮的问题。这个问题涉及农户粮食经营结构。按照农业供给侧结构性改革安排，近年来，农产品的品种结构与品质结构不断调整。其中，基本口粮结构没有明显的变化，最大的变化来自玉米产量。2014 年，在三大主粮中，水稻的产量为 2.065 亿吨，占当年粮食总产量的 37.0%；到 2019 年，水稻的产量为 2.096 亿吨，占当年粮食总产量的 34%，这说明，粮食供给侧结构性改革的基本层次在于调整粮食产品结构，而粮食产品结构调整的基本层次在于对基本农户的粮食生产结构的调整。粮食生产结构在未来将面临新的调整。

1.2 研究的背景与意义

1.2.1 研究的背景

1.2.1.1 对于农户经营分化的回应与促进

2014 年和 2015 年，在连续两年的中央农村工作会议上，习近平总书记提出保证粮食安全是现代农业建设的重点与难点，强调“再次激发农民的种粮积极性”“解决好‘谁来种粮’的问题”对于提高我国粮食生产能力具有重要意义；2015 年的“中央一号文件”中，粮食安全问题被放在了重要位置。

2014 年，中央农村工作会议突出了粮食安全的重要性及引导农户经营分化、完善粮食经营体系对粮食安全的重要性，把粮食安全摆在首要位置，指出“中国人的饭碗任何时候都要牢牢端在自己手上，调查组的饭碗应该主要装中国粮”，强调粮食安全的保障重点仍然是调动和保护好农民经营农业和经营粮食的“两个积极性”，让农民种粮有利可图、让主产区抓粮有积极性；为了提高农民从事农业生产与从事粮食生产的积极性，国家主张重视农村基本经营制度的进一步完善。坚持农村土地农民集体所有，坚持家庭经营基础性地位，坚持稳定土地承包关系；加快构建以农户家庭经营为基础、合作与联合为纽带、社会化服务为支撑的立体式、复合型现代农业经营体系。针对农户的非农分化及组织化程度不断加强的趋势，国家主张加强新型农民培育和农民的组织化建设，高度重视“谁来种地”和“如何种地”的问题。把加快培育新型农业经营主体作为一项重大战略，提高种地的集约经营、规模经营、社会化服务水平；鼓励发展家庭农场、专业大户、农民合作社、产业化龙头企业等新型农业经营主体。

2015年，中央农村工作会议提出，为引导农户种植结构分化，要加强农业供给侧结构性改革，提高农业供给体系质量和效率，使农产品供给数量充足，品种和质量契合消费者需要，真正形成结构合理、保障有力的农产品有效供给，顺应农地流转加速、适度规模化经营的大势，通过发展适度规模经营、开展社会化服务等，降低生产成本，提高农业效益和竞争力；要树立大农业、大食物观念，推动粮经饲统筹、农林牧渔结合、种养加一体、全产业融合发展。保障国家粮食安全是农业结构性改革的基本底线，要保稻谷、小麦等口粮，保耕地、保产能，保主产区，特别是核心产区的粮食生产，确保谷物基本自给、口粮绝对安全。要充分发挥适度规模经营在结构性改革中的引领作用，农业支持政策要向规模经营主体倾斜，同时要注重让农民分享成果。要完善粮食等重要农产品价格形成机制和收储政策，为农业结构性改革提供动力。

2017年，党的十九大提出了乡村振兴战略，强调"确保国家粮食安全，把中国人的饭碗牢牢端在自己手中。构建现代农业产业体系、生产体系、经营体系，完善农业支持保护制度，发展多种形式适度规模经营，培育新型农业经营主体，健全农业社会化服务体系，实现小农户和现代农业发展有机衔接"，并就引导农户经营分化、新型农业经营主体培育和农户经营对于国家粮食安全的重要意义提出了具体的意见。2018年的"中央一号文件"更是详细阐述了新时代我国推进乡村振兴战略的重大意义、指导思想和主要思路，并就乡村振兴战略发布了行动纲要，指出在市场化体制转型背景下，农民是乡村振兴战略的主要实施者、推动者和获益者。推进乡村振兴战略不能寄希望于单向度的政府行政力量，而需要将激发农民的活力、创新力作为根本立足点。激发农民的活力和创新力，需要探究现阶段我国农民分化的表征、发生机制及客观效应，这对中国立足农民的结构特征，有效地实施乡村振兴战略具有实践价值。[62]

2019年2月，中共中央、国务院印发了《关于促进小农户和现代农业发展有机衔接的意见》，重点、有针对性地解决"大国小农"实现农业现代化这一难题，成为进一步深入推进农户经营分化的具体性的操作纲领。我国各类农业经营主体中，小农户数以亿计，而各类新型农业经营主体数以万计。小农户数量占绝对优势，在未来相当长时期内其绝对优势也难以改变。如何在现代农业的新路中为小农户的生产经营找到发展空间？小农户如何适应现代农业发展的新路，通过自身的经营分化寻求现代化发展的良机？新型农业经营主体推动下的适度规模经营如何与小农户家庭经营协同发展？以上均是亟待解决的政策与实践问题。《关于促进小农户和现代农业发展有机衔接的意见》指出：我国建设现代农业的前进方向是发展多种形式适度规模经营，培育新型农业经营主体。同时，也要看到小农户家庭经营是我国农业的基本面。以小农户为主的家庭经营是我国农业经营的主要形式①，也是农业发展必须长期面对的现实。因此，“在农业现代化过程中，一定要处理好培育新型农业经营主体和扶持小农户的关系”，加快构建扶持小农户发展的政策体系，注重惠农政策的公平性和普惠性，防止人为垒大户、排挤小农户；同时，统筹兼顾扶持小农户和培育新型农业经营主体，发挥新型农业经营主体对小农户的带动作用，引导小农户开展合作与联合。农业生产经营规模要坚持宜大则大、宜小则小，不搞一刀切、不搞行政命令；保持足够的耐心，确保我国农业现代化进程走得稳、走得顺、走得好。鼓励各地采取贴息、奖补、风险补偿等方式，撬动社会资本投入农业农村，带动小农户发展现代农业。同时，重点支持能带动农民增收致富的新型经营主体。实施新型职业农民培育工程，继续围绕农业职业经理人、现代青年农场主、农村实用人才带头人、新型农业经营主体骨干和农业产业扶贫对象等开展职业技能培训，通过培训，使一部分小农户能够发展为家庭农场。推进农业社会化服务，支持农村集体经济组织、专业化农业服务组织、服务型农民合作社、供销合作社等具有一定能力和提供有效稳定服务的主体，为从事粮棉油糖等重要农产品生产的农户，提供以生产托管和保姆式服务为主的社会化服务。大力培育、发展家庭农场，支持农民合作社规范发展。针对小农户时常遇到的“一家一户办不了或办不好”的问题，要加强面向小农户的社会化服务，特别是发展农业生产性服务。[63]

1.2.1.2 中部地区粮食经营区域聚集度不断提高

当前，我国粮食生产的重心在粮食主产区。1994 年，13 个粮食主产区粮食产量累计占全国粮食总产量的 74%，2000 年前后降至 70%左右，到了 2003 年后开始稳步攀升，与我国粮食产量的十四连增同步，到 2017 年，13 个粮食主产区累计粮食产量在全国粮食总产量中的占比达到了峰值，为 84%。后随着农业供给侧结构性改革的推进，东北、河北等地的玉米及湖北、湖南等地的晚稻产量调减，到 2019 年，13 个粮食主产区累计粮食产量占全国粮食总产量的比例回落到了 79%。

涵盖山西、安徽、河南、湖北、湖南、江西的中部地区是我国粮食主产

① 根据第三次农业普查数据，我国小农户数量占农业经营主体的 98%以上，小农户从业人员占农业从业人员的 90%，小农户经营耕地面积占总耕地面积的 70%。

区聚集度很高的区域，除山西外，其余 5 个省均是粮食主产区省，河南还是全国三大粮食生产核心区省和最大的小麦产区省，湖南则是我国最大的水稻产区省。中部粮食主产省粮食产量在全国粮食总产量中的占比，从 1998 的 26%提高到 2006 年的 29. 5%，2017 年达到历史最高点的 30. 5%，2019 年为 28%(如图 1-7)，在全国粮食生产中的地位举足轻重。中部粮食主产区共有农户 5000 多万户，占全国农户总数的 1/4，农村劳动力占全国的 1/3 左右，农民数量众多，农户兼业化程度高，转型特征明显，粮食主产区密集，粮食经营比重大。[64]

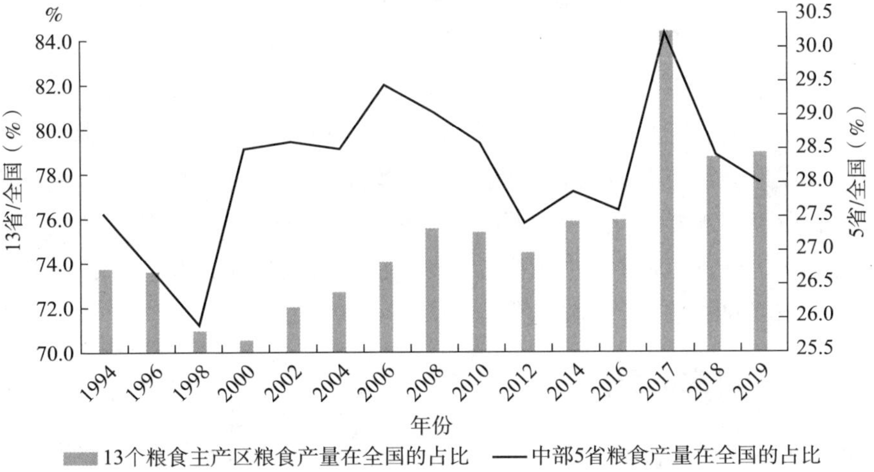

图 1-7 1994—2019 年 13 个粮食主产区及中部 5 个粮食主产省粮食产量在全国的占比

数据来源：根据调研所得。

1. 2. 1. 3 农户分化的前提与基础

中部地区是中国农耕文明的发祥地，小农经济形态发展完善，是最能体现传统农业特征的区域。以中部地区为蓝本研究农户经营分化，对揭示我国农业从传统向现代转型中农业经营的主体变化与变化机制具有很大价值。

当前，农村人口外出务工成为常态，而这种常态化特征在中部地区最为典型，既成为我国史无前例的快速城市化进程的重要动力来源，也是农户经营分化中的农/非农分化之流的重要一支。2018 年，进城务工人员有 2 亿多人，其中外出务工农民有 1 亿多人。中部地区的河南省多年位居进城务工人员第一大省的地位，安徽、江西、湖南、湖北等省也居全国前列，城市与乡村的分化及发展的不平衡在中部地区表现得异常明显。中部地区由于缺少区位优势及错失乡村工业化的机遇，不再有乡村工业化的可能，农民在农村缺少就业与获利机会，农村青壮年劳动力进城务工、经商，而农村成为老弱病残群体的留守地，农业以老年人为主要劳动力。这既是中部地区农村与农户发展的困境，也是促使农业经营分化及农户经营分化的机遇。调查组认为，要充分了解中部地区小规模的农业甚至以老年人为主的老人农业的特征，顺应并促进农户经营分化，实现新业态的拓展和农户经营规模的扩大。

中部农村存在 3 种农户：一是家庭经济条件比较好、举家进城的农户；二是家庭中青壮年劳动力进城、老年人留守务农的农户；三是全家留村的农户。其中比例最大的是第二种"以代际分工为基础的半耕半工"农户家庭，占中部农村农户的70%左右。这样的半耕半工农户一旦进城获得稳定的就业机会与收入，具备了全家进城的条件，就可能全家进城买房安居，成为真正脱离农村的城市人。部分农户家庭因为不能或不愿进城而全家留村。当青壮年劳动力留村，他们就要想方设法扩大农业经营规模，争取各种获利机会。大量农民进城也会留下若干农村获利机会。留守农村的青壮年劳动力就可能通过扩大农业经营规模来争取获利机会。一旦有了不低于外出务工的收入，这些农民就成为调查组所说的"中坚农民"，越多农民进城，就留下越多农村获利机会以滋养农村的新"中农"。[65]

1.2.2 研究的意义

农户是农业生产的具体执行者与执行主体，也是农业生产力中唯一的能动性因素。农户无论从事传统规模与形式的种植业或养殖业，还是从事与一定数量土地资源结合的经营规模种植业，或是以一定的组织方式从事农业生产，都对农业生产、粮农产品的产出及效益产生很大影响。作为一个小农经济特征明显的大国，我国以家庭为生产单位的"亚细亚"生产方式经历了数千年的发展历程，是人类农耕文明的典范，也是中国历史和东方文明最大、最有效的载体。但是这个载体和生产方式的主体基础是农户经营，传统的农户经营在中国"三化"协同发展及现代农业转型中将呈现哪些新的特征与规律？这种"亚细亚"的农户生产经营的基础将发生什么样的变化？随着中国工业化、城市化的实现，这种"亚细亚"的小农经营单元与模式是否会在一定程度上被终结？[66]农户经营分化对粮农产品的生产结构会产生什么影响？中国粮食的经营效率在农户经营分化的大背景下会呈现怎样的波动与分化？如何适应农户经营分化的发展趋势，推动、引导农户经营分化？如何顺应主体经营分化，促进中国农业现代化的转型，提高粮食经营效率，保障国家粮食安全？上述问题，在理论上与实践上均需相关专家进行相应的思考与回答。因此，本书具有重要的理论与现实意义。

1.2.2.1 理论意义

本书从对农户分化与农户经营分化等概念的追溯与厘清入手，从非农分化、规模分化、组织分化、种植结构分化等方面全面、综合地研究农户经营分化，并从农户非农分化、种植结构分化、经营规模分化和组织分化等方面综合考量农户营粮效率的变化，在理论上和思路上充实农户相关研究理论。

1.2.2.2 现实意义

2014 年年初，我国出台了《关于全面深化农村改革加快推进农业现代化的若干意见》，将“维护农村家庭经营的基本面”“创新农村经营主体”“完善国家粮食安全的基础保障”作为重要内容。2014 年 11 月，中共中央办公厅、国务院办公厅在《关于引导农村土地经营权有序流转发展农业适度规模经营的意见》中明确提出“发挥家庭经营的基础作用”，主张“加大对新型职业农民和新型农业经营主体的教育培训力度”，为我国新型农业主体发展创造有利的条件。本书将农户营粮效率研究置于农业生产结构调整、组织结构变迁、农地流转加速、适度规模化的大背景下，对我国农户经营组织变迁、适度规模化、有序非农化、经营结构优化等规律进行探索，具有一定的战略价值。2019 年 2 月，中共中央、国务院印发了《关于促进小农户和现代农业发展有机衔接的意见》，回应“大国小农”的中国在现代农业发展、经济社会转型的大背景下解决“谁来种地”“谁愿种粮”“营何种粮”“如何营粮”、营粮主体与规模、粮农组织发育、务工务农与影响选择等现实之间，解决深化农村人力资源开发、推进农业供给侧结构性改革、推动农地适度规模经营、培育新型农业经营主体难等现实问题，揭示了现代化进程中，端牢中国饭碗、提高营粮效率、确保粮食安全等政策的意义。

1.3 文献综述及研究启示

1.3.1 文献综述

1.3.1.1 农户经营分化的特征与趋势

在传统农业生产经营条件下，农户是最基本的生产主体；随着农业的转型，马克思主义者认为，“家庭经营必然被资本主义农业大生产所代替，农民最终会被转化为资本主义农场和资本主义工业所需要的廉价劳动力”[67]，即家庭经营必然被企业制的大农业企业取代。同时，马克思对“联合起来的生产者的财产，即直接社会资产”进行资本主义改造、建立农业合作社的可能性[68]进行了大胆的预测。不同时期、不同学者也在强调“小农家庭农场”应对市场化农业挑战的内在逻辑——自我需求的满足，而这种满足可以使小农家庭农场自主运行，而不被企业制的大农业企业所取代[69-70]。介于马克思主义者与小农主义者之间关于农业主体分化的论点是朝向“资本主义式家庭农场”演化的观点。该观点认为，农场人口迁移及分成制租佃关系的普遍化，导致纵使没有资本主义大农业的入侵，小农家庭农场也会突破封闭式的运行外壳，演化成“资本主义式的家庭农场”[70-71]。可见，在农业转型中，对于农业主体可能朝向哪种类型发展，不同立场的学者之间观点分歧较为严重，但随着农业市场化理论及农业现代化实践的发展，农户分化趋势的加剧是不争的事实。

马克思将家庭生产的基本方式称作“亚细亚”的农业生产方式，以区别于欧洲传统的庄园主经营方式和新大陆国家的资本主义企业式的经营方式，中国从一个农业大国发展为农业强国的过程是历史的必然，但其转型过程一定会在很大程度上终结农户家庭生产的“亚细亚”生产方式，直接影响包括传统农户经济、村落共同体、乡土性家庭文化等在内的东亚文明中的一系列文化。[66]但是我国小农户的生产结构和经营目的决定了其以粮食生产为主要内容，这对我国粮食安全问题的有效解决具有重要价值。如何认识坚持小农户经营为主导的现实性，以及如何有效发挥粮食生产的“纽带”作用、将小农户经营引入现代农业轨道，成为新时代中国特色社会主义建设和乡村振兴战略实施的重点课题。尽管我国农村人口正在经历“去农业化”，农户家庭成员从业结构发生分化，但是农户家庭耕种结构未摆脱“传统化”，仍以主粮种植为主，粮食生产也并未“去小农化”。在我国社会今后的发展中，以粮食生产为主要内容的小农户经营的存在和发展仍具有重要社会价值。[73]即使我国小农户退出农业或者粮食经营，也不都会成为市民群体。农村社区存在的“社会性居民”就对农户分化提供了一个新的思路，虽然“从经营规模看，中国农民本质上仍然属于小农，但已被卷入或融入一个高度开放的社会化体系中”。他们已“打破思维定式、突破身份歧视、冲破地域束缚，演化为社会化、公民化的国民体系成员”。[74]

我国仍处于传统或转型农业发展阶段，决定农户生产行为及要素投入的因素，除生存发展基础保护、生产生活方式传承、传统道德维护等社会性价值取向因素外，还有维持效用最大化、增加经济收益的商品性取向因素[75-77]。

随着现代化的推进，农业生产市场化进程加剧，追求经济利益不仅成为农民最基本的价值取向，而且是其实现其他价值的重要途径[78-81]。农户分化仍未定型，有的分化是“在途分化”，有的分化还停留在预期阶段，在城乡“比较收益”和“比较福利”等驱使下，农民从事粮食生产很大程度上只是为了缓解温饱层面的经济压力，无心在粮食种植方面进行扩大再生产，即“挣钱靠打工，吃饭靠自种”。农户的这种预期分化具有从经营分化向社会性居民分化过渡的特征。[82]但是，这种趋势性特征丝毫不影响小农户经营长期存在的合理性。[83]

此外，即使小农户经营在规模上、组织上出现一定程度的分化，也未必必须借助资本主义雇工经营模式，而更多是依赖与小农户签订合同或订单的形式来进行合作化经营。[84]在这种纵向一体化组织纽带的作用下，我国小规模且分散的小农户家庭经营格局不仅不会对粮食安全构成威胁，反而具备重要的组织优势和可动员潜力。[85]但是收入的内卷弱化了农户粮食生产的经营性特征，强化了其自给性特征，对中国工业化、城市化转型的粮食安全保障而言是个隐患，“即由于农业收入只占家庭收入的一小部分，所以，很多农户不愿意为农业投入过多时间和精力，也不追求产量和质量”。[86]对粮食与经济作物的种植结构选择，也会形成一种潜在的均衡，且与国家粮食安全保障的政策需求之间的矛盾始终存在。

1.3.1.2 农户经营分化的影响因素

中国传统“闭合式”家庭分工模式下，农户经营高度雷同，难以分化。[87]随着农业转型加速，农户分化则呈现加速趋势。当前我国农户在人力资源配置、种植结构、经营规模、组织化等方面均在发生分化，极大地改变了家庭承包经营初期农本粮纲、小规模、匀质化、同质化、家户分散等经营特征。[88]因此，制度是农户经营分化的第一影响因素，也是农户经营分化的第一推动力，中国改革开放的起点已经证明了这个道理，制度变迁和农户经营行为依照“结构—行动—结果”这一模式相互制约、互为使动。由于制度具有稳定性，而农户经营行为对于制度的突破则是支离破碎、不受关注的，因此人们感知到的往往是制度的作用，而农户经营行为对于制度的突破(通过突破日常行为惯例表现出来)则被忽略了。制度制定者应该关注农户行为中微小的变化，重视无法言表的实践意识的作用，使制度的变迁能够及时、准确。农户经营的核心问题是资源的取得和配置，而既存的制度对于农户来说是不公平的，在资源的拥有和获得方面，农户处于弱势地位，需要制度变革来保障农户的权益，满足农户在制度公平性方面的诉求。[89]一些宏观的研究指出，农户的经营分化与中国东部、中部、西部的区域分化及作为个体的农村劳动力生命周期的分化是密切相关的。东部地区有相应的工业制造业和城镇人口的聚集，对外来人口有强大的吸引力，即首先是产业的非农化，其次是人的非农化，最后是农业用地的非农化。农地的非农化导致土地资本化增值，东部地区的农民可以从中受益。财产性收益在农户家庭收益中占较大比重，成为东部地区农户市民化的重要一步，基于区域的农户经营分化就拉开了层次。相对而言，中部、西部地区由于缺少区位优势及错失乡村工业化的机遇，不再有乡村工业化的可能。中部、西部地区农户经营朝着弱化农业生产、农村发展的方向分化。农民个人生命周期的分化与农户经营分化构成一种复杂的年龄段分化及在城/乡选择上的分异。中国城市化表现出来的首先不是农民全家进城，而是青壮年农民进城务工、经商，然后全家逐步进城。从农民个体来看，年轻力壮时，进城务工、经商比较容易获得机会，能在城市立足，可以获得稳定的就业机会与收入，然后全家进城，完成城市化。随着进城务工农民年龄增长，他们越来越难以在城市中找到合适的就业机会，于是就开始返乡。无论进城还是返乡，均对农村的人地关系配置，土地权属的变更，农业的经营结构、规模、组织关系的异动，以及在村农户、进城住户、返乡农户的经营分化造成相当大的影响。[65]探究中国农村作为改革开放发起点的历程，可以推定农户经营分化的直接影响因素是制度政策的放活及农业转型发展的驱动，其中，农业转型发展不仅直接推动了农业资本构成的变化，还推动了农业产业结构与就业结构的转型升级。[90]

1.3.1.3 农户经营分化的类型与方式

农户经营分化首先表现为农户非农分化。在农业劳动力持续向非农产业转移的背景下，从农户经营特征分化视角看，全职型农户均有较强的土地转入意愿，但普通农户因土地流转市场缺失难以转入土地，而新型农业经营主体地租承受能力较强且得到政府支持，转入土地较容易。非全职型农户中，兼业农户基于边际产出拉平效应与社保功能，倾向于维持现有的土地规模；工商农户具有较强的土地转出意愿，但土地流转市场缺失、种粮补贴政策缺失、土地社保功能制约其转出土地。[91]

越来越多的农村劳动力流向城镇从事非农劳动，造成农业有效劳动力不足的问题，这是农村劳动力非农转移与农户经营分化的初始路径[92-95]。理论上讲，随着经济社会的发展，农户格局由高度同质的纯农户格局逐步分化为纯农户、Ⅰ兼农户、Ⅱ兼农户并存的动态格局，并且Ⅱ兼农户农业经营收入在家庭总收入中所占的比重越来越小，直到无足轻重，农户便会退出农业，成为非农户。[96]随着经济社会的快速发展，我国农户自身也开始逐步分化，呈现由纯农户向兼业户、非农户转变的趋势。我国农户分化呈现“纯农户—兼业户—非农户”的演化过程。[90]

我国农户的非农分化意味着农户劳动力在农业/非农业领域的重新配置。部分农户非农就业后，促使土地要素向种植大户集中，非农分化导致农户经营的规模分化和种植结构分化，农户经营主体地位的确立、农户农业结构调整自主权的确立，更为农户种植结构调整奠定了制度基础。[97]

农户经营的规模分化，主要体现在耕地的经营规模上。[98]国外许多早期的研究认为，资本主义大农场优于传统小农经济，发展规模经营不可避免。[67]单个农户的小规模经营仍是我国现阶段农村土地经营的主要特征，这种经营方式渐渐暴露出了规模效益差的问题[99-101]。在我国，随着农业市场化及农业现代化的发展，农村家庭承包经营初期相对同质、匀质的家庭经营农户占主导的格局在向多类型经营主体并存的格局转变。[102]种植大户、专业合作社、龙头企业、家庭农场迅速发育。[103]农业经营主体多样化是农业向现代化演进过程中的必然现象，但专业大户和家庭农场是新型农业经营主体的骨干，家庭经营的基础地位、主体地位仍然难以改变。

随着农业经营主体分化程度的加剧，农户的经营规模也开始出现分化，这在实施家庭承包经营以来的中国表现得最为明显。农村家庭承包经营初期，中国又回到小农户作为农业经营主体的状态，经过几十年的发展，传统承包经营户的数量逐渐减少，在农业生产中的地位也由主导地位变成辅助地位。各种新型农业经营主体不断涌现并成长壮大，传统农户向种植大户、专业合作社、龙头企业迅速转化。[104]改革开放以来，我国农业经营主体已经发生非常大的改变，由改革初期相对同质的家庭经营农户占主导的格局向现阶段多类型经营主体并存的格局转变，逐步形成了包含专业大户、家庭农场、农民合作组织和农业企业等多元经营主体的格局。

1.3.1.4 农户经营分化与农户粮食生产效率

农户经营分化会对农业、粮食生产效率产生影响。从农户经营的非农分化上看，这是中国近9亿的农村人口、2亿多农村劳动力的非农就业是否降低了农户的粮食生产量的问题。[105]由于中国的农业发展处于后刘易斯拐点，劳动力的非农转移降低了农户的农业生产投工量，减少了农户的粮食产量；在这个阶段，农业劳动力参与非农活动会使农户从种植“安全为要”的粮食作物转向种植收益高、风险大的经济作物，对粮食生产的效率会产生影响[106]，这在玉米、水稻、小麦等不同粮食品种上都有验证[107-109]；非农就业是否会影响粮食生产，在很大程度上是一个经验问题，其在不同区域、对不同粮食品种产出效率的影响是有差异的。[115]从农户经营的种植结构分化上看，21世纪以来，经营粮食作物生产的要素比较效率呈现降低的趋势。但粮食产品具有特殊性，农民从生存理性角度考虑还是将粮食作物生产作为家庭农地经营中的重要内容来安排。从农户经营规模及组织分化角度上看，“农地规模不经济”现象仍然存在。发展中国家中小农户的存在具有合理性。但是小农户生产效率相对低下，达到一定的规模后才能取得更大的经济效益[110-112]。通过规模化经营、提升农业生产的组织化水平，可以解决粮食及农业生产效率低下的问题。有的研究指出“生产组织形式、经营规模与生产效率没有确定的线性关系”[113-116]，对任意改变农业生产的组织形态、人为推动农业规模化生产持保留意见[107]。

关于农户营粮效率提升机制，有的研究基于我国人地“过密化”配置的前提，主张通过加大农村劳动力非农转移量，释放冗余人力资源压力，提高粮食生产资源的配置效率，来提高农户的营粮效率。非农化转移过渡的地区，要合理利用农村留守劳动力，确保人地配置的基本效率。贸易理论与公平机制的研究者主张通过调整农业结构，实现粮食生产、粮农增收的“双赢”；比较优势理论的研究者主张实行规模化经营以提高农户的生产效率，其中有的侧重内涵式的规模化，有的侧重外延式的规模化，有的则内涵式规模化与外延式规模化兼有。客观现实是，未来较长时期内，我国粮食生产主体依然以小农户为主，其依旧是我国粮食生产的主要组织形式。但在当前农户分化背景下，农户农业生产及粮食经营存在“种不好”“种不了”和“种不动”的情况①，推进小农户与新型农业经营主体合作则是一个重要的解决途径。[117]

农户经营分化对粮食生产效率的影响在中国突出体现在人地结合的形式上。因为，人与土地的结合不仅涉及人的流动导致的农与非农的经营分化，也涉及农地流转导致的规模经营分化，还涉及不同人地组合模式下如何种地、如何营粮的组织经营分化问题。具体到粮食主产区，调查组发现：①粮食主产区农户结构中，兼业户已占很大比例，农户经营规模依然偏小，小规模农

---

① 2017年，我国第一产业从业人员共3.1亿，其中年龄大于36岁的占80.9%。从受教育程度方面分析，全国农业生产经营者中，未上过学、小学和初中学历的占比分别为6.4%、37.0%和48.4%，累计占比为91.8%。见《第三次全国农业普查主要数据公报（第五号）》。

户仍然是主体；②结合与我国具有相似的资本禀赋条件的发达国家在农业现代化过程中的经验教训，要扩大农业经营规模、提高农业经营效率，迫切需要建立Ⅱ兼农户脱离农业的有效机制；③农户市民化意愿与农户的家庭资本禀赋条件密切相关，要提升农户的市民化意愿，必须关注农户资源禀赋的提升途径。

鉴于中国农地分散化、细碎化、小规模家户经营的特征较为明显，通过农地流转推动规模化经营的政策导向越来越清晰。许多学者将中国农业生产效率低下的一个重要原因归结为农地规模过小。他们主张通过规模化经营，提升农业生产的组织化水平，来解决粮食及农业生产效率低下的问题。有许多学者则对农地规模经营持保留意见，因为在我国农业组织形式及法人特征发育不完整的情况下，种粮大户这种过渡化的组织形式的效率还是值得肯定的，种粮大户的种植规模一般在 50～100 亩，亩均产值与收益高出平均农户 20 至 30 个百分点。组织发育更为明显的家庭农场则可以通过品种改良、土地集约化利用，将稻谷产量提高为原来的 1.5 倍。[117] 但是农业生产组织化程度的普遍提高并非说明家庭经营已经没有了提升效率的空间，家庭经营既是小农经济的组织形式，也适合农业社会化生产。[118] 当农业经营的组织化程度达到一定水平后，效率下降是一个普遍现象。调查组在对成都平原 8 村 71 个农业经营主体的调研中，按照平均耕种 5 亩以下、10 亩以上、200 亩以上、1000 亩以上的规模标准，将当地的农业组织分为小农、中农、家庭农场和农业企业。调查组发现，中农和家庭农场的全员生产效率最高，农业企业最低，小农介于它们之间。[119]

1.3.2 研究启示

梳理相关研究可知，从农村剩余劳动力转移、职业分化、城镇化、农地流转、规模化经营等方面对农户经营分化进行的研究成果颇丰。但实际上，农户经营的非农分化、规模分化与组织分化更多是中国农业现代化、中国乡村价值观变化、中国农户生计面向变化这些综合性问题的体现。这些综合性问题对农业经营结构、粮食生产地位与保障、粮食生产效率等具有重要影响。长期以来，农户一直是我国农业生产、粮食安全保障的主体和微观组织基础，这在人地资源配置相对“过密”的中部粮食主产区表现得尤为明显。以我国中部粮食主产区为样本，调查组将农户经营分化与营粮效率结合起来研究，既能从农户经营分化的视角动态把握农户的营粮效率，也能根据粮食生产的变动性分析农户经营分化的特点，并就如何提升农户营粮效率，充分引导与规范农户经营行为，促进我国农户经营结构的优化、规模的适度化、组织形态的有机化提出建议。

1.4 研究思路、方法与框架

1.4.1 研究思路

本书在对我国农业生产的组织单位、主体结构演化及农地规模化状况进行深入分析的基础上，构建农户经营分化共生动态模型和营粮效率综合模型，并对不同种植结构、不同规模、不同组织形态农户的营粮效率进行测度，找出农户经营分化与营粮效率的内在规律与关联机理，并就如何提升农户营粮效率、保障我国粮食安全提出对策建议。基本思路如下：

第一，借鉴国内外相关的研究成果，对我国农户经营形式、家庭承包经营以来的农户经营分化状况进行梳理，构建农户经营分化共生动态模型；运用主成分分析法构建农户营粮效率综合模型。

第二，在实证调研的基础上，考察我国中部粮食主产区农户经营分化的特征、趋势与规律，挖掘农户经营分化背后的原因与机理；考察农户营粮效率的变动规律；重点检验农户经营分化对营粮效率的影响，并就不同时期、不同影响状况的原因进行分析。

第三，对农户营粮效率提升的机制与要点进行分析。重点从农户营粮效率提升的动力机制、保障机制、激励机制等方面进行构架的研究设计。

第四，提高中部粮食主产区农户营粮效率的政策意蕴与对策建议。主要从促进我国现代农业发展、粮食安全保障与农业组织演进、新型农业经营主体培育、农业生产经营规模把控、实现组织创新及粮食生产效率提升等方面展开。

1.4.2 研究方法

本书注重理论与实践相结合、规范研究与实证研究相结合、定性与定量研究相结合，使研究具有扎实的理论基础、可信的实证检验和充分的可操作性。具体研究方法如下：

第一，问卷调查法。在中部粮食主产区 5 省中选取 5 个县市，在每个县市选取近百个经营农户（包含种粮大户、家庭农场、专业合作社、粮食生产产业化组织等）进行调查，获取其在劳动力配置、农业产业结构、土地投入状况、粮食经营的组织化程度、粮食生产要素投入与产出等方面的相关数据资料。

第二，理论演绎法。界定农户经营分化的内涵，并对不同类型的经营分化及农户经营行为选择进行实证研究。

第三，统计分析与实证分析法。处理和分析不同农户的经营资料，对不同形式、不同规模的经营农户的粮食生产经营特征进行分类并作出判别，然后运用多元回归的方法，对农户经营分化状况进行分类处理。

第四，案例分析法。对于不同经营形态、结构、规模及组织形态的农户，选取若干典型，建立案例库，运用访谈、观察的方法，详细记录这些农户营粮的动机、投入、产出、效率及变动。建立种粮大户案例、种粮与种植经济作物的多种经营农户对比案例、家庭农场案例、粮食生产专业合作社案例、兼业农户与专业农户粮食生产状况对比案例。

第五，归纳法。根据规范分析与实证研究的结果，借鉴国际经验及国内其他区域经验，构建中部粮食主产区农户经营分化的促进机制与营粮效率的提升机制。

1.4.3 研究框架

本书的研究框架如下。

第一，农业转型期农户经营及分化状况分析。本书运用文献及回归分析法，研究农户经营分化的背景、内涵和动力，并对农户分化、农户经营分化进行科学分类；对实行农村家庭承包经营以来我国农户经营分化的历史路径进行梳理，并对其中的特征与规律进行归纳；考察中部粮食主产区农户在经营形式、组织方式、规模、要素配置、生产结构、收入结构、就业、劳动力转移、兼业状况、粮食商品率和农业生产效率等指标上的分化状况；解析农户粮食经营选择的价值判断及行为逻辑，为对不同时期农户粮食经营分化的机理进行推断奠定理论基础。

第二，中部粮食主产区农户经营分化的机理分析。本书应用演绎—归纳—分类的方法，从非农化、种植结构变动、农地规模化、农户组织分化四个方面考察农户经营分化，对从传统到现代的不同农业发展阶段的农户经营进行类型划分和质的规定；构建农户经营分化共生动态模型，演绎中部粮食主产区实行农村家庭承包经营以来农户经营分化的过程；分析中部粮食主产区农业发展过程中，从农村家庭承包经营初期农本粮纲、小规模、匀质化、同质化、家户分散等经营特征到多种经营、规模分异、组织分化、差异性发展的经营格局；研究在经营格局演变中，农户就业取向、粮食意识形态、市场意识、人力资本配置变动的机理。

第三，农户经营分化背景下中部粮食主产区的农户营粮效率的实证分析。本书的评判基于土地、劳动、资金等要素考量下营粮效率的差异性与不足之处，运用主成分分析法，构建营粮效率综合模型。运用综合模型测度我国不同粮食生产战略布局下各地农户的营粮效率，包括非粮食主产区、东北粮食主产区和其他粮食生产分工的子区域农户营粮效率状况，并对综合模型进行校正。构建农户营粮效率的计量分析模型。按照省级面板数据—地市级数据—县级数据的运用顺序，运用综合模型对中部粮食主产区农户的营粮效率进行校验。

第四，借鉴国内外经验，构建创新性农户主体营粮效率的提升机制。纵观国内外，既有与我国中部粮食主产区农村经济社会资源禀赋相近的东亚小农制国家与地区(如日本、韩国)，也有与我国中部粮食主产区农业发展模式迥异的欧美大农场经营模式。它们不同的政策应用及社会经济基础考量对提升中部粮食主产区农户营粮效率具有重要的借鉴意义。借鉴国内外经验，本书对农户主体营粮效率的提升机制构架如下：①重构农户非农、非粮、营粮等不同经营目标的利益分享机制，营造有助于农户营粮效率提升的公平环境。②强化粮食主产区农户粮食生产的动力机制，疏通农户营粮效率提升的动力源。③构建农户粮食生产能力的保障机制，为农户营粮效率的提升提供可持续的公共政策支持。④设计好粮食主产区农户营粮的激励机制，为农户营粮效率的提升建立明晰的导向路径。

第五，提出调控非农化、适度规模化，培育良性的经营与组织结构，提升农户营粮效率的政策建议。通过创新新型农民培育计划，深化农村土地产权制度改革，引导农地合理有序流转、永久性粮田划定与打造、农户经营组织的创新、种粮大户的培育等政策的设计与实施，使农户经营分化与我国城乡经济社会发展格局相适应，与国家粮食安全的目标相统一。在国家宏观政策的顶层设计下，通过粮食主产区中观粮食政策的适应、控制与操作，确保基本农户“粮有人种”“种粮合算”“愿意种粮”“种粮高效”微观营粮生态的形成。

本书研究结构为“政策缘起、理论前提—实证基础、调研设计—模型建立、定量分析—总结结论、提出建议”。本书研究框架如图 1-8 所示。技术路线为“理论演绎—求实验证—归纳经验—提出对策”。

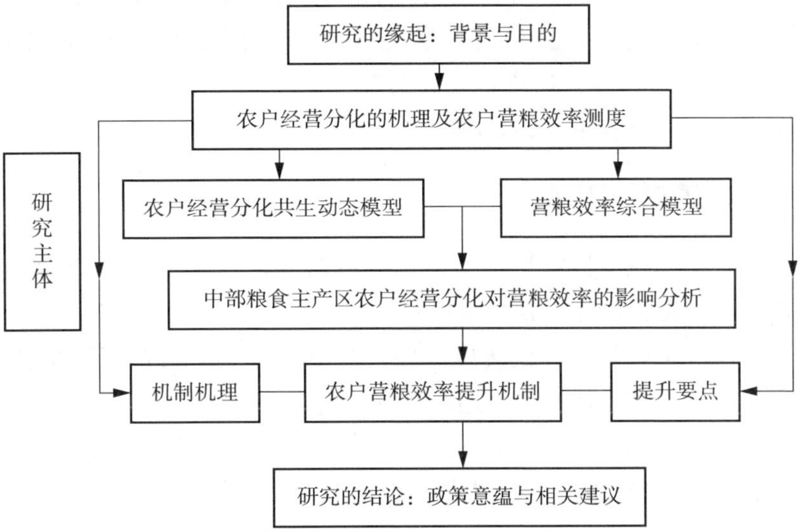

图 1-8 本书研究框架

数据来源：根据调研所得。

1.5 研究创新与不足

1.5.1 主要创新点

(1)学术思想创新

本书将农户经营分化置于我国二元经济、社会结构转换的大背景下进行具体考量，研究具体的农户经营分化行为及其对粮食生产的影响，大学术思想投射，微观视角切入，在学术思想上是一种创新。

(2)学术观点创新

本书集国内外众家之所长，从农户农/非农分化、农户种植结构分化、农户经营规模分化、农户组织分化 4 个方面提出有关农户经营分化的观点，在学术观点上是一种创新。

(3)研究方法创新

农户营粮效率评价不仅涉及不同产区粮食生产的历史变化，也涉及不同形式农户的差异分析，还涉及与其他农业主体的对比分析。本书兼顾微观绩效的直接表现与间接表现，构建全新的农户粮食生产效率测度体系，耦合时序与截面数据进行计量，在研究方法上是一种突破。同时，本书利用省级、县级农户数据，将不同层面的面板数据进行糅合，从宏观、中观、微观的角度研究农户分化对粮食生产的影响。

1.5.2 研究的不足

第一，需要进一步将农户种植结构的经营分化与农户非农分化、经营规模分化及组织分化有机地组合起来进行研究。

第二，农户非农分化、经营规模分化及组织分化的内在机理是什么？连接这三大分化的主线是什么？上述问题有待进一步研究。

第三，在国家粮食安全目标下，主产区农户经营分化的促进措施是什么？这个问题需要进一步研究，且需进一步探究小农户与现代农业的有效衔接途径。

第四，需要进一步优化中部粮食主产区农户营粮效率提升的综合性方案。

参考文献

[1]简新华，聂长飞．新中国70年农地制度、农业经营方式的演进和农村集体经济发展[J]．经济研究参考，2019(21)：5-11.

[2]黄宗智．中国的现代家庭：来自经济史和法律史的视角[J]．开放时代，2011(5)：82-105.

[3]史敬棠，等．中国农业合作化运动史料(下册)[M]．上海：上海三联书店，1959.

[4]徐美银．基于农民认知视角的中国农地制度变迁研究[D]．南京：南京农业大学，2010.

[5]张红宇．中国农村的土地制度变迁[M]．北京：中国农业出版社，2002.

[6]国家统计局．伟大的十年[M]．北京：人民出版社，1959.

[7]杨德才．我国农地制度变迁的历史考察及绩效分析[J]．南京大学学报：哲学、人文科学、社会科学版，2002(4)：60-68.

[8]赵家琪，林森．论我国农地权利及农业生产经营模式的演进[J]．农村经济，2019(7)：1-9.

[9]王朗玲，魏枫．中国农地制度变革对农业生产力及其布局的影响[J]．求是学刊，2003(1)：53-60.

[10]蔡益群．当代中国规划性政治研究：农民权利变迁的视角[D]．杭州：浙江大学，2012.

[11]孙健．中国经济通史(下卷)[M]．北京：中国人民大学出版社，2000.

[12]焦金波．论1962年以后人民公社的稳定[J]．信阳师范学院学报：哲学社会科学版，2001，21(2)：115-118.

[13]陈吉元，等．中国农村社会经济变迁(1949—1989)[M]．太原：山西经济出版社，1993.

[14]苏星．我国农业的社会主义道路[M]．北京：农业出版社，1994.

[15]李德彬．中华人民共和国经济史简编(1949—1985)[M]．长沙：湖南人民出版社，1987.

[16]王琢，许滨．中国农村土地产权制度论[M]．北京：经济管理出版社，1996.

[17]胡小平，钟秋波．新中国农业经营制度的变迁[J]．四川师范大学学报：社会科学版，2019，46(4)：50-57.

[18]董文兵．十个中央一号文件的政策透视：我党三十年农村改革的政策路径及其启示[J]．中共太原市委党校学报，2008(6)：13-16.

[19]佚名．1982年：家庭联产承包责任制确立[EB/OL]．(2008-09-24)[2021-11-05]．http：//www.ce.cn/xwzx/gnsz/szyw/200907/29/t20090729_19655565.shtml.

[20]卜范达，韩喜平．"农户经营"内涵的探析[J]．当代经济研究，2003(9)：37-41.

[21]叶少荫．我国农业功能的转换与构建农业产业新体系[J]．福建农林大学学报：哲学社会科学版，2003(4)：28-31.

[22]郝鼎玖，许大文．农村土地撂荒问题的调查与分析[J]．农业经济问题，2000(12)：10-13.

[23]万广华，程恩江．规模经济、土地细碎化与我国的粮食生产[J]．中国农村观察，1996(3)：33-36，64.

[24]孙德凤，高伟．社会主义市场经济条件下农户经营行为实证分析[J]．农业经济，2000(10)：39-40.

[25]余威震，罗小锋，李容容．孰轻孰重：市场经济下能力培育与环境建设——基于农户绿色技术采纳行为的实证[J]．华中农业大学学报：社会科学版，2019(3)：71-78.

[26]符平．市场体制与产业优势：农业产业化地区差异形成的社会学研究[J]．社会学研究，2018，33(1)：169-193，245-246.

[27]黄宗智．中国新时代的小农场及其纵向一体化：龙头企业还是合作组织[J]．中国乡村研究(第8辑)，2010(4)：11-30.

[28]LEHMANN D. Sharecropping and the capitalist transition in agriculture[J]. Journal of Development Economic，1986，23(2)：333-354.

[29]罗必良．农业供给侧改革的关键、难点与方向[J]．农村经济，2017(1)：1-10.

[30]张广胜，吕杰，周小斌．诱致性制度变迁下的农户经济行为研究及启示[J]．沈阳农业大学学报：社会科学版，2000(2)：125-127，159.

[31]周传豹，吴方卫，张锦华．收支余额变动与中国农村转移劳动力跨区域回流趋势

[J]. 农业技术经济，2016(4)：4-15.

[32]马戎."摆动人口"与我国农村劳动力的转移[J]. 农村经济与社会，1988(4)：33-39.

[33]胡英.城镇化进程中：农村向城镇转移人口数量分析[J]. 统计研究，2003(7)：20-24.

[34]郭海霞，任大鹏.我国农地经营细碎化问题研究[J]. 求实，2008(3)：86-88.

[35]朱启臻.农村社会学[M]. 北京：中国农业出版社，2008.

[36]崔梦溪.农地整理过程中权属调整法律问题研究[J]. 学术论坛，2016，39(12)：103-109.

[37]刘晓宇，张林秀.农村土地产权稳定性决定因素研究[J]. 农业技术经济，2007(4)：11-22.

[38]张晓山.张晓山：西部农村应着力人力资本提升[J]. 中国西部，2010(11)：24.

[39]姜爱林，包纪祥.从土地承包15年到土地承包再延长30年：关于农村土地使用权长期化问题的几点思考[J]. 中共福建省委党校学报，2000(2)：8-12.

[40]曹立.如何理解土地承包到期后再延长三十年？[N]. 学习时报，2018(1).

[41]黄祖辉.坚持适度性和多样性推进农业规模经营[J]. 农业经济与管理，2017(5)：12-14.

[42]郜亮亮.中国农地流转市场的现状及完善建议[J]. 中州学刊，2018(2)：46-52.

[43]文长存，崔琦，吴敬学.农户分化、农地流转与规模化经营[J]. 农村经济，2017(2)：32-37.

[44]刘大鹏，等.粮食最低收购价调整下农户的生产行为选择：基于农户分化视角的分析[J]. 农业技术经济，2020(11)：30-42.

[45]曲朦，赵凯，周升强.耕地流转对小麦生产效率的影响：基于农户生计化的调节效应分析[J]. 资源科学，2019，41(10)：1911-1922.

[46]蔡瑜，徐涛，赵敏娟.农户分化视角的杂粮生产效率研究：以陕北定边县为例[J]. 农业经济与管理，2019(5)：74-85.

[47]罗丹，李文明，陈洁.种粮效益：差异化特征与政策意蕴——基于3400个种粮户的调查[J]. 管理世界，2013(7)：59-70.

[48]彭兆荣，等.我侬 我农：中国传统农业的人类学视野[J]. 学术界(月刊)，2019(2)：103-110，237-238.

[49]西奥多·W. 舒尔茨.改造传统农业[M]. 北京：商务印书馆，2006.

[50]梁栋，吴惠芳，吴存玉.农业转型的政治经济学理论回顾与中国经验[J]. 人文杂志，2019(10)：44-53.

[51]柳晓明，段学慧.马克思主义农村集体经济思想演进与启示：以人民为中心视角[J]. 河北农业大学学报：社会科学版，2020，22(5)：1-8.

[52]蒋永穆，王瑞.农业经营主体的结构性分化：一个基于要素配置方式的分析框架

[J]. 求索，2020(1)：125-133.

[53]朱静辉. 土地资本化与农村阶层再分化：一个沿海村庄的阶层结构变迁分析[J]. 南京农业大学学报：社会科学版，2016，16(3)：77-89，158.

[54]高强. 农户兼业研究现状及趋势[J]. 调研世界，2001(2)：10，20-21.

[55]王子婷，等. 黄土丘陵沟壑区农户生态产业系统经营模式评价[J]. 甘肃农业大学学报，2011，46(2)：99-104.

[56]沈琼. 新常态下中部地区增长率分化与发展现代农业的思考[J]. 社会科学家，2016(4)：72-76.

[57]侯胜鹏. 中部地区现代农业的发展模式及运行机理研究[D]. 长沙：湖南农业大学，2013.

[58]朱云云，姚富冲. 江村变迁：江苏开弦弓村调查[M]. 上海：上海人民出版社，2010.

[59]王懿凡. 道义经济与理性小农视角下的土地改革[J]. 新西部(理论版)，2017(5)：7-8.

[60]SWARTZ. The rational peasant：the pocitical economy of rural society in vietnam[J]. Journal of Economic lssues，1981，15(1)：277-280.

[61]魏君英，夏旺. 农村人口老龄化对我国粮食产量变化的影响：基于粮食主产区面板数据的实证分析[J]. 农业技术经济，2018(12)：41-48.

[62]高帆. 中国乡村振兴战略视域下的农民分化及其引申含义[J]. 复旦学报(社会科学版)，2018，60(5)：149-158.

[63]佚名. 国务院新闻办就《关于促进小农户和现代农业发展有机衔接的意见》情况举行发布会[EB/OL]. (2019-03-01)[2021-05-14]. http：//www. gov. cn/xinwen/2019-03/01/content_ 5369578. htm#1.

[64]关付新. 中部粮食主产区现代粮农培育问题研究：基于河南省农户的分析[J]. 农业经济问题，2010(7)：69-77，111-112.

[65]贺雪峰. 大国之基：中国乡村振兴诸问题[M]. 北京：东方出版社，2019.

[66]郎丽娜，吴秋林. "亚细亚"的终结：中国乡村振兴战略转型模式研究[J]. 北方民族大学学报(哲学社会科学版)，2019(1)：11-17.

[67]马克思. 资本论[M]. 中共中央马克思恩格斯列宁斯大林著作编译局，译. 北京：人民出版社，2004.

[68]马克思. 资本论(第3卷)[M]. 北京：人民出版社，1975.

[69]恰亚诺夫. 农民经济组织(1925)[M]. 萧正洪，译. 北京：中央编译出版社，1996.

[70]黄宗智. 华北的小农经济与社会变迁[M]. 北京：中华书局，2000.

[70]LEHMANN D. Sharecropping and the capitalist transition in agriculture：some evidence from the highlands of ecuador[J]. Journal of Development Economic，1986，23(2)：333-354.

[72]LEHMANN D. Two paths of agrarian capitalism, or a critique of chayanovian marxism [J]. Comparative Studies in Society and History, 1986, 28(4): 601-627.

[73]刘承昊．新时代我国粮食生产小农户经营的现实性及其现代化路径探究[J]. 兰州学刊, 2019(9): 198-208.

[74]徐勇, 邓大才．社会化小农: 解释当今农户的一种视角[J]. 学术月刊, 2006, 38(7): 5-13.

[75]BRODT S, KLONSKY K, TOURTE L. Farmer goals and management styles: implications for advancing biologically based agriculture[J]. Agricultural Systems, 2006, 89(1): 90-105.

[76]BOWLES S. Policies designed for self-interested citizens may undermine the moral sentiments: Evidence from Economic Experiments[J]. Science, 2008, 320(5883): 1605-1609.

[77]FARMAR-BOWERS, Q LANE R. Understanding farmers: strategic decision-making processes and the implications for biodiversity conservation policy[J]. Journal of Environmental Management, 2009, 90(2): 1135-1144.

[78]AUSTIN E J, DEARY J J, GIBSON G J, et al. Attitudes and values of scottish farmers: "yeoman" and "entrepreneur" as factors, not distinct types[J]. Rural Sociology, 1996, 61(3): 464-474.

[79]BEUS C E, DUNLAP R E. Conventional versus alter-native agriculture: the paradigmatic roots of the debate[J]. Rural Sociology, 1996, 55(4): 590-616.

[80]PETRZELKA P, KORSCHING P F, MALIA J E. Farmers' attitudes and behavior towards sustainable agriculture[J]. The Journal of Environmental Education, 1996, 28(1): 38-44.

[81]PANNELL D J, et al. Understanding and promoting adoption of conservation technologies by rural landholders[J]. Australian Journal of Experimental Agriculture, 1996, 46: 1407-1424.

[82]刘承昊．新时代我国粮食生产小农户经营的现实性及其现代化路径探究[J]. 兰州学刊, 2019(9): 198-208.

[83]吴重庆, 张慧鹏．小农与乡村振兴: 现代农业产业分工体系中小农户的结构性困境与出路[J]. 南京农业大学学报: 社会科学版, 2019, 19(1): 13-24, 163.

[84]黄宗智．中国的隐性农业革命(1980—2010): 一个历史和比较的视野[J]. 开放时代, 2016(2): 5, 11-35.

[85]罗必良, 张露, 仇童伟．小农的种根逻辑: 40年来中国农业种植结构的转变与未来策略[J]. 南方经济, 2018(8): 1-28.

[86]王征兵．论新型农业经营体系[J]. 理论探索, 2016(1): 96-102.

[87]黄振华．农户分工模式: 从传统到现代[J]. 华南农业大学学报: 社会科学版, 2009(1): 119-124.

[88]李宪宝, 高强．行为逻辑、分化结果与发展前景: 对1978年以来我国农户分化行为的考察[J]. 农业经济问题, 2013(2): 56-65, 111.

[89]于红彦，刘金星，杜金亮．制度变迁与农户经营行为的结构化理论分析[J]．调研世界，2008(6)：15-17，39.

[90]张琛，彭超，孔祥智．农户分化的演化逻辑、历史演变与未来展望[J]．改革，2019(2)：5-16.

[91]张梓榆，王定祥．农户经营特征分化与农地经营权流转[J]．现代经济探讨，2018(1)：114-123.

[92]范德成，王韶华．农村劳动力转移视角下的农业规模化经营促进城镇化的作用研究[J]．经济体制改革，2011(6)：81-84.

[93]MICHAEL C，ZHENHU JIN，YIPING Z. The new rural-urban labor mobility in China：causes and implicadons[J]. The Journal of Socio-Economics，2000，29(1)：39-56.

[94]夏莉艳．农村劳动力流失对农村经济发展的影响及对策[J]．南京农业大学学报：社会科学版，2009，9(1)：14-19.

[95]Knight J，Deng Q H，Li S. The puzzle of migrant labour shortage and rural labour surplus in China[J]. China Economic Review，2011，22(4)：585-600.

[96]吴乐．粮食主产区农业兼业经营、农户分化与农民市民化：基于农户家庭资本享赋的实证研究[J]．海南大学学报：人文社会科学版，2016，34(5)：34-39.

[97]高强，孔祥智．中国农业结构调整的总体估价与趋势判断[J]．改革，2014(11)：80-91.

[98]许庆，尹荣梁．中国农地适度规模经营问题研究综述[J]．中国土地科学，2010，24(4)：75-81.

[99]张光辉．农业规模经营与提高单产并行不悖——与任治君同志商榷[J]．经济研究，1996(1)：55-58.

[100]黄祖辉，陈欣欣．农户粮田规模经营效率：实证分析与若干结论[J]．农业经济问题，1998(11)：3-8.

[101]钱贵霞，李宁辉．不同粮食生产经营规模农户效益分析[J]．农业技术经济，2005(4)：60-63.

[102]黄祖辉，俞宁．新型农业经营主体：现状、约束与发展思路[J]．中国农村经济，2010(10)：16-26，56.

[103]朱信凯．现代农业发展视野下的国家粮食安全战略[N]．东方早报，2012-07-24(D06-D08 版).

[104]于亢亢，朱信凯，王浩．现代农业经营主体的变化趋势与动因：基于全国范围县级问卷调查的分析[J]．中国农村经济，2012(10)：78-90.

[105]秦立建，张妮妮，蒋中一．土地细碎化、劳动力转移与中国农户粮食生产：基于安徽省的调查[J]．农业技术经济，2011(11)：16-23.

[106]ROZELLE S，TAYLOR J，DE BRAUW A. Migration，remittances and agricultural productivity in China[J]. American Economic Review，1999，89(2)：287-291.

[107]何秀荣．公司农场：中国农业微观组织的未来选择？[J]. 中国农村经济，2009(11)：4-16.

[108]林坚，李德洗．非农就业与粮食生产：替代抑或互补——基于粮食主产区农户视角的分析[J]. 中国农村经济，2013(9)：54-62.

[109]WU H X，Xin M. The direct of the relocation of farm labor on Chinese grain production [J]. China Economic Review，1997，7(2)：105-122.

[110]SEN A. An aspect of Indian agriculture[J]. Economic Weekly，1962，14(4-6)：243-246.

[111]Bardhan P K. Size，productivity and returns to scale：an analysis of farm-level data in Indian agriculture[J]. Journal of Political Economy，1973，81(6)：1370-1386.

[112]KIANI A K. Farm size and productivity in Pakistan[J]. European Journal of Social Science，2008，7(2)：42-52.

[113]史清华．农户家庭经济资源利用效率及其配置方向比较：以山西和浙江两省10村连续跟踪观察农户为例[J]. 中国农村经济，2000(8)，81(6)：1370-1386.

[114]罗伊·普罗斯特曼，蒂姆·汉斯达德，李平．中国农业的规模经营：政策适当吗[J]. 中国农村观察，1996(6)：17-29，63.

[115]许庆．农地制度、土地细碎化与农民收入不平等[J]. 复印报刊资料(农业经济导刊)，2008(5)：39-47.

[116]罗必良．家庭经营仍是新型农业经营体系基础[J]. 中国合作经济，2014(3)：5.

[117]王春来．发展家庭农场的三个关键问题探讨[J]. 农业经济问题，2014，35(1)：43-48.

[118]林善浪．家庭经营：实现我国农业现代化的基本形式[J]. 经济理论与经济管理，2000(5)：59-62.

[119]周陶，范轶玲，高明．基于全员生产效率视角的农业经营主体辨析[J]. 农林经营管理学报，2014(4)：364-369.

2 农户经营分化研究的理论基础

实行农村家庭承包经营以来，农村社会中的土地制度、生产方式等发生了重大变化，农户的经营分化已经成为农村社会中的突出现象，使农民成为异质化的社会群体。然而，经营分化现象何以产生？最重要的原因应该是，生产力的发展使大量农民离开土地向城镇转移，社会分工发生变化，而社会分工变化的进一步发展引起了社会分化与分层，农户分化程度不断加深，非农收入增加，耕地经营规模和种植结构也在不断变化，最终在多方面因素共同作用下，农户分化现象不断发展。

2.1 农户社会分化

几十年来，农村出现了大规模的社会分化[1]，农村社会结构的同质性不断减弱，异质性不断增强，主要体现在以下几个方面：一是职业分化。改革开放后，农民的职业变得多样化和复杂化，大量劳动力转移到第二产业和第三产业，无论是进城务工还是在经营企业工作，许多劳动力已经从传统农业中脱离并进入了新的职业行列。[2]二是收入分化。与过去相比，大多数农村居民的收入显著增加，但增长率大不相同，收入差距以倍计数。[3]三是权利的分配。农村经济和社会改革瓦解了公社制度时代的一元化体系。除村干部外，还产生了以经济和声望为基础的乡贤。[4]权利、收入和职业的差异，使传统农民能够在新制度下增加生产价值，从而促进农村地区的社会分化。

2.1.1 农户的社会面向分化

21 世纪后，越来越多的农民家庭在城市工作和经商，获得收入。一方面，农民家庭中的老人仍在家务农；另一方面，青壮年农民热衷于外出工作，形成了以代际分工为基础的半工半农的家庭结构。[5]

这种半工半农的家庭结构中，老年人留守在家，年轻人进城务工，使农村生活变得尤为有趣。农民收入多样化，收入结构多样化，农村生活多样化，社会结构复杂化。[6]一方面，过去相对封闭的农村的边界解体，社会变得越来越开放，农村人口、人才和商品不断外流，农村独立创造价值的能力变得越来越弱；另一方面，越来越多的人从城市获得收入，农户将来自工作和商业的收入不断地输入农村，农村社会也就有了之前仅靠农业收入所无法获得的丰厚资源。

一般来说，进入城市的农民必然在春节期间返回家乡。中国人的“故乡情结”属于面向农村的价值取向。[7]费孝通认为，“农民的半截身子是插在土地中的”。这描述了流动性相对较弱的传统农村社会的物质基础。贺雪峰主要强调了农民在农村生活中可能获得的价值感受。[8]对于农民来说，他们所居住的村子不仅是物质世界，而且是有意义的世界。在这样的世界里，农民的目的不仅是获得物质利益，而且是获得价值利益。只有具有价值生产能力的农村才能为农民创造一定的生活追求。此外，随着中国农村的社会化和农村价值生产能力的减弱，农村的人很难在城市工作，以获得对城市的归属感。但问题是，他们对家乡已经开始感到陌生，心理和情感上都不再回得去。他们的精神寄托在哪里？从农村考上大学并在城市找到稳定工作的农民的孩子，随着年龄增长，“乡愁”也越来越浓。失去了价值和生产能力的地方是他们的家乡吗?[9]

总体而言，市场经济和现代媒体渗透到农村生活及农民的大规模流动中，将损害农村创造自主价值的能力。[10]农村的价值和生产力的下降削弱了外出农民与农村之间的联系。他们不在乎在农村是否得到承认，也不会从农村中获得存在意义。这种总体变化趋势在我国不同地区具有不同程度的差异。在宗族组织发达的南方农村地区，农村具有提供“历史感”和“归属感”的强大能力。[11]中部地区的农村常常无法为农民提供“历史感”和“归属感”。农民可以轻松接受城市中的生活方式和价值观，具有很强烈的脱离农村的意愿。北方农村的价值生产能力介于上述两者之间，这里的农民既不像中部地区的农民那样开放，也不像南方地区的农民那样保守。

从生活的角度来看，农村不仅象征着与城市相隔离的生活空间，而且象征着一种不同的生活方式和价值选择。[12]经济和物质条件的改善带来了农村社会器物层面的变迁，真正的变化发生在价值体系的层面上。农村具有产生价值和意义的能力，与农民的福利和尊严、基层的社会秩序，以及精神文明的发展息息相关。[13]费孝通所说的“农村重建”和梁漱溟所说的“乡村建设”都着眼于文化重建。贺雪峰期望的“新乡土中国”的理想，也包含现代化进程中，中国农村可以为农民提供一种“低消费，高福利”的生活方式。[13]其中，最关键的是让农民获得主观性、价值感和尊严感，使他们对未来充满期待。

2.1.2 农户的职业分化

“农民”是一个具有丰富内涵的概念。不同国家和不同地区的农村在历史、文化，以及经济和社会发展方面存在差异，学术界未能对农民作出统一的定义。在中国，随着人口广泛的社会流动、户籍制度的宽松及农民的职业复杂化，对农民的定义变得越来越困难。但总体而言，以地位或户口登记作为标准相较于以职业作为标准更符合中国的国情。因此，本书将农民视为一个身份，而该身份是以户籍为划分边界的。[14]

2.1.2.1 面向市场化进程的农民职业分化

农民分化是中国社会经济发展过程中的普遍现象，它是市场化和现代化进程的产物。它具体指的是这样一个事实，即在社会系统的结构中，农民的身份已经从承担多种职能的单一社会地位身份演变为承担单一职能的多种社会地位身份。[15]农民分化一般分为两个方面：一是横向分化，即将农民分为不同类型的群体，最典型的是职业差异化；二是纵向分化，意味着将农民分为有高低顺序的组别，或者分为资本占有、经济收入、社会声望、价值取向等方面有很大差异的群体。实际上，横向分化和纵向分化之间没有严格的区分，可以根据不同的标准将不同的群体分为不同的级别，从而形成高低有序的组别。[16]农民的纵向分化是指按照不同的标准将不同的群体划分为不同的层次，这实质上是一种社会分层。社会分层是社会结构中最主要的现象，它是指不同的社会资源导致的社会成员和社会群体的分层或差异。[17]在社会分层研究领域的两个主要传统理论中，马克思理论指出，分层应该基于生产资料的所有权；而韦伯的“三位一体”分层理论指出，财富、权力和威望才是将人们划分为不同层级的标准。职业地位被视为社会分层的指标之一，并且是表征社会分层的最主要指标。利用职业进行分层，表明职业不仅是横向分层的标准，而且具有纵向分层的标准特征。因此，一种职业可以进一步被划分为不同的级别，例如，上、中、下及上中、下中，以形成上、上中、中、下中、下的五层结构。[18]改革开放后，大批农民外出打工，形成了大规模的农民工群体，把原来的农民群体分为村民和进城务工农民。为了适应农村经济社会发展，农民作为落后群体不断分化，其中职业方面的分化尤为明显。

2.1.2.2 农村内部的职业分层

随着外出务工的农民越来越多，农民的职业出现了明显的职业分割，且非农化的趋势十分明显。只有大约一半的农民主要从事农业劳动。在当地打工、组建企业，以及开展个体经营已经成为在村农民的多元化选择，“逃离农业”的趋势十分明显。[19]调查组进一步分析发现，一些农民的职业存在明显的性别差异，并且受其生命历程的制约，男性和年轻的农民更有可能成为企业主和个体户、技术人员、基层干部等相对层次较高的职业人员。部分农民缺乏人力资本，只能从事农业工作和家务劳动，甚至失业。人力资本的增加帮助在村农民从事“去农业化”和“去体力化”的职业，即人力资本的积累有助于农民达到更高的职业水平。[20]党员身份有助于农民成为基层干部，即他们可以从事社会管理工作。一般来说，性别、生命历程、人力资本和社会资本是影响农民职业分层的重要因素。年轻、健康、受过高等教育、社团参与程度较高，以及具有党员身份的在村农民更有可能从事较高层次的职业。

每年中国都有数亿人离开他们的出生地，去其他地区长期居住。留村的农民也不仅限于从事农业生产，他们积极扩大就业空间，寻找其他可以提高收入和生活质量的工作。无论是在当地工作、创业还是自谋职业，都是一种创新的方式，这种创新也是实现乡村振兴的重要途径。应该说，村民的职业差异有助于消化留守在村的剩余农业劳动力，促进农村经济和社会发展，还可以避免农村退化，是一种良性的社会现象。尽管当前农民的职业分化呈现“逃离农业”的趋势，但“逃离农业”不是“逃离农村”，即“离土不离乡”。基于此，本书认为，应强调和促进村民职业发展的多样化，鼓励农民进入劳动力市场，并促进职业流动，以增加村民的收入，提高他们的生活质量。与社会资本相比，通过国家政策支持来增加人力资本更为容易。因此，国家应采取积极措施，增加农民的人力资本。例如，加强直接面向农民的职业技术培训，为农民选择不同的就业渠道提供技术支持；鼓励发展乡镇企业，为农民提供更多就业机会。此外，农民的职业分化从根本上改变了传统农村地区缺乏正式劳力或雇佣关系的情况。当农民进入劳动力市场时，便建立了正式的劳资关系或雇佣关系，成为农村地区的规范，促进了农民的职业发展。因此，在发展多元化的过程中，国家还应注意保障在村农民的各项合法权益。

2.1.3 农户收入分化推动下的社会分化

随着工业化和城市化的快速发展，农村家庭收入进一步分化[21]。

根据 2003—2018 年《山东统计年鉴》的数据，山东省农民收入中的非营业性收入持续增加，农户的家庭性营业收入不再一枝独秀，农民的家庭人均营业性收入占家庭人均总收入的比例逐年下降。2010 年，山东省农民人均家庭总收入中，人均非经营性收入首次超过人均经营性收入，占农村家庭总收入的 50.55%，农村居民的非经营性收入主要是工资性收入（2010—2017 年其工资性收入占非经营性收入的 70%以上）。

农民兼业化行为的出现，使农业经营收入不再是农村居民家庭的主要收入，农民摆脱了靠天吃饭的传统生活状态。大量农民外出务工改善了农民的收入结构，而且不同于农业回报的慢速发展，快速增加的非农收入使农民的生产观念和行为也发生了改变。

2.2 农户经营分化

从传统农业到现代农业，从自然经济、半自然经济到市场经济，从单一农业经济结构到农业的全面发展，我国农业正处在历史性的转折点，面临农业生产方式落后、农业技术含量较低、农产品商品率较低、农村经济结构畸形、农业管理体制和产业组织方式不健全等深层次问题，为了实现社会主义市场经济与农业现代化相融合的目标，必须积极探索新的方法和途径。[22] 在这种情况下，农业产业化经营应运而生，促进了各种合作经济组织的出现。国内学者对农民家庭经营行为、农业产业化经营组织及其利益联结机制等进行了研究。

2.2.1 农户经营行为分化

从农民的经营行为角度看，农户执行交换活动，取决于农民的社会经济关系。在当今的中国，小农处于“商品小农”与“理性小农”之间，部分还有“生存小农”的特征，基本上没有“弱势小农”的痕迹。无论是在发达国家还是在发展中国家，农民都是农村经济社会的一个基本组织单元，农户经营具有适应性和生命力。[23] 农户经营具有强大的生命力，可以适应不同的生产力水平，不存在生产力发展了就要改变农户组织的问题。而且，随着经济的发展，农民在家庭重要类型决策中变得更加理性，这种趋势体现在“男女共商决策”程度的迅速提高方面。

2.2.2 农户经营组织分化

从农业产业化经营组织的角度看，学者普遍从以下几个方面进行研究：①从农业产业化经营组织的演进角度来看，农业产业化管理组织形式的创新和发展是与特定的历史时期相适应的，适当的组织形式是农业产业化管理效率的重要保障。在不同的发展阶段，外部环境和发展水平对应不同的组织形式。②从农业产业化经营组织的运行机制来看，农业产业化管理用一系列松散或紧密的长期契约关系代替一些临时的市场交易关系，然后形成一个基于商品契约的组织。在农业产业化的“组织链”中引入新要素的动机是节省内生性交易成本，契约在联系农业产业链中起着重要作用。龙头企业主要依靠契约来联结和带动“龙尾”的发展。根据契约的不同对象和性质，有两种类型的契约可供龙头企业选择：一种是要素契约，另一种是商品契约。商品契约优于要素契约。[24]在长期交易过程中，市场力量和资产专用性在确保商品契约的履行中起着非常重要的作用。农业产业化运营以现代市场经济契约、合同、股份及参加合作社的约束机制为纽带，以农产品加工为中心，进行产前、产中和产后的协调与结合，形成了庞大的综合经济运行体系。这是一种有机的运营形式，集生产、供应和销售于一体，以实现工业规模的收益。这种业务形式的核心是利益分配机制，其利益联结机制的外部表现是两者之间的联结模式，其内涵是两者之间利益分配的规则。

2.2.3 农户经营分化的区域特征

2.2.3.1 经营分化的地区差异性

目前，中国的农村地区可以与东部沿海城市经济区(以珠江三角洲和长江三角洲为代表)及中西部地区一般农业型的农村区域分开。由于其区位优势和较早的乡村工业化，在进入21世纪之前，东部沿海地区的农村已经成功实现了工业化，并成为沿海城市经济带的重要组成部分。作为该机制的一部分，这些地区第二、第三产业的繁荣，不仅使当地农民能够从农业进入第二、第三产业，而且吸引了许多来自其他地方的进城务工人员。繁荣的第二产业和第三产业，以及大量移民的进入，造成农业用地的非农业使用。非农业用地的价值远远超过农业用地，沿海城市经济带的农民可以从中受益。典型的表现是宅基地具有更高的潜在市场价值，而农民则拥有更多的收入。[25]

没有第二产业和第三产业的发展，中西部普通农业地区显然不能仅依靠传统农业来致富。传统农业从种植大田作物向种植高附加值经济作物的转变是从过去的20年开始的，这是地方政府“逼民致富”的首选。但是，在仍然有超过6亿农村人口和2.2亿农户仍然拥有强大的农业生产能力的背景下，经济作物的高附加值是以其高风险和高投资为代价的。扣除风险和投入因素后，在足够的市场条件下，经济作物的收入等于大田作物的收入。任何能产生超额利润的经济作物都会吸引在村农民大量种植，这将导致供过于求。

2.2.3.2 经营的城乡分化

随着我国城市化和工业化的不断发展，非农业部门的工资水平不断提高，大量农民逐渐兼业化甚至非农化，成为非全职型农户。其中，一些具有较强非农经营能力的农民逐渐放弃农业而从事非农经营，成为离开农村但不脱离农村户口的工商业农民。而一些非农业经营能力相对较弱的农民则在非农劳动力市场就业容量与家庭内部最优分工的双重约束下，成为离乡不离土的兼业农户。随着农业劳动力持续向非农产业转移，从事农业的劳动力逐渐去过密化，农村人地关系逐渐改变。[26]

长期形成的城乡二元体系将城乡划分为两个不同的地区。早期两者差异不明显，但是随着改革开放的不断深入、社会主义市场经济体制的实施和社会的飞速发展，城乡差距越来越大，两者的差异日渐显著。教育、医疗、交通、就业、基础设施、社会保障等领域的差异不仅体现在城乡之间，而且体现在城乡内部。最明显的是贫富差距。贫富两极分化的现象，将进一步影响消费、教育和其他方面的成效。各种资源的获取将不平等，从而导致教育的差异化，其中最明显的是高等教育的差异化，农村家庭在获得高等教育机会方面处于不利地位。与非农业家庭相比，农村家庭在获得高等教育机会的数量和质量上处于劣势。

2.2.4 农户经营的主体分化

目前，中西部的农村地区缺乏第二、第三产业的就业机会，人多地少，这使得农民仅凭土地收入难以维持体面的生活。农民通过进城务农、经商来增加家庭收入。与城市相比，广大中西部农村地区的基础设施和公共服务仍然落后。只要条件满足，农户家庭就愿意在城市生活。从这个意义上讲，农民没有乡愁，只有“城愁”。[26]

中西部农村地区存在3种不同类型的农户家庭：一是家庭的经济状况较好，举家进城的农户；二是中青年工人进入城市，老年人留在农村的农户；三是全家都留在农村的农户。其中，第二类占比最大，调查组称之为“以代际分工为基础的半工半农”的农户家庭，约占中西部地区农户家庭总数的70%。这些半工半农的农民一旦进入城市获得稳定的就业机会和收入，具备全家进城的条件，就可能去城市定居。

大多数“半工半农”的农户家庭经济能力不足，他们希望通过家庭的代际分工获得劳动和务农收入，从而逐步进入城市，还有一些农户家庭因为无法进入或不想进入城市而留在农村。留在农村的中青年劳动者一般通过承包土地获得收入，他们必须找到扩大农业经营规模并获得各种获利机会的途径来提高收入水平。这些农民成为所谓的“中坚农民”，有时正是因为“中坚农民”具有在农村获利的机会，他们才可以不进城务工、经商就保持在农村的舒适生活。越多的农民进城，就留下越多的农村获利机会以滋养农村的新“中农”。[27]此外，农村地区仍有一些老年人、弱势群体和残疾人群体无法进入城市。

2.3 农户经营分化的形式与表达

随着我国工业化与城镇化的不断推进，农民的非农收入不断增加。大量农户逐渐选择兼业化甚至非农化发展，全职性农户越来越少。其中，部分非农经营能力比较强的农户开始从事非农生产，还有一部分由于家庭或者其他原因在就业和家庭经营之间不断调整，成为兼业农户。关于农户经营分化的形式与表达，本节主要从经营规模分化、经营结构分化和经营组织分化3个方面进行分析。多年来，农户经营分化在经营规模方面大体上从细碎化向适度规模化发展，经营结构不断优化，但是粮食作物始终占主导地位。同时，各种新型农业经营主体的数量和专业化程度也在不断变化，促进了我国农业的现代化和专业化发展。

2.3.1 经营规模分化

我国实施的农村家庭承包经营有效地提高了农业生产率，促进了农村经济的增长和转型。但是，随着我国经济的快速增长和工业化的快速发展，耕地平均分配加剧了农地细碎化程度，影响了农户土地规模经营，成为耕地利用效率下降的主要原因。发展耕地市场和实现土地流转，是实现农地适度规模经营、促进新农业技术的采用、提高农业土地资源配置效率和农业劳动生产率的必然选择。农民之间的土地市场交易可以提高经济效率。除了平衡交易收益的影响，在确保土地承包关系稳定的同时，允许农民以各种形式转让土地合同经营权和适度大规模耕地，为改善家庭承包经营提供了可能的选择。

2019 年，"中央一号文件"明确规定，国家将巩固和完善农村基本管理制度，支持小农户与现代农业发展的有机联系，重点促进家庭农场和农民合作社两种新型的农业商业实体的发展。

中华人民共和国成立以来，每户人均耕地较少，而且每户的发展阶段也不相同。因此，本书选择中国 2014 年种植大户面积标准的下限作为每户家庭可耕地总面积的 10 倍的标准值，以便将农民规模分为大、小两种类型。其中，大土地经营规模农户简称为大农户，小土地经营规模农户简称为小农户。中华人民共和国成立以来，农民土地经营规模的发展可以概括为 5 个不同的阶段(见表 2-1)。

表 2-1　中华人民共和国成立以来农户土地经营规模情况　　单位：公顷

项目	1949—1952 年		1953—1956 年	1957—1977 年	1978—1986 年	1987 年至今		
	地主	其他农户				小农户	种植大户	家庭农场
平均耕地面积	10. 1	0. 54	15. 7	15. 7	0. 78	0. 5	6. 8	11. 8
规模标准	10	9. 1	6. 7	5. 5	—	5. 2	—	—

资料来源：根据研究所得。

表 2-1 中，1953—1977 年，基本劳动组织单位为生产队，农户土地经营规模按生产队平均耕地面积计算。

第一阶段(1949—1952 年)：从大小规模并存发展到小规模发展。这一阶段也是土地改革阶段。中华人民共和国成立之前，不到总人口 5. 0%的地主占据 50. 0%以上的耕地。[27]土地改革后，国家通过没收、征收地主多余的耕地，无偿分配给无地、少地的农户，使得耕地归全体农户所有。据统计，如果按 1950 年全国有 0.99×10^8 户[28]农户计算，全国耕地面积约为 1.0×10^8公顷[29]，地主的平均耕地总面积为 10. 1 公顷，其他农户的耕地总面积为 0. 54 公顷。土地改革后，户均可耕地总面积约为 1 公顷。可以看出，从大地主和小农户并存发展到所有农户的小规模发展，农户土地规模已经到了小规模发展阶段。

第二阶段(1953—1956 年)：从小规模发展到大规模发展阶段。从 1953 年开始，国家通过农业生产合作组、初级农业生产合作社和高级合作社 3 个时期的农业合作化运动，使农户土地使用权过渡到无偿划归合作社，逐步完成对个体农户经济的社会主义改造，从土地的农户个体经营转变为以生产队为基本劳动组织单位的集体所有制经营。因此，这一阶段为农户土地从小规模逐步向大规模发展阶段。

第三阶段(1957—1977 年)：集体化引领的大规模经营。我国进入人民公社时期后，农户土地由农业生产合作社集体所有制转变为人民公社所有制。人民公社所有制在集体所有制的基础上完成了“一大二公”。可见，这一阶段延续了农户土地平均 15 公顷的经营规模，为大规模经营阶段。

第四阶段(1978—1986 年)：诱改性制度变迁，小户经营回归。1978 年召开的党的十一届三中全会标志着我国进入改革开放时期。在此次会议上，国家提出了土地实行以家庭承包经营为基础、统分结合的双层经营体制。资料显示，这一阶段，全国耕地面积约为 0.99×10^8 公顷[29]，若以 1981 年全国约有 1.8×10^8 户农户计算，户均总耕地面积约为 0.5 公顷。可见，随着农村家庭承包经营体制的确立，国家将土地的使用权均分到农户，农户土地经营开始从大规模经营走向小规模经营阶段。

第五阶段(1987 年至今)：迈向适度规模经营阶段。1998 年，我国完成家庭承包经营以来最后一次全国性的土地细分。到 1998 年，我国只有小农户 2.3 亿户，户均经营规模为 11.8 亩，占耕地总经营面积的 94.2%，农业经营“小而全”的特征依然明显。[30]

2008 年，党的十七届三中全会首次提出将家庭农场作为农业规模经营主体。随后，2013 年“中央一号文件”再次提到家庭农场，鼓励和支持承包土地转让给种植大户和家庭农场。全国各地通过“三权分置”、土地流转、经营补贴等各种政策和措施，产生了部分大规模经营的种植大户、家庭农场等新型农业经营主体。据调查，2017 年，小农户平均总耕地面积约为 0.5 公顷，种植大户平均总耕地面积约为 6.8 公顷，家庭农场平均总耕地面积约为 11.8 公顷。[31]种植大户、家庭农场的平均总耕地面积均超过了 5.2 公顷的大小界定标准。

2.3.2 经营结构分化

作物种植结构是农业生产活动在土地利用上的表现之一，也是有效利用自然资源和科学管理的最终体现。[32]本书用每种农作物的播种面积与农作物的总播种面积之比来反映种植结构的变化，主要从 3 个角度进行分析：一是按作物来描述，分析粮食作物和主要作物播种量随时间的变化趋势；二是描述粮食作物内部种植结构的变化，即 4 种主要粮食作物——水稻、小麦、玉米及大豆的构成变化；三是讨论我国各地区粮食作物结构的变化。由于我国自然地理环境的明显差异，本书将讨论水稻、小麦和玉米这 3 种主要粮食作物的主产区和非主产区的种植结构的变化。

2.3.2.1 粮食作物在总作物中的种植结构的变化

表 2-2 呈现了 1990—2019 年我国各类农作物播种面积。可以发现，粮食作物播种面积和比例的变化大致经历了两个阶段：第一个阶段是 1990—2003 年，我国粮食播种面积和比例连续下降。第二个阶段是 2004—2019 年，粮食作物的播种面积和比例持续增加。经济作物中除棉花、烤烟和甜菜外，播种面积随时间呈上升趋势；其中，蔬菜最为明显，播种面积从 1990 年的 6338 千公顷增加到 2019 年的 20826 千公顷。从播种率的角度来看，油料、甘蔗和蔬菜的播种率随时间呈上升趋势；蔬菜的播种率从近 4%提高到 12%以上。随着时间的流逝，棉花和甜菜的种植比例呈下降趋势。2019 年，甜菜种植比例下降到不足 1%。

表 2-2 1990—2019 年我国各类农作物播种面积 单位：千公顷

年份	粮食作物	油料	棉花	甘蔗	甜菜	烤烟	蔬菜
1990	113465	10900	5588	1009	670	1342	6338
1995	110060	13101	5422	1125	695	1309	9515
2000	108426	15400	4041	1185	329	1269	15237
2001	106080	14631	4810	1248	406	1181	16402
2002	103891	14766	4184	1393	424	I192	17353
2003	99410	14990	5111	1409	248	1139	17954
2004	101606	14431	5693	1378	190	1145	17560
2005	104278	14318	5062	1354	210	1245	17721
2006	104958	11738	5816	1378	189	1088	16639
2007	105998	12344	5199	1531	225	1094	17556
2008	107544	13232	5278	1709	217	1218	17859
2009	110255	13444	4484	1643	161	1222	17817
2010	111695	13695	4366	1623	185	1208	17431

续表

年份	粮食作物	油料	棉花	甘蔗	甜菜	烤烟	蔬菜
2011	112980	13471	4523	1644	190	1324	17909
2012	114368	13434	4329	1695	191	1446	18496
2013	115907	13437	4162	1704	140	1472	18836
2014	117455	13394	4176	1638	99	1330	19224
2015	11962	13314	3774	1476	96	1197	19613
2016	119230	13191	3198	1401	153	1153	19553
2017	117989	13223	3194	1371	174	1080	19981
2018	117038	12872	3354	1405	216	1003	20438
2019	116063	12925	3339	1390	218	972	20826

数据来源：历年《中国统计年鉴》。

2.3.2.2 粮食内部种植结构的变化

1990—2019 年我国 4 类粮食作物播种面积如表 2-3 所示，表中显示了水稻、小麦、玉米和大豆 4 种主要粮食作物的播种面积变化趋势。总体而言，水稻、小麦和大豆的播种面积呈下降趋势；玉米播种面积显著增加，2019 年达到 41284 千公顷。1995 年，小麦超过了玉米，成为我国的第二大主食。2012 年，玉米超过了水稻，成为我国的第一大主食。

表 2-3 1990—2019 年我国 4 类粮食作物播种面积　　单位：千公顷

年份	水稻	小麦	玉米	大豆
1990	33064	30753	21401	7560
1995	30744	28860	22776	8127
2000	29962	26653	23056	9307
2001	28812	24664	24282	9482
2002	28202	23908	24634	8720
2003	26508	21997	24068	9313
2004	28379	21626	25446	989
2005	28847	22793	26358	9591
2006	28938	23613	28463	9304
2007	28972	23761	30024	8801
2008	29350	23703	30980	9225
2009	29793	24425	32948	9339
2010	30096	24442	34976	8700

续表

年份	水稻	小麦	玉米	大豆
2011	30338	24506	36766	8103
2012	30475	24551	39109	7404
2013	30709	24439	41299	7049
2014	30765	24450	42997	7097
2015	30784	24566	44968	6827
2016	30745	24665	44178	7598
2017	30747	24478	42399	8244
2018	30189	24266	42130	8412
2019	29693	23727	41284	8469

数据来源：历年《中国统计年鉴》。

2.3.2.3 不同地区粮食种植结构的变化

粮食作物种植结构事关粮食安全，为了确保我国粮食安全，国家制定了粮食最低收购价格制度，即当粮食主产区市场粮价低于国家确定的最低收购价时，国家委托符合一定资质条件的粮食企业，按国家确定的最低收购价收购农民的粮食。[33]这项制度对不同区域农业种植结构造成了深远影响。本书按照收购政策涉及的各类粮食作物主产省(自治区、直辖市)，将稻谷、小麦和玉米三大粮食作物的产区进行划分，其中早籼稻主产区为安徽、江西、湖北、湖南、广西，中晚籼稻和粳稻主产区为辽宁、黑龙江、江苏、安徽、江西、河南、湖北、湖南、广西、四川；小麦主产区为河南、河北、山东、江苏、安徽、湖北；玉米主产区为黑龙江、吉林、辽宁、内蒙古。表 2-4 展示了 2000—2018 年我国稻谷、小麦及玉米在各自主产区和非主产区的播种面积比例变化。三大主粮的生产逐步向主产区集中。其中，稻谷在主产区的播种比例从 2000 年的 69. 18%增加到 2018 年的 77. 36%；小麦在主产区的播种比例从 2000 年的 61. 06%增加到 2018 年的 72. 96%；玉米在主产区的播种比例从 2000 年的 29. 14%增加到 2018 年的 41. 79%。从种植结构来看，三大主粮占农作物总播种面积的比例在各自主产区与非主产区表现出一定的差异。具体而言，稻谷在其主产区的种植比例总体呈上升趋势，而在非主产区的种植比例逐年下降；小麦在其主产区的种植比例基本稳定，但在非主产区的种植比例明显下降；玉米作为我国第一大主粮，种植比例在主产区迅速提高。

表 2-4　2000—2018 年我国三大粮食作物主产区与非主产区播种面积比例 单位：%

年份	稻谷主产区	非稻谷主产区	小麦主产区	非小麦主产区	玉米主产区	非玉米主产区
2000	69.18	30.82	61.06	38.94	29.14	70.86
2001	69.91	30.06	62.18	37.82	32.24	67.76
2002	71.03	28.97	63.47	36.53	31.90	68.10
2003	71.47	28.53	65.18	34.82	32.02	67.98
2004	72.73	27.27	65.89	34.11	32.84	67.16
2005	73.46	26.54	66.37	33.63	32.02	67.40
2006	75.11	24.89	69.91	26.97	35.43	64.57
2007	75.56	24.44	70.02	29.97	36.46	63.54
2008	75.53	24.47	70.38	29.62	35.97	64.03
2009	75.59	24.41	68.46	31.54	36.50	63.50
2010	76.03	23.97	68.93	31.07	36.90	63.10
2011	76.26	23.74	69.31	30.69	37.34	62.66
2012	76.47	23.53	70.01	30.01	38.58	61.42
2013	76.65	23.35	70.87	29.23	39.55	60.45
2014	76.79	23.21	71.29	28.71	39.97	60.03
2014	76.83	23.05	71.53	28.46	40.23	59.82
2015	76.96	22.90	71.75	28.32	40.61	59.65
2016	77.12	22.75	72.04	28.05	40.97	59.15
2017	77.25	22.54	72.58	27.84	41.42	58.64
2018	77.36	22.32	72.96	27.61	41.79	58.21

数据来源：历年《中国统计年鉴》。

2.3.3　经营组织分化

现阶段，我国农业土地经营模式可分为家庭承包经营、家庭农场、企业+农户、农业生产合作社和工商企业雇佣型大农场5种类型。[34]按照是否以家庭自有劳动力经营为主，可归纳为两类：一是以家庭自有劳动力为主的家庭农场，土地规模相对较小，包括上述模式的前4种。家庭承包经营依靠农民自家成员的力量经营土地；家庭农场主要依靠自家成员或亲属耕种土地，从事农业规模化、集约化、商品化生产经营；企业+农户是一些大型加工企业、商业企业将大量分散的家庭农业置于自己的控制之下，收购农民的农产品，并提供贷款、生产资料和技术咨询；农业生产合作社以一定的地域和乡邻关系联合起来，建立各种农产品加工、销售、生产资料购销等合作组织。二是以雇用农业工人为主的工商企业雇佣型大农场。工商企业与农户签订土地流转合同，招募农业工人从事农业生产。国家一般不鼓励工商资本长时间大规模直接参与农业经营。[35]

家庭农场与家庭承包经营的界线并不明显，企业+农户是工商企业与家庭农场的结合，农业生产合作社克服了小生产与大市场的矛盾，以合作方式实现农业生产、农产品加工和销售的纵向一体化经营；工商企业雇佣型大农场由于涉农企业签署流转合同期限一般较长，企业面临经营风险时可能会中止流转合同，导致农民利益受损。尽管我国农村家庭联产承包责任制已经取得巨大成就，但关于小农(农民)的落后与保守、害怕市场竞争、抵制变革、不适应现代社会化生产的论述，以及家庭式农业经营必然为工商企业雇佣型大规模农业经营所取代的观点仍然被很多人认可。[35]

2.4 农户经营的困境及分化环境

家庭经营模式在发展现代农业的背景下弊端显而易见，一家一户的小农经营使土地细碎化，阻碍了农业规模化进程；小农户与市场经济下的大市场难以对接，并且农产品市场容量和市场需求也在不断发生改变，农户适应政策变化和市场风险的能力不足。市场化进程中，部分农民抓住了时代的机遇，通过劳动力转移就业和非农经营等方式取得了家庭经营难以达到的经济效果，还有部分通过经营规模的灵活改变，成为家庭农场主等新型农业经营主体，也取得一定的成效。工业化和城镇化是大势所趋，在这个过程中不同农民之间的差距也在不断扩大。

2.4.1 小农户经营的困境

2.4.1.1 土地细分导致农地功能错位

在现行家庭承包制下，中国的农业用地的福利功能大于生产功能，公平大于效率。这导致了耕地制度下耕地功能和公平的错位，抑制了耕地的生产效率。[36]家庭承包制并非一个完美的地权制度，家庭承包制对内的不排他性，产生了所谓的“成员权”问题，即授予村子的每个合法成员平等拥有土地的权利。[37]结果自然是土地的分布随人口的变化而变化。这种对内不排他而对外排他的产权关系，是由农民土地的社会保障功能决定的。土地是农民赖以生存的重要资源，在国家不承担农民社会保障义务的条件下，土地对于农民的社会保障十分重要，而这种社会保障只能通过在人口中平均分配土地来实现。为了保护农民的生存权，中国农田的福利功能大于生产功能，公平大于效率。

2.4.1.2 土地外溢产生

目前，农村土地承包经营管理实行土地均等化制度。由于人口不断变化，土地不断调整，从某种意义上说，土地的定期调整在资源配置中起着一定的作用，但是这种通过行政手段进行的资源配置造成了农民对土地预期的不确定，并造成了更大的外部性问题。[38]外部性问题进一步导致农民不愿进行长期投资和土地改良。农民使用更多可以在短期内提高产量的技术，如改良种子、肥料和杀虫剂，而不是使用具有更好经济效益的技术和产品。这不仅会导致土地生态恶化，而且会抑制农民收入的持续增长。因此，具有外部性内在化特征的土地制度创新是农村土地制度改革的必然选择。

2.4.1.3 小农户与大市场难以对接

农民很难在分散经营中发展出适当的经营规模，提高劳动生产率、发展生产和实现技术变革。家庭经营的小农户无法控制快速变化的市场，他们承受市场风险的能力很差，导致农业现代化陷入困境，农民的收入继续下降。[39]单一农民的农业生产面临家庭组织效率较低、市场交易成本偏高和市场力量薄弱的困境，这需要组织创新。具体而言，就是在维持农户家庭独立经营主体地位的基础上，克服家庭组织经营困境，改变其在交易中的弱势地位，建立与上下游企业的紧密联系，提高其在农业产业链中的经济地位。

2.4.2 小农户经营市场环境的变化

农户经营组织化作为伴随农村家庭联产承包责任制实施的系统性组织变革，当然与外部环境变化的基石密不可分。1978 年农村改革之前，我国的农业结构是单一的。由于强调“以粮为纲”，综合管理受到了严重制约。在改革前的近 30 年，我国的农业生产结构变化很小(见表 2-5)。这种结构突出了“三个为主”，即农业以种植为主，种植以粮食为主，粮食生产以高产作物为主。这种结构的核心是追求粮食产量增长。这个时期的农业结构可称为单一的粮食型结构。表 2-5 中的农业结构指的是各部门的产值比例，种植业结构指的是播种面积比例。

表 2-5 中国农业生产结构

单位：%

分类	生产结构	1952 年	1965 年	1978 年
农业结构	种植业	86.9	81.0	79.3
	林业	12.0	15.0	15.5
	牧业	0.7	2.2	3.6
	渔业	0.4	1.8	1.6
种植业结构	粮食作物	89.2	86.8	80.4
	经济作物	9.0	8.9	9.6
	其他作物	1.8	4.3	10.0

资料来源：《农村经济资料手册》。

但 1978 年以来，农业家庭经营所面临的农产品市场环境发生了巨大变化，主要包括农产品市场容量不断扩大、农产品需求市场的差异化、农产品的产业链条延伸。

2.4.2.1 农产品市场容量不断扩大

20 世纪 70 年代，国家的一项重要改革是从计划经济过渡到市场经济。从统一的购销到双轨制，再到深化改革，农产品的市场化指数从 1978 年的 39.9 提高到 2004 年的 68.5；农产品价格的市场化指数从 1978 年的 5.6 提高到 2004 年的 100。在扩大国内市场容量的同时，国际农产品市场的关税壁垒也被削减，农产品市场容量进一步扩大。农产品（特别是高附加值农产品）市场容量的扩大为农业生产带来了巨大的潜在利益。

2.4.2.2 农产品需求市场的差异化

随着经济的发展和人民收入的增加，农产品消费结构发生了重大变化。一方面，城乡居民的直接粮食消费持续下降，肉类、奶制品、水产品、水果和蔬菜等营养农产品的消费不断增长，消费者在食品和饮料上的支出也迅速增长；另一方面，消费者对农产品的追求已由数量转向质量，越来越注重产品的内部质量和安全性，包括营养成分、有毒有害物质的含量等。消费需求结构的变化，不仅为高附加值的农产品提供了市场，而且对市场提供的产品质量和安全性提出了要求。消费者对农产品质量安全和消费趋势的态度对生产者的行为产生深远影响。

2.4.2.3 农产品的产业链条延伸

技术的进步创造了在现有制度环境下获得未实现收益的可能性。技术进步对农业生产产生了深远影响，解放了大量农村剩余劳动力，将农业转化为技术密集型产业，促进了农业经济的发展和农民收入的增加。农产品加工技术的发展可以增加产品的附加值。一些农产品经过简单的初级处理，如分拣、清洁和包装，产品的价值将增加数倍。物流技术的发展大大减少了新鲜农产品的运输时间，不仅可以减少腐烂造成的损失，而且可以保持产品的原有属性，增加价值。信息技术的发展(如移动通信、互联网等)，使交易主体能够掌握市场信息并及时作出决策。

2.4.3 城市化进程与农业经营分化

城市化的快速发展是农民分化的“拉动力”。改革开放以来，我国城市化呈现快速发展的趋势，城市化率从1978年的17.92%迅速增加到2018年的59.58%。城市化的发展离不开劳动力的贡献。城市也为农村劳动力提供了大量的非农业就业机会。农户一直在不断变化和分化，这对农户的收入结构及其他方面产生了影响。中国农业经营分化是由工业化和城市化引起的。

2.4.3.1 城市化进程与农村劳动力转移

改革开放后，城市提供的非农业就业机会不断增加，农村劳动力的就业转移出现。截至2013年年底，中国的城市化率达到53.73%，几乎是1978年的2倍。农民工人数达到2.6984亿。这极大地改变了农民的资源配置和生产经营环境。

2.4.3.2 国民经济的市场化改革和农产品流通

自20世纪80年代农产品购销体制改革，以及2004年粮食市场和价格全面放开以来，我国农产品生产和流通的市场化改革逐步推进，使农民成为生产和销售的主体。但农民的市场主导地位是不完整和不平等的，由于农民经营规模小，组织薄弱，与其他市场参与者相比，他们处于不平等和不利的地位，对农产品价格的影响极为有限。在农产品的生产和销售链中，农民投入多、耗时长、风险大，但获得的利润相对较少。

2.4.3.3 城乡二元经济结构

长期以来，城乡二元体系将城乡划分为两个不同的地区。早期两者之间的差异并不明显，但是随着改革开放的不断深入、社会主义市场经济体制的实施和社会的飞速发展，城乡差距越来越大。

2.5 农民经营分化的价值

农民经营分化是顺应社会经济发展的现象。在农民经营差异化的过程中，不同经营规模的农户应运而生，小农户、适度规模农户、家庭农场等经营形式的存在提高了农业经营的效率，也解放了劳动力，使剩余劳动力得以从事其他工作，从而获得额外的收入。另外，农民经营差异化有利于种植结构的优化和新型农业经营主体的成长，家庭农场、产业化龙头企业、企业+农户等各种经营形式的不断完善和发展，能够有效促进我国农业的现代化发展。

2.5.1 不同经营规模的效率实现

2.5.1.1 基础农户的主体地位尚未动摇

从农业经营的经济效益来看，经济规模小于10亩的传统农业的产量确实较低。从商业价值取向的角度来看，它只是追求简单的家庭生产与消费的商业形式，无法创造更多的经济利益，甚至可以说是一种“糊口经济”。传统农业成为我国社会转型时期“半工半农”农民家庭收入的重要来源。我国农村留守农业的长期存在，使我国农民家庭在城市化进程中“两条腿”走路，也使家庭留守人员从事传统小农经济来自给自足，应付熟人社会的人情消费和日常开销，减轻了进城务工人员的经济负担。传统农业收入为农村老弱病残等弱势群体提供了最基本的生活保障，为进城务工人员解决了后顾之忧，使农村留守人员老有所养。年轻人外出务工的大额工资性收入，可以储蓄起来应对家庭大事和为家庭再生产做准备，这样基于代际分工的家庭经营模式就形成了农民家庭的双重收入模式。

2.5.1.2 中等规模农户取得适度性效率

从农村社会结构来看，中等规模农户的收入在村内至少处于中上等水平，他们构成了中坚农民群体，是农村社会舆论的掌控群体，也是维持农村社会秩序稳定的中坚力量。从农村社会治理层面来看，中等规模农户流入土地不需要支付租金，通过熟人流转土地的过程，实际上就是建构或强化农村熟人社会关系的过程。[40]这样遵循乡土人情逻辑的土地流转，带有很浓的人情味，一般不会发生纠纷，而流入土地的中农，由于留守在家耕种亲戚朋友的土地，在日常生活中也会关照土地流出方的家人。因此，在熟人社会内部自发流转土地基础上形成的中等规模农户，无论在生活、生产层面，还是在村子政治层面，都扮演着熟人社会中间阶层、释放“中农价值”的角色，是农村社会良好秩序的倡导者和维护者，甚至可以说中等规模农户发挥着联系国家与农民的纽带作用，他们成为国家政策下乡的依赖对象。

2.5.1.3 家庭农场不同规模下的效率平衡

家庭农场是我国农业现代化中出现的新型农业经营实体，也是农业经营效益最佳的生产方式。农民的经济行为不完全是纯粹的市场理性行为，而是具有社会和文化理性的行为。[41] 在城市化背景下，农民的分化促进了农业土地转让市场的发展，并为家庭农场提供了发展机会，这是基本前提。[42] 但是，仅凭这一先决条件不能完全解释农村青年返回农村工作的行为逻辑。当代农村地区几乎所有的年轻人和中年人都有进城务工经历，他们并非无法在城市赚取收入。这提醒调查组，在分析农村青年重返农业和经营家庭农场的原因时，不仅要考虑经济诱因，还应寻找内在的社会动机因素。

2.5.1.4 家庭农场不同规模效率的兼容弹性

农村青年重返家乡建立家庭农场这一职业选择，在农村发挥了示范性作用，“农民是底层职业者”的观念正在缓慢变化。在家庭农场创业的农村青年从各种政策支持中获得了受人尊重的社会价值。此外，返回家乡开办家庭农场的农村年轻人是中国农业现代化的主力军。他们从农民土地转让市场上获得适度规模的土地，当回到农村工作时，他们需要自由归还土地，这显示了高度的灵活性，并适应了农民从城市到农村的双向流动形势。农村青年带头形成新型的农业专业价值观念，重塑农村农业专业价值评价体系，即农业不仅是可以获得较好经济效益的产业，而且是社会评价较高的产业。

2.5.2 农户经营自主权的确立与经营分化

随着粮食需求结构的变化和农业投入要素成本的增加，我国的种植业正处在结构调整的关键时期。[43] 研究发现，2004 年以来，粮食作物的总播种面积和比例稳定增长，而大多数经济作物(如蔬菜和油料作物)的播种面积和比例在过去的 20 年中也显示出稳定增长态势。在粮食作物中，水稻、小麦和大豆的播种面积和比例均在不断下降，而玉米的播种面积和比例显著增加。

在国家层面：①农村劳动力价格上涨使谷物和棉花的种植比例减小，蔬菜和油料作物的种植比例加大。在粮食作物中，劳动力价格上涨对水稻和小麦产量产生负面影响，对玉米产量产生正面影响。换句话说，随着劳动力价格的上涨，我国减少了3种粮食作物中水稻和小麦的播种比例，增加了玉米的播种比例。②劳动力转移显著降低了谷物和棉花的播种比例，并增加了蔬菜和油料作物的播种比例。在粮食作物中，劳动力转移促进了小麦种植比例的增加，并减小了水稻和玉米的种植比例。

在不同的地区，农村劳动力价格的上涨和转移对区域农业生产结构的影响存在显著差异：①农村劳动力价格的上涨对蔬菜种植比例增大产生正面影响，对粮食作物的产量产生负面影响。劳动力转移对蔬菜和油料作物种植率提升产生正面影响。②在粮食作物中，以水稻为例，农村劳动力价格上涨对劳动力流入和流出区域产生了负面影响，对劳动力流动不明显的区域产生了正面影响。换句话说，农村劳动力价格的上涨并不意味着水稻的播种面积普遍减少。

2.5.3 新型农业经营主体的成长

我国现代农业管理体制是以农民家庭经营、合作与联合为纽带，以社会化服务为依托的。它旨在通过创新农业经营管理方式，提高农业全要素生产率。我国人多地少的基本国情决定了小农户和各种新型农业经营主体的长期共存。建立以小农户家庭为基础的现代农业经营体制是很有必要的。促进新型农业经营主体与小农户协同发展，构建多种“新型农业经营主体+农户”的合作与联合组织形式，有利于增强农民合作社、农业产业化经营组织等主体“以需定供”的意识和能力，形成新型农业经营主体与小农户互补竞合的生态圈。[44]农业社会化服务组织（体系）是新型农业经营主体的重要组成部分，促进新型农业经营主体与小农户协同发展，一方面，这有利于农业社会化服务组织与市场的精确联系；另一方面，这有利于农业社会化服务。该组织通过专业化和规模化促进小农户的现代化，带动小农户融入农业产业链，激发现代农业管理体系的内在活力。[45]

实施乡村振兴战略的落脚点还在于城乡融合发展，城乡融合发展要求实现城市与乡村的一体化联动。当前，我国城乡之间要素合理流动机制亟待健全。[46]一方面，要通过新型农业经营主体与小农户协同发展，运用城市资源要素带动农村发展，促进城市资本、人才和技术等优质要素向农村流动，引导公共与社会资源向农村投入与聚集，促使传统的农业生产方式和组织形式不断优化升级，以城带乡缩小城乡差距；另一方面，要通过新型农业经营主体与小农户协同发展[47]，对标城市补齐农村短板，发挥农村在绿色发展、生态环境、人文资源等领域的强大吸引力，吸引大中专毕业生、进城务工人员、退役军人等更多青壮年留在农村就业、创业、建设美丽乡村，稳步形成城乡一体化的农村发展新格局。

2.6 相关的概念界定

2.6.1 农户

联合国粮农组织将农户定义为“一个在单一管理模式下的农业生产经济单位，包括所有家畜和全部或部分用于农业生产的土地，无论土地的权属、法律形式或规模如何”。[48]世界银行将土地经营规模在2公顷以下的农户划定为小农户。[49]小农户指经营规模较小的农户或农场，与小农概念相关。小农指代一种生产关系[50]，两者存在明显差异。受资源、社会制度、人文传统、经济及技术特征等因素影响，各国对小农户概念的界定差别较大，但均明确了其耕地经营规模较小的特征。除经营规模较小外，当前，小农户一词还暗含着农户经营活动主要由家庭劳动力完成、农业生产抗风险能力薄弱等含义。根据小农户生计与农业生产相关性高低，其可分为生计非农型农户、农业兼业型农户和农业专业型农户。小农户生产是指以家庭(包括一个或一个以上家庭)为单位开展生产，或主要依靠家庭内部劳动力从事生产，获取的实物或现金收入在家庭总收入中占较高比例。[48]目前，小农户已经不是传统意义上的小农[51]，除生产规模较小、主要使用自有劳动力外，其他生产要素基本市场化，具备了现代农业发展的基本特征。小农户已成为一种新型农业经营微观主体，本质上属于农户经济。本书中的小农户是指以家庭为基本经营单位、土地经营规模较小、主要依靠家庭自有劳动力组织生产、农业相关收入在家庭收入中占有相当比例、农业是家庭生计重要组成部分的新型农业经营微观主体[52]。

2.6.2 农户经营

农户经营是以生产为基础的经营活动，它是农户生产活动和经营活动的统一。[53]这种农户经营包括承包经济和自营经济两部分，这两部分融合在一起构成农户家庭经营的内部结构。土地是农业最基本的生产要素，又是农民最基本的生活保障。在保障土地集体所有的前提下，按人口平均分配耕地承包经营是承包经济的核心内容。家庭私有产权作为一种古老的产权形式，即使在“一大二公”的人民公社时期也顽强而艰难地以自留地、家庭副业和农民参加集体劳动所投入的小生产资料(如小型农具)等形式存在。

我国的农户经营，就是在坚持土地等重要生产资料集体所有的前提下，以农户家庭承包经济和自营经济为主要内容，在不确定的市场竞争中谋求家庭效益最大化的一系列活动的总称。需要注意的是，农户经营未必是小生产和小农经济，也不一定是小规模经营。现阶段，我国农业已经实现了巨大的发展，在家庭经营模式的基础上以多种形式实现了规模经营。

2.6.3 农户分化

农户分化是指农民在职业与家庭收入方面出现的变化。土地均分制度下，农民平等占有农村土地资源，使村内农户具有较高的同质性。在农村劳动力尚未大规模转移之前，土地的生产功能与福利保障功能突出，农村家庭对土地的依附性较强。此时，农村劳动力主要从事农业生产活动，农业是农户家庭最主要的收入来源，而农业弱质性决定了以农业生产为主业的家庭较低的收入水平。在农村劳动力未发生大规模转移时，村内不同家庭之间常因生产与生活琐事发生矛盾；农户分化的本质是农户对于家庭收入最大化的追求。随着经济社会的快速发展，我国农户自身也开始逐步分化，由纯农户向兼业户、非农户转变。

2.6.4 农户经营分化

随着我国城镇化和工业化的发展，非农部门收入不断增加，大量农户开始逐步兼业化甚至非农化，转变为非全职型农户。其中，部分非农经营能力较强的农户，逐步放弃农业而从事非农经营，成为离乡离土但不离农村户籍的工商农户；部分非农经营能力相对较弱的农户则在非农劳动力市场就业容量与家庭内部最优分工的双重约束下，成为离乡不离土的兼业农户。随着农业劳动力持续向非农产业转移[54]，从事农业的劳动力逐渐去过密化，农村人地关系逐渐改变。对于留在农村的全职型农户而言，部分农户通过积累资本、掌握先进技术、改进经营管理，逐步发展为规模化和专业化生产的新型农业经营主体。部分农业资本积累不足、缺乏先进技术与管理经验的农户则继续作为普通农户从事“小农”经营，由此产生了农户的经营分化。

参考文献

[1]张继焦，刘佳丽．经济社会转型中民族地区的职业分化和社会分层：以广东省连南

瑶族自治县为例[J]. 广西大学学报：哲学社会科学版，2018，40(3)：78-85.

[2]陈中伟. 农民职业分化、经营规模与农地生产效率：基于县域数据的验证[J]. 河北经贸大学学报，2020，41(4)：72-79.

[3]蒋永穆，王瑞. 农业经营主体的结构性分化：一个基于要素配置方式的分析框架[J]. 求索，2020(1)：125-133.

[4]陶自祥. 农业经营主体分化：价值取向及其效益分析[J]. 南京农业大学学报：社会科学版，2016，16(4)：110-118，158.

[5]陈江华，罗凯，尹琴. 农地细碎化、农户分化及其社会关系：基于广东水稻种植户的考察[J]. 农林经济管理学报，2020，19(1)：87-97.

[6]林锐，周力，周曙东. 规模分化视角下农户农药施用行为的邻里效应分析：以花生种植户为例[J]. 福建农业学报，2018，33(11)：1224-1230.

[7]熊磊. 新型农业经营主体与小农户协同发展：现实价值与模式创新[J]. 当代经济管理，2020，42(9)：32-38.

[8]贺雪峰. 关于实施乡村振兴战略的几个问题[J]. 南京农业大学学报：社会科学版，2018，18(3)：19-26，152.

[9]张琛，彭超，孔祥智. 农户分化的演化逻辑、历史演变与未来展望[J]. 改革，2019(2)：5-16.

[10]阎世平，龚大永. 我国小农户经营困境与出路[J]. 广西大学学报：哲学社会科学版，2018，40(6)：19-25.

[11]长子中. 中美农户经营的区别和意义[J]. 开放导报，2011(5)：58-61.

[12]陈云飞，冯中朝. 新中国成立以来农户土地经营规模大小：演变历程、现实逻辑与未来展望[J]. 华中农业大学学报：社会科学版，2020(6)：128-135，167.

[13]李成贵. 中国农业结构的形成、演变与调整[J]. 中国农村经济，1999(5)：18-24.

[14]黄晓敏. 农户经营面临的困境和突破：基于合作收益的分析框架[J]. 西北农林科技大学学报：社会科学版，2010，10(3)：13-17.

[15]文长存，崔琦，吴敬学. 农户分化、农地流转与规模化经营[J]. 农村经济，2017(2)：32-37.

[16]张学琴. 论农户经营的风险防范[J]. 农业经济，1999(8)：17-18.

[17]袁明宝. 生计农业：中国小农的现实表达与发展转型[J]. 南京农业大学学报：社会科学版，2013，13(6)：21-24.

[18]李瑜. 现阶段我国农户经营行为特征及其选择[J]. 商业研究，2010(8)：192-197.

[19]刘承昊. 新时代我国粮食生产小农户经营的现实性及其现代化路径探究[J]. 兰州学刊，2019(9)：198-208.

[20]胡平波，罗良清. 农民多维分化背景下的合作社建设与乡村振兴[J]. 农业经济问题，2020(06)：53-65.

[21]施海波，吕开宇，栾敬东．土地禀赋、支持政策与农户经营规模的扩大：基于4省1040户农户调查数据的分析[J]．西北农林科技大学学报：社会科学版，2019，19(2)：142-151.

[22]董欢．中国农业经营主体分化历史与未来[J]．中州学刊，2017(3)：38-43.

[23]长子中．中美农户经营的区别和意义[J]．开放导报，2011(5)：61.

[24]李逸波，孙丽敏，张玲，等．基于专业化程度视角的农民职业分化微观差异分析：以河北省为例[J]．河南农业科学，2013，42(8)：176-181，190.

[25]张燮．农民分化与农村阶层关系的东中西差异[J]．甘肃社会科学，2020(1)：38-45.

[26]贺雪峰．农村社会结构变迁四十年：1978—2018[J]．学习与探索，2018(11)：59-65，191-192.

[27]翁泽红．抗战初期贵州土地清查及其对抗战的贡献[J]．贵州文史丛刊，2018(3)：60-65.

[28]国家统计局．中国统计年鉴[M]．北京：中国统计出版社，1983.

[29]国家统计局，国民经济综合统计司．中华人民共和国六十年统计资料汇编[M]．北京：中国统计出版社，2010.

[30]本报调研组．新型农业经营主体土地流转调查报告[N]．中国农资周报，2018-12-21(01).

[31]农经百科．经营规模[EB/OL]．(2020-04-18)[2020-05-17]．https：//www.59baike.com/a/216337-31.

[32]叶初升，马玉婷．新中国农业结构变迁70年：历史演进与经验总结[J]．南京社会科学，2019(12)：1-9，33.

[33]田旭，张淑雯．单位面积利润变化与我国粮食种植结构调整[J]．华南农业大学学报：社会科学版，2017，16(6)：59-71.

[34]曾福生．中国现代农业经营模式及其创新的探讨[J]．农业经济问题，2011，32(10)：4-10，110.

[35]陈其霆．农户经营行为分析与农村经济发展新思路[J]．学术月刊，2001(8)：36-40，113.

[36]张学琴．论农户经营的风险防范[J]．农业经济，1999(8)：17-18.

[37]胡新艳，罗必良，王晓海．农地流转与农户经营方式转变——以广东省为例[J]．农村经济，2013(4)：28-32.

[38]李庆东，等．农户耕地经营细碎化分析：以辽宁省昌图县为例[J]．广东农业科学，2010，37(6)：230-232.

[39]罗必良．小农经营、功能转换与策略选择：兼论小农户与现代农业融合发展的“第三条道路”[J]．农业经济问题，2020(1)：29-47.

[40]毕雪昊，周佳宁，邹伟．家庭劳动力约束下经营规模对农户种植结构选择的影响

[J]. 中国土地科学，2020，34(12)：68-77.

[41]佚名 .2017 年家庭农场发展情况[J]. 农村经营管理，2018(10)：21.

[42]税尚楠 . 农业经营模式的选择：资本农场或合作经营[J]. 农业经济问题，2013，34(8)：32-36，111.

[43]邹军，等 . 1981—2015 年华北地区种植结构演变及其驱动机制分析[J]. 中国农业大学学报，2019，24(12)：23-32.

[44]王建军，陈培勇，陈风波 . 不同土地规模农户经营行为及其经济效益的比较研究：以长江流域稻农调查数据为例[J]. 调研世界，2012(5)：34-37.

[45]孔祥建 . 地权稳定性与农业绩效、农户经营行为分析[J]. 开发研究，2009(2)：58-62.

[46]王晓华 . 城镇化背景下农户经营组织化的制度逻辑[J]. 江淮论坛，2013(4)：32-37.

[47]张军以，王腊春 . 乡村振兴视域下的小农户振兴解析[J]. 人文地理，2020，35(6)：66-75.

[48]粮食安全和营养问题高级别专家组 . 投资小农农业，促进粮食安全[R]. 罗马：世界粮食安全委员会粮食安全和营养高级别专家组，2013：20-34.

[49] WORLD BANK. World development report 2008：agriculture for development [R]. Washington DC，2008：1-14.

[50]张学彪 . 中国小农户经营规模变迁与生产效率研究[D]. 北京：中国农业科学院，2018.

[51]姜安印，陈卫强 . 小农户存在的价值审视与定位[J]. 农业经济问题，2019(7)：73-83.

[52]武中哲，韩清怀 . 农村社会的公共性变迁与治理模式建构[J]. 华中农业大学学报：社会科学版，2016(1)：15-21，128.

[53]卜范达，韩喜平 ."农户经营"内涵的探析[J]. 当代经济研究，2003(9)：37-41.

[54]张梓榆，王定祥 . 农户经营特征分化与农地经营权流转[J]. 现代经济探讨，2018(1)：114-123.

3

农户经营分化研究的调查方案与实证基础

本书针对农户经营分化进行实证调研，实地调研资料与数据的获取主要采用访谈和问卷的方法。鉴于研究力量的实际情况，根据调研组织的难度，调查组在中部粮食主产区5省的每个省中分别选取一个具有代表性的县(市)进行调研。

3.1 访谈法的调查方案

本研究的调查方案包括访谈与问卷调查两部分，其中访谈既有对相关机构的访谈，也有对各类新型农业经营主体的访谈。

3.1.1 机构访谈与过程

机构访谈主要是针对各级农业主管部门的访谈，以获取农户经营状况、调研社区的基本状况和现代农业促进、农村发展、农户经营管理的具体政策的实施状况。对各类新型农业经营主体的访谈，主要是为了获取农地投入、人力资本投入、种植结构与粮经比重、规模、组织等微观的经营状况信息。

3.1.1.1 对涉农职能部门的访谈

针对中部地区农户经营分化的研究需要，首先，调查组从相关年鉴及所选的调研县(市)官网上查询农业、农村、农地、农户等相关数据，准备相关资料，熟悉调研地基本情况，为访谈做准备；其次，调查组通过业务职能部门、自上而下的渠道，建立起与调研地点的村社、社区的联络，根据实际情况制订访谈提纲，确定访谈方案，并制订出具体访谈过程操作控制流程；最后，调查组根据以上访谈提纲，按照具体的调查方案，进入社区对相关机构和新型农业经营主体进行访谈。

随着农业劳动力非农转移规模的扩大，建立与中国农村实际发展相适应的新型农业管理体制是探索具有中国特色的农业现代化模式的关键。[1] 新型农业经营体系将不断增强社会服务功能，在生产和服务等各个领域发挥领导作用，实现土地流转和服务主动性等经营规模的转变，最终帮助小农实现自己的利益，并与现代农业相联系。[2] 关于现阶段中国新型农业经营主体的分类，有专家学者将其分为种养大户、家庭农场、农民合作社、农业产业化龙头企业和经营性农业服务组织[3]；有的学者将新型农业经营主体分为专业大户、家庭农场、农民合作社和农业企业[4]；也有学者认为，农业专业大户、农民专业合作社和农业企业是现阶段中国农业发展的中坚力量[5]。通过查阅相关新型农业经营主体的文献，借鉴已有的研究成果及研究方法，课题组在调查过程中在相关新型农业经营主体的机构访谈内容里增加了对土地流转、粮食生产投入产出状况的访谈。研究将种粮大户和新型农业经营主体确定为适合目前中国农业发展的重要组织形式，机构访谈也在家庭农场、农民合作社、农业企业和社会化服务组织内展开，对中部地区的涉农部分访谈主要针对县(市)农业农村部门进行，包括对城市农业农村局关于改革与发展规划的访谈。

3.1.1.2 新型农业经营主体访谈与过程

种粮大户是指在农业生产经营过程中，从传统农户中分离出来，专门从事农业生产经营活动的部分有经验的农户。之所以被称为“大户”，是因为他们经营的土地面积是中小规模农户的数百倍甚至上千倍。与传统农户相比，种粮大户拥有更多的专业性设备和较先进的专业技术，并依托一系列现代农业建设项目和县级财政的支持。政府部门对具有“新型”性质的种粮大户给予一些创新性的制度扶持，例如，对不同规模的种粮大户给予补贴，向农业企业提供政策性农业贷款，给予最佳的税收优惠，甚至将一些公益性的农田水利项目直接交给农业企业实施。在这些政策的激励下，一批具有企业化经营特征的新型农业经营主体迅速发展。总体而言，在县级财政的大力支持下，依靠国家的项目资源投入、资本和土地流转相结合的方式，新型农业经营主体得以发展。

种粮大户有 4 种主要类型：第一种是规范流转型大户。这类大户大多数拥有较长期限的合同和稳定的管理权，其土地租赁合同都是与村镇小组签订的，并且合同是标准化的。由乡、村流转农民耕地后，再由大户承包，面积大且集中连片。大户的经济实力雄厚，土地租金高，管理水平也高。第二种是技术承包型大户。这类大户与农民没有签订土地租赁协议，但签订了承包协议，种植规模大，实施周期长，拥有统一的技术指导，统一播种，统一田间管理、机械收割，统一收购、收入分成、分配到户、进行技术承包。第三种是松散租赁型大户。这类大户土地承包期限短，地块不集中，合同也不规范，通常不被允许改变土地的当前状态，归还时要原样返还。第四种是政策限制型大户。这类大户大多数在承包土地时受国家政策的制约，不适合进行土地开发或改造。

在具体的财政措施上，政府加大了对农业土地基础设施建设的投资，加强了技术服务并投入了技术补贴，同时考虑到作物类型和生产特点，在种粮大户购买农业机械时给予补贴，以确保粮食生产和农业机械化，支持农业标准化生产和农产品质量安全。支持种粮大户发展粮食生产，有助于促进土地的适度规模经营，稳定粮食生产面积，推动现代农业发展，对提高农业综合发展水平、保障粮食安全都具有重要意义。

(1)对家庭农场主的访谈

家庭农场的3个基本特征是农业收入高、家庭自有劳动力和规模化经营。与普通农户相比，家庭农场的经营效率较高，技术手段先进，以农地经营作为主要的收入来源。农业产业的特征决定了以自有劳动力为基础的家族企业，能够充分运用激励措施，提高农业劳动的质量和效率，通过降低监督和管理的成本，降低操作中存在的风险。因此，就节省劳动监督成本而言，家庭农场相对于大型专业家庭和农业综合企业而言具有更多优势。在3个基本特征中，规模化经营是家庭农场成为现代农业经营主体的基本条件。扩大土地管理规模可以增强核心业务吸收和承载资本的能力，以及技术和管理等现代要素的能力。收入主要来自农业、以家庭自有劳动力为主是组建家庭农场的两个先决条件，这两个条件在经营规模扩展过程中会发生变化。在适度规模区间内，农业经营主体具备家庭农场的特征，如果规模太小或过大，就不再具备家庭农场的基本特征。事实上，根据农业部统计，从事谷物和其他旱地作物生产的家庭农场数量占家庭农场总数的40%，在提高农业生产经营水平方面发挥了重要的示范作用。家庭农场是未来中国农业经营的基本主体。由于家庭农场的数量相对于小农户的总数是有限的，因此现阶段它不能成为基本的农业生产主体，但它将成为具有发展潜力的重要实体。

(2)对农民合作社的访谈

农民合作社是家族企业体系中另一种重要的新型农业经营主体。以家庭承包经营制度为基础的农民合作社的发展始于20世纪中下叶。农民合作社具有独特的功能，可以将生产者和服务者进行整合，将普通农民与新型主体融合在一起，联系农民并服务农民。对于人口众多、土地较少的中国而言，农民合作是提高议价能力并将小农户纳入大市场的重要途径。从中国的现状来看，在外部环境开放的情况下，无论是数量众多的普通农户，还是具有一定经营规模的家庭农场和种养大户，都很难实现与市场化大生产的对接，这就促进了农民间的合作。农民合作社与家庭经营处于共生状态，家庭经营的生存与发展取决于农民合作社的发展。从发展的角度来看，中国农民合作社的发展应着眼于解决三个问题：第一，有必要促进农民合作社由外延式发展向集中发展转变，要体现和反映农民合作社的功能。第二，要促进农民合作社从专业型向各种类型转变，特别是向激发农民参与意愿的综合性农民合作社发展。农民合作社不仅要发挥经济职能，还要履行生计指导义务，满足农民的社会要求。第三，在农民自愿的基础上，要实现合作社组织生产、共同实施土地利用规划的功能。

(3)对农业企业的访谈

随着现代农业的发展，农业企业成为必不可少的商业实体，许多商业实体在现代工业的发展中都表现出领导作用。我们可将农业企业分为3种类型，即农业生产企业、农产品加工企业和农业服务企业。农业企业是指从事农产品的生产、加工和分销的企业，包括种植、培育、加工、分销农业生产资料和农产品的企业。作为一个现代化的商业组织，其所有权清晰，治理结构完善，管理效率较高，技术和设备先进，与其他形式的农业业务主体相比具有融资和风险防范的能力，物质投入、人力资本、技术发展等优势难以复制。农业生产企业是从事种植业和养殖业的企业。中国的农村土地可以分为两种形式：集体所有制和国家所有制。集体所有的农地基本由农民管理，国家所有的农地由国有农场经营。农业本身为农业企业的发展提供了农业加工资源，而工业化总体水平的提高也是农业企业的发展基础。因此，为了使企业和农民形成利益共同体，有必要通过“企业+农户”“企业+合作社+农户”等组织模式，最大限度地发挥农业企业的优势，推动农业供给侧结构性改革，促进现代农业发展，惠及农民。

(4)对社会化服务组织的访谈

随着农业生产效率的不断提高和农业商品化的发展，由农民直接完成的传统农业生产环节已越来越不同于农业生产过程，已发展为一个独立的新兴农业经营部门。社会化服务组织通过专门的设施、设备和专业的营销网络，利用专家和技术人员在整个生产过程中向普通农民和其他企业提供市场信息和产品。所有的生产服务，包括农业设备的回收、操作和维护，产品的初级加工及产品的销售，都通过这种综合服务来完成，这种服务连接了成千上万的家庭。面对大规模管理，小农户的发展和现代农业的有机整合已经实现。农业服务是一定时期内农业生产商业化的产物，一个完整的农业服务体系的最终形成表明商业农业已进入高度发展的阶段，这是调查组对农业社会化服务体系进行研究的出发点。

3.1.2 入户调查过程

现代农业的本质是以最少的投资来实现最大的可持续发展，因此必须大力培育和发展各种实体，以提高农业的质量、效率和竞争力，促进农业转型升级，并加速从传统农业经营主体向现代新型农业经营主体的过渡。2017 年，我们通过问卷调查、抽样调查、走访农户的方式对农户经营分化进行研究，并在 2019 年进行了补充式的调研和访谈，再次到调查的地点进行考察，获得更为准确的调研结果。

本次调查向农户发放 500 份问卷，以掌握农民的土地拆迁意愿，以及农民社会服务和农户金融保险等情况。为了确保问卷的有效性并在问卷调查过程中更深入地发现新问题，本次调查中的所有问卷均以研究人员和受访者进行面对面访谈的形式完成，研究人员如实填写受访者的回答。在调查过程中，调查组根据实际情况进行了一些非结构化的采访。通过与受访者的现场交流，调查组能够对农业企业的差异化现状有更深入的了解，发现并解决问题，为项目提供参考资料。现场调查可深入群众，理解并及时准确地收集信息，获得直接的资料，有效地开展调查工作。另外，实地调查的提问方法更加灵活，适应性更强。

3.1.3 调查的农户

调查组对每类调查对象都有一定的选取标准。例如，在对杞县、麻城市、平江县、修水县、涡阳县 5 个地方共 500 户农户的调查中，调查组选取农户时考量的因素有：农户家庭是否参与了第一轮承包分地；第一次承包地状况和 2016 年土地转出情况；实际转出耕地和 2016 年耕地转入情况；主要劳动力年龄是否在 55 岁以下（对有些历史数据的回忆较为清晰，以保证调查数据的完整性与标准统一)。调研人员进入村民家中，根据调查问卷的内容，对其进行详细询问，由于受调查者大部分都是中老年人，且受教育水平不高，调研人员需要对其进行讲解以便其理解问卷内容，耗费时间较久，访谈一户大概需要 2 小时，每天只能调研四五户。

在 500 户农户之外，调查组随机对相关种粮大户进行问卷调查和访谈，问卷调查和访谈内容与对 500 户农户的调查内容基本相同。调查组共完成问卷 7 份，结构、半结构访谈 9 户次。

调查组通过对新型农业经营主体等相关机构的访谈，考察当地家庭农场的管理、农民合作社的服务、农业企业在加工及社会化服务组织方面的情况，从新型农业经营主体的不同分类层面探究农业生产经营的现状。

3.1.4 入户调查内容

调查组对中部 5 省进行调查研究，调查采用入户面对面深度访谈和问卷调查相结合的方法完成，共发放问卷 500 份。其中，在河南省随机发放问卷 100 份，在湖南省随机发放问卷 100 份，在安徽省随机发放问卷 100 份，在湖北省随机发放问卷 100 份，在江西省随机发放问卷 100 份。剔除有逻辑错误、数据缺失的样本后，调查组得到有效样本为 438 份。这是本研究的基础性调查，500 户农户样本是在中部 5 省(湖北、江西、安徽、河南、湖南)选取的。调查内容主要包括 2 个方面：一是种粮大户户主的基本信息，包括性别、年龄、受教育水平、是否兼业等；二是种粮大户的农业社会化服务及有关影响因素，包括小麦生产情况、玉米生产情况等。500 户农户样本调查的具体内容包括：①500 户农户禀赋与收入，包括农户家庭收入和社区特征、耕地资源 2 个方面；②500 户农户耕地流转情况，包括农户土地转出意愿、土地转入意愿和实际转入耕地情况 3 个方面；③500 户农户生产与农业社会化服务情况，包括耕地生产情况、粮食实际收获情况、粮食销售情况和农业社会化服务 4 个方面；④500 户农户金融保险情况，包括储蓄、信贷、农业保险、投资、风险偏好和信任特征情况；⑤500 户农户的其他情况，包括培训、就业与创业、未来土地利用与组织参与、“干中学”和“向他人学习”、家庭收入水平情况和问题判断等。

3.1.5 调查问卷的有效性

中部地区的安徽、河南、湖南、湖北、江西 5 省，地形多为平原，季风气候明显，在农业产出效率、生产条件、发展基础、发展环境等方面具有代表性。因此，本书选择中部地区进行问卷调查。

此次调查于2017年6月进行，共发放问卷500份。调查组根据不同省份粮食的种植结构进行问卷发放：湖北省粮食作物以水稻为主，调查组在湖北省麻城市随机发放问卷100份，剔除逻辑错误、数据缺失的样本后，得到有效样本91份；江西省粮食作物以水稻为主，调查组在江西省修水县随机发放问卷100份，剔除有逻辑错误、数据缺失的样本后，得到有效样本85份；湖南省粮食作物以水稻为主，调查组在湖南省平江县随机发放100份问卷，剔除有逻辑错误、数据缺失的样本后，得到有效样本92份；安徽省主产玉米、小麦、水稻，调查组在安徽省涡阳县按照34：33：33的比例随机发放问卷100份，剔除有逻辑错误、数据缺失的样本后，得到有效样本87份；河南省主产小麦、玉米，调查组在河南省杞县按照50：50的比例随机发放问卷100份，剔除有逻辑错误、数据缺失的样本后，得到有效样本83份。总共回收问卷438份，问卷回收率为87.6%。

3.1.6 调查的控制与数据处理

本次调查采用的数据主要为2017年中部地区5省粮食主产区的农户问卷调查中获得的数据。问卷内容包括姓名、年龄、民族等基本信息，数据涉及农户禀赋与收入、耕地流转、农业生产与社会化服务、金融保险、其他情况和问题判断6个部分(见表3-1)。

表3-1 农户经营的问卷内容

系统层	准则层
农户禀赋与收入	农户家庭收入和社区特征
耕地流转	农户土地转出意愿、土地转入意愿和实际转入耕地情况
农业生产与社会化服务	耕地生产情况、粮食实际收获情况、粮食销售情况、农业社会化服务
金融保险	储蓄、信贷、农业保险、投资、风险偏好、信任特征
其他情况	培训、就业与创业、未来土地利用、组织参与、“干中学”“向他人学习”、家庭收入水平
问题判断	关于承包地的问题

资料来源：根据研究所得。

调查组对于上述问卷调查的数据进行了处理。

调查问卷中的数据大多是以“A”“B”“C”“D”“E”和“是”“否”选项的形式

给出，因此，调查组采用如下方式对调查问卷中的相关数据进行了处理：①以数字代表选项，如“A”替换为“1”、“B”替换为“2”等；②替换中保持选项之间的逻辑关系，如“A. 初中及以下”“B. 中专或高中”“C. 大专及以上”依次替换为“6”“9”“12”；③多选选项间逻辑关系不强时，主要体现多样化特点，如问卷中第 17 题，其备选项为“A. 居民养老保险”“B. 商业养老保险”“C. 子女赡养”“D. 家里的积蓄”“E. 出租收入”“F. 政府救济”“G. 其他”，当调查对象选择“A、B”“B、C”“A、C”时，替换为“2”，选择“A、B、C”“B、C、D”等时则替换为“3”，然后根据选项个数依次顺延；④判断题，对“是”的选项赋值为 1，对“否”的选项赋值为 0。

3.1.7 数据的分析及使用的工具

对调查问卷的数据分析主要利用 SPSS 数据分析软件来进行，数据分析方法采用描述性数据分析法。描述性数据分析一般包括对样本数据的均值、中位数、众数、方差、四分位差、峰度、偏度、频数等进行描述分析，具体包括 3 个方面：①描述数据的集中趋势：均值、众数、中位数、频数；②描述面板数据的离散趋势：最大和最小值、极差、四分位差、方差与标准差；③描述数据分布的偏度与峰度。

3.2 农户经营分化研究的实证基础

3.2.1 中部地区与中部粮食主产区

3.2.1.1 山西省粮食生产的地位与作用

山西省有 6100 万亩耕地，80%为旱地，而且处在黄土高原上，其中近 44%为坡耕地，生产的粮食中小杂粮占了很大比重，有 5 类、20 多个品种，数量居全国第一位。特殊的地理位置使得山西成为“世界杂粮之乡”，是我国重要的杂粮生产基地，素有“小杂粮王国”之称。山西是一个农业大省，属于温带大陆性季风气候，地理环境和气候条件的复杂性决定了粮食品种的多样性，塑造出山西粮食生产的特色——粗杂粮品种产量高、精细粮品种产量低。山西生产的粮食品种达 10 多种，除大宗小麦、玉米外，还有薯类、谷子、豆类等。其主要农产品产量见表 3-2。

表 3-2　2012—2019 年山西省主要农产品产量　　单位：万吨

年份	玉米	小麦	谷子	豆类	薯类(折粮)
2012	903.9	259.2	31.2	27.6	31.9
2013	955	230.7	36.8	30.8	36.0
2014	938.1	259.1	38.9	31.4	39.1
2015	862.7	271.4	35.4	30.6	36.7
2016	888.9	273.4	42.7	36.9	48.7
2017	853.9	277.3	47.0	38.0	53.4
2018	981.6	228.6	47.3	35.6	51.6
2019	939.4	226.2	50.5	34.2	60.8

数据来源：2012—2019 年《国民经济和社会发展统计公报》。

如图 3-1 所示，2012—2019 年山西省主粮产量(玉米和小麦)变化幅度较大且整体呈下降趋势，原因是山西省以杂粮为主要农产品，从 2012 年开始实施杂粮产业振兴计划，不断发展杂粮主食工业化，导致主粮产量变化较大，占比从高峰的 99.95%下降至 93.06%。

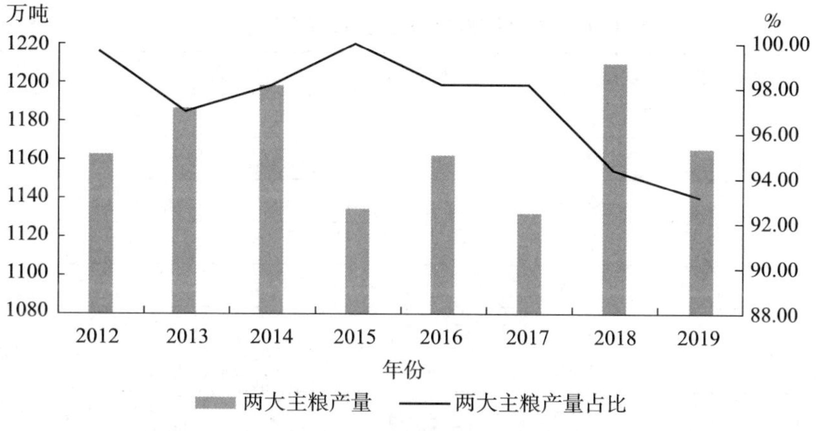

图 3-1　2012—2019 年山西省两大主粮产量及占比

数据来源：根据调研所得。

如图 3-2 所示，近年来，山西省的杂粮(谷子、豆类、薯类)产量变化幅度较大且呈现上升趋势，杂粮产量占比由 2012 年的 7.12%上升到 2019 年的 10.68%。山西省不断通过加大研发力度，优化杂粮品种品质和结构，使小杂粮产业成为山西省的一项“明珠产业”。

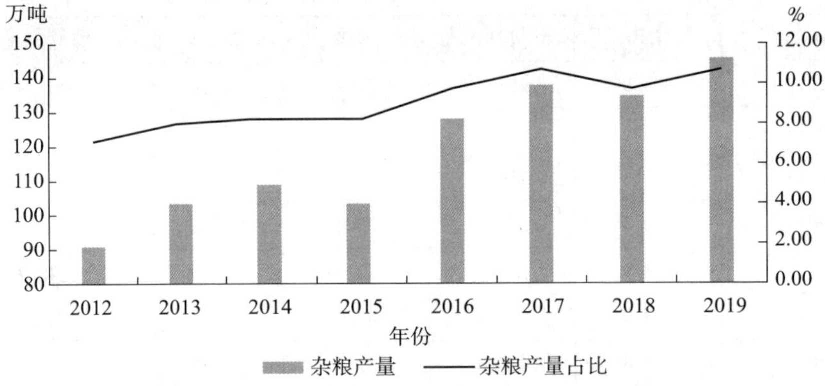

图 3-2　2012—2019 年山西省杂粮产量及占比

数据来源：根据调研所得。

由表 3-3 可知，山西省的粮食总量在全国粮食总量中的占比从 2012 年的 2.16%下降到了 2019 年的 2.05%，人口占比变化微乎其微，且人口占比大于粮食占比，因此在研究中部地区农户经营分化时，调查组对山西省不再予以考虑。

表 3-3　2012—2019 年山西省粮食和人口占比

年份	山西省粮食总量占全国粮食总量的比例/%	山西省人口占全国人口的比例/%
2012	2.16	2.67
2013	2.18	2.67
2014	2.19	2.67
2015	2.03	2.67
2016	2.00	2.66
2017	1.96	2.66
2018	2.10	2.66
2019	2.05	2.66

数据来源：2012—2019 年《中国统计年鉴》和《山西统计年鉴》。

3.2.1.2　中部粮食主产区

(1) 中部地区

中部地区是一个相对的概念，在不同的时期表示不同的区域。中部地区这个概念始于 1985 年，中华人民共和国成立之后，国家根据不同时期宏观管理、制订政策的需要，将全国划分为不同的几个区域。但从 1949 年到国家

“一五”计划划分的沿海与内地两大经济地带，再到1960年划分的一线、二线和三线地区，始终没有中部地区的概念出现。直到20世纪80年代中期，中共中央在《中共中央关于制定国民经济和社会发展第七个五年计划的建议》中，将全国分为东部、中部、西部三大经济地带[6]，此时的中部地带包括黑龙江、吉林、内蒙古、山西、河南、安徽、江西、湖北、湖南9个省级行政区；2000年12月28日，国务院发布《国务院关于实施西部大开发若干政策措施的通知》(国发〔2000〕33号)，明确将内蒙古纳入西部大开发的政策范畴。2003年，党的十六届三中全会提出“振兴东北地区等老工业基地”战略，黑龙江、吉林被划入振兴东北战略实施的地域范围，这时中部地区只剩下6个省。[7] 2004年政府工作报告首次明确提出促进中部地区崛起的计划。2010年年初公布的《促进中部地区崛起规划》进一步明确，中部地区包括山西、安徽、江西、河南、湖北、湖南6省，面积为103万平方千米，占全国总面积的10.7%；2016年12月7日，国务院常务会议审议通过了《促进中部地区崛起规划(2016—2025年)》，提出大力进行中部地区即山西、安徽、江西、河南、湖北、湖南6省的“三基地、一枢纽”建设，即粮食生产基地、能源原材料基地、现代装备制造及高技术产业基地和综合交通运输枢纽。从国家在经济社会发展规划中对中部地区的界定来看，中部地区概念的演变是与国家区域战略的发展联系在一起的。

(2)粮食主产区

粮食主产区是相对于非主产区而言的，粮食主产区是指粮食生产条件较好、总产量高、种植比例大、人均占有量多、自给能力强、净调出量大的地区。[8]粮食生产条件主要包括地理、土壤、气候、技术等对种植粮食作物有明显影响的自然、经济和社会因素。与非主产区相比，粮食主产区具有鲜明的特征：一是自然资源条件优越，适宜粮食作物生长；二是粮食生产在全国及本地区具有明显的主体地位，且至少能自给，甚至丰年有余；三是该生产区是中国粮食生产的重要基地和保障粮食安全的重要基础。[9]

粮食产区的划分标准历来多有争论，可综合分为2类：一是直接以综合农业区划、种植业区划、农作制分区为依据，打破省级行政区界线，以县级行政区为单元，依次划分一级区和二级区。这种划分科学依据强，分区细、层次清晰；二是按行政区划来划分，被广泛认可的7个粮食生产大区就是按国家区域地理标准划分的。这样划分，数据易获得、简单实用，能较好地反映粮食生产区域的特点。[10]粮食主产区一般以省级行政区为单元进行划分，划分方法可概括为3种：①根据农业资源环境辨识结果与粮食产量回归分析值，综合确定粮食主产区和非主产区[11]；②选取主要粮食作物的产区、粮食总产量、主要粮食产品产值占该地区国内生产总值的比例、粮食净出口值4个指标，按加权平均后的Z-score值大小排序确定[12]；③以单一或多指标综合权衡确定，如按照粮食播种面积、产量和提供的商品粮数量等标准确定(中国粮食主产区粮食生产政策性扶持省区即用此法来确定)。从地理位置角度进行划分，粮食主产区主要集中在东北、黄淮海和长江中下游地区等；从粮食种类角度进行划分，粮食主产区可划分为玉米主产区(吉林、辽宁、黑龙江和内蒙古)、小麦主产区(河北、山东和河南)和稻谷主产区(江西、湖南、湖北、江苏、四川和安徽)等[13]。

粮食主产区的划分结果多带有“产销”特征，即分为粮食主产区、主销区和平衡区。《全国新增1000亿斤粮食生产能力规划(2009—2020年)》中的粮食主产区包括黑龙江、辽宁、吉林、内蒙古、河北、江苏、安徽、江西、山东、河南、湖北、湖南、四川13个省(自治区)；平衡区包括山西、广西、重庆、贵州、云南、西藏、陕西、甘肃、青海、宁夏、新疆11个省(自治区、直辖市)；主销区包括北京、天津、上海、浙江、福建、广东、海南7个省(直辖市)。

(3)中部粮食主产区

中部粮食主产区是中部地区和粮食主产区的交集区。根据前述中部地区和粮食主产区的区域分布，全国13个粮食主产区中，中部地区6省占了5个，仅山西属于平衡区，但山西是著名的杂粮主产区，与中部其他省份的粮食种类存在差异，故本书将山西排除在粮食主产区之外进行研究，因此，本书所指中部粮食主产区包括安徽、江西、河南、湖北、湖南5个省级行政区。

3.2.1.3 中部地区粮食主产区在全国的地位

“无农不稳，无粮则乱。”发展粮食经济、保障国家粮食安全是一国国民经济发展和社会稳定的基础，尤其对像中国这样的发展中农业大国而言，粮食安全问题更显重要[13]，而中部地区粮食主产区在全国粮食生产中占有举足轻重的地位。全国13个粮食主产区中，东部地区有河北、江苏、山东3个省；西部地区有内蒙古、四川2个省(自治区)；东北地区有黑龙江、辽宁、吉林3个省；中部地区有安徽、江西、河南、湖北、湖南5个省。

(1)四大粮食主产区地理环境资源

第一，东部粮食主产区主要指东部沿海3省，包括华北的河北和华东的山东、江苏。河北省坐拥山地、丘陵、盆地、平原地貌，土地总面积为18.88万平方千米，大部分地区四季分明，属于温带大陆季风性气候，主要粮食作物包括小麦、玉米、高粱、谷子和薯类等；江苏省地形以平原为主，土地面积为10.72万平方千米，地处亚热带向暖温带的过渡区，小麦和粳稻为该省主要的粮食品种，历来有“鱼米之乡”的美称；山东省地形以山地丘陵为主，土地总面积为15.58万平方千米，属温带季风性气候，山东省耕作品种主要为夏小麦和秋玉米，也生产大豆、水稻和薯类。

第二，西部粮食主产区，主要包括华北的内蒙古及“天府之国”四川。内蒙古地形主要为高原、山地、丘陵等，土地总面积为118.3万平方千米，气候以温带大陆性季风气候为主，降水量少而不匀，风大，寒暑变化剧烈，粮食作物以玉米、大豆和薯类为主，是我国重要的“北方粮仓”；四川地形以山地为主，具有山地、丘陵、平原和高原4种地貌类型，土地总面积为48.6万平方千米，气候条件较适合农作物生长，但同时气象灾害多发，特别是干旱、暴雨、洪涝和霜冻等经常发生。

第三，东北粮食主产区，涵盖黑龙江、吉林、辽宁三省。黑龙江省地貌特征为“五山一水一草三分田”，全省土地总面积为47.3万平方千米，属于中温带、寒温带大陆性季风气候，黑龙江作为农业大省，盛产大豆、小麦、玉米、马铃薯和水稻等；吉林省地形主要为山地、丘陵和平原，土地总面积为18.74万平方千米，属于温带大陆性季风气候，玉米、大豆和水稻是该省主要的粮食作物；辽宁省地形概貌是“六山一水三分田”，土地面积约为14.86万平方千米，属于温带大陆性季风气候，水稻、玉米和大豆是主要的粮食作物。

第四，中部粮食主产区为除山西省之外的中部5省，包括河南、安徽、湖北、湖南、江西。河南省土地面积约为16.7万平方千米，属于暖温带—亚热带、湿润—半湿润季风气候，全省由南向北年平均气温为10.5℃~16.7℃，年均降水量为407.7~1295.8毫米，降雨以6—8月最多，年均日照为1285.7~2292.9小时，全年无霜期为201~285天，适宜多种农作物生长，夏小麦和秋玉米是主要的粮食作物，粮食产量仅低于黑龙江省，是粮食调出的主要省份。其中，郑州商品期货交易所是全国三大交易所之一，其小麦价格也是世界小麦的主要参考价格之一。安徽省土地总面积为14.01万平方千米，处于暖温带和亚热带过渡区，年平均气温为14℃~17℃，无霜期为200~250天，年均降水量在773~1670毫米，该省作物以水稻和小麦为主，也种植玉米、豆类、薯类和高粱，是主要的粮食调出省。湖北省土地总面积为18.59万平方千米，主要地形为山地、丘陵和平原湖区，属于亚热带季风气候，年平均气温为15℃~17℃，年均降水量为800~1600毫米，无霜期为230~300天，由于气候条件适宜，成为农业生产的主要地区，有“湖广熟，天下足”的说法，适合小麦、玉米、水稻、高粱、谷子和薯类等多种作物生长。湖南省土地总面积为21.18万平方千米，主要地形为山地、盆地、平原和丘陵，属于亚热带季风气候，年均温度为16℃~19℃，无霜期为253~311天，水稻是最主要的粮食作物。江西省地形以山地和丘陵为主，土地面积为16.69万平方千米，属于亚热带季风气候，年均气温为16.3℃~19.5℃，年均降雨量为1341~1943毫米，无霜期为240~307天，稻谷是该省主要的粮食作物，该省实行稻麦复种和早晚两熟制。

(2)中部地区粮食生产要素投入优势

2015年年初，国务院出台了《关于建立健全粮食安全省长责任制的若干意见》，从国家政策层面明确了各省级政府在稳定粮食生产与流通、保障国家粮食安全方面的权责，为全面深化粮食经济改革、推动粮食经济发展保障机制完善奠定了重要的制度基础；同年11月12日，国务院又补充印发了《粮食安全省长责任制考核办法》，进一步明确粮食安全省长责任制考核的实施办法和主要内容，为全面落实耕地占补平衡、稳定粮食生产和价格、提升农民营粮积极性、保障粮食安全等提供了政策指导；2016年“中央一号文件”指出，要在“确保谷物基本自给和口粮绝对安全的前提下，构建适应市场需求、契合资源和要素禀赋的现代农业产业布局，提高农业综合效益”；2020年，国务院办公厅印发了《国务院办公厅关于防止耕地“非粮化”稳定粮食生产的意见》，要求把确保国家粮食安全作为“三农”工作的首要任务，将有限的耕地资源优先用于粮食生产，牢牢守住国家粮食安全的生命线，防止粮食生产功能区弱化粮食生产。这都反映出新形势下国家对粮食问题的高度重视。中部粮食主产区作为我国重要的粮食生产基地和商品粮基地，在全国粮食主产区中占据重要地位。

要素禀赋结构是指要素的存在状态与时空分布，粮食生产要素禀赋结构是影响粮食经济增长的重要因素之一。要素禀赋理论最早是由经济学家伊利·赫克歇尔和伯尔蒂儿·俄林于20世纪初提出的，用来说明区域间要素禀赋差异引起要素价格差异，而要素价格差异导致区域产品价格差异。例如，在农业发展初期的原始社会中，农业投入要素只有土地和劳动，随着社会经济的发展和人们生产经验的积累及技术的进步，有机肥等农业资源的施用极大地提高了粮食产量，从而成为农业生产中一种重要的生产要素。工业革命后，大量机械、良种、化肥、农药等现代农业生产资料被广泛用于农业生产，使得粮食产量大幅提高。古典经济增长理论认为，粮食经济增长主要源于生产要素和人力的投入，本书除了对地理资源环境的自然资源禀赋进行分析，还从劳动力投入（农村人口、从事第一产业的人口）和生产要素投入（化肥、农药、机械、柴油）角度来阐述中部地区粮食主产区的重要地位。

①农业生产人力资本优势明显。第一，中部粮食主产区的农村人口。我国人口分为城镇人口和农村人口，随着城镇化进程的加快，农村人口数量在逐年下降，但中部地区农村人口占比仍远大于东北、东部和西部地区。农村人口作为农村的主要劳动力，在粮食生产中扮演着重要角色。以 2018 年为例，东北粮食主产区农村人口占全国农村人口的 7.17%，东部粮食主产区农村人口占全国农村人口的 17.09%，西部粮食主产区农村人口占全国农村人口的 8.73%，中部粮食主产区农村人口占全国农村人口的 26.47%，人口优势明显（如图 3-3）。

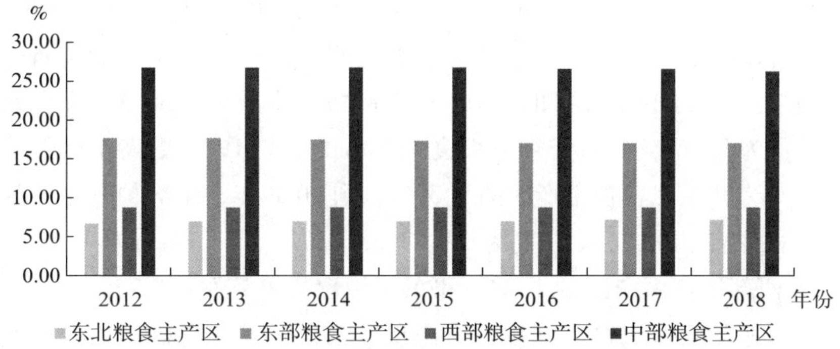

图 3-3　2012—2018 年我国各粮食主产区农村人口占比

数据来源：根据调研所得。

第二，中部粮食主产区的农业劳动人口。由图 3-4 可知，中部粮食主产区第一产业从业人口占比逐年下降。2012 年，其第一产业从业人口占总从业人口的比例为 5.50%，高于东部粮食主产区的 3.39%，更高于西部粮食主产区的 1.90%和东北粮食主产区的 1.51%；到 2018 年，中部粮食主产区第一产业从业人口占总从业人口比例下降至 4.84%，尽管呈下降趋势，但仍远远高于东部粮食主产区的 2.75%、西部粮食主产区的 1.67%和东北粮食主产区的 1.38%，说明在农业生产中，中部粮食主产区有强有力的人口保障，在粮食主产区中占据明显优势。

②农业生产要素优势明显。第一，农业机械投入。农业机械在农业生产

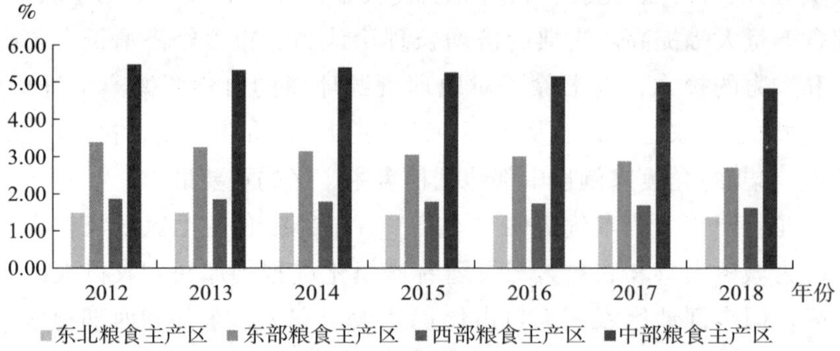

图 3-4　2012—2018 年我国各粮食主产区第一产业从业人口占总从业人口的比例

数据来源：根据调研所得。

特别是在粮食生产中发挥着重要作用，主要表现在以下几个方面：一是降低了农业生产的劳动强度，解决了青壮年劳动力短缺的问题；二是推动了先进农业技术的转化，提高了水、种、肥、药的利用率，改善了耕地的质量；三是加快了耕作的进度，提高了劳动生产率；四是提供防灾减灾的装备，减少病虫害的发生。由图 3-5 可知，2012 年中部粮食主产区耕地单位面积农业机械投入比重为 29. 65%，高于东部粮食主产区的 26. 51%，更高于西部粮食主产区的 6. 80%和东北粮食主产区的 9. 39%；到 2018 年，中部粮食主产区的耕地单位面积农业机械投入比重为 29. 78%，仍远远高于东部粮食主产区的 23. 05%、西部粮食主产区的 8. 24%和东北粮食主产区的 11. 75%。中部粮食主产区的耕地单位面积农业机械投入比重居首位，农业机械投入量较大，由此推断，中部粮食主产区农业现代化水平较高，在粮食生产中具有优势。

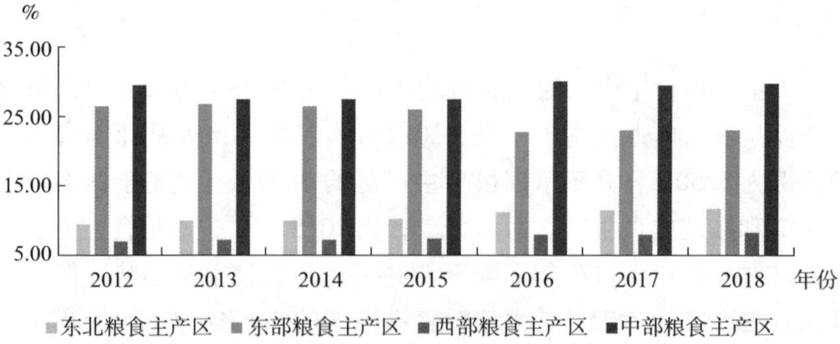

图 3-5　2012—2018 年我国各粮食主产区耕地单位面积农业机械投入比重

数据来源：根据调研所得。

第二，农业化肥施用量。化肥是重要的农业生产资料，是粮食的"粮食"，在促进农业生产发展过程中起了不可替代的作用。中部粮食主产区地势平坦、土壤肥沃、水源充足，农作物有很好的生长环境。2012 年，中部粮食主产区化肥施用浓度为 0.16 吨/亩，低于东北粮食主产区的 0.19 吨/亩及东部粮食主产区的 0.17 吨/亩；到 2018 年，中部粮食主产区化肥施用浓度为 0.16 吨/亩，仍低于东部粮食主产区的 0.18 吨/亩和东北粮食主产区的 0.21 吨/亩(如图 3-6)，中部粮食主产区作为粮食主产区之一，化肥施用浓度趋于稳定。

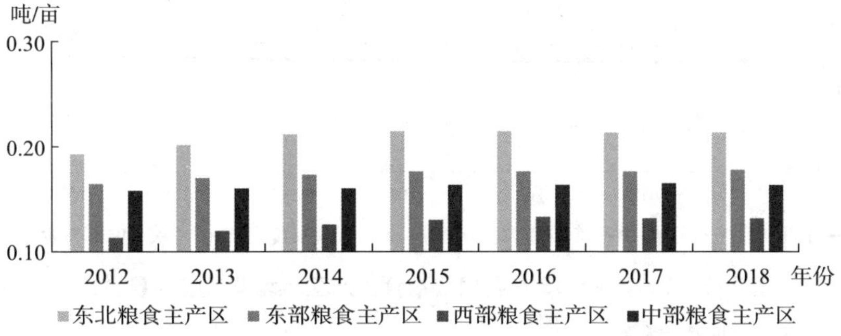

图 3-6　2012—2018 年我国各粮食主产区化肥施用浓度

数据来源：根据调研所得。

第三，农药使用量。农药是重要的农业生产资料，对防病治虫、促进粮食和农业稳产高产至关重要。2017 年，农业农村部印发通知，提出大力推广新型农药，提升装备水平，实现农药减量控害，减轻农业面源污染，保护农田生态环境。由图 3-7 可知，中部粮食主产区的农药使用量比重在逐年下降，但一直远远高于其他粮食主产区的使用量，从侧面反映出中部粮食主产区生产规模之大。

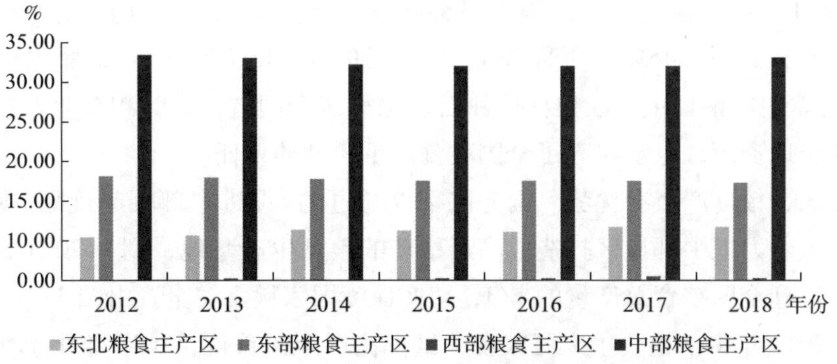

图 3-7　2012—2018 年我国各粮食主产区农药使用量比重

数据来源：根据调研所得。

第四，柴油使用量。现代农业的发展离不开农业机械，2019 年，中国农业机械总动力为 10. 28 亿千瓦，其中柴油发动机动力为 7. 97 亿千瓦，占总动力的 77. 53%。由图 3-8 可知，中部粮食主产区亩均柴油使用量的占比位居第二，东部粮食主产区位居第一，中部粮食主产区仍具有一定的优势。

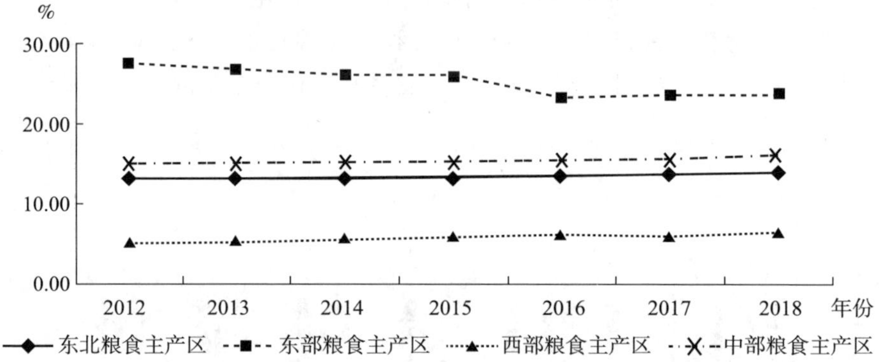

图 3-8　2012—2018 年我国各粮食主产区亩均柴油使用量占比

数据来源：根据调研所得。

③中部粮食主产区的重要地位。第一，粮食播种面积居首位。粮食播种面积是决定粮食产量的关键因素，我国粮食播种面积从 2012 年的 7450. 79 千公顷，降至 2015 年的 7221. 91 千公顷，再降至 2018 年的 6747. 18 千公顷，粮食产量分别为 16460. 8 吨、30016. 4 吨和 31538. 6 吨。实践证明，促进粮食生产稳定发展，必须首先保持稳定的播种面积。由图 3-9 可知，2012 年，中部粮食主产区粮食播种面积占全国播种总面积的比例为 26. 41%，高于东部粮食主产区的 16. 94%、西部粮食主产区的 10. 84%和东北粮食主产区的 17. 40%；到 2018 年，中部粮食主产区粮食播种面积占比为 26. 95%，仍远远高于东部粮食主产区的 17. 45%、西部粮食主产区的 11. 15%和东北粮食主产区的 19. 91%。中部粮食主产区粮食播种面积比重居全国首位，为粮食生产提供了充足的土地资源，也承担起了全国粮食产量攀升的重任。

第二，粮食产量有优势。国务院审议通过的《促进中部崛起规划》明确指出，必须着力把中部地区打造成高产稳产的粮食生产基地，到 2020 年使其粮食产量达到全国粮食总产量的 1/3，切实保障国家粮食安全。由图 3-10 可知，2012—2018 年中部粮食主产区粮食产量占比居全国首位，2018 年中部粮食主产区的粮食产量达到了 31538. 6 万吨，占全国粮食总产量的 47. 94%，远远高于东北粮食主产区的 35. 41%、东部粮食主产区的 30. 04%和西部粮食主产区

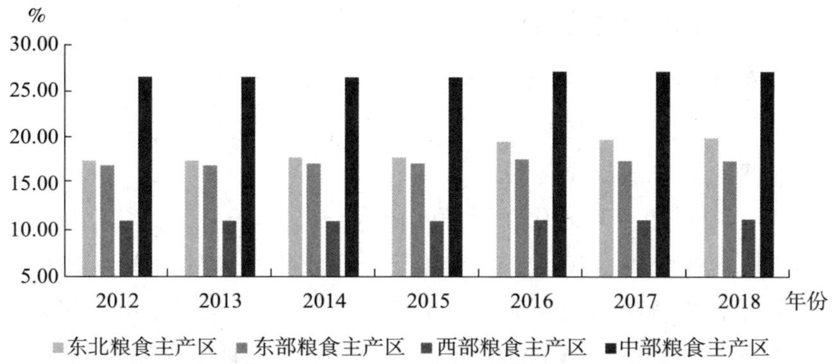

图 3-9 2012—2018 年我国各粮食主产区粮食播种面积占全国播种总面积的比例

数据来源：根据调研所得。

的 19.84%，由此可知，中部粮食主产区是重要的粮食输出区，在保障国家粮食安全上发挥着重要作用。

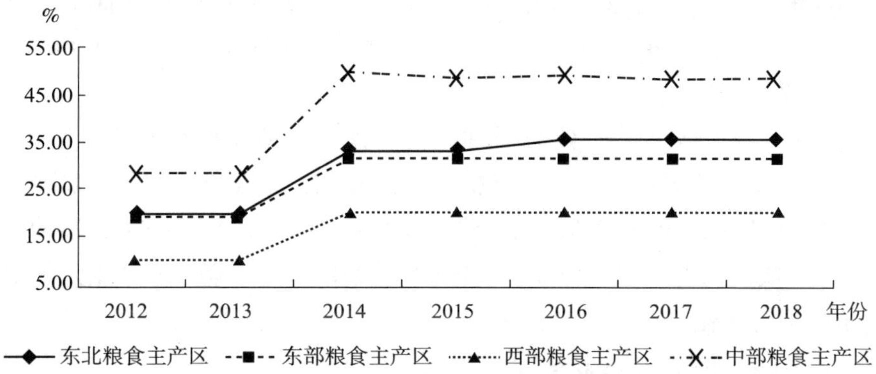

图 3-10 2012—2018 年我国各粮食主产区粮食产量占全国粮食总产量比重

数据来源：2012—2019 年《中国统计年鉴》和《中国农村统计年鉴》。

3.2.2 实证调研地点的选取

本研究采用问卷调查和实地走访的形式，分别对湖北省麻城市、湖南省平江县、江西省修水县、安徽省涡阳县及河南省杞县进行了实地调查。在与当地群众的交谈中，调研者对交谈内容进行了详细记录和整理，确保了第一手资料的可靠性。在完成数据的收集之后，结合已有的理论，调查组对收集到的材料进行整理和汇总，通过实证研究得出新的结论。

3.2.2.1 湖北省麻城市

麻城市位于湖北省东北部、大别山中段南麓、鄂豫皖三省交界处，面积约为3747平方千米，人口约为126万。麻城市是中国菊花之乡、中国油茶之乡、中国板栗之乡和省级园林城市。

2015年，麻城市全年农作物播种面积为168.58千公顷，其中粮食作物种植面积为84.38千公顷，2016年，麻城市全年农作物播种面积为164.77千公顷，其中，粮食作物种植面积为82.77千公顷，2018年麻城市全年粮食作物种植面积为77.18万亩[①]，到2019年，全年粮食作物种植面积为74.06万亩。

3.2.2.2 湖南省平江县

平江县隶属湖南省岳阳市，位于湖南省东北部，处于汨罗江上游，汨罗江自东向西贯穿全县。

平江县地貌以山地和丘陵为主，山地面积占总面积的28.5%，丘陵面积占总面积的55.9%，岗地面积占总面积的5.8%，平原面积占总面积的9.8%。平江县地势东南部和东北部高，西南部低，相对高度达1500米。县内山丘分属连云山脉和幕阜山脉。

近5年，平江县的农作物总播种面积和粮食播种面积都经历了先升后降的过程，尽管有过增长，但是下降幅度仍然很大。值得注意的是，湖南省玉米的播种面积2017年为349.5千公顷，2018年为365.8千公顷，2019年为359.2千公顷，到了2020年则增至386.6千公顷，这一数据的变化，反映出了种植结构的变化。

3.2.2.3 江西省修水县

修水县位于湘、鄂、赣三省九县交界处。全县辖19镇17乡，人口约为87万，面积约为4504平方千米，是江西省面积最大和九江市人口最多的县之一。作为典型的山区县，修水县地处幕阜山与九岭山山脉之间，素有“八山半水一分田，半分道路和庄园”之称，中、低山面积占总面积的65%，高丘面积占总面积的20.5%，低丘面积占总面积的13.5%，河谷阶地面积仅占总面积的1%。

3.2.2.4 安徽省涡阳县

涡阳县位于安徽省北部，地处亳州市中心，有“皖北门户”之称。总面积

---

① 1亩≈0.067公顷。

约为2110平方千米，城区规划面积为94平方千米，总人口约为170万，是安徽省传统的农业大县。涡阳县处于淮北平原腹地，县内涡河横贯东西，将全县分为涡南、涡北两个自然区域。除东北部有龙山和石弓山外，其余均为一望无际的沃野。涡阳县是国务院批准对外开放县市，是国家粮食生产百强县、安徽省经济社会管理权限扩大试点县。涡阳县地理区位优越，交通快捷便利。涡阳县地处皖、豫、鲁三省交界，82.4%的面积为早期河间平原，由早期河流淤积而成。由于降雨、河流侵蚀和人类活动等影响，部分地区形成零星湖坡洼地和庄户地。涡阳县属于暖温带半湿润季风气候，其主要特征是：气候温和，雨量适中，雨热同步，光照充足，无霜期较长，光、热资源比较丰富。年平均气温为15.1℃。历年平均日照时数为2015.7小时。县域内年平均降雨量为809.8毫米，雨量分布由东南向西北递减；受季风气候影响，降水季节性变化明显，一般夏季多、冬季少，春雨多于秋雨。夏季盛行东南风，冬季盛行北风、西北风，春秋季多偏东风。

3.2.2.5 河南省杞县

杞县位于河南省东部，隶属开封市，总面积约为1243平方千米，总人口约为105万，是开封市第一人口大县。杞县是农业大县，素有“中原粮仓”之美称，现已建成大蒜、辣椒、花生、棉花、小麦、菜花、食用菌等农产品生产基地。杞县又是畜牧大县，现已建成规模养殖场1300多家，畜牧业产值已占农业总产值的40%以上。杞县曾获得“全国棉花产量百强县”“全国无公害农产品生产基地县”“全国生猪调出大县”“全省畜牧业发展重点县”“全省农业结构调整十强县”“全省产粮大县”等荣誉称号。

参考文献

[1]郭庆海．新型农业经营主体功能定位及成长的制度供给[J]．中国农村经济，2013(4)：4-11.

[2]张红宇．中国现代农业经营体系的制度特征与发展取向[J]．中国农村经济，2018(1)：23-33.

[3]阮荣平，等．新型农业经营主体辐射带动能力及影响因素分析——基于全国2615家新型农业经营主体的调查数据[J]．中国农村经济，2017(11)：17-32.

[4]黄祖辉．新型农业经营主体：现状、约束与发展思路——以浙江省为例的分析[J]．中国农村经济，2010(10)：38-45.

[5]张照新，赵海．新型农业经营主体的困境摆脱及其体制机制创新[J]．改革，2013

(2)：6-12.

[6]陈洪博．经济布局与对外开放的双圆格局——中部地区发展战略研究之一[J]．湖北社会科学，1991(6)：24-26.

[7]李本和．我国区域经济协调发展系统与中部地区的功能定位[J]．生产力研究，2004(9)：84-90.

[8]朱凤文，等．我国粮食主产区提高粮食综合生产能力浅见——以吉林省生产实践为例[J]．中国农业资源与区划，2006(5)：20-22.

[9]高明秀，等．中部粮食主产区增量经济型土地整理关键技术评价——概念界定与研究框架[J]．中国农学通报，2011，27(4)：261-267.

[10]王丹．气候变化对中国粮食安全的影响与对策研究[D]．武汉：华中农业大学，2009.

[11]刘志强，等．农业资源环境评价方法与我国粮食主产区的确定[J]．应用生态学报，2003(12)：2219-2224.

[12]李小军．粮食主产区农民收入问题研究[D]．北京：中国农业科学院，2005.

[13]李福夺．要素投入、技术效率与中国粮食经济增长[D]．贵阳：贵州大学，2017.

4 中部地区农户经营分化

4.1 基于种植结构分化的分析

农户经营方式的不同影响着种植结构的分化，本章基于种植结构的分化来阐述农户经营分化。首先，以农户经营的耕地投入与使用作为分类依据，调查组可以得出中部5省由于其耕地质量高、耕地投入面积多、土地利用率高等特点，倾向于规模化种植粮食作物、生产潜力大的结论，之后调查组分别从农产品产量与粮食产量、农产品收益与营粮收益等方面分析中部粮食主产区的种植结构，基于产量和收益阐述农户经营的分化；其次，调查组重点从粮经比、主粮与杂粮比、谷物与口粮比3个方面比较中部粮食主产区与全国总体种植结构的区别，从当前各地区种植结构的差异中分析中部地区农户经营的分化。从种植结构上看，既有粮/经结构分化的协调与平衡，更有对粮农产品的品质结构升级和乡村产业结构的现代化改造。

4.1.1 农户经营分化的分类依据与分类标准

4.1.1.1 农户经营的耕地投入与使用

在当前我国人地矛盾突出、耕地后备资源短缺的形势下，如何集约、高效地利用土地，用最少的耕地投入获得规模经济效益，是社会各界关注的热点。不同地区的农户对耕地的投入与利用有所不同，这会影响耕地的种植结构。我国地域辽阔，地貌类型复杂多样，导致耕地类型也呈现多样化，进而呈现以下特征：地形越平缓、耕地面积越多，农户越倾向于规模化种植粮食作物；地形越复杂、耕地面积越少，农户越倾向于种植经济作物。[1] 平原区相较丘陵山地更适于连片种植，规模化经营水平更高，而丘陵的作物种植结构更加多样化，说明土地的地形状况、土壤结构、面积等对农户经营选择的影响很大。所以，农户应当根据不同地区的地形、气候等特点因地制宜地选择经营规模与种植结构。

我国耕地利用类型主要为水田、水浇地和旱地 3 种。三种类型的耕地分布具有显著的地域差异，耕地面积的总体分布也呈现一定的地域性。在中部 5 省中，湖南、湖北、江西 3 省的降水量丰富，以水田为主要的耕地利用类型；安徽省地跨淮河、长江流域，黄河夺淮古道也在北部穿越，所以该地区水田、水浇地和旱地均有一定面积的分布；河南省则以水浇地为主，旱地次之，豫南的水田分布较广。这些耕地利用类型形成了对应的农业生产区。湖北、湖南和江西以水稻种植为主，形成了水稻生产区；河南和安徽以种植小麦、玉米为主，少部分水田种植水稻，从而形成了小麦、玉米、水稻主粮带。农户在这些耕地因地制宜地种植粮食作物，保证了中部地区粮食作物的多样化。

我国的耕地根据其质量的差异可以分为优、高、中、低 4 种等别。耕地等别影响着不同区域粮食的生产能力。中部粮食主产区耕地等别处于中等偏上水平，耕地类型中高等地、中等地所占比重较大。[2]虽然中部粮食主产区耕地资源相对丰富，但由于各地自然条件、社会经济水平与技术发展程度不同，以及耕地面积和质量等别不同，各地区耕地生产能力水平存在较大差异。

湖北的江汉平原、湖南北部的洞庭湖平原、江西北部的鄱阳湖平原、江西昌九农业优化区和安徽东部地区的耕地多为优等地，河南中东部以及安徽北部地区的耕地多为高等地和中等地，相对于其他地区的低等地来说，耕地条件具有较大的耕种优势，农业生产潜力大，适合多种农作物的种植。

随着工业化和城镇化的快速发展，耕地和建设用地之间存在较大的经济产出差异，所以在农业用地和商业用地之间，经济产出的差异导致了耕地的非农化。[3]改革开放以来，我国东部沿海地区为了追求经济的快速发展，大量耕地被非农建设占用，耕地投入不断减少，粮食生产量下降；中部地区作为内陆地区，经济发展较慢，再加上地理位置优越、气候适宜、地形多以平原为主，粮食生产潜力较大。所以，我们不仅要正视耕地的重要性，牢牢守住 18 亿亩的耕地红线，遏制耕地的“非农化”“非粮化”现象，也要关注各地区农户对耕地的投入与利用状况，重视中部粮食主产区的发展，及时调整各地区的种植结构。

4. 1. 1. 2　基于农产品与粮食产量的分化

中华人民共和国成立以来，粮食总产量从 1949 年的 1. 1319 亿吨增加到

2020 年 6.6949 亿吨。其间，粮食产量出现了两次较大波动，分别为 1959—1961 年的连续 3 年大幅减产和 1999—2003 年的波动下降。2003 年，全国粮食播种面积为 9941 万公顷，是中华人民共和国成立以来的最低点。在此之后，国家重视粮食发展战略，不断调整生产结构，明显加大了对粮食生产的扶持力度，扭转了粮食产量连年下降的局面。2017 年以来，国家围绕供给侧结构性改革，引导农户对粮食作物、经济作物、口粮与饲料粮种植结构进行调整，促进我国粮食产量的增加。图 4-1 为 2011—2020 年中国粮食产量情况，可以看出，粮食产量从 2011 年到 2015 年逐年增加，2015—2020 年粮食产量有所波动。2003 年以来粮食产量实现连增，2008 年冲上 5.5 亿吨的台阶，2012 年达到 6 亿吨的水平，2015 年以后一直维持在 6.5 亿吨以上，2020 年粮食产量为 6.6949 亿吨。

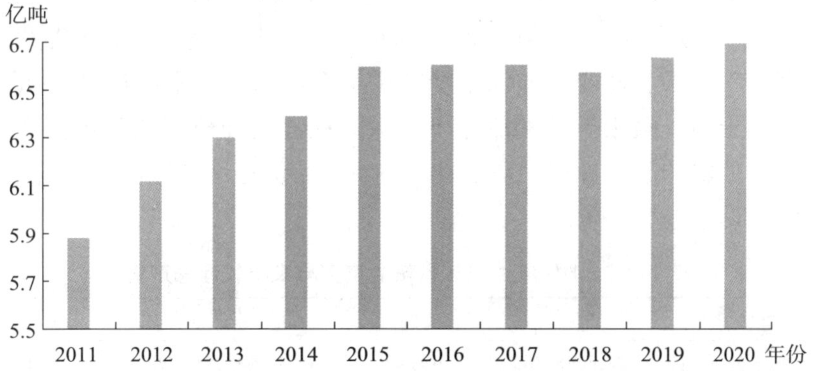

图 4-1 2011—2020 年中国粮食产量

资料来源：2012—2020 年《中国统计年鉴》，2020 年的数据来自农业农村部粮食产量公告。

2011—2020 年，除了水稻的产量有所下降，小麦和玉米的产量都有所增加。在国家粮食安全战略指导下，我国水稻、小麦、玉米三大谷物自给率保持在 98%以上。目前，国家实施的大豆振兴计划实现良好开局，大豆播种面积有所增加。中国将继续扩大大豆种植面积，提高大豆单产，培育改良大豆新品种。

改革开放以前，我国农业以粮食种植为主，农村产业结构单一。改革开放以后，我国农产品品种不断丰富，质量也不断提高，实现了由单一粮食种植为主向农林牧渔业全面发展的现代农业的转变。在“七区二十三带”农业发展战略布局中，中部农产品主产区主要包括黄淮海平原农产品主产区、长江流域农产品主产区两大区域。其中，黄淮海平原农产品主产区是优质小麦、玉米、棉花、大豆和畜产品产业带，以河南、安徽两省为主要生产区；长江流域农产品主产区是优质水稻、专用小麦、优质棉花和油菜、畜产品及水产品产业带，以湖南、湖北和江西为主要生产区。

基于粮食和农产品产量的差异，中部粮食主产区河南、湖北、湖南等5省农户经营方式表现出明显的不同。河南省为加快推进农业高质量发展、提高粮食生产能力，新建高标准农田660万亩，2019年粮食产量达到6695.36万吨，再创历史新高；同时，大力发展优势特色产业集群，推进绿色食品业转型升级，促进优质农产品进军高端市场。安徽省粮食生产基本稳定，主要表现为粮食产量稳定、畜牧业较快恢复，以及农业生产结构协调发展。湖北省2019年农业生产基本稳定，主要表现为特色优势经济作物产量增长较快、园林水果产量平稳增加、畜禽养殖稳步恢复。江西省粮食产量近年来大幅增长，2019年粮食总产量为2157.45万吨，高标准农田建设和资金投入较多(见表4-1)。湖南省农业发展较为平稳。除粮食作物生产外，中部5省其他农产品，如蔬菜、水果、畜产品和油菜的产量也有所增加。中部粮食主产区在深入实施藏粮于地、藏粮于技的战略下，保障粮食的种植规模和粮食产量，同时也重视其他农产品的种植，在建设各省农产品优势区的同时，实现耕地"非粮化"和集约化生产。

表4-1　2019年中部5省粮食产量与农林牧渔总产值

项目	河南	安徽	湖北	湖南	江西
粮食总产量/万吨	6695.36	4054	2724.98	2974.8	2157.45
农林牧渔总产值/亿元	8541.77	5162.13	6681.85	6405.06	4402.78

资料来源：《中国统计年鉴》(2020)。

4.1.1.3　基于农产品与营粮收益的分化

1998年以来，我国主要农产品收益与生产成本发生了极大变化，粮食、大豆、油料、棉花、糖料、蔬菜6类农产品收益增长的主要原因是价格上涨，而在多数农产品纯收益都有明显增长的情况下，粮食收益依然很低，粮食收益与其他农产品的收益关系不断恶化。[4]其中，种子、化肥、土地、劳动力等成本的增加是农产品生产成本增加的主要推动力量。2004年以来，中国粮食的收益率持续下降。所以，现阶段，国家需要高度重视农产品特别是粮食的收益。

从表4-2的横向比较来看，在6类农产品中，糖料(甘蔗)作物和蔬菜的亩均纯收益正增长，三大主粮、大豆、两种油料作物、棉花呈现收益的负增长，即生产成本大于其每亩的总产值，其中，大豆和棉花两种作物纯收益与其他主要农产品收益之间差距最大。由于近年来大豆和棉花的产量不断下降，大豆和棉花的进口需求不断增加，使得大豆和棉花成为我国进口数量较多的农产品。

表 4-2　2013—2018 年 6 类农产品亩均纯收益比较　　单位：元/亩

项目	2013 年	2014 年	2015 年	2016 年	2017 年	2018 年
三大主粮	72.94	124.78	19.55	-80.28	-12.53	-85.59
大豆	33.68	-25.73	-115.09	-209.81	-130.89	-192.04
两种油料作物	13.25	-8.98	-81.67	-30.22	-75.1	-79.99
棉花	-214.98	-686.44	-921.55	-488.3	-470.28	-460.9
糖料(甘蔗)	116.81	-150.04	117.8	410.45	406.4	331.31
蔬菜	2852.27	2069.78	2178.89	2022.53	2126.8	2126.82

资料来源：《全国农产品成本收益资料汇编》。

农产品的纯收益的影响因素主要有单位面积产量、生产成本和价格。其中，单位面积产量、价格对纯收益有明显的正向影响，而生产成本对纯收益有明显的负向影响。[5]劳动力生产水平、生产机械化程度和农业科技水平对农产品纯收益的增加有正向影响，生产机械化程度的提高有利于农产品生产效率的提高；化肥、农药的投入有利于保证农产品的产量和品质，促进农产品产值的不断增加。农产品收益的高低主要取决于投入与产出的差异。农产品的生产投入要素主要有土地租金、种子费用、灌溉费用、人工费、机械作业费，以及农药和化肥的费用等。自 2003 年以来，每亩种子费、化肥费、农药农膜费、土地租金等成本在三大主粮、大豆、两种油料作物、棉花、糖料(甘蔗)、蔬菜每亩总成本中的比重都有所提升。同时，主要农业生产投入要素，即人工费、化肥费、土地租金、机械作业费的投入不断增加，推动了农产品总成本的增加。

从我国总体的粮食收益来看，当前我国面临种粮经济效益低下、粮食生产利润逐年减少的问题。其主要原因是粮食价格下降、人工成本和土地租金成本上升过快，再加上国家取消了玉米的临时收储政策，降低了水稻和小麦的最低收购价格，引发了粮食实际销售价格的大幅度降低；全社会平均工资快速增长、农村劳动力快速向非农产业转移，导致农业生产劳动力的工资大幅上涨；现阶段土地资源的稀缺性和国家出台的一系列惠农政策刺激了土地租金快速上涨。一方面，国家粮食最低收购价格下降是粮食收益减少的直接原因，国家粮食最低收购价格的降低直接影响粮食的市场价格；另一方面，人力资本和土地租金上涨过快，是造成粮食生产成本上涨的根本因素。农村劳动力转移增加了农业内部的劳动力机会成本，从事农业生产的劳动力素质的提高使得工资上涨。再加上当前我国大量农村劳动力还留在农业内部，每个劳动力分摊的土地资源非常少，土地是重要的生产资料，资源的稀缺性决定了土地价格越来越贵、租金上涨成为一种趋势，而国家的惠农政策进一步刺激了土地租金快速上涨。

对于粮食收益低下、农户生产增产不增收的现象，国家有关部门需要高度重视。营粮效益低下会直接打击农民的积极性，粮食生产者对粮食价格的敏感度较高，粮食价格的微调会带来整个社会粮食生产的快速扩张或者萎缩，这对国家粮食安全不利。目前，国家除给予玉米一定的取消临时收储价格补贴外，对水稻和小麦没有增加任何补贴，粮食价格下降带来的损失大多由粮农承担，使其收益不断下降。[6]从粮食生产看，当前粮食价格几乎等于粮食成本，中国的粮食价格需要适当提高才能保障农民增收，进而减少国民对粮食的浪费。这就需要国家在降低粮食最低收购价的同时增加对粮食生产的收入补贴。对于农产品收益来说，农业生产成本的降低需要农产品投入要素成本减少、农产品产出增加。在注重营粮收益的同时，我们也要转变农业生产方式，优化农业产业结构，把调整农产品的品质结构和品种结构放在首位，同时提高农产品的附加值，为农产品收益的增加指明路径。

4.1.2 农户种植结构的分化

4.1.2.1 体现粮经比的种植结构分化

“粮经比”不仅体现了农户追求土地的种植效益，也在一定程度上反映出某个地区一定时期内种植业的状况。改革开放以前，中国农村在长期计划经济的束缚下，强调“以粮为纲”，使得各种经济作物的“多种经营”实际上处于被限制的状态，农作物种植结构严重不合理。除蚕桑和茶叶的增产速度大于粮食增产速度外，其余各种重要经济作物，如棉花、油料、黄红麻和糖料等的增产速度都低于粮食的增产速度，农业为轻纺工业提供的原料严重不足，影响了城乡居民生活和农村经济收入。1978 年，全国粮食作物和经济作物（含其他作物）的播种面积占比分别为 80.3%和 19.7%，种植结构很不平衡。1979 年 9 月 28 日，《中共中央关于加快农业发展若干问题的决定》明确指出：“要有计划地逐步改变我国目前农业的结构和人们的食物构成，把只重视粮食种植，忽视经济作物种植业和林业、牧业、副业、渔业的状况改变过来。”之后我国深入推进农业结构的调整，农业结构多元化日益成为农村发展的趋势。

2004年以来，我国粮食生产实现了十二连增。但是，在产量持续增长的背后，化肥、劳动力、土地等投入要素的价格不断上涨，农作物生产成本逐年增加，种植业比较收益偏低。面对种植效益低下的现实问题，农户一般会采取两种方式解决：一种是放弃农业生产，转向非农就业。在劳动力市场日益完善的情况下，农户可以通过放弃部分农业生产时间，增加外出务工时间，来提高家庭收入水平，农户的经营逐渐朝非农化发展；另一种方式是当劳动力市场不太完善时，农民会采取产品替代方式，即从种植劳动较为密集的农作物转向种植劳动需求较低的其他作物，或者从种植收益较低的粮食作物转向种植收益更高的经济作物。[7]这两种方式影响着农业的种植结构，粮经比的过度失调会影响我国粮食生产的稳定性和口粮的安全性。

粮食种植结构的调整还与农作物相对利润的变化有关。农作物的价格变化影响着粮食作物和经济作物的关系。2005年粮食最低收购价格启动之后（2005年启动早籼稻与中籼稻的最低收购价格政策，2006年启动小麦的最低收购价格政策，2008年启动玉米临时收储政策），我国粮食价格呈稳定增长态势，粮食主产区的粮食种植比例不断扩大。随着经济快速发展和人们消费需求的改变，经济作物被人们所需要，这使得经济作物价格上涨，经济作物对粮食作物的替代性不断增大。再加上三大主粮的单位面积利润远低于蔬菜等经济作物的单位面积利润，人们更愿意选择经济效益较高的作物种植，在非粮食主产区，粮食作物正不断被经济作物替代；而在粮食主产区，由于最低收购价格的保护，粮食作物才能保持一定的种植比例。

中部粮食主产区作为我国重要的粮食主产区，更要注重粮食作物和经济作物生产的协调性，在确保粮食作物生产的前提下，稳定种植比例，根据不同的生产条件选择合适的经济作物，避免形成“非粮化”倾向。各种新型农业经营主体的出现也推动了该地区种植结构的变化。不同类型农户的种植结构选择行为存在较大的差异。一般而言，以种粮大户、家庭农场和农民专业合作社为代表的新型农业经营主体由于经营理念先进，可以根据市场波动的情况确定农业种植结构，同时也容易实现农技推广应用和农产品销售的规模经济。再加上中部地区以平原为主，适合规模化经营，进而出现了在同样的耕地条件下，种植经济效益较高的作物来代替原有经济效益相对较低的粮食作物的现象。

保证粮经比的平衡，首先要正确理解种植业结构调整的实质，即根据地域资源状况，合理调整种植结构，而不是简单地放弃种植粮食作物和经济作物。粮食安全与粮食消费结构有着密切关系，即使完全放弃经济作物，将全部耕地用于粮食作物种植，也很难保证国家粮食的绝对安全，因为这涉及单位土地成本收益和土地资源适耕性等问题。其次要正确理解国家粮食安全与粮食自给自足的关系。

4.1.2.2 体现主粮与杂粮比的种植结构分化

不同国家、不同地区、不同时期，主粮有所不同。中国的主粮通常情况下指水稻、小麦、玉米三种作物，杂粮主要指除水稻、小麦、玉米三大主粮作物以外的粮豆作物和部分薯类。由于气候和地形的影响，我国杂粮产区主要分布于东北、华北、西北和西南等干旱、半干旱地区，以及高寒山区和少数民族聚集地区。再加上小杂粮群体的多样性，各省（自治区、直辖市）生态环境和耕作制度不同，小杂粮作物的分布也存在很大的差异。杂粮既是粮食的重要补充，又是调剂居民饮食消费结构的主角，近年来受到政府部门和消费者的关注，尤其是学者的科研参与极大地丰富了杂粮研究的领域和视野。[8]

中部粮食主产区5省（河南、安徽、湖北、湖南、江西）是杂粮生产的中间地带，在粮食需求急剧增加和保障国家粮食安全任务的压力下，逐步以产量较高且能够获得国家生产补贴的水稻和小麦替代非主粮，因而非主粮生产逐步萎缩。山西省相较于其他5省，高原面积广阔，地处半湿润与半干旱地区的交界地带，生产杂粮有较大的自然资源优势，当地农户的经营以种植杂粮为主。

对于影响主粮与杂粮种植结构的因素分析，调查组主要从自然资源禀赋、经济效益的驱动两个方面进行。第一，自然资源条件是影响农业生产集聚的重要因素，对农业生产起着基础性作用。比如北方的黑龙江、吉林、内蒙古、甘肃等省（自治区）地广人稀，在满足主粮生产的同时，有较多的土地用于非主粮生产，且其土壤较为肥沃，适合大豆种植，因而成为大豆生产的核心区；而四川、云南、贵州等地山地丘陵面积广阔，土地相对贫瘠，因而成为薯类生产的集聚区；中部粮食主产区土地较为肥沃，但受人多地少的资源禀赋限制，只能压缩杂粮的生产以实现保障国家粮食安全的目标。第二，农产品的经济效益是造成主粮与杂粮种植结构存在差异的内在因素。黑龙江、吉林、内蒙古、甘肃是我国玉米生产的集中区，但由于近年来其产能供过于求，种植玉米的经济收益不断下降，同时期大豆存在严重的短缺，再加上国家大力推进农业供给侧结构性改革，使得国家大力扶持大豆生产，所以黑龙江等地区不断扩种大豆，杂粮种植比例不断提高。

不同地区气候、地形、经济发展程度的不同，导致主粮与杂粮的种植结构存在较大的差异。近年来，高产的主粮不断替代低产的非主粮，导致非主粮生产持续萎缩，农业生态环境问题日益突出。[9]在当前玉米生产过剩、水稻和小麦自给率接近100%的条件下，各省（自治区）应持续推进农业供给侧结构性改革，发挥当地的优势条件，比如在东北地区、西北风沙干旱区等推进玉米、大豆和马铃薯轮作，以提高大豆和马铃薯产量，实行玉米与谷子、高粱、燕麦、红小豆等耐旱耐瘠薄的杂粮杂豆轮作制度，减少灌溉用水，提高其他杂粮产量，满足多元化消费需求；东中部地区人多地少且经济发展水平较高，粮食安全的巨大压力使其杂粮生产不断萎缩，而中部的江西、安徽、湖南、湖北、河南5省是我国耕地撂荒频率最高的区域之一，应充分挖掘低效利用的土地的生产潜力，利用冬闲田和山区种植大豆、薯类等杂粮，在促进耕地充分利用的同时，生产更多的杂粮，保障杂粮的供给，同时也应积极发展优质专用水稻和小麦的生产，保障我国主粮的稳定生产。

4.1.2.3 体现谷物与口粮比的种植结构分化

在我国，口粮是指人们的日常主食，仅指小麦和大米。谷物包括小麦、大米、玉米和杂粮。改革开放以前，中国粮食产量不高，谷类生产不足，豆类、薯类也是部分地区的主要口粮。改革开放以来，随着经济社会的快速发展，农产品供给充足，人民生活水平提高，消费结构变得多样化，人们对肉类、蛋、奶、水果等的需求也不断上升。因此，谷物和口粮自给程度对于中国粮食安全状况具有重要影响。为保证国内粮食安全、保障农民正常生活和收入，国家制订了高于国际粮价的粮食最低收购价。政策的调整使中国农民种粮积极性不断提高，谷物产量连年提高，谷物自给率也随之快速上升。2019年，我国谷物自给率在98%以上，属于基本自给水平。近10年来，中国口粮自给率都保持在100%以上，超过了安全水平线，属于绝对安全状态。谷物自给率和口粮自给率适应了中国发展需求，更能反映中国实际的粮食供需问题。[10]

农业供给侧结构性改革要求以玉米为重点，推进种植业结构调整，做到“四个一”，即一保，保口粮，保谷物；一减，减非优势区玉米；一增，增加优质食用大豆；一稳，稳定棉油糖自给水平。国家统计局公布的全国粮食生产数据显示，2019年全国谷物播种面积为14.68亿亩，较上年减少2736万亩，下降了1.8个百分点。其中，稻谷播种面积为4.45亿亩，比上年减少

744 万亩，下降了 1. 6 个百分点，低质低效的早稻面积持续减少，优质高效的单季稻面积持续增加；小麦播种面积为 3. 56 亿亩，比上年减少 809 万亩，下降了 2. 2 个百分点；江淮赤霉病高发区、华北地下水超采区和西南条锈病菌源区通过休耕和轮作等措施调减冬小麦播种面积，全国优质专用小麦种植比例有所提高。作为口粮的小麦和稻谷基本种植结构没有发生变化，粮食品种结构持续优化，小麦和稻谷的质量不断优化升级。由于东北地区种植结构调整，2019 年玉米播种面积为 6. 19 亿亩，比上年减少 1269 万亩，下降了 2 个百分点。稻谷和小麦主要为直接食用，口粮需求没有数量缺口。而玉米主要用于生产饲料和工业加工，因此，谷物中的缺口，主要是饲料粮和工业用粮。玉米作为主要的饲料粮，其供求变化影响着饲料产量。

谷物种植结构的变化还受到粮食的供求状况、粮食的储备情况及市场粮价总体水平的影响，主要体现在以下 3 个方面。

第一，粮食供需并无缺口。目前，我国谷物处于产需基本平衡状态，不存在明显的产需缺口，但存在结构性矛盾。我国谷物产需缺口为 2500 万吨，主要指的是玉米产需缺口。当前玉米存在较大产需缺口，是近年来我国推动农业供给侧结构性改革的主要原因。目前玉米产需缺口扩大只是供求关系调整的阶段性问题，而不是长期问题。今后，在市场机制的作用下，我国玉米生产完全可以恢复增长，产需缺口有望逐步缩小，并实现产需基本平衡。

第二，“大国粮仓”库存充足。我国粮食总产量连续 5 年稳定在 6. 5 亿吨以上。近年来，粮食储备体制、机制不断完善，粮食储备充足，小麦、稻谷等口粮品种库存处于历史最高水平。国家在 2014 年开始按照“产区保持三个月，销区保持六个月，产销平衡区保持四个半月”的市场供应量要求，重新核定并增加地方粮食储备规模，还在大中城市建立了满足市场供应 10~15 天的成品粮油储备库。在中央和地方政府储备品种结构中，小麦和稻谷等口粮品种比例超过 70%。完善的粮食储备调控体系和应急管理机制，使我国能够成功应对各种自然灾害和突发公共卫生事件，同时也是粮食结构相对平稳的基础。

第三，粮食调控有力。2004 年以来，我国对稻谷、小麦实行最低收购价政策，根据市场情况每年收购一定数量的最低收购价粮食，这部分粮食主要通过国家粮食交易平台向市场投放，有效地满足市场需求，稳定了市场价格。据中国粮油网统计，2020 年国内玉米价格保持持续上涨的走势。一是玉米价格恢复性上涨，大体处于合理区间；二是玉米市场供应总体得到保障，后期价格将逐步趋稳。这样一来，玉米种植比例在一定程度上有所增加。

虽然目前我国的谷物自给率在98%以上，口粮实现了绝对安全，但由于我国国民食品消费需求的升级，部分口粮还需要从国外进口，这间接地说明了我国种植结构需要优化，要鼓励农户从事更加优质的农作物品种生产，合理分配谷物与口粮的种植比例。

4.2 农户的非农经营分化

在城镇化快速发展的背景下，农村劳动力非农转移及农村人口的非农化迁移在数量、转移程度及性质等方面都呈现出与以前不同的状况，人的非农迁移与地的非农化，为农村人力资源的优化配置及农地适度规模化发展创造了条件。在这个基础上，农户的非农经营分化呈现出加速发展的趋势。

4.2.1 农户非农分化的普遍性

4.2.1.1 劳动力非农化转移

随着我国产业结构的调整和第二、第三产业的快速发展，劳动力从农业到非农业的就业倾向明显。改革开放以来，国家不再限制农村劳动力的流动，中国的农业劳动力迅速向非农产业转移。[11] 2019 年，中国农民工总量达到29077 万人，比上年增加 241 万人(见表 4-3)。过去 40 多年中，农村非农转移的劳动力从 800 多万上升到 29077 万，增加了近 35 倍。[12]随着农村劳动力非农化转移(也称非农转移、非农迁移、非农化迁移)，社会劳动力资源重新配置，农户经营分化程度逐渐加深。

表 4-3 2011—2019 年我国农村劳动力非农化转移的规模

年份	异地非农化转移/万人	本地非农化转移/万人	非农化转移总体规模/万人	劳动力非农化转移增速/%
2011	15863	9415	76420	4.4
2012	16336	9925	26261	3.9
2013	16610	10284	26894	2.4
2014	16821	10574	27395	1.9
2015	16884	10863	27747	1.3

续表

年份	异地非农化转移/万人	本地非农化转移/万人	非农化转移总体规模/万人	劳动力非农化转移增速/%
2016	16934	11237	28171	1.5
2017	17185	11467	28652	1.7
2018	17266	11570	28836	0.6
2019	17425	11652	29077	0.8

数据来源：2011—2019年《农民工监测调查报告》。

中部地区的非农化转移强度之大、类型之完善、转移半径之远在全国最为突出，对农地流转、非农收入占总收入之比、兼业化、粮食经营倾向产生的影响也是最大的。因此本书的主要研究对象是以鄂湘赣和豫皖为代表的中部地区。中部地区是我国主要的粮食生产基地，随着《促进中部地区崛起规划》等规划的实施，中部地区正在快速崛起。除此之外，中部地区也是目前的人口大省和劳动力输出大省。[13]通过统计相关数据可以发现，2019年中部地区的农村人口达1.46亿，占全国农村人口的26.43%；劳动力非农化转移数量为9575万人，占全国转移总量的32.96%，可见中部地区的劳动力非农化转移比例较高。就本书研究的中部5省来说，劳动力的非农化转移特点可以概括为：转移的规模较大，是我国的劳务输出大省；劳动力输出地主要是东部地区；非农化转移的劳动力就业呈现多元化趋势，主要集中在第二产业；非农化转移的主体是青壮年。[14]在这种背景下，粮食由谁来生产、如何保证粮食生产效率等成为中部地区亟须解决的问题。

当前，外出务工导致的劳动力非农化转移已经成为中国的常态化特征，而这种常态化特征在中部地区最为典型。对于这种特征的成因，已有研究从不同的角度进行了分析，具体来说主要包括以下3个方面：第一，从经济学角度来看，农户是理性人，生产经营的最终目标是利润最大化。舒尔茨和波普金认为，传统农户会在现有条件下，以利益最大化为目标对自己拥有的劳动力和资金进行合理地配置。[15]中部地区城市与乡村发展极不平衡，城市中就业与获利的机会比农村的多，因此农户会为了追求利益，从农村向城市、从中部地区向东部地区转移，从而对劳动力进行配置，获得更高的比较收入。第二，从“推拉原理”的角度来说[16]，中部地区工业化的发展带来的非农生产高收益是劳动力非农化转移的一个重要拉动力量，从事农业生产的低收益和农业自身特性带来的高风险是劳动力非农化转移的一个重要推动力量。第三，从政策角度来看，户籍制度改革不再限制劳动力的流动，增加了农民外出务工的机会，进而促进了中部地区劳动力的非农化转移。[17]

受劳动力大量非农化转移的影响，中部地区农村剩余的多为老人、妇女和儿童，在这种背景下，粮食生产是否受到了冲击、受到了多大的冲击，成为一个重要的议题。综合已有的研究可以看出，劳动力非农化转移对农户经营分化的影响是双面的，应该用辩证的眼光来看。[18]积极影响可以概括为中部地区劳动力非农化转移促进了农户经营结构的调整。[19]具体包括：第一，促进农业规模分化。一般来说，家庭劳动力转移的时间和数量与他们的土地流转意愿是相反的，劳动力转移数量少、时间短的农户的非农就业机会少，他们更倾向于流入更多的土地，扩大经营规模，这不仅落实了国家相关政策，还有利于粮食生产率的提高，促进粮食生产。第二，加快种植结构的分化。这种分化有利有弊，劳动力非农化转移导致农村剩余劳动力不足，农民只能调整种植结构将有限的劳动力集中在基本的农作物生产上，比如生产简单粮，一年一收，或者是老人和妇女生产保口粮，这种情况下可以降低农户多元种植可能带来的风险。第三，促进资源配置和要素流动。首先，劳动力从农业部门转移到非农部门获得的资本和技术会有一部分投入农业生产，部分资金的获得和技术的改进优化了资源的配置，进而促进农户经营结构分化。其次，劳动力非农化转移一定程度上会促进劳动者价值观念的转变。

劳动力非农化转移的消极影响在于会加剧“三农”问题。[19]第一，农村内部收入差距扩大。一方面，农户经营方式在国家推动下逐渐调整，由于集聚效应，农户间的经营规模出现差异。规模化虽然可以提高劳动力的配置效率，但农户之间的收入差距也随之扩大。另一方面，劳动力外流，从事非农产业的农民相较于留守农民能获得更高的收入，农村内部收入差距进一步加大。第二，农村劳动力“弱质化”加剧。农村劳动力非农化转移使劳动力资源进行了重新配置，主要表现在两个方面：一方面，从数量上来看，中部地区第一产业就业人员数量大幅下降。年轻劳动力为了获得高收益选择非农就业，而随着劳动力非农收入的提高，会有更多的劳动力选择非农就业，就出现了第一产业从业人员数量快速下降，第二、第三产业从业人员数量快速增加的情况。另一方面，从质量上来看，转移到非农部门的大多是青壮年，农村剩下的是体力较差的老人和妇女，这部分劳动力知识水平和学习生产技术的能力较低，农业技术进步和推广应用跟不上，非农化转移速度快，影响了农业的生产。第三，种植结构单一。传统粮是农户基础地位的保障，由于农村留守劳动力生产能力有限，只能将生产集中于基本农作物，种植结构趋于统一，传统粮的生产受到了较大威胁。

劳动力非农化转移是经济社会发展的必然结果，是促进城镇化快速发展的因素之一。中部地区共有农户5000多万户，农村劳动力占全国劳动力总量的1/3左右，农民工数量众多，在这种背景下，在劳动力大量转移的情况下实现发展，是“中部崛起”的关键。

4.2.1.2 农村家庭人口城镇化迁移

随着经济社会转型发展，城镇化建设取得一定的成果，流动人口的结构和规模也发生了变化。2015年之后，流动人口的数量由持续上涨转为开始下降，流动人口携带子女、配偶和父母一同迁移的情况增多，家庭非农化迁移的趋势出现，并且程度不断加深。[20]

城镇化最直接的表现是居住于城镇的人口数量不断增加，这种数量的增加一方面源于城镇家庭人口增加，另一方面源于城镇以外人口流入。据统计，城镇之间的人口流动并不影响城镇化水平，影响城镇化水平的主要是农村人口流动。城镇化为农村劳动力提供了非农就业岗位，改变了劳动力的就业领域及其家庭收入结构。因此，城镇对农业劳动力的吸纳，特别是对进城务工劳动力及其家庭的吸纳是推动农户经营分化的重要因素。

家庭是人类社会的基本组成单位，是最微观的社会活动群体。人口的流动和迁移涉及家庭的重大决策，并且新型城镇化既是个人身份的转化，也是家庭的城镇化转化。影响家庭人口非农化迁移的因素很多，如家庭规模、家庭人口和子女年龄等。按照家庭迁移的规模和方式可以将其分为4个阶段：个人独自迁移阶段、夫妻共同迁移阶段、核心家庭迁移阶段和举家迁移阶段。[21]根据中部地区的数据统计，中部地区目前的家庭迁移主要处于从夫妻共同迁移阶段到核心家庭迁移阶段的过渡期。

这种迁移模式的转变，彻底改变了以往农村男性在外务工、女性和老人在家务农的劳动力配置方式，对农户生产经营造成很大的冲击。家庭人口向城镇的非农化迁移和单纯的劳动力非农化转移存在一定区别。家庭人口向城镇的非农化迁移意味着非劳动力随着劳动力一起迁移，这种迁移带来的结果只有两种：一种是家庭在迁移之前将用于生产粮食的土地流转出去，这样不仅使土地资源继续物尽其用，还能促进规模经营的形成，提高粮食生产效率，进而促进农户经营分化；另一种是虽然农民家庭迁移出去，但原有的宅基地和耕地并没有流转出去，宅基地闲置，土地出现撂荒现象，导致土地资源浪费并且使粮食生产受到冲击。[22]

农村家庭人口向城镇进行非农化迁移给粮食生产带来的影响可能是负面

的，但这种影响是可以进行转化的。一方面，可以通过推进农村家庭迁移使人口市民化，让家庭实现永久定居，完全脱离农业生产经营，从而对耕地资源进行整合，将可能出现的土地资源浪费等负面影响转为正面影响，有效促进农户经营分化；另一方面，可以通过推动小城镇发展，吸引农民工返乡创业，让他们从跨省流动变为省内流动，在保障粮食生产的同时实现农户的增收。

4.2.1.3 农地的非农化与非粮化

农地的非农化是指流转后的农地不再用于农业生产，而是用于其他产业生产，长期且较大范围的农地非农化使农业的基础地位受到损害[23]。农地的非粮化是指流转后的土地不再用于种粮，而是用于种植经济作物，甚至是挖塘、养鱼等，改变农地的用途[23]。我国农业处于非农就业规模扩大、人口缓慢增长和生产经营结构转型等背景下，粮食安全成为一个重要的议题。然而，随着土地的流转，农地非农化和非粮化问题逐渐突显，大量的工商资本通过土地流转利用农地进行非农经营，大量的农民改变种植类型，这违背了土地流转最初的目的，农户经营结构随之进行调整。

农地流转中非农化与非粮化的形成原因主要有 3 个：首先，导致农地非农化和非粮化的客观原因是农业经营和非农经营的利润差。土地被用于农业生产与被用于其他用途相比处于不利地位。特别是城市周围的农地，这些农地无论是用于工业还是商业，所创造的利润都远大于用于农业生产创造的利润，于是原本的农地就变成了非农用地。在我国，种植经济作物、花卉等的经济效益明显高于种植粮食作物的经济效益，这是非粮化形成的客观原因。其次，农民不重视土地出租用途是农地非农化的主观原因。根据我国现有的土地制度，农民拥有承包地的经营权。随着外出务工人员越来越多，许多农地出现撂荒现象，如果有人愿意用高额资金转包农民的土地，那么大部分农民为了追求利益，会在不关注土地出租用途的情况下毫不犹豫地同意出租土地，使土地完全脱离粮食的生产。最后，地方政府和基层干部监管不力是农地非农化和非粮化的外部成因。根据相关法律法规，我国土地所有权属于国家和集体所有，而集体是乡镇还是村集体？这个概念比较模糊。地方政府利用土地进行招商引资、多建工程，很少有人会关注农地的最终去处和用途。调查组也发现相关案例，有些企业表面上进行农业种植，实际上内部粗放经营，主要目的是套取地方政府的农业补贴，而地方政府监管不力，被企业套取资金。[24]

不同的农业经营主体对农地的利用和流转的行为选择是不同的。传统农户更倾向于将农地流转给亲戚和邻居，不管是流转给个体还是种粮大户，农地主要还是用于粮食生产，不存在农地非农化和非粮化的问题。合作组织和家庭农场一样，农地主要还是用于农业生产，但是农户流转给合作组织或家庭农场的农地会出现非粮化的趋势，并且这种趋势在不断加剧。工商农户在土地流转过程中进入农村，农地非农化倾向十分明显。[25]造成这种农地利用差异的主要原因还是投入资本的不同，投入的资本越多，要求的回报率越高，最终影响了农地的用途，促进了农户经营的分化。

农地流转和利用带来的非农化和非粮化，短期来看会影响我国粮食安全，这种影响是双面的。正面影响是促进社会经济发展，间接提升政府财政支出能力来满足农业生产、公共物品投资的需求，如修建灌溉系统、加大科研投入等。负面影响主要体现在对耕地的影响上。一方面是对耕地数量的影响，耕地被非农产业占用及种植结构的变化，直接导致了粮食减产。另一方面是对耕地质量的影响，农地间隔式或条状式使原有的农地分割开来，造成土地细碎化。土地细碎化不仅不利于实现农地的规模化经营，还加大了农户对农地的管理成本，不利于农户经营结构的调整。农地的非农化还使原有的灌溉系统无法继续使用，需要修补或者重新修建，导致农民耕作成本增加。除此之外，农地非农化一般是将农地修建成工厂、商铺或者住房，这些区域产生的废水和生活垃圾等会对土地造成污染，进而导致农地质量下降，粮食产量减少。农地流转的结果短期直接影响着我国粮食产量、耕地质量、农户经营状况和生态环境等，如果这个问题不被重视，没有得到及时的解决，长期则会对社会经济造成威胁。

综上所述，农地流转过程中的非农化和非粮化需要得到重视并及时解决。一方面，国家可以大力发展家庭农场，家庭农场与农地流转相适应而且能够充分发挥家庭和农场的优势。这种生产方式克服了小农经营的弊端，用生产效率较高的现代机械来替代精耕细作，保障农产品多样化的同时也提升了土地的可利用率；另一方面，政府可以设置耕地保护金来提高农民保护耕地的积极性，通过多种方式提高农业收入，缩小农业经营与非农业经营的利润差，提高农民种粮的积极性。另外，要加强对农地流转的管理并且建立永久性基本农田保护区，自上而下和自下而上相结合来划分功能区和禁止开发区，坚守住18亿亩耕地红线，切实履行耕地数量、质量、生态“三位一体”的保护责任。

4.2.2 非农选择上的农户经营类型

4.2.2.1 纯农户

农户分化是指一定区域内的农户由同质性的经营农业户分化为经营农工商等异质性农户的过程，具体表现为农户由经营农业的纯农户逐渐分化为亦工亦农的兼业户及非农户，从而形成纯农户、兼业户、非农户并存且不断演化的局面。[26]受国情影响，不同国家对农户分化的划分标准不同：一是按照农产品销售额和耕地面积划分，比如日本的销售户标准为耕地面积多于30万亩或销售额高于50万日元，其余的都是自给型农户。二是按照家庭农业劳动人口的比重划分。比如在日本，如果家庭中有一人不从事农业劳动，这户农户就叫作兼业户。三是将农业收入比重和农业劳动人口比重作为标准进行划分。总结国内外学者的研究可以发现，农户分化现象目前在我国农村社会普遍存在，大多数学者认同的划分标准是农户从事生产活动的职业属性和参与程度。本书参照相关研究[27-29]，兼顾家庭农业收入比重、农业劳动时间和劳动力配置3类指标来划分农户类型，并对各个类型所处的阶段进行划分(见表4-4)。

表4-4 农户分类标准

分类	劳动力配置	家庭农业收入比重	农业劳动时间	所处阶段
纯农户	全部或绝大部分	>95%	全部或绝大部分	未分化
兼业户	一半以上	50%~95%	一半以上	中度分化
主工微农户	一半以下	5%~50%	一半以下	深度分化
非农户	很少或没有	0%~5%	很少或没有	完全分化

资料来源：根据研究所得。

纯农户家庭全部或绝大部分劳动人口从事农业生产，家庭生产性收入的95%及以上都来自农业，家庭绝大部分时间都在进行农业生产。农户结构以纯农户为基础逐步向兼业户和非农户演化，其中大部分农户通过多元化经营成为兼业户。

分化过程中形成的纯农户基本可以分为两种类型：第一种是传统型小农户。这类农户自身非农就业能力较弱，难以转化为其他类型的农户，只能从事传统农业生产。其农业收入较低且生产大多是自给自足，在经营结构和经营行为上具有同质性和均等性。第二种是商业型纯农户，这类农户通过土地流转承包转化为种植大户或以种植蔬菜、花卉等经济作物为主的纯农户。这类农户与传统型小农户相反，以市场需求为导向，农产品商品化程度较高。在农户经营分化中形成的这种商业型纯农户对我国农业发展产生了积极影响，将成为我国现代农业发展的中坚力量。

我国的纯农户经历了较长时期的发展，目前所讲的纯农户是指在改革开放之后我国农村家庭联产承包责任制下形成的主要农户类型。这类农户是其他类型农户的“原发状态”，因此相对于其他衍生的农户类型而言具有“传统性”。1978 年我国以农村包产到户、包干到户拉开了改革开放的帷幕，1982 年“中央一号文件”明确了联产承包制的社会主义集体经济性质。由此，“我国在农村逐步确立了以农村家庭联产承包责任制为基础、统分结合的双层经营体制，而以人民公社制为核心的农村土地制度也快速让位于以农村家庭联产承包责任制为基础的农村新型土地制度”，这种制度放活了农民的农业经营选择权。迄今为止，农民家庭内部劳动力、土地和资本的直接结合仍具有活力，纯农户仍是我国农户群体中的基本类型，在我国农村地区，特别是在中西部农村地区仍占有极为重要的位置。

纯农户早期的比重变化主要受国家制度和政策的影响。1993 年，大量农民工外出务工，允许土地使用权流转等政策确立，因而此后几年中纯农户比重持续下降，1997 年下降到最低值；1998 年开始，纯农户比重开始上升。一是第一轮土地承包期到期，开始进行土地延包政策。由于担心外出务工会影响土地承包，部分农民工返乡，纯农户比重上升。二是 20 世纪 90 年代中期，市场经济体制逐渐完善及国有企业改革逐步深入，导致当时城镇企业吸纳农民工的能力降低。三是 1997 年开始，亚洲金融危机影响了进城农村劳动力，进城农民工回流，1998—2001 年纯农户比重有所上升。2002 年至今，市场经济改革取得阶段性成果，城镇化与工业化需要大量的劳动力，纯农户比重持续下降（如图 4-2），纯农户的占比从 2003 年的 3.92% 下降到 2015 年的 0.54%。除此之外，此阶段进城务工的劳动力就业及生活环境的改善带动了大量农户举家进城。

基于农业农村部全国农村固定观察点数据的测算，调查组发现，当前农户经营主体结构分化趋势明显，未来，纯农户比例会进一步下降而粮食种植的经营规模将会扩大[30]，规模化经营趋势明显，降低了粮食作物比较收益和农业经营收入偏低的风险。如果纯农户中种粮农户经营规模没有扩大，部分农户可能会由于农业经营收入过低而选择离开农业，放弃耕种土地甚至选择撂荒。如果出现大量种粮农户弃耕撂荒的现象，将会对农业生产带来不利影响。

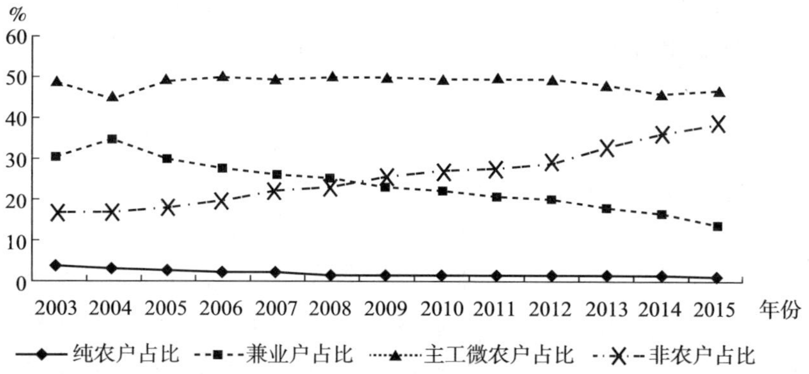

图 4-2 2003—2015 年全国农村固定观察点农户分化情况

数据来源：根据农业农村部全国农村固定观察点数据计算得出。

因此，国家要对纯农户中的种粮农户予以政策上的扶持，引导种粮农户以现代理念经营农业，改革财政支农制度、农业补贴制度和财政支农投入机制，依托政府和市场等多方主体为种粮农户提供全方位服务。政府要有序引导有能力的纯农户适度扩大农地经营规模，同时还要逐步改变“撒胡椒面”式的农业补贴方式，逐步转向针对特定群体的特惠制补贴，尤其要瞄准从事粮食种植的纯农户。

4.2.2.2 兼业户

兼业是指劳动者同时从事两种及以上职业的现象。本书中的农业兼业户指其家庭一半以上劳动人口从事农业生产，家庭生产性收入的 50%~95%来自农业，家庭一半以上劳动时间都在进行农业生产，家庭从业人员大部分从事农业而部分从事非农经营的农户。

从古代家庭内部分工“男耕女织”开始，兼业现象就已经存在，古人大多从事长工或短工来维持家庭生计，保证农业生产的正常、持续运行。农业生产的不稳定性、季节性及农业收入偏低等特点决定了农民兼业的普遍性。以往农业兼业受农业制度、社会发展水平和小农经济内在特点和局限性的影响，难成规模。在土地联产承包责任制和“三权分置”背景下，大量农民逐渐脱离农业生产开始进城务工、弃农从商，农业兼业已经形成一定规模。农户种粮积极性下降和农业兼业化发展倾向严重影响农业生产结构升级、农业规模化运营，致使农业转型难以开展，阻碍了农户经营分化。

20 世纪 80 年代末，随着改革开放的逐步深入，城镇化进程启动，进城务工人数逐渐增多。20 世纪 80 年代末至 2000 年，我国城乡“二元化结构”逐渐凸显[31]，一方面是以乡镇企业为代表的私营经济快速发展，需要大量劳动力；另一方面是粮食价格只降不涨，离乡离土的兼业户开始出现，并且规模不断扩大。1996年以后，受到经济发展状况和外部环境影响，农户主体分化现象普遍存在，纯农户、兼业户、非农户在我国农村已经普遍出现。这一时期的农户分化具有不稳定性和不彻底性，农户游离于第一产业和第二、第三产业之间，同时，由于农户拥有承包的土地，将农业生产作为生活保障，土地没有作为一种资源在纯农户、兼业户和非农户之间自由流转，细碎化经营继续存在，农户兼业化难以实现小规模农户向规模化经营转变。由图4-2可知，2003—2015年，农业兼业户所占比例整体上呈现下降的趋势，并且农业兼业户的占比整体上小于主工微农户占比。

针对广泛存在的兼业户，为了避免耕地撂荒、粗放经营等农业资源分散性行为对农业生产效率产生的影响，我们需要通过丰富农业经营组织形式、改善农业社会化服务等途径作出努力，为提升纯农户及兼业户的发展能力创造条件。

4.2.2.3 主工微农户

主工微农户主要从事工业生产，以非农业和农业服务业收入为主，以农业收入为辅。主工微农户家庭只有一半以下劳动人口从事农业生产，家庭生产性收入的5%~50%来自农业，家庭一半以下劳动时间用于农业生产。主工微农户的发展水平是衡量农户主体分化程度的一个重要标志。

由图4-2可知，2003—2015年主工微农户所占比例整体上呈现下降的趋势，并且主工微农户的占比整体上大于兼业户的占比，二者的差值总体上呈现扩大的趋势。2001年，《中共中央关于做好农户承包地使用权流转工作的通知》发布，2003年和2008年国家进一步规定了土地承包和流转市场的管理和服务，农村土地要素市场处于不断完善发展之中。由于劳动力成本上升、产业转移、土地流转加快等，2006年，劳动力转移和分化出现了回流的现象，农户分化开始朝着多元化和深层次化发展。这一时期，农业专业化生产特点显著，部分农户按照产品种类或者生产过程进行分工协作，农业朝专业化和集中化方向发展，主要体现为农业生产区域专业化、农业工艺专业化和农业企业专业化。京津周边地区农户职业分化较为明显，兼业户比例达到80%以上，农户主体分化呈现加速发展态势。

对于主工微农户未来的发展，一方面，国家要提升城镇化对劳动力及其家庭的吸纳能力，特别是在社会保障和公共服务方面提供更完善的内容，实现更多主工微农户向非农户的转化。另一方面，针对广泛存在的主工微农户，国家要正视其兼业经营对农业生产的正面效应，正确对待农户兼业经营这一过渡形态，使该主体在城市化进程中发展为专业大户或者由第一种兼业转为第二种兼业，成为非农就业者，进而提升农业生产规模和比较效益。

4.2.2.4 非农户

非农户完全不从事农业生产，只有5%及以下的家庭生产性收入来自农业，其他收入主要来源于外出务工和小规模的资产及工商经营活动。这类农户包括了贫富差异较大的两种农户：一种是因土地置换、宅基地、乡镇经济发展的成果分红等原因已有一定资产积累的农户，另一种是贫穷的失地农户。[31]但从总体上看，这类农户在制度上仍然是农民，享有农民的地位和待遇，在经济上并没有完全融入城市社会，是一种特殊的非农户和未来的城市化对象。这种农户主要分布于我国东部乡镇企业发达的地区和大中城市的周边地区，其发展方向是转变成正式的城市家庭。

非农户比重在1993—1997年持续上升，因为这一时期开始的市场化改革为农村非农经营户向城镇的迁移创造了有利环境；受到国企改革大量裁员和金融风暴的影响，1998—2002年非农户比重出现波动；2003年开始，非农户占比呈现显著的持续上升态势(如图4-2)，这一阶段就业环境、社会保障等为劳动力转移提供了较多机会，更多的农户离开土地寻求非农就业机会。国际经验表明，工业化和城市化的发展会造成农户与土地的分离。随着工业化和新型城镇的发展，农户与土地的分离更可能发生于非农户，当前农户退出农业生产的意愿强烈，这些非农户的收入基本不再来自农业生产。地方实践也已探索出农户退出农业生产的实现路径。[32]因此，未来部分非农户将会退出农业生产。

2014年“中央一号文件”提出农业适度规模发展的意见，并在不同场合多次提出通过多层次农业综合开发推进农业适度规模经营，农业适度规模发展成为现代农业的重要特点。之后，农户分化趋于成熟且波动频率趋小，非农户比例逐步扩大，农户分化彻底并趋于稳定。

针对非农户的现状，政府要有序引导愿意退出农业生产的农户离开农业，为部分有条件、有意愿的农民放弃土地、离开农业提供多样化的制度安排，逐步完善非农户离开农业的制度设计。

4.3 农户经营在规模上的分化

在我国，农户的非农分化是指农业劳动力在农业与非农业领域的重新配置。农户在转向非农领域就业时，在一定程度上会影响一个地区的粮食耕地面积、播种面积及土地复种指数的变化，同时，农户选择非农就业后，也会使土地资源向种植大户转移，使得农户经营的土地规模和种植结构产生分化，农户的规模种植可分为大规模经营、中等规模经营及小规模经营。随着我国农业市场化的发展，农户经营分化的分类标准和农户经营规模分化的分类逐渐向多样化发展，这是农业向现代化演进的必然趋势。

4.3.1 农户规模分化的分类标准

4.3.1.1 耕地面积分析

耕地是粮食生产的重要载体，耕地的高效利用是增加粮食产量的重要驱动因素。[33]随着城镇化发展，农户经营分化趋势明显，加上农药、化肥的滥用使耕地质量不断下降，农民种地的积极性不高，土地难以得到高效利用。中部地区当前正处于城市化进程的加速期，为促进中部地区经济社会稳定发展，中原城市群、太原都市圈、环鄱阳湖城市群和武汉城市圈相继批准建设，会占用大量耕地，这一决定给中部地区的耕地和粮食安全带来了巨大压力。[34]其中，湖北省耕地面积与人均耕地面积整体呈减少趋势，耕地面积的变化存在明显的空间差异，农业结构调整、技术进步、人口压力和经济发展是造成耕地面积减少的主要因素[35]；聊城市近年来耕地面积减少的主要原因是人口的增长、交通运输的发展和农业产量的提高[36]；合肥市耕地资源变化的主要影响因素是政策因素和社会经济因素[37]。

我国是产粮大国，同时也是粮食进口大国，2018 年我国粮食进口总量达到 1.3 亿吨，比 2017 年的进口量增加了 13.9%。[38]当全球粮食产量波动时，如此大的进口量会在很大程度上影响我国粮食安全。因此，国家提出“藏粮于地，藏粮于技”的战略，把饭碗牢牢掌握在自己手中至关重要。中部粮食主产区是我国产粮的重要区域，该区域耕地面积的稳定对推进我国粮食高质量发展和保证粮食安全具有重要意义，其区域包括河南、安徽、湖北、湖南和江西 5 个相邻省，共有耕地面积 26607 千公顷，占全国耕地面积的 19.73%。近年来，中部粮食主产区产粮总量呈上升趋势，为我国的经济发展和社会稳定打下了坚实基础。但随着城镇化发展和农村产业结构的调整，越来越多的农民选择种植经济效益更高的作物或者进城务工，以获取更高的收入，近年来耕地面积下降，土地浪费、闲置现象较为突出。

耕地数量与质量的保证对维持地区可持续发展和粮食安全具有重要意义。[39]2010—2019年，中部粮食主产区耕地面积呈"平稳—上升—平稳—再上升"阶段性发展态势。虽然这一时期国家大力支持中部地区经济发展，交通设施、城市建设、基础设施等均需占用大量耕地，但是中部粮食主产区省依据各自实际情况，严格贯彻实施国家土地政策，耕地面积非但没有减少，反而有所增加，由2010年的3.43亿亩增加至2019年的3.99亿亩。2010—2019年，中部5省人口由2010年的32022万增加到2019的33512万，在人口增加的前提下，人均耕地面积并没有减少，反而从2010年的1.074亩增加到2019年的1.178亩，5省的耕地面积与人均耕地面积总体变化趋势表现出阶段性相似(如图4-3)。

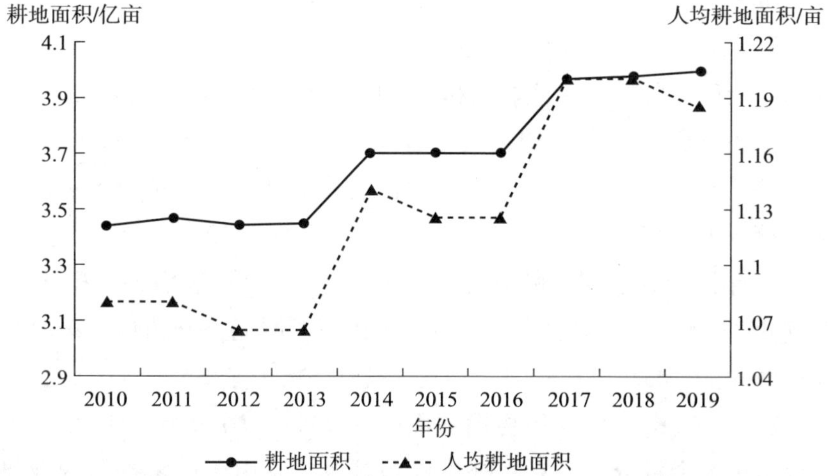

图4-3　2010—2019年中部粮食主产区耕地面积与人均耕地面积变化

数据来源：根据调研所得。

中部粮食主产区粮食产量约占全国粮食总产量的40%，该地区农业的发展对于提高我国粮食保障能力具有非常重要的作用。为了稳定耕地面积、提高粮食生产能力，粮食主产区的5个省份可以通过以下措施进行改善：通过优化农业耕作方式来改善耕地总体质量，加强以农田水利设施建设为基础的重点田间工程建设；健全农业社会化服务体系并提高农业科技水平，提升粮食生产科技贡献率；推广应用优良品种、发展节水灌溉技术，挖掘粮食单产潜力、完善粮食运输设施，增强中部区域粮食生产能力。

4.3.1.2 播种面积分析

播种面积的大小是决定我国粮食产量高低的直接因素，播种面积的稳定是确保我国粮食安全的重要前提。“十二五”规划指出，我国耕地面积要保证在18亿亩以上，其中粮食播种面积要稳定在16亿亩以上，这个目标早在2013年就已经完成，但是还不能说明我国粮食播种面积已经趋于稳定，还有很多潜在因素会对其构成威胁。“稳定粮食生产，保障粮食安全”依旧是我国需长期坚持的战略目标。近年来，经济收益较高的经济作物播种面积不断扩大，被支配到非粮生产领域的资源也越来越多。粮食种植结构的变化和“非粮化”种植已成为政府部门和各领域普遍关注的话题。[40]“非粮化”现象会降低土壤肥力，影响粮食播种面积，对粮食安全造成威胁。[41]随着社会经济的发展，农业劳动力成本每上升1倍，小麦、稻谷的播种面积分别下降7.9个百分点和8.2个百分点，蔬菜、油料作物、玉米的播种面积会分别增加6.3个百分点、2.3个百分点、7.9个百分点。[42]

我国是全球最大的小麦消费国和生产国，小麦播种面积稳定在3.5亿亩，约占我国主要粮食作物总播种面积的21%；小麦的产量占我国粮食总产量的20%[43]，占全球小麦总产量的17%。河南省作为我国小麦播种面积最大的省份，资源处于优势地位，也是我国小麦生长的最佳生态区。整体来看，2006—2017年河南省小麦价格呈波动上升趋势，同期小麦播种面积从7812万亩上升到8572万亩，小麦总产量和单产也出现了明显上升趋势。2019年全国夏粮播种面积为2635.5万公顷，相比2018年减少了34.9万公顷，下降了1.3个百分点。其中，夏收谷物播种面积由2341.4万公顷下降到2298万公顷，下降了1.8个百分点。夏粮播种面积减少，是由于国家推行农业供给侧结构性改革，调整并优化农业生产结构，适当减少了粮食播种面积，同时增加了优质、高效的作物的播种面积。改革后主要呈现以下两个特点：一是小麦品种优化，高品质小麦种植面积增加。2019年河南省小麦播种面积相比2018年虽有所减少，但河南省在优质小麦种植区推广优质弱筋、优质强筋小麦种植，优质小麦播种面积达80万公顷，相比2018年增加了24万公顷。二是种植结构调整，虽然小麦播种面积减少，但蔬菜、水果、油菜籽等经济作物播种面积与往年相比有所增加。

表 4-5 展示了 2004 年、2010 年、2016 年、2019 年中部 5 省粮食主产区粮食播种面积，以及粮食播种面积占农作物播种面积的比例。中部 5 省粮食播种面积总体呈增长趋势，但在 2019 年出现波动，由于农户经营分化和利益驱动，粮食播种面积在农作物中的占比有所下降。总体来看，安徽省粮食播种面积占比最大，其次是河南省、江西省、湖南省、湖北省。

表 4-5　中部粮食主产区粮食播种面积相关数据

中部粮食主产区	2004 年		2010 年		2016 年		2019 年	
	粮食播种面积/万公顷	面积占比/%	粮食播种面积/万公顷	面积占比/%	粮食播种面积/万公顷	面积占比/%	粮食播种面积/万公顷	面积占比/%
安徽省	572. 68	66. 34	694. 78	80. 98	664. 45	74. 71	728. 70	82. 98
河南省	897. 01	64. 97	1002. 70	70. 02	1121. 96	75. 29	1073. 45	73. 14
湖北省	381. 79	52. 84	413. 58	56. 04	481. 61	60. 90	460. 86	58. 96
湖南省	475. 71	58. 09	484. 78	60. 16	501. 07	60. 43	461. 64	56. 83
江西省	342. 54	65. 15	363. 91	66. 68	380. 72	67. 96	366. 51	66. 38

数据来源：2005 年、2011 年、2017 年、2020 年《中国农村统计年鉴》。

从全国来看，粮食播种面积的减少，不仅是因为农户经营分化引起了粮食种植结构的调整，更重要的是因为工业化、城镇化的发展导致大量农村土地被占用。此外，由于生态环境遭到破坏，适合冬天播种的农作物耕地面积减少，进而导致夏粮的播种面积大大减少。2010—2019 年全国夏粮播种面积持续缩减，在这 10 年间，播种面积缩减幅度大于 60%的有 7 个省（自治区、直辖市），其中降幅最大的是北京和上海，降幅超过 80%，其次为福建、湖南、浙江、宁夏、海南；而夏粮播种面积增长的地区有河南、山东、安徽、湖北和江苏。山东、河北、江苏、安徽、河南 5 省的总播种面积占全国夏粮总播种面积的 65. 9%。

农作物播种面积的调整受各种因素影响，大体可以分为 3 种：粮食生产成本、当地城镇化率、主产区粮食价格波动。其中，粮食生产成本的波动直接影响粮食的播种面积，粮食市场价格降低，粮食种植风险增加，就会引起粮食播种面积的缩减。为稳定粮食播种面积，我国必须时刻坚守粮食播种面积的“底线原则”，严格执行耕地保护措施，充分考虑粮食生产中将面临的风险，兼顾用地数量和质量的平衡，做到全面防范。与此同时，要稳定粮食主产区播种面积，抓住粮食主产区的生产就等于抓住了粮食安全的根本保障，要全面提高和完善对主产区的财政补贴政策、农业技术倾斜，以及对主产区的利益补偿机制，避免中部地区土地大规模的“非粮化”“非农化”现象的出现。

4.3.1.3 复种指数

复种是在空间和时间上高效利用现有土地资源的一种模式，在耕地面积不变的前提下，复种可以增加农作物播种面积和粮食产量[44]，是一个地区实现粮食增产最简单且行之有效的方法。复种指数反映了农户对农业有限资源要素的利用程度，不仅是衡量一块土地集约化程度的基础性指标[45]，也是从宏观角度来反映耕地利用程度的重要指标[46]。2017 年，联合国粮农组织指出，中国人均耕地面积占全球人均耕地面积的 45%，而中国耕地面积总量仅为全球耕地面积总量的 9%。为了满足国内粮食需求，中国超过 50%以上的耕地需要进行复种，复种面积占全国播种面积的 2/3。由此可见，复种指数的提高对我国粮食安全发挥着重要作用。[47]随着农业科技和农业管理技术不断发展，耕地单产水平不断提高，但受农户经营分化和城镇化进程的影响，农户不断向城区转移，加上农业的比较利益低下，小规模农户的种粮积极性有所下降，这导致我国一些平原地区和生产力较高的农田复种指数不断降低。一些地区实行耕地轮作休耕，使得农作物播种面积有所下降，这在一定程度上抵消了土地单产较高带来的好处。[48]因此，在耕地数量、质量、单产都受到限制的前提下，复种指数是否能提高，很大程度上决定了粮食产量的高低。

我国耕地复种指数从北向南依次递增。东北地区、长城沿线地区、甘肃地区和内蒙古地区耕地主要为一年一熟制，黄土高原北部大部分区域耕地也为一年一熟制，其中，南部地区小面积为一年两熟制。西北部地区耕地复种指数较低，平均在 50%以下。该地区土地质量较差，主要靠降雨来维持农业生产，这也是该地区耕地大量休耕的主要原因。黄淮海地区耕地大多是一年两熟制，北部少部分地区为一年一熟制，黄淮海地区是我国平原面积占比最高的地区，78%以上的耕地分布在平原，该地区耕地利用程度较高，早在 20 世纪 80 年代大面积耕地就稳定为一年两熟制。[49]21 世纪以来，黄淮海地区耕地复种指数呈增加态势，但增加幅度较小，增加区域主要在山东省和天津交界处，以及河北省部分地区。山东省中东部地区以一年一熟制水果种植为主；西部地区土壤肥沃，农业人口相对较多，为一年两熟耕作区。河南省东部大部分地区为国家高标准农田，该地区种植条件和山东西部相似，属于一年两熟制；南部和西部山区为一年一熟制，该地温差相对较大，西部山地较多。华南地区、长江中下游和西南地区的耕地均有一年一熟、一年两熟和一年三熟制。其中，西南地区主要包括云贵高原、川西高原、四川盆地和川鄂湘黔丘陵山地。该地区湿度和温度条件较好，但受到地貌特征限制，农作物主要集中在成都平原和小规模河谷平原及山间盆地，土地利用程度很高。近 10 年该地区耕地复种呈增加态势，主要增加地区为四川盆地东南部，耕地指数降低地区为成都和重庆地区；一年三熟制耕地零星分布在华南及长江中下游地区。我国南方地区的福建、浙江、江西、广东、湖南等省的复种指数均在 200%以上，一块地可以当两块甚至三块地来使用。其中，海南岛上的水稻可以一年三熟，广东部分地区及长江南、北下游平原低海拔地区可以按照“稻—稻—菜”“稻—稻—麦”的形式进行一年三熟制耕作，黄河流域及长江以北地区可以按照“小麦—棉花”“小麦—甘薯”“小麦—玉米”等方式进行两季耕种。从作物栽培理论角度来看，我国可复种的耕地面积占全国耕地面积的 50%，而根据目前农民选择务工方式的形势来看，我国复种的耕地面积占总耕地面积的比例受经济发展的影响，越来越低。

调查组对中部粮食主产区 5 省 2008—2019 年的平均复种指数进行分析，结果如图 4-4 所示。可以看出，2008—2019 年，安徽省复种指数为 149%~157%，河南省复种指数为 173%~182%，湖北省复种指数为 141%~156%，湖南省复种指数为 194%~212%，江西省复种指数为 174%~189%。其中，安徽省耕地复种指数呈逐年下降趋势，但下降幅度并不明显，总体来说比较平稳；湖北省复种指数在 2009 年达到最低点，为 141%，随后几年呈上下波动趋势；江西省和河南省的耕地复种指数整体走势相似，2008—2009 年呈下降趋势，随后逐年稳定上升，到 2017 年后呈下降趋势。整体来看，湖南省的耕地复种指数最高，其次是江西省和河南省，最后是安徽省和湖北省。

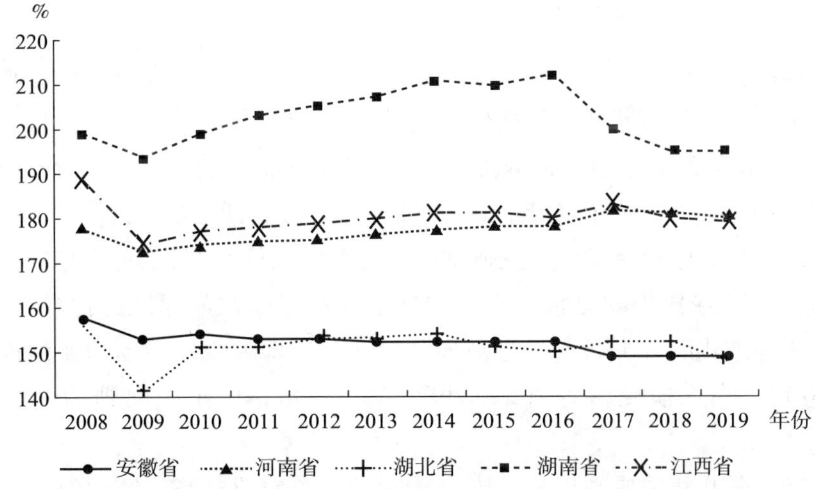

图 4-4　2008—2019 年中部粮食主产区 5 省复种指数变化

数据来源：《中国农村统计年鉴》。

对复种指数产生影响的主要因素是不同地区的劳动力状况、资源禀赋、农业科技发展水平和农户经营分化状况等。较高的资源禀赋，如较高的气温、较长的无霜期、日照时间长、充足的水源供给，都是提高复种指数的基础。此外，经济的发展、农业科学技术的应用及推广，也是提高复种指数的关键因素。各省可因地制宜利用区域资源禀赋条件，同时依托农业科技进行可控性调整。耕地若要得到复种，农民是实施的主体。近年来，农户经营分化趋势明显，农民对种粮的积极性不高，主要有以下两个原因：一是粮食耕种收入低，农民个人利益与国家粮食需求之间存在冲突。根据要素转移理论，资本和劳动力是可以进行空间转移的投入要素，而土地资源是不能进行空间转移的生产要素。种植其他经济类作物的收益远高于种植粮食的收益，会导致农民种植结构发生偏移。二是工业化、城镇化的不断推进，使得农民进城务工成为增加收入的主要途径。随着市场经济的不断完善，农民也会根据效用最大化原则，将劳动力生产要素转移到经济效益更高的城镇，土地对农民的吸引力大大降低，引起土地粮食生产效率下降，耕地复种也受到一定影响。我国人口众多，经济的发展、城市的扩张使得农用耕地不断缩减，耕地压力加大，因地制宜地提高复种指数等于最大限度地增加现有的农作物播种面积，是提高全国粮食产量的重要途径，也是维护我国粮食安全的关键。

4.3.2 农户经营规模分化的分类

4.3.2.1 大规模经营

土地经营规模大小是依据具有经营权的土地规模范围设定、以总耕地面积来衡量的，但是不同部门和研究者提出的标准及分类并不一致。世界银行在《2008 年世界发展报告：以农业促发展》中指出，土地以 30 亩为界限分为大、小两种经营规模；2014 年，《中共中央办公厅、国务院办公厅关于引导农村土地经营权有序流转发展农业适度规模经营的意见》中将当地农户户均耕地面积的 10~15 倍作为划分种植大户的标准，并且以此为标准进行规模分类；还有更为标准化的分类研究，将规模分成 3 类，即大规模经营为耕地面积大于 1000 亩，小规模经营为耕地面积小于 100 亩，居于中间则为中等规模经营。[50]

中华人民共和国成立以来，国家建立了有关农业经济、经营的一系列制度。以农业经营为例，1949—1952 年，我国提出了“农民所有，自主经营”的个体经营制；1953—1978 年，提出了“三级所有，队为基础”的集体经营制。

从 1953 年开始，我国农业由小规模经营向大规模经营不断发展，国家通过农业生产合作、初级农业生产合作社、高级农业生产合作社，使农民手中的土地使用权不断转让或无偿归为合作社，进一步完成了个体农户的社会主义改造，由土地个体经营转变成以生产队为基础的集体所有制经营；1979—2012 年，建立了“统分结合、家庭承包”的经营体制，有资料显示，截至 1982 年，全国生产队平均耕地面积达到 23.3 亩[51]，这一阶段农户土地经营规模由小到大变化；2013 年至今，在巩固基本经营体制的基础上，我国构建了新型农业经营体系。[52]显然，中华人民共和国成立以来，在农户土地经营规模大小演变过程中，农业经济和经营制度起到了关键的作用。

2008 年，我国第一次将家庭农场视为农业规模经营的主体。2013 年“中央一号文件”重点强调创新农业经营体制，再一次将农业规模化经营作为焦点。文件指出“坚持依法自愿有偿原则，引导农村土地承包经营权有序流转，鼓励并支持承包土地向农业合作社、专业大户、家庭农场流转”。实际是通过开放土地流转市场，为农户规模化经营扫清障碍。于是，全国各地通过土地流转、农业补贴、“三权分置”等政策扶持措施，促进了一些大规模经营的家庭农场、种植大户等新型农业经营主体的出现。据统计，2017 年，我国小农户平均耕地面积为 7.5 亩，种植大户的平均耕地面积为 102 亩，家庭农场的平均耕地面积约为 177 亩。[53]近年来，我国农业生产规模经营快速发展，国家反复强调要发展多种形式的规模经营，专业大户、合作社等以农业规模化经营为特征的新型农业经营主体在全国纷纷出现，数量逐渐攀升。

然而，农户大规模经营没有统一的规模标准，主要是因为我国幅员辽阔，不同地区、省（自治区、直辖市）在耕地资源、地形地貌、种植结构及人员结构等资源禀赋方面存在很大差异。这使得不同地区在大规模经营耕地面积上存在着异质性。黑龙江作为东北三省中的农业大省代表，规模经营的农户家庭平均经营规模面积能达到 350 亩，大规模经营的更是达到 1000 亩以上，在全国占据首位。对于四川来说，高原地貌和丘陵山地占据全省总面积的 97%，除了四川盆地的成都平原，全省山谷上下落差均在 500 米以上，因此土地细碎化严重，难以形成较大规模的农业经营，农户大规模经营面积只能达到 100 亩以上。位于黄淮海地区的河北、河南、山东，省域大面积属于海河流域、黄河流域、淮河流域，平原面积广阔，大规模农业经营个别能达到千亩以上，平均大规模农业经营在 300~500 亩。根据地形、种植结构等特征，中部粮食主产区 5 省大规模经营面积由大到小依次为：河南省和安徽省、江西省、湖北省和湖南省，具体规模区分见表 4-6。

表 4-6 不同地区农户大规模经营区间分化

地区	规模区间
湖南省/湖北省	50~200 亩
黑龙江省	1000 亩以上
黄淮海地区(家庭农场)	500 亩以上
河北省	300~600 亩
江苏省	100~300 亩
江西省	100~250 亩
河南省/安徽省	200~600 亩
山东省	200~500 亩
浙江省	200~500 亩
四川省	100 亩以上

资料来源：根据文献整理所得。

农户大规模经营不仅可以提高我国的农业竞争力，同时，对于提高我国农产品质量、全面应用农业先进科技、建设高标准农田具有非常重要的示范作用。当然，大规模经营也不是规模越大越好，要根据农作物的品种、农机设备的可用度及成本—产出效率确定合理的经营规模，合理利用土地资源禀赋，克服各种经济逻辑的不利影响，建立农户大规模经营在中国农业生产中的主导地位。

4.3.2.2 中等规模经营

中等规模经营一般是由农民自发流转土地形成的，能够耕种的土地面积为 30~50 亩。[54] 20 世纪 90 年代打工潮兴起后，农村地区盛行自发性土地流转，越来越多的土地集中在有意愿且有能力的种田能手手中，渐渐地，这些农民成了土地经营规模适中、农业经营收入可观的一个群体。中等规模经营的形成，究其根源与中国独有的城乡二元结构、现存的农村土地制度、农村社会变迁紧密相关。城乡二元结构下，农民可以进城务工，也可返乡种田，大量外出务工人员的离开为少量留在乡村的劳动力提供了扩大土地经营规模的机会，同时，土地集体所有制、农户承包权长期保持不变，也为农户土地权利提供了一定保障。

现代农业发展中，农业生产的经营规模有大有小。从土地要素来看，我国经营规模的种类出现多样化趋势，随着我国土地经营权的放开和土地流转市场的逐渐成熟，绝大多数农户的经营规模从几亩到几百亩甚至上千亩不等。农户经营所选择的规模大小不仅深受经济因素影响，还受经营者的素质影响，如知识的深度和广度、责任心和管理能力等，同时也受区域资源禀赋、流转政策、农户经营分化特点等因素的限制，具体规模区分见表 4-7。

表 4-7 不同地区农户中等规模经营区间分化

地区	规模区间
湖南省/湖北省	30~50 亩
黑龙江省	500~1000 亩
黄淮海地区(家庭农场)	50~500 亩
河北省	70~300 亩
江苏省	10~100 亩
江西省	30~100 亩
河南省/安徽省	50~200 亩
山东省	50~200 亩
浙江省	70~200 亩
四川省	30~100 亩

资料来源：根据文献整理所得。

中等规模经营耕地面积普遍是小规模经营耕地面积的 2~5 倍，且务农收入在家庭总收入中的占比较高，更重要的是农户中等规模经营生产出来的农产品商品化程度远高于小规模经营生产的农产品的商品化程度，主要原因是小规模生产出来的农产品主要用于满足农户自己的生活需求，而中等规模经营的农户生产的农产品，除了满足自己的需求，绝大部分进入市场进行交易，用于交易的份额远高于自己所需部分。[55]与小规模经营相比，自然灾害发生时，中等规模经营农户需要管理的土地规模较大，很难及时控制自然灾害造成的损失，加上与大规模经营相比，中等规模经营农户的管理水平较低，生产经营缺乏稳定性，这就导致一些农户对土地长期管理、资金投入丧失积极性，经营存在一定的盲目性和自发性，难以应对市场风险。中等规模经营的土地耕地面积多为 100~200 亩，而农地大规模经营的土地耕地面积少则几百亩，多则上千亩。除此之外，中等规模经营农户的生产主要依靠自家劳动力，而不是依靠雇佣劳动力来完成(少量雇佣劳动力)，大规模农户经营主要依靠雇佣劳动力进行科学化、规范化管理。中等规模经营的土地大多依靠农户自发性流转[56]，而大规模经营的土地一般是成规模地从农户中整体流转，乡村基层组织起辅助性作用，土地流转过程较为规范，以签订合同为主，且流转期限长、流转时间明确。为了避免农户之间自发性流转土地造成土地分散、缺乏规范性，本书建议村庄之间土地实行“划区承包”[57]。在农户土地承包经营权不改变的前提下，由村集体将全村农民土地集中流转进行划片，每区面积稳定在 100 亩以内，再将这些土地在全村集中发包，这样就可以保证土地集中耕种，有利于机械化操作，提高劳动效率，也有利于政府部门为中等规模经营的农户提供各种优惠政策，为他们创造更好的农业生产条件。

中等规模经营的农户以种粮为主且主要社会关系在农村，他们是我国农村政策的支持者和对接者，同时担任着农村传统伦理规范的维系者和再生产者的角色。所以，一些学者将中等规模经营农户视为我国农村长远稳定发展的中坚力量，是国家粮食安全的保证，也是国家重点扶持和培养的群体[58]。当然，中等规模经营也存在一定的局限性，如土地经营分散化、细碎化等，这些问题限制了农业机械化生产和农田基础设施的建设。另外，中等规模经营缺乏科学的田间管理和现代科技支撑，不具备精耕细作的能力，单产较低，在耕种过程中投入较多的农药。因此，从发展的眼光来看，为了合理利用劳动力、农用机械、土地资源和农业先进技术，各地应该适当调整中等规模经营。从我国农业发展历程来看，这种调整需要长期规划。

4.3.2.3　小规模经营

人均耕地占有量少、农业人口比重大是我国农业的基本情况。为了解决家家户户的温饱问题，1978 年十一届三中全会确立了实行农村家庭联产承包责任制，明确了分散的小规模经营农户的主体地位。随着现代社会的发展，小规模经营经历了合并与分散相互交替演变的过程。现阶段，小规模经营农户的特点仍是家庭承包土地面积小、数量众多、农业科技应用少等，但小规模经营的农户发挥着维护国家粮食安全“压舱石”的作用，推动工业化、城镇化进程的人力支撑作用，维护社会和谐稳定的作用，以及传承农耕文明的载体作用[60-62]。因此，我国农业现代化建设不能忽视小规模经营农户的主体地位，要在尊重小规模经营农户的主体作用和地位的基础上实现农业现代化。[63]目前，我国仍有 6 亿多人生活在农村，2.6 亿农户中有 2.3 亿是小农户[64]，农业生产以小规模经营为主。根据预估，到 2050 年我国全面实现现代化时，城镇化水平能达到 70%，按劳动人口在 1 亿以上、农村人口为 4.6 亿和耕地面积为 18 亿亩计算，每户只有接近 18 亩的耕地耕种。根据世界银行 30 亩以下视为小农户的定义，这意味着小规模经营农户仍将长期占据我国农业规模经营的主体地位。[65]

农户选择小规模经营行为是基于家庭生产经营决策合理性的结果，其经营决策的最终目标是实现家庭效用最大化，即家庭收入最大化。随着城镇化的开展和农村劳动力的不断流动，农户小规模经营受到持续关注[66]，农村家庭劳动力的分配成为农户小规模经营的行为特征。当然，农户小规模经营也存在着市场融入性差[67]、产品不够精细、技术水平低下等一系列突出问题。农户选择小规模经营行为通常会受当地的地形特征、家庭的劳动力分配等资源禀赋状况的影响。调查组认为，平原地区的农户小规模经营的面积最大，一般在东部地区和东北地区。东部地区农户相对于其他地区农户来说，资金实力更为雄厚。山东和河北是农业大省，农户经营的规模相对较大。黄淮海地区相对而言地广人稀，农户较容易租到土地，小规模经营面积一般能达到50亩。山地、高原、丘陵的农户受复杂地形条件的限制，不能经营较大规模的农地，经营面积一般为20亩左右，如湖南、江苏、江西等地，具体规模划分见表4-8。

表4-8 不同地区农业小规模经营区间分化

地区	规模区间
湖南省/湖北省	5~30亩
黑龙江省	100~500亩
黄淮海地区(家庭农场)	10~50亩
河北省	10~70亩
江苏省	1~10亩
江西省	5~30亩
河南省/安徽省	8~50亩
山东省	5~50亩
浙江省	5~70亩
四川省	8~30亩

资料来源：根据文献整理所得。

小规模经营的农户一般具有以下特征：第一，务农人员老龄化严重。小规模经营的农户普遍年龄在60岁以上，务农老龄化程度较深。除此之外，妇女务农现象普遍，妇女甚至成为主要劳动力。第二，农户经营分化现象严重，家庭内部劳动力普遍转移。小规模经营的农户经营分化现象普遍，理性的农户自然不会以小规模农业经营为主，他们会不断寻找其他挣钱的机会。他们具有以非农业为主、兼顾农业，非农业收入高于农业收入的明显经营特征。第三，经营农作物品种单一，农业技术轻简。农户小规模经营耕地一般以种植粮食作物为主，全程机械化操作，不需要过多劳动力。第四，农业生产社会化程度较高。利用社会农机进行耕种收成为小规模经营的主流方式，依靠社会化服务，充分发挥家庭经营决策权。第五，农地经营“内生化”，农户进行小规模经营，大多实现自给自足，仅供给家庭内部所需，土地耕作成为“家庭保险”的一种方式[68]，农田管理精细度不高。

日本农业是农业小规模经营的典型。日本与中国都具有小农经营历史悠久、人多地少、以家庭为单位、经营规模小、人均耕地占有量少等特点，日本就是在小规模土地经营制度基础上实现了农业现代化，并成功推动了工业化发展。日本农业成功的关键在于1947年日本农协的成立。它在农村公共事业和农民生产生活等方面发挥了重要作用[69]，是促进农业和农民生活由初级阶段迈向高级阶段的服务性组织和保护性组织。日本作为一个岛国，土地资源极其稀缺，其农业不仅有提供农产品、供应人们生活的经济功能，而且兼顾生态功能、文化功能和社会功能。同样地，中国在人多地少、贫富差距和城乡差距持续扩大的背景下，以小规模经营为主的农业不可避免，它的存在具有一定的合理性。随着我国城乡一体化及土地“三权分置”改革推进，土地流转和农村劳动力转移的速度加快，小规模农户经营仍将长期存在，这就需要不断提高社会化服务体系及农业生产的精细程度，全面提高农产品质量，稳固小规模经营的地位，在继承传统农业的同时创造农业价值。

4.4 农户经营组织分化

近年来，国家对农业的大力支持和对农民生产的帮扶和补贴，使得农户经营组织不断创新，形式更加多样化。农户经营组织通常分为基础农户、三类新型农业经营主体和农业企业主体，本部分研究扁平化组织——田园综合体及纵向一体化组织——农业社会化服务体系(组织)，明确其农户经营主体的法律地位；分别从主体、行业和统计标准层面对农户经营组织进行具体分析，阐述各个经营组织的特点和运行方式；找准不同农户经营组织的定位，使其以更加完整的形态推动我国农业的现代化发展。

4.4.1 农业经营主体法律地位与分类标准

4.4.1.1 法律地位与分类标准

从现有法律规定来看，农业经营主体存在着法律地位不明确的问题，进而影响农业经营主体农业经营活动的开展。[70]当前，除农民专业合作社外，家庭农场、种养殖大户及其他新型农业经营主体的法律地位并不明确。

对各个经营主体的法律地位进行明确，是解决农业经营主体现存法律问题和促进其稳定发展的重要保证。一方面，每个地区应当根据自身的情况，结合国家相应的法规与政策，制定地方性法规，以此对农业经营主体的法律地位进行明确；另一方面，各地在明确农业经营主体法律地位以后，要切实保护好其在市场中的合法权益。我国对于农业经营主体有较明确的界定标准。《中华人民共和国农民专业合作社法》(以下简称《农民专业合作社法》)明确规定专业合作社具有法人资格，对外承担有限责任。现行的《农民专业合作社法》比照《企业法》的规定，对农民专业合作社的管理机构(代表大会、理事会、监事会)、合作社章程、财务会计报告和会计账簿等一系列经营管理问题都做出了相对明确的规定。

家庭农场的概念最早出现于2013年“中央一号文件”。《农业部办公厅关于开展家庭农场调查工作的通知》对家庭农场进行了界定：①劳动力以家庭成员为主。②从事规模化、集约化、商品化生产经营。③主要收入为农业收入。

随着我国农业现代化发展，家庭农场在我国逐渐成为农业规模化、商品化的典型经营主体，家庭农场引导农民进行高效生产，极大地提高了农户的生产能力。种养殖大户，也称为专业化农户，生产规模较传统农户大，但生产规模现阶段无明确的评判标准。不同地区、不同行业的种养殖大户的评判标准有所不同。从经营规模和责任形式两个角度分析，产业化农业龙头企业、农业经营性服务组织等农业经营主体的法律性质与现代农业企业相似。相较于基础农户，新型农业经营主体的生产更倾向于市场化，生产手段更加专业化，生产更强调规模化，对生产技术水平要求更高，具有现代经营管理意识，是对外承担有限责任和无限责任的农业经营组织或个人。

4.4.1.2 行业标准

在农业现代化政策的大力推动下，全国各地进行了形式多样的农业经营体系创新。在此情况下，本书认为有必要对不同类型的经营主体的生产标准进行划分和研究，使其符合当前的农业发展要求。本节从经营规模、机械化程度、劳动类型、土地细碎化、管理水平、资金投入、土地来源、劳动力来源几个方面对农业经营主体进行具体分析(见表4-9)。

表4-9 不同农业经营主体的行业标准

	基础农户	专业大户	家庭农场	农业企业
经营规模	1~20亩	20~50亩	50~500亩	>500亩
机械化程度	较低	一般	较高	很高

续表

	基础农户	专业大户	家庭农场	农业企业
劳动类型	人力为主	人力+机械	节约劳动型	机械化
土地细碎化	严重	一般	较低	极低
管理水平	生产性劳动为主	生产性劳动为主，管理性劳动为辅	生产性劳动与管理性劳动相结合	管理性劳动为主
资金投入	自有资本	较低的借贷需求	以借贷需求为主	以外投资本为主
土地来源	自有土地	以私下流转为主	以正规流转为主	完全正规流转
劳动力来源	自雇性劳动	少量雇佣劳动	自雇性劳动+雇佣劳动	以雇佣劳动为主

根据来源：根据相关文献整理所得。

农民专业合作社由于种类众多且经营环节存在较大差异，难以与其他经营主体对比。农民专业合作社是农产品的生产经营者和农业生产经营服务的提供者，而且是自愿联合、民主管理的互助性经济组织，以其社员为主要服务对象，提供农业生产资料的购买、产品销售、加工、运输、贮藏及与农业生产经营有关的技术、信息等服务。在全国各地的实践中，出现了农业生产资料供应合作社、农业金融信贷保险合作社，以及农产品加工销售合作社等多种类型的农民专业合作社。截至 2019 年，依法登记的农民专业合作社达到 218. 6 万家，联合社达 1 万余家，辐射带动了 50%的农户就业，成为小农户与现代农业有机衔接的重要经营主体。

农业的高质量发展，不仅指生产高质量的农产品，还指实现经营体系的高质量，从根本上推动农业的现代转型，实现农业发展的“低成本、高效益”。[71]当前农业领域的供需结构及消费结构的转型在一定程度上促进了新型农业经营主体的高质量发展，同时也对农产品生产、农业经营提出了更高要求：一是必须转变思路，从传统的以消费需求为生产出发点，向注重生产端的供给质量提升转变，更加注重中高端产品的供给，以达到新的结构性供需平衡。二是要采取差异化的种植策略，要从经营、管理和技术上转型，实现内涵式发展，以适应市场转型需要，在竞争中保持优势，使农产品品质、数量和类型满足当前的市场需要。三是加速纵向一体化的联动发展。各类新型农业经营主体从生产向加工、流通、销售等环节延伸，并形成跨行业、跨领域的经营模式，将分散的小农户经营有效组织起来，融入产业体系全过程，提升农产品的附加值，引领农业发展趋势，这也是新型农业经营主体的发展方向。

国家应针对不同的农业经营主体，结合农业部门的相关要求和标准，根据不同主体的经营特点和优势，重点培育和发展以小农户为主的家庭农场，引导农民专业合作社的规范化发展，推动高质量的农业企业发展，共同提升农业经营主体的质量，进而支持和推动我国农业的健康发展。

4.4.1.3 统计标准

推动高质量发展是当前和今后一个时期党和国家的重大决策部署，积极探索构建推动高质量发展的统计标准体系，持续推进各行业统计标准化、规范化工作是当前的工作重点。科学界定农业及相关产业的统计范围，能全面、准确地反映农林牧渔业生产、加工、制造、流通、服务等全产业链价值，以及对不同农业经营主体的经营标准进行界定，从而更好地服务于现代农业发展和乡村振兴。

本节对不同的经营主体的统计标准进行分析，主要包括专业大户、家庭农场、农民专业合作社和农业企业4类。

(1)专业大户

专业大户一般是指围绕某一种农产品从事专业化生产，如粮食、棉花和油料作物的种植、蔬菜和水果的种植等的农户。统计标准主要包括规模标准、生产标准和质量安全标准。

第一，规模标准。对各类专业大户统一规模标准有利于统一规划、降低各农户的生产成本，能在一定程度上控制经营风险。粮棉油种植大户经营耕地面积需达到100亩及以上；蔬菜种植大户露地蔬菜集中成片经营面积达到50亩以上，设施棚室蔬菜集中成片经营达30亩以上；畜牧业养殖大户生猪常年存栏1000头以上，奶牛存栏300头以上，肉羊年出栏500头以上；水产品养殖大户建成池塘养殖面积60亩以上，养殖设施，即温棚、工厂化车间等面积达3000平方米以上；造林大户山区造林面积高于600亩，平原造林面积不少于400亩；果品大户的水果栽培面积和干果栽培面积分别不少于50亩和100亩，设施果品栽培净面积不少于7000平方米等。

第二，生产标准。对各类专业大户统一生产标准有助于确保各种农产品的产出数量和质量，提高生产率。粮棉油种植大户的生产必须全部实现机械化、标准化，仓储设备设施完善，商品粮生产率需达到85%以上；蔬菜种植大户在生产过程中需按照无公害、绿色和有机的生产标准进行标准化生产，产地环境，如土壤的检测要合格；畜牧业养殖大户在养殖前须取得动物防疫条件合格证和畜禽养殖代码，并且主动在县(市)区行政主管部门备案，根据相关规定及要求建立规范的养殖档案；水产品养殖大户需要在养殖前取得水域滩涂养殖证，工厂化养殖场主动出示土地使用证或者土地租赁合同，在养殖过程中禁止使用有害药品，整个生产流程操作规范化。

第三，质量安全标准。农产品质量安全标准的制定不仅能够帮助有关部门检验农产品是否合格，而且能够作为从事农牧业生产的依据，确保我国农产品的品质安全。粮棉油种植大户的无公害、绿色、有机生产面积须占播种面积的80%以上，农产品质量须符合国家质量标准；蔬菜种植大户和果品大户生产出的蔬果和其他农产品要符合无公害、绿色或有机食品要求；畜牧业养殖大户的名特优养殖品种率在70%以上，要及时对场区的污染进行治理，定期对养殖环境进行节能减排改造。

(2)家庭农场

家庭农场的概念于2013年首次提出。我国鼓励和支持承包土地向家庭农场流转。《农业部关于促进家庭农场发展的指导意见》指出，家庭农场的运行需要满足以下5个条件。

第一，家庭农场经营者主要是农民或长期从事农业生产的人员，多接受过农业教育或者技能培训，专业能力较强。

第二，家庭农场以家庭成员为主要劳动力，常年雇工的数量不能超过家庭务农人员数量，最好实行无雇工的生产经营。受雇期限年均9个月或按年计酬的雇工被称为常年雇工。

第三，家庭农场的收入以农业收入为主，其中，农业的净收入占家庭农场总收益的80%以上。

第四，经营规模达到一定标准且相对稳定。例如，种植型家庭农场土地规模经营面积须达到50亩以上；畜牧养殖型家庭农场中所养殖的生猪年出栏500~5000头，肉羊和肉牛年出栏须达到50~500头，奶牛存栏500头以上。其他类型的家庭农场经营规模需符合当地的规模经营标准，实现较高的土地产出率和农产品产出率。

第五，家庭农场要进行工商注册登记，取得相应的市场主体资格，要在县级及以上农业行政主管部门登记备案，便于政府识别和管理。

在我国，家庭农场作为新生事物，还处在发展的初级阶段。我国政府对家庭农场一直是持鼓励和支持发展的态度，并不断地完善家庭农场的相关规定，探索家庭农场管理的服务制度，例如，建立家庭农场档案、强化面向家庭农场的社会化服务和完善家庭农场的人才支撑政策。

(3)农民专业合作社

根据《农民专业合作社法》和《农民专业合作社登记管理条例》，农民专业合作社从登记到运营再到注销，已经有了较详细的规定。下面本书从农民专业合作社的设立、变更和注销 3 个方面进行说明。

首先，在对农民专业合作社进行设立登记时，应当根据“适度规范，在规范中促进发展，在发展中规范”的指导思想，简化农民专业合作社登记的程序，农民需要按规定提交相关文件。对于出资方式和评估方式有了更详细的规定；从成员的数量和身份证明等方面对成员条件做了相关规定。例如，农民专业合作社应当有 5 名以上的成员，其中，农民至少应当占成员总数的 80%，农民的身份为农业人口，有专用固定的办公场所和必需的办公设备，有法定机构颁发的营业执照、组织机构代码证和税务登记证，有各类档案、公章规范齐全且有专门的银行账号，有比较完善的能够为合作社成员提供相关服务的场所和设施等。

其次，为了切实地保护农民的合法权益，在农民专业合作社的变更登记方面也有相关规定。例如，在合作社的经营过程中，农民专业合作社的名称、住所、成员出资总额、业务范围、法定代表人姓名发生变更的，可以在做出变更决定之日起 30 日内向当地的原登记机关申请变更登记，登记过后须提交法定代表人签署的申请书、成员代表大会做出的变更决议及相关证明等；而农民专业合作社变更业务范围涉及法律、行政法规中规定须经批准的项目的，需要按规定提交相关的批准文件。

最后，农民专业合作社依法解散成立清算组的，需要在结算结束之日起 30 日内，向原登记机关申请注销登记，并提交相关文件。

在办理农民专业合作社设立、变更或注销登记的过程中，为了不增加农民负担，登记机关不可收取任何费用。

(4)农业企业

农业企业整体的发展势头良好，相对于家庭农场和农民专业合作社来说具有更长的产业链条，涉及的领域更广，所以其对资源配置要求更高，需要更加高效的经营管理模式来促进企业的发展。企业内部基础设施的建设和完善程度、管理人员素质及信息收集能力都有相关的标准和要求。

第一，企业内部基础设施的建设和完善。农产品生产企业固定资产需要在 50 万元以上，年销售收入在 200 万元以上；农产品加工企业和大型养殖场固定资产在 500 万元以上，年销售收入在 1000 万元以上；有稳固的农产品生产基地，企业与基地农户存在合同、入股、合作等利益联结机制，能够带动农户达到 1000 户以上；企业资产负债率低于 60%，银行信用等级在 A 级及以上等。

第二，农业企业管理人员素质对农业企业发展有着至关重要的作用。企业在培育管理人才的同时，也要重视地域差异导致的从业人员专业素质的不同对农业企业经营主体的影响，例如，相对落后地区的农业企业的相关管理人员需要定期去较发达地区进行交流学习，提高专业技术水平，能够在较激烈的竞争中尽快适应、精准决策，使农业企业能够抓住机会，发展成较大规模的农业经营主体。

第三，高效地进行信息收集。信息的高效利用能够决定企业正确的发展方向，农业企业需掌握最新的市场方向、农业政策、农业技术创新信息等，有效评估经营风险，提前采取有效的风险防范机制，降低潜在的经营风险，从而保障企业长期平稳地运营。

4.4.2 中部地区农户经营组织分化

与种植经营分化、农户非农经营分化、规模经营分化相适应，农户经营组织分化开始出现，并逐步发展。农户经营组织分化伴随农业经营主体的分化而出现。尽管目前基础农户在数量上仍然占大多数，但是农业经营主体已经分为小农户(基础农户)、三大新型农业经营主体及产业化农业企业三大类。在这种农业组织结构中，产业化农业企业，即农业企业化主体、田园综合体、农业社会化服务体系的发展逐渐规范化，不仅在规模上呈现合理性，在内部管理上也逐渐成熟。

4.4.2.1 基础农户

基础农户是指传统的小农户(小农经济农户)，是在家庭承包责任制下承包土地、从事农业生产经营的农户。在中国的历史中，小农户是农业发展的主体、农耕文化的传承者和社会稳定的基础性力量。在世界范围内，小农经济也一直存在且占主导地位，农业发展史可以视为小农户的发展史。基础农户一般从事粮食生产经营，以家庭为基本单位进行生产，产品单一且同质性较强，生产规模较小。在当前我国农户经营分化状况下，基础农户在绝对数量上仍然占大多数，但是基础农户的经营耕地面积占比已经由 2000 年的 96.3%降到 2010 年的 93.4%，到 2019 年，基础农户的经营耕地面积占总体耕地面积的 89.7%。但是 95%以上的粮食仍然是基础农户生产出来的(东北地区除外)，说明在农户组织分化中，基础农户还是倾向于粮食经营。

新型农业经营主体对经营体制、经营规模和技术要求十分严格，而基础农户与之相比较为自由，只要拥有一定的土地、农具和人力就可以直接进行生产。党的十九大报告明确提出要实施乡村振兴战略，实现小农户和现代农业发展有机衔接。因此，如何把基础农户纳入现代农业的发展轨道，是中国特色农业现代化建设亟待解决的问题。

随着农村土地制度不断变革，当前中国的基础农户是一种典型的中国特色社会主义小农经济主体，它既具有传统、分散、小农户经营的基本特征，又带有统分结合等中国特色社会主义经济的性质。这种形态的基础农户实践价值极大，至少还能维持30年。但是，这并不意味着这种基础农户是一成不变的。随着中国非农就业劳动力数量上升、人口自然增长率持续下降、人们对食物需求的改变和农业生产结构的转型升级，从事农业的劳动者数量将会持续下降，人地矛盾缓解，家庭经营将达到更适合的土地规模，基础农户生产水平提高，带动农业劳动力人均劳动收入不断提高。

对于中国而言，有2.3亿个土地承包经营农户的存在，分化与转型是必然趋势。这种分化与转型包括未来相当数量的农户退出农业、部分农户回归生活性农业和部分地区农业转型为功能性农业，但以家庭为单位的基础农户是“实现小农户和现代农业发展有机衔接”的核心。中国的人地矛盾决定了农户土地经营规模有限，要实现基础农户与现代农业的有机衔接，必须走中国特色道路。由此出现了一种新的中国特色模式，称为“服务型农业”，其基本特征就是通过迂回投资、服务外包而引入现代生产要素、企业家能力与组织方式，从而将基础农户卷入分工经济。服务组织及外包商将替代基础农户而成为农业投资、技术研发与经营管理改善的主体。

4.4.2.2 中部地区三类新型农业经营主体

新型农业经营主体的概念是为了区别于传统农业经营主体概念而提出的，与家庭联产承包责任制的建立相伴而生，是农业生产分工分业不断深化的产物，是农村改革发展的重要推动力量。[72]2012年，党的十八大报告提出要建立新型农业经营体系；2013—2015年的“中央一号文件”都进一步明确了要培育新型农业经营主体，并使其尽快适应当前农业生产力，利用现代科学技术，培育集约化、社会化、规模化和组织化的新型农业经营体系。2015—2018年的“中央一号文件”多次对新型农业经营主体的发展提出了指导意见。新型农业经营主体更重视农民素质的提高、农业社会化服务体系的建设及农产品市场信息化的完善，它是农业经营转型升级、现代农业快速发展和解决“三农”问题的战略选择。可见，培育新型农业经营主体已经成为当前乃至今后我国农业现代化建设的重要发展战略。

截至2017年年末，全国新型农业经营主体已达到280万个，其中，依法注册登记的各类农民专业合作社有190余万家，家庭农场达到87.7万家。中部地区5省第三次全国农业普查的数据显示，截至2016年，中部地区农业经营单位达到45.17万个，规模经营户达到79.51万户(见表4-10)。

表4-10 2016年中部粮食主产区省份各类农业经营主体状况

省份	基础农户/万户	规模经营户/万户	农业经营单位/万个	农民合作社/万个
河南	1844.68	27.09	12.42	6.02
安徽	1081.3	12.6	10.3	4.6
湖北	872.07	18.36	9.81	3.62
湖南	1295.60	12.21	6.59	3.06
江西	748.17	9.25	6.05	2.11
总计	5841.82	79.51	45.17	19.41

数据来源：各省第三次全国农业普查的数据公报。

改革开放以来，我国农业经营主体已经发生非常大的改变，已由改革初期相对同质的家庭经营农户占主导的格局向现阶段的多类型经营主体并存的格局转变，逐步形成了专业大户、家庭农场、农民专业合作社和农业企业等多元经营主体。专业大户、家庭农场和农民专业合作社3类新型农业经营主体的经营规模和生产方式有所不同：①专业大户。专业大户是指主要从事农业某一产业的专业化生产，并实现规模经营的农户[73]，按照从事的具体产业可分为种植大户、养殖大户、加工大户、销售大户、服务大户等，专业大户与普通农户的区别是生产规模较大，专业化程度高，并且农业经营管理理念比较先进。相关研究尚未对专业大户做出明确的界定，各级地方政府设立不同的标准对当地专业大户进行统计，例如，江苏、山东等省份规定土地管理面积超过50亩的农户可以成为专业大户。专业大户是农户通过土地流转形成的规模化经营的农户，符合现代农业的发展要求，是农户经营主体分化的结果。②家庭农场。家庭农场经营模式起源于欧美，我国“家庭农场”的概念第一次提出是在党的十七届三中全会上。2013年的“中央一号文件”对“家庭农场”的概念进行了界定：农场经营者应具有农村户籍，以家庭成员为主要劳动力，收入以农业收入为主，经营规模达到一定标准并相对稳定。家庭农场的劳动力主要来自亲属且农业生产和劳动分工比较灵活。近年来，家庭农场发展迅速，2012—2019年，我国家庭农场由7.23万家发展至71.6万家，其中营粮型家庭农场由2.63万家发展至28.4万家。③农民专业合作社。农民专业合作社既是生产主体，又是服务主体。根据《农民专业合作社法》中的定义，农民专业合作社是指在农村家庭承包经营基础上，同类农产品的生产经营者或者同类农业生产经营服务的提供者、利用者，是自愿联合、民主管理的互助性经济组织。农民专业合作社主要为其成员服务，提供农民所需的各方面的资源，从而提高他们的抗风险能力和收入。农民专业合作社与前两个主体的区别在于农民专业合作社始终以农民的利益为主，在生产经营中及时向农民提供市场信息、技术支持、产品加工及物流配送等各环节的服务和帮助，其强大的组织功能大大减少了农民在采购和推广方面受到的阻碍。[74] 2012—2019 年，全国农民专业合作社由 63. 4 万家增长至 220. 3 万家（如图 4-5）。

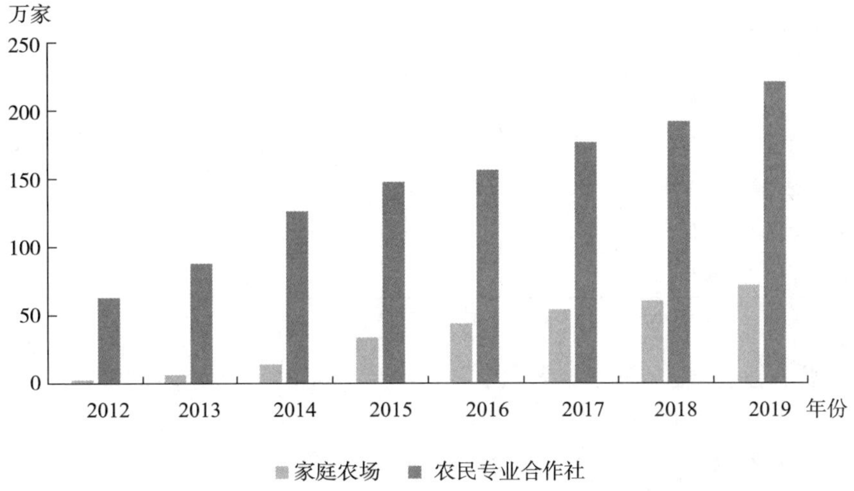

图 4-5　2012—2019 年全国家庭农场、农民专业合作社发展趋势

数据来源：《中国农村统计年鉴》。

与传统小农经营的特征进行对比，新型农业经营主体的总特征可以概括为“四化”，即集约化、专业化、组织化和社会化。新型农业经营主体包含多元化主体，他们也存在各自的特征和差异。

首先是家庭农场与专业大户的差异。从农业经营角度看，家庭农场和专业大户都是以家庭为单位从事农业生产的。家庭农场大多需要注册成立，一般具有独立的法人资格；具有一定的生产规模，经营管理水平较高，主要从事集约化和商品化生产；土地承包关系较为稳定；成员一般为家庭成员，基本不存在常年雇工经营。专业大户不具有法人资格；生产的农产品单一；相比传统小农户和一般农户，专业大户农产品的生产专业化和规模化程度更高；专业大户需要常年雇佣家庭成员外的劳动力从事农业生产。其次是家庭农场与农民专业合作社的差异。从农业组织方式来看，家庭农场是以单户家庭为组织单位形成的新型农业经营主体，而农民专业合作社是以多个农户自愿联合的形式，实行民主管理的新型农业经营主体。家庭农场也是农民专业合作社的重要组成部分，多个家庭农场可在发起人的带领下，以产业为纽带，形成农民专业合作社。从组织构成来看，合作社的经济主体是农民，农民至少占成员总人数的 80%，合作社作为农户的合作经营组织，对内具有公益性，对内部成员来说不以盈利为主要目的，对外维护内部成员的利益。调查组归纳了各类经营主体的特征(见表 4-11)。

表 4-11　各类新型农业经营主体的特征

比较内容	小农经济	专业大户	家庭农场	农民专业合作社	农业企业
生产目的是否满足自身需要	√	×	×	×	×
生产的产品是否为主要商品	×	√	√	√	√
是否具有法人资格	×	×	√	√	√
是否以家庭为单位组织生产	√	√	√	√	×
是否需要注册登记	×	×	√	√	√
财务是否独立核算	×	×	×	√	√

资料来源：根据研究所得。

新型农业经营主体的发展既是农业经营分化的一部分，也为农户经营分化提供动力支持。但是在发展过程中也存在一些问题，如部分经营主体名不副实、实力不够强、运行机制不健全、政策扶持还不精准。[75]从一些地方的经验来看，国家应发挥新型农业经营主体的带动能力，加大扶持力度，突出扶持重点，完善扶持方式，提高扶持效能，分类施策、精准发力。当前，国家应从农业各行业、各产品的特征出发，发挥好各类经营主体的优势，加快形成各具特色、多种形式的农业规模经营路径。总之，要通过改革创新，充分发挥资金扶持和政策工具的引导作用，抓住关键环节，补齐短板，推动新型农业经营主体走上高质量发展的轨道。

4.4.2.3　企业化主体

农业企业是拥有较好的物质装备条件和经营管理能力，从事种植、养殖、渔猎等生产经营，以商品化生产为主要目标的农业经营组织。根据职能不同可将其划分为 3 种：一是农产品生产企业；二是农产品加工企业，主要指农产品初级加工企业；三是农产品流通企业，即农产品的运输与销售企业。这 3 种企业并不是截然分开的，有时可以发展成混合型企业。农业企业根据市场经济运行的要求，以市场为导向，以经济效益为中心，以农业资源开发为基础，在保持家庭联产承包责任制稳定不变的前提下，在现有农村生产力水平和经济发展水平基础上，把分散经营的农民组织起来，从而聚集力量，既调整增量，扩大新经济增长点的生产规模，也调整存量，优化资源组合，全面提高农业生产力，解决农业生产过度分散化和非组织化的问题。

推行农业企业化是实现我国农业现代化的必然要求。具体表现为：第一，农业企业化可以充分利用农业生产要素，把现代科学、技术、管理、信息等资源引进农业。通过对小规模农户进行企业化改造，突破传统生产经营方式，塑造出能满足市场需求、实现最大利润、进行专业化和商品化经营的农业企业化主体。第二，农业企业化有利于提高农业产业组织化的水平。推行农业企业化，能够使农业企业化经营主体具备企业的特征。第三，农业企业化不仅使农业产业化进一步发展，加快农业产业化的进程，提高农业一体化水平，还能提高农业经营主体的专业化水平，并进一步细化农业生产全过程中各环节的分工，深化协作能力，使农业经营主体之间的横向一体化和纵向一体化经营不断完善，结构不断优化并趋于合理。第四，培育农业企业化主体可以提高农产品质量、优化农业结构、增强市场竞争力、提升品牌意识等。同时，可以积极应对国内外的农产品市场需求变化和市场竞争要求，以获取最大利益为目的，以比较优势为根据，以参与农业产业化经营为依托，踊跃涉足生态农业、循环农业、绿色有机农业、低碳农业、节能环保农业等领域，并积极调整生产经营结构，引入优良品种和先进栽培技术，大力发展市场需求旺盛、科技含量高的无污染、无公害、绿色有机农产品，进行专业化、商品化、规模化、区域化、标准化、精细化、集约化生产经营，促进专业化和区域化产业带的形成，以及农产品质量的提高。

推行农业企业化的核心是对具有血缘性、封闭性等经营行为特征的小规模经营农户的改造，可以有效增强农民的现代生产经营意识，增强农民引入现代农业科技及现代经营管理方法的内在动力，培育适应农业社会化、市场化、现代化要求的新型农民，并促进农业科学化管理水平的提高。同时，推行农业企业化也是对农业传统经营组织形式和经营方式的创新，而这种创新无疑对培育新型农民和提高农业科学化管理水平提出了较高要求。为了适应这种要求，农民会不断通过参加培训、自我学习等途径提高专业化、商品化、规模化、市场化生产经营和科学化管理的能力，并积极主动地参与农业产业化经营，加强与相关经营主体的联合与合作，有效克服与避免小规模经营农户的有限市场理性、信息闭塞及在此基础上的“合成谬误”和过度竞争，成为有文化、懂技术、会经营的新型农民。

我国农业企业化经营起步较晚，发展速度相对缓慢。20 世纪 80 年代后东部沿海地区出现了一些农业企业化经营的雏形，其中有些企业逐步得以完善和壮大，成为我国农业企业化经营的典型。目前，我国农业企业化的发展仍存在问题：首先，企业规模小。受传统“小农”思想影响，我国农业企业一般以家庭作坊形式出现，投资规模及员工人数都极为有限。企业发展初期，成员由家庭成员或家族旁支亲戚组成，在产品生产和企业管理上多凭借经验和人情关系。由于企业生产能力不足，小规模农业企业往往不具备抗风险能力，在市场竞争的大环境中处于劣势。其次，发展空间小。我国农业企业的创办人和投资者多为农民，没有科学理论依据和经营理念，导致企业发展后劲不足、可持续性较差。很多农业企业在扣除劳动工资和原料投入后，利润空间小，举步维艰。最后，融资难度大。现阶段我国农业企业由于生产规模小、实力不强，很难在资本市场得到融资，企业发展过度依赖自身财富，资本已经成为阻碍农业企业发展的重要因素。尤其是在中小型农业企业的竞争中，是否拥有足够的资金实力决定着企业的成败。农村地区金融体系尚未完善，无论是金融机构还是银行，贷款发放都很难垂直到达农业企业。

4.4.2.4 扁平化组织——田园综合体

传统的农业园主要目标是提高农产品市场竞争力，保障农产品供给，以及拓宽农民增收空间，为农业的发展增加动能。现有的传统农业园往往注重第二、第三产业的发展，而忽略了第一产业，即农业本身的发展，在发展的同时严重破坏了农村的生态环境，只依赖比较低端的活动来维持运转，无法真正满足人们的回归乡村和亲近自然等情感需求。[76]

田园综合体作为新型的农业组织模式，在工业化、城镇化发展到一定阶段时产生，顺应了农业供给侧结构性改革、生态环境可持续发展理念的要求。田园综合体以现代农业为基础，充分利用乡村资源，保持乡村田园景色，并配备完善的公共设备和服务，大力发展农业的多功能性，涵盖了农事体验、文化、休闲、旅游、康养等多种产业；使用先进的企业管理技术，把第一产业(农、林、牧、渔业)、第二产业(制造业、建筑业)及第三产业(旅游业、服务业、文化业)中的各种资源进行深度融合、有机统一、综合利用，使各行业相互促进并发挥各自的优势(如图 4-6)。

田园综合体以现代农业为基础性产业，企业承接农业，以农业产业园区发展的方法优化农业产业，尤其是现代农业，形成当地社会的基础性产业；

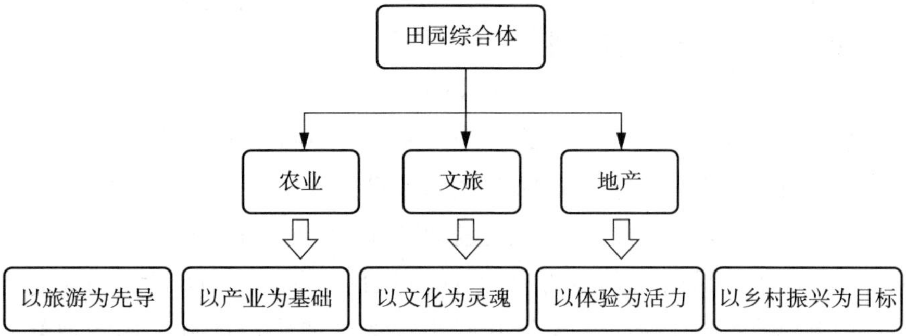

图 4-6 田园综合体涵盖产业

数据来源：根据调研所得。

以文化为灵魂，把当地的风土民情、乡规民约、民俗文化等发掘出来，让人们可以体验农耕活动和乡村生活，还原农村生活原貌；以体验为活力，将农业生产、农耕文化和农家生活变成商品出售，让城市居民身临其境，体验农业、农事，满足愉悦身心的需求，形成新业态；创新乡村消费，发展旅游业，带动乡村社会经济的发展，一定程度地弥合城乡间的差距；解决文化差异问题的有效路径是城乡互动，田园综合体正是一种实现城乡互动的商业模式。关于城乡互动，最直接的方法就是在空间上把城市人和乡村人“搅”在一起，让他们在行为上交织。

田园综合体在开发运营过程中，参与主体主要有农民、政府、开发企业与农村集体经济组织。农民是农民专业合作社的主体，是田园综合体的核心，同时也是田园综合体的主要参与人与受益者。一方面，农民通过村集体参与田园综合体的经营管理与收益分配；另一方面，农民通过在田园综合体中参与农业、旅游业、手工业等方面的生产，创造收益并自觉维护田园综合体的健康发展。政府主要实施宏观层面的政策引导，不断完善有关田园综合体的各项政策，建设乡村各类基础设施和公共服务设施，为田园综合体搭建发展平台。开发企业的参与是田园综合体显著区别于其他传统乡村经营主体的重要特点，其庞大的资金规模与先进的技术经验为合作社带来了极大的优势。开发企业的参与方式主要是通过资本入股田园综合体，为田园综合体中的各类产业发展及设施建设提供资金，同时通过专业的管理技术、科学的市场分析，为田园综合体和农民主体提出发展方向，推动各类产业健康有序发展。农村集体经济组织由农民组成，对农村土地拥有所有权。通过土地入股田园综合体的方式，农民和农村集体经济组织对田园综合体拥有了管理权和收益权。农民通过农村集体对田园综合体进行小部分持股并管理，能够在很大程度上提高农民参与生产的积极性。

各主体在开发运营过程中分别有着不同的职能，获取不同的收益，最终达成多方合作、互利共赢的目标，实现田园综合体科学健康发展。

目前，田园综合体已成为国家关注和政策推动的重点，发展田园综合体，既能满足人们休闲旅游的需求，又是振兴农村经济、缩小城乡二元差距的一种战略发展决策。目前，我国的18个省(自治区、直辖市)已率先试行，根据2017年财政部印发的《财政部关于开展田园综合体建设试点工作的通知》(财办〔2017〕29号)，国家确定河北、山西、内蒙古、江苏、浙江、福建、江西、山东、河南、湖南、广东、广西、海南、重庆、四川、云南、陕西、甘肃18个省(自治区、直辖市)开展田园综合体建设试点，项目共有26个。其中，拥有2个国家级田园综合体项目的河南、湖南、浙江、广东、内蒙古、江苏、海南、江西8个省(自治区)多为传统农业大省。从试点省域的地区分布来看，多分布在二线以下城市，分布相对较散。东南沿海地区分布较多，占据半壁江山，其次是西南地区，占比为23%，中部和西北地区占比较少。由此可见，田园综合体在未来一段时间内将继续发展壮大。

4.4.2.5 纵向一体化组织——农业社会化服务体系

中国传统的农业生产方式主要为小农经济，以个体为单位，是一种自给自足的生产方式，具有小而全的特点。这种生产方式曾在一定时期内促进了我国农业的发展，但近年来随着市场经济体制不断完善，小农经济很难再适应当前的市场需求。由于个体农户生产规模小且水平低，防范市场和自然灾害风险的能力较弱，往往会遭受经济损失。[77]党的十九大报告指出要加快构建新型农业社会化服务体系，培育新型农业经营主体，促进农业和社会相关服务业的共同发展。农业社会化服务体系是一种与农业相关的经济组织，是一种可以在农户生产过程中提供各种服务的体系，能满足农业生产的需要[78]，同时能适当降低农户生产经营时面临的风险，并通过农业专业化、标准化生产实现农业增产增收，还能促进农业规模化生产，解决农村土地荒废问题，提高农业产业化水平。[79]

组织结构是农业社会化服务体系的核心，组织结构的优劣直接影响着农业社会化服务体系的整体服务能力。我国农业社会的服务组织是按行政体系建立的，从中央政府到村一级分别建立了农业技术推广机构和服务机构，并在村一级建立了村科技组和科技示范户，目的在于把科学高效的农业生产技术推广到广大农民群体中。在这种垂直化组织结构下，各级农业服务部门不仅由本级政府领导，还受上级相关部门的指导。多元化的农业社会化服务体系中的主体包括政府公共服务机构、农业科研机构、农民专业合作组织、龙头企业(如图4-7)。

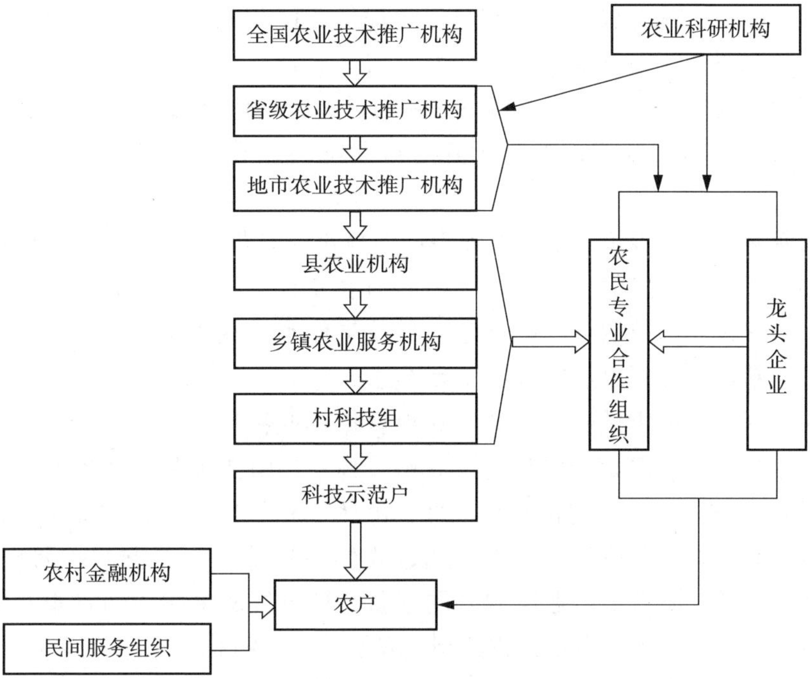

图4-7　农业社会化服务体系结构

数据来源：根据调研所得。

在这种组织结构中，政府公共服务机构在农业社会化服务体系中起着统筹规划的作用。政府公共服务机构不能强制提供服务，更不包办一切服务，其主要职能在于：大量投入并合理配置服务资源，改革与完善农业社会化服务管理体制，为农户提供一些公益性服务，倡导市场中的各方力量积极参与服务，并对其服务进行改进，最大限度地满足农民的服务需求。

龙头企业在农业社会化服务体系中具有促进农民增收、推动农业增效的作用。根据目前我国农业社会化服务体系的发展状况，要想继续提升其服务水平和质量，仅凭政府一方是不够的，需要充分发挥市场配置的积极作用。龙头企业能够有效地促进农业生产要素的优化配置，并且可以通过与个体农户结成风险共担的利益共同体，将分散的个体农户与市场联系起来，为农业生产提供产前、产中和产后的各种服务，如农资供应、防治病虫、数据收集、技术指导、融资、农作物保险、农产品销售等[80]，通过延长农业产业链，使农业向第二、第三产业扩展，让农民从产品的储藏、加工、流通、销售各个环节中获取更多的利益。

农民专业合作组织的主要作用是促进农户共担风险、互帮互助，逐步走向合作的道路，并为农户的生产与生活提供互助化服务。目前，政府公共服务机构和龙头企业的发展已较为成熟，而专业合作组织则发展相对落后。这就需要对原有农业社会化服务体系的结构进行合理调整。国家应从实际出发，积极培育专业合作组织，加强对其运行状况的监管，完善农业社会化服务体系。

农业科研机构提供的主要服务为：围绕我国农业发展在科技上进行创新，推广科技成果在农村的普遍应用、培养与农业相关的高质量人才、培育新型农户、加强科技示范引导、提高基层科技工作水平和服务能力、促进农业现代化、不断进行创新以适应时代发展的需要。

在我国，农业机械化主要集中在粮食作物的耕种收环节，如收割机、播种机、拖拉机等，但是经济作物、养殖、林果、山地等装备严重不足，生产技术体系不完善，加工转化水平较低，虽然提高了生产力并增加了产量，但效益并没有提高。[81]所以，本书认为，我们不仅要进行单方面的科技创新，还要结合市场，实现全产业链的协同创新，把科技成果应用到农业发展的各个环节中，实现我国农业现代化的高效发展。科研机构要适应农业生产发展，满足农民的生产生活需求，建立精简的组织体系，探索适应不同地区的农业发展服务形式，为农业现代化提供科技支撑，这样，农业社会化服务体系才能更好地发展。

参考文献

[1]赵丹丹，周宏．农户分化背景下种植结构变动研究——来自全国31省农村固定观察点的证据[J]．资源科学，2018，40(1)：64-73.

[2]魏洪斌，等．中国中部粮食主产区耕地等别空间分布特征[J]．资源科学，2015，37(8)：1552-1560.

[3]赵育恒．中国耕地利用时空变化及其对粮食生产能力的影响[D]．杭州：浙江大学，2020.

[4]马晓河．中国农业收益与生产成本变动的结构分析[J]．中国农村经济，2011(5)：4-11，56.

[5]郝利，李庆江．农户对农产品质量安全成本收益的认知分析——基于18省农户的

抽样调查[J]. 农业技术经济，2013(9)：61-67.

[6]张谋贵. 要高度重视粮农收益下降问题[J]. 农村经济，2020(9)：83-92.

[7]田旭，张淑雯. 单位面积利润变化与我国粮食种植结构调整[J]. 华南农业大学学报：社会科学版，2017，16(6)：59-71.

[8]蔡瑜，徐涛，赵敏娟. 农户分化视角的杂粮生产效率研究——以陕北定边县为例[J]. 农业经济与管理，2019(5)：74-85.

[9]姚成胜，杨一单，殷伟. 中国非主粮生产的地理集聚特征及其空间演化机制[J]. 经济地理，2020，40(12)：155-165.

[10]杨明智，裴源生，李旭东. 中国粮食自给率研究——粮食、谷物和口粮自给率分析[J]. 自然资源学报，2019，34(4)：881-889.

[11]李厚刚. 中华人民共和国成立以来国家对于农村劳动力流动政策变迁[J]. 理论月刊，2012(12)：168-173.

[12]张广胜，田洲宇. 改革开放四十年中国农村劳动力流动：变迁、贡献与展望[J]. 农业经济问题，2018(7)：23-35.

[13]张文. 中部地区农村劳动力转移的经济作用分析[J]. 中国人力资源开发，2006(3)：56-60.

[14]游桂云，康旺霖. 中部地区农村劳动力转移的若干问题研究[J]. 乡镇经济，2006(8)：8-11.

[15]舒尔茨. 改造传统农业[M]. 梁小民，译. 北京：商务印书馆，2011.

[16]TALIP K, CALOGERO C, JUNA M. Rural non farm income and its impact on agriculture: evidence from Albania[J]. Agricultural Economics, 2009, 40(6): 139-160.

[17]贾利军，马潇然. 收入非农化下的我国粮食生产与安全——机理、趋势与策略[J]. 西部论坛，2019，29(1)：1-10.

[18]程名望，黄甜甜，刘雅娟. 农村劳动力外流对粮食生产的影响：来自中国的证据[J]. 中国农村观察，2015(6)：15-21，46，94.

[19]钟甫宁，陆五一，徐志刚. 农村劳动力外出务工不利于粮食生产吗——对农户要素替代与种植结构调整行为及约束条件的解析[J]. 中国农村经济，2016(7)：36-47.

[20]孙林，田明. 流动人口核心家庭的迁移模式分析——基于家庭生命周期的视角[J]. 人文地理，2020，35(5)：18-24，140.

[21]商春荣，虞芹琴. 农民工的迁移模式研究[J]. 华南农业大学学报：社会科学版，2015，14(1)：68-78.

[22]王子成. 劳动力外出对农户生产经营活动的影响效应研究——迁移异质性视角[J]. 世界经济文汇，2015(2)：74-90.

[23]陈江龙，曲福田. 农地非农化与粮食安全：理论与实证分析[J]. 南京农业大学学报，2006(2)：103-107.

[24]黄伟. 农地流转中的非农化与非粮化风险及其规避[J]. 当代经济管理，2014，36

(8)：39-43.

[25]匡远配，刘洋．农地流转过程中的“非农化”“非粮化”辨析[J]．农村经济，2018(4)：1-6.

[26]李宪宝，高强．行为逻辑、分化结果与发展前景——对1978年以来我国农户分化行为的考察[J]．农业经济问题，2013，34(2)：56-65，111.

[27]苏群，汪霏菲，陈杰．农户分化与土地流转行为[J]．资源科学，2016，38(3)：377-386.

[28]秦国庆，杜宝瑞，刘天军，等．农民分化、规则变迁与小型农田水利集体治理参与度[J]．中国农村经济，2019(3)：111-127.

[29]聂江美，杨璇．农户农地转出规模及其影响因素差异——基于纯农、兼业和非农三类农户的比较[J]．湖南农业大学学报：社会科学版，2018，19(6)：30-36.

[30]张琛，彭超，孔祥智．农户分化的演化逻辑、历史演变与未来展望[J]．改革，2019(2)：5-16.

[31]陈春生．中国农户的演化逻辑与分类[J]．农业经济问题，2007(11)：79-84，112.

[32]刘同山，孔祥智．参与意愿、实现机制与新型城镇化进程的农地退出[J]．改革，2016(6)：79-89.

[33]朱会义，李秀彬，辛良杰．现阶段我国耕地利用集约度变化及其政策启示[J]．自然资源学报，2007(6)：907-915.

[34]朱振华，濮励杰，彭补拙，等．长江三角洲地区耕地数量变化及保护对策——以吴江市为例[J]．长江流域资源与环境，2010(4)：317-321.

[35]陈雨秋，尹峰，于婧．湖北省耕地数量的时空变化及驱动力分析[J]．湖北大学学报：自然科学版，2021，43(1)：102-108.

[36]聂芹，张青霞，黄凤莲．耕地资源变化特征及驱动力研究——以聊城市为例[J]．国土与自然资源研究，2010(2)：28-29.

[37]张勇，於忠祥．合肥市耕地资源变化驱动力分析及其保护研究[J]．国土资源科技管理，2008，25(3)：74-79.

[38]林思辰，刘林煦，张利国．中部地区粮食全要素生产率实证分析——基于2009—2018年省际面板数据[J]．南昌航空大学学报：社会科学版，2020(3).

[39]陈肖飞，姚士谋，张落成．1990年以来长江三角洲耕地资源变化及驱动因子研究[J]．长江流域资源与环境，2015，24(9)：1521-1527.

[40]仇童伟，罗必良．种植结构“趋粮化”的动因何在——基于农地产权与要素配置的作用机理及实证研究[J]．中国农村经济，2018(2)：65-80.

[41]薛选登，张一方．产粮大县耕地“非粮化”现象及其防控[J]．中州学刊，2017(8)：40-45.

[42]郭健，李谷成，李欠男．劳动力成本上升对中国主要农作物种植结构的影响——

基于1998—2014年的省级面板数据[J]. 湖南农业大学学报：社会科学版，2017，18(4)：44-50.

[43]刘俊杰，周应恒. 我国小麦供给反应研究——基于小麦主产省的实证[J]. 农业技术经济，2011(12).

[44]徐新良，刘洛. 中国农田熟制资源地理分布数据[J]. 地理学报，2014，69(增刊)：49-53.

[45]刘巽浩. 论我国耕地种植指数(复种)的潜力[J]. 作物杂志，1997(3)：1-3.

[46]戈大专，龙花楼. 屠爽爽，等. 黄淮海地区土地利用转型与粮食产量耦合关系研究[J]. 农业资源与环境学报，2017，34(4)：319-327.

[47]徐昔保，杨桂山. 太湖流域1995—2010年耕地复种指数时空变化遥感分析[J]. 农业工程学报，2013(3)：148-155.

[48]李琳凤，李孟刚. 提高复种指数是保障我国粮食安全的有效途径[J]. 管理探索，2012(3)：26-28.

[49]闫慧敏，刘纪远，曹明奎. 近20年中国耕地复种指数的时空变化[J]. 地理学报，2005，60(4)：559-566.

[50]程秋萍. 哪一种适度规模？——适度经营规模的社会学解释[J]. 中国农业大学学报：社会科学版，2017，34(1)：69-82.

[51]农业百科. 经营规模[EB/OL]. (2020-04-18)[2020-05-17]. https：//www. 59baike. com/a/216337-31.

[52]董志勇，李成明. 新中国70年农业经营体制改革历程、基本经验与政策走向[J]. 改革，2019(10)：5-15.

[53]中国经济网. 新型农业经营主体土地流转调查报告[EB/OL]. (2018-12-19)[2020-01-15]. http：//www. ce. cn/xwzx/gnse/gdxw/201812/19/t20181219-31063065. shtml.

[54]贺雪峰. 取消农业税后的农村阶层分析[J]. 社会科学，2011(10).

[55]杨华. 农村土地流转与社会阶层的重构[J]. 重庆社会科学，2011(5).

[56]何秀荣. 公司农场：中国农业微观组织的未来选择？[J]. 中国农村经济，2009(11).

[57]贺雪峰，罗兴佐，陈涛，等. 乡村水利与农地制度创新——以荆门市“划片承包”调查为例[J]. 管理世界，2003(9)：76-88.

[58]王德福，桂华. 大规模农地流转的经济与社会后果分析[J]. 华南农业大学学报：社会科学版，2011(2).

[59]张路雄. 耕者有其田[M]. 北京：中国政法大学出版社，2012.

[60]张红宇. 大国小农：迈向现代化的历史抉择[J]. 求索，2019(1)：68-75.

[61]陈航英. 小农户与现代农业发展有机衔接——基于组织化的小农户与具有社会基础的现代农业[J]. 南京农业大学学报：社会科学版，2019(2)：10-19.

[62]熊磊，胡石其. 小农户和现代农业发展有机衔接的路径找寻：重庆案例[J]. 当代经济管理，2019，41(7)：31-37.

[63]阮文彪．小农户和现代农业发展有机衔接——经验证据、突出矛盾与路径选择[J]．中国农村观察，2019(1)：15-32.

[64]陈锡文．实现小农户和现代农业发展有机衔接[J]．中国农村科技，2018，2(273)：12.

[65]姜安印，陈卫强．小农户存在的价值审视与定位[J]．农业经济问题，2019(7)：73-83.

[66]廖洪乐．农户兼业及其对农地承包经营权流转的影响[J]．管理世界，2012(5)：62-65.

[67]王恩胡，薛小荣．农户小规模经营与市场服务体系建设[J]．商业研究，2008(4)：179-181.

[68]韩俊．我国农户兼业化问题探析[J]．经济研究，1988(4)：38-42.

[69]管珊．日本农协的发展及其对中国的经验启示[J]．当代经济管理，2014，36(6)：27-31.

[70]唐军．新型农业经营主体之法治思考：理念检视与路径选择[J]．农村经济，2018(1)：82-89.

[71]张露，罗必良．中国农业的高质量发展：本质规定与策略选择[J]．天津社会科学，2020(5)：84-92.

[72]陈晓华．大力培育新型农业经营主体——在中国农业经济学会年会上的致辞[J]．农业经济问题，2014，35(1)：4-7.

[73]孟丽，钟永玲，李楠．我国新型农业经营主体功能定位及结构演变研究[J]．农业现代化研究，2015，36(1)：41-45.

[74]郭庆海．新型农业经营主体功能定位及成长的制度供给[J]．中国农村经济，2013(4)：4-11.

[75]陈晓华．突出扶持重点，切实增强新型农业经营主体发展带动能力[J]．农业经济问题，2020(11)：4-7.

[76]胡向东，王晨，王鑫，等．国家农业综合开发田园综合体试点项目分析[J]．农业经济问题，2018(2)：8693.

[77]刘水．大数据在农业发展中的应用创新研究[J]．山东工会论坛，2017，23(3)：53-55.

[78]李春海．新型农业社会化服务体系框架及其运行机理[J]．改革，2011(10)：79-84.

[79]王向辉．河南省新型农业经营体系发展成效及对策研究[J]．农村经济与科技，2016，27(9)：192-193.

[80]郁大海．我国农业社会化服务体系改革创新研究[J]．农业经济，2010(1)：6-8.

[81]赵然芬．以健全农业社会化服务体系为抓手加快推进河北省乡村振兴的对策与建议[J]．经济论坛，2018(3)：4-6.

5

农业生产、粮食经营的效率分析与测度

5.1 中国农业生产与粮食经营的时空趋异格局

5.1.1 中国农业生产与粮食经营的历史演进

粮食经营方式的变迁是我国农村经营制度变迁、农村土地制度变迁的微观体现。我们运用制度变迁分析的方法考察农村土地制度和农村经营体制的变化，可以理解农户经营方式转型发展的逻辑。

5.1.1.1 制度演进

我国农村经营制度大致经历了农户私人经营制度—人民公社经营制度—以家庭承包经营为基础、统分结合的双层经营体制的阶段演进，与之伴随的粮食经营方式从单一的粮食经营方式内化为人民公社的一个层次，再转化为多种经营方式并存的粮食经营方式，即专业化、多样化、非农化的粮食经营方式。粮食经营方式的发展与土地制度的变迁息息相关。[1] 1950 年，《中华人民共和国土地改革法》颁布实施，废除土地地主所有制，实行土地农民所有制，农民结束了佃农经营的谋生方式，农户经营自己的土地，所获的粮食等收益全归自己所有。农业合作化时期，农民的土地逐渐被收归集体，农户只是集体的一个层次，没有个人的经济权利。20 世纪 80 年代，农村推行土地承包经营，实行了家庭联产承包责任制，形成了统分结合的双层经营体制，宜统则统、宜分则分。农户经营方式发生了翻天覆地的变化，经营领域不断拓展，完全覆盖第一、第二、第三产业，专业化和组织化程度显著提升，专业合作社，甚至农业企业等组织化程度较高的组织被广泛地引入农户经营的范畴。

从中华人民共和国成立到改革开放，中国经济一直处于探索时期。这个历史阶段具有特殊性。中华人民共和国成立后进行了历时 3 年的土地改革，农户个体经济成为当时农村的主要经济形态，由于力量薄弱、无法扩大再生产，对农业进行社会主义改造、发展合作经济，成为当时社会生产力发展的客观需要。但是，人民公社化运动后期出现了"平均主义"和"吃大锅饭"的不合理分配制度，降低了农户从事农业生产的积极性。[2] 中国改革开放刚刚起步，农村开始了以家庭联产承包责任制为基础、多种经营相结合的改革历程。1984 年，国务院颁布《农副产品购销合同条例》，在粮食流通体制改革背景下，中国粮食产量大幅提高。在这一阶段，我国长期致力于发展农业经济，放活农副产品管理等，以寻求破解粮食产量低的现实难题的方法。在此阶段，中国为了提高粮食供应量，坚持把粮食作为根本，全面发展，大幅度提高了农业产出和全要素生产率。党的十一届三中全会以来，农村改革起步于家庭联产承包责任制，农户承包土地进行农业生产，土地释放了巨大的粮食生产能力。[3] 另外，在国家实行粮食流通改革政策的带动下，增产的粮食得以顺利销售。至此，农业发展第一个时期形成的粮食供不应求的局面初步被打破，中国城乡二元差异呈现缩小趋势。[4]

1985 年，中国对粮食统购统销制度进行了改革，灵活实行"合同订单"和市场收购制度，促进了农村商品生产的发展，提高了农村经济效益。[5] 1993 年，国家开始加快粮食流通体制改革的速度。这一阶段的政策旨在引导农产品流通市场化，解决农民收入问题。

1994 年，国家开始从保障粮源等方面入手，建立健全粮食储备调控体系，加快市场主体多元化发展。[6] 1997—2003 年，中国的粮食产量每年都在减少，许多农产品的价格都较低，同一时期的农民人均纯收入小幅增长，年均增长率为 4%，种植业的结构不断调整，粮食产量不断减少。国家政策支持粮食价格上涨，给农民一些收入补偿，但产业不平衡问题依旧突出。[7]

2003 年我国开始兴起绿色农业发展支持政策体系，并聚焦质量兴农，高产、优质、高效、生态、安全农业是绿色农业发展的核心。为了逐步提高农产品质量水平，我国于 2002 年建立了无公害农产品质量认证制度。随着政策的普及，无公害农产品认证几乎实现了全国统一。2006 年，国家对农产品的质量安全做出了明确规定，并且要求食用农产品质量安全标准纳入食品安全国家标准。而后，国家又对食品安全体系做了进一步的补充，制定了支持绿色农业发展的政策，在安全方面，逐步加强农产品质量法制化、标准化建设，构建科学、严格、系统的农产品质量监管体系。[8]

从2016年开始，我国进入绿色农业的发展支持政策体系化阶段，聚焦于绿色兴农，至此，中国的粮食连增局面被打破，国家抑制农业生态环境污染的任务日益紧迫，绿色农业成为国家农业发展的方向。[9] 2016年至今，绿色农业发展支持政策的绿色化特点不断增强，政策体系不断强化。一方面，我国的绿色农业创新驱动和制约激励机制不断完善，绿色农业发展的内在技术体系逐步完善，改善农业绿色补贴制度的相关政策文件正在陆续发布；另一方面，我国不断改善和增强资源保护和生态修复措施，包括建立湿地养护制度和耕地轮作休耕制度。

5.1.1.2　组织演进

中华人民共和国成立前，粮食经营方式主要是自给自足的小农经济，土地多为地主所有。1955—1978年，我国农村以土地为核心的经济体制经历了土地改革、互助组、初级农业生产合作社、高级农业生产合作社、人民公社阶段。1979—2001年，我国不断推进农村经济体制改革，建立农村基本经营制度，确立以农村家庭承包经营为基础、统分结合的双层经营体制为农村基本经营制度，积极推进农业和农村的产业结构调整，鼓励发展多种经营。2002年以后，我国农村经济社会发生重要转折，开启了破除城乡二元体制的历史进程，构建现代农业产业体系、生产体系、经营体系，培育新型农业经营主体，确保国家粮食安全。[10]

在旧社会，氏族组织是最古老的农业生产组织。随着一些基本的生产工具出现，家庭开始成为最主要的农业生产组织。现代社会，首先出现的是农业合作化，农地私有制度转换成个人的小规模农业集体经营制度。这一时期农民遵守自愿合作原则，公社规模适当，农民的集体行动大大提高了农业生产效率。[11]

改革开放后，我国推行了广为人知的农村家庭联产承包责任制。国家在这一时期对农村实行改革，生产经营方式转变成以农户家庭经营为主的经营方式。[12] 这一时期的制度解决了原有制度存在的一些明显问题，使农户家庭拥有了更多的自主经营权，提高了农户从事农业生产的积极性，由此解决了大部分农民的温饱问题[13]，也促进了我国农村经济的快速发展。而后，我国进入新时代，大力实行乡村振兴战略，坚持深化改革，逐步完善、规范现行的农地制度和经营方式，大力发展集体经济。

5.1.1.3　战略演进

我国粮食经营方式发生了翻天覆地的变化，总体情况是：土地利用集约化程度越来越高、生产工具越来越先进、农户的组织化程度显著提高、从单一的种植业转变为包含多种产业的多元化经营等。具体来看，粮食经营方式经历了单一化经营—禁止农户经营—单元化经营—多元化经营—专业化经营的演化过程。粮食经营方式转型发展的总体规律为：从“劳动密集型、生产工具落后、充分利用自家劳动力、以求温饱为主要目标的低水平粗放式、以农为主兼顾副业”的混业经营方式转向“劳动资本并举、生产工具初步机械化、合理利用自家和市场劳动力、以追求小康生活为主要目标的弱集约式、农业与非农产业并举”的混业经营方式。[14]

在传统社会体制下，“粮安天下”“仓廪实而知礼节”[15]，粮食安全不只是国家政治稳定、社会发展的保证，也是整个人类社会发展的常态。在传统社会，由于农民数量占绝对优势，农民不仅是唯一的粮食生产主体，而且是主要的粮食消费群体。传统体制下粮食生产与消费带有很浓重的自然色彩，即农民生产出粮食，大部分自行消费（包括即期消费和自储备粮），剩下的以简单商品交换的形式在市场上销售。这个时期的粮食安全主要表现为粮食生产的数量安全，即只要能够生产出足够的粮食，就能保证政治稳定和社会平稳运行，达到“天下大治”的效果。此时，粮食生产与分配是影响社会经济运行的主要因素：粮食不仅是各地政府进行有效社会治理的工具（例如，应对自然灾害时的粮食赈灾），也是进行社会动员的工具（例如，农民起义时的开仓放粮），还是进行社会整合的工具（例如，新王朝建立时一般采取平均地权、轻徭薄赋、奖励耕织的措施），因此，传统的农业社会中，粮食安全是社会安全的基础，甚至是唯一保障。[16]

人类进入现代社会以来，逐渐实现工业化与城镇化，粮食的地位不但没有降低，通过粮食进行社会调节的内容反而更加丰富了，同时，粮食对经济社会发展的影响与作用方式显得更加复杂[17]，主要表现为：①市场逐渐对粮食产品进行全面的调控。随着市场机制的不断强化，不仅粮食本身，而且连粮食生产的物质资料投入都加入市场经济的大循环，传统农业生产条件下的自给自足式的粮食生产（生产工具自制、生产资料从自然中取得）、自给自足式的粮食消费（自储粮体系）模式一步步解体，粮食生产资料与粮食价格的市场形成及调节机制成为主导。除此之外，粮食产品的国际市场调节也成为主流，有些国家的粮食消费主要依赖国际市场，而有些国家的粮食超过50%在国际市场上销售（如美国、澳大利亚等），并逐渐形成了国际粮食市场的相对稳定的网络、渠道、交易规则和定价话语权。②国家力量对粮食因素的干预日益强烈。国家主导下的粮食生产、储备、流通、消费等已经成为我国发展战略的重要组成部分，中央政府的粮食战略已经形成了一个完整的体系。现代社会中，各种自然灾害下的粮食赈灾也是各级政府社会治理职能的重要体现。随着现代社会人类生活由温饱型向科学营养型转变，传统社会下仅仅注重农产品数量的粮食安全观逐渐过渡到既注重数量，又注重质量的综合粮食安全观。[18]③粮食不仅是简单的一次性食用产品或商品，也是一种产业化的物质资源。本书认为，可以通过对粮食产品的精深加工，发展融合城乡、惠及工农的全国性粮食市场网络，促进粮食产品的加工增值、市场增值、服务增值，发展粮食经济。同时，建立粮食产品的物流体系和加工、销售追溯体系，加强全过程监管的食品安全体系建设。④粮食已经开始作为资本工具影响国际、国内社会经济生活。[19]

马克思、恩格斯认为，农业是国家的基础。首先，农业是最重要的生产物质资料的部门，是人类从事一切生产和生存的基础，是人类在社会发展中必不可少的需求。其次，从事农业劳动是从事其他工业、商业劳动的前提和根本。[20]最后，农业作为社会稳定、国民经济稳定及其他产业发展的基础，最重要的任务是满足人类生存的基本需要。[21]

在国民经济领域，农业也关系着国家现代化进程，在国民经济建设中，“农业搞不好，工业就没有希望，工业越发展，越要把农业放在第一位”。党的十七大提出“统筹城乡经济社会发展、建设现代农业、发展农村经济、增加农民收入，是全面建设小康社会的重大任务”。

随着我国加入世界贸易组织，我国对外交流开放的领域不断扩大，而在农业国际领域的交流合作尤为重要。中国是一个农业生产大国，也是一个农产品消费大国。解决好农业问题，不仅对中国的经济发展和社会稳定至关重要，而且对本地区乃至世界经济发展和粮食安全也有重大意义。中国政府始终高度重视发展农业，坚持把农业摆在国民经济的基础位置。中国依靠自己的努力成功解决了 13 亿人口的温饱问题。中国政府将把解决好农业、农村、农民问题作为全国工作的重中之重，按照统筹城乡发展的要求，进一步加强农业基础地位，推进农业和农村经济结构调整。

党的十八大以来，我国的综合国力有了极大的提升，习近平总书记十分重视“三农”问题，乡村振兴战略则是习近平新时代中国特色社会主义思想领导“三农”工作的具体体现。习近平总书记提出“手中有粮，心中不慌，保障粮食安全对中国来说是永恒的课题，任何时候都不能放松。历史经验告诉我们，一旦发生大饥荒，有钱也没用。解决 13 亿人吃饭问题，要坚持立足国内。”习近平总书记确立了农业的基础地位这一重大战略，并在中央农村工作会议上强调："农业还是'四化同步'的短腿，农村还是全面建成小康社会的短板。中国要强，农业必须强；中国要美，农村必须美；中国要富，农民必须富。"[21]

5.1.1.4 内涵演进

中华人民共和国成立以来，我国粮食总产量在波动中稳步增长，从1949年的11318.4万吨增加到2018年的65789.2万吨。尽管粮食播种面积经历了两次较大波动，但总体上保持稳定，除2000—2008年外，其他年份都维持在1亿公顷以上。同期，粮食单产与粮食总产量的变动趋势几乎完全一致。1949年，粮食单产仅为1029.3千克/公顷，2018年增长到5621.2千克/公顷，年均增长率为2.5%。粮食作物播种面积占农作物播种总面积的比重不断下降，从1949年的88.5%减少到2018年的70.5%，下降了18个百分点。

中华人民共和国成立以来，粮食主产省域逐步由南向北移动。"天府之国"四川省粮食产量曾多年占据全国第1位，进入21世纪后排位逐步下降，到2018年，四川省粮食产量仅排在第9位。广东省的粮食产量在1949年排在全国第3位，到2018年已经下降到第19位。湖南省、湖北省则从1949年的第5位和第6位分别下降到了2018年的第10位和第11位。同期，河南省从第4位上升到第2位，粮食产量占比由6.4%上升到10.1%。山东省粮食产量多年来稳步增长，在全国粮食生产中的贡献也保持稳定。1949年，山东省粮食产量位居全国第2位，占比为7%，到2018年，排名第3位，但所占比重增加到8.1%。中部地区粮食生产基地的作用越来越突出。河南省粮食除自给外可养活4800多万人；安徽省粮食除自给外可养活3700多万人；黑龙江省粮食除自给外可养活3600多万人；江苏省粮食除自给外可养活2700多万人；江西省粮食除自给外可养活2000多万人；湖南省粮食除自给外可养活近2000万人；湖北省粮食除自给外可养活1600多万人。[22]

2010—2019年，黑龙江地区粮食产量10年间增长了2490万吨，增长了49.67个百分点，而其他地区也有不同程度的增长：河南地区粮食产量增长了1 258.4万吨。内蒙古地区粮食产量增长的幅度也较大，增长了1494.6万吨。2019年，吉林地区粮食产量为3 877.9万吨，而2010年仅为2842万吨(如图5-1)。粮食主产区的粮食产量在2010—2019年逐步增加，其中，2016年有些许减少，2012—2013年粮食产量增长速度最快。粮食产量的不断增长使得粮食主产区的粮食能够供给更多的人，不但能够满足自省的需要，还能够供给一些粮食需求省以满足当地社会需求。

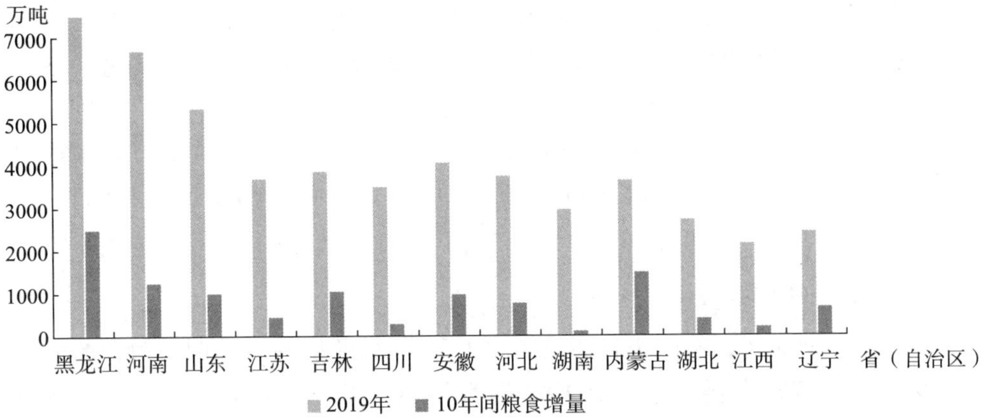

图 5-1 2010—2019 年我国粮食主产区粮食产量与粮食增量

数据来源：根据调研所得。

(1)中华人民共和国成立之初大起大落的 12 年增长期

1949 年，我国粮食产量只有 1. 1318 亿吨，经过“九连增”，到 1958 年，我国粮食产量达到了中华人民共和国成立以来的顶峰，即 1. 9765 亿吨，9 年间增长了 8447 万吨，基本上按照每年千万吨的速度增长。然而“大跃进”、人民公社化风潮及 3 年自然灾害接踵而至，粮食生产出现了“三年减”，从 1958 年的 1. 9765 亿吨减至 1961 年的 1. 365 亿吨，减到仅仅高于中华人民共和国成立初期的水平，平均每年减产 2000 多万吨。

(2)波澜不惊的 17 年爬坡式增长期

经历自然灾害之后，我国开始了 3 年经济调整期，农业及粮食生产的调整首当其冲。从 1961 年到 1978 年，我国粮食生产呈现波澜不惊式的增长，粮食产量由 1961 年的 1. 365 亿吨增长至 1978 年的 3. 0477 亿吨，粮食产量越过了 5 个半亿吨级。在此期间，粮食产量爬坡式增长的一个显著特征是：每经历 3~5 年的粮食增长期，紧接着就有一个 2~3 年的粮食减产(或产量徘徊)期。因此，这 17 年的粮食增长期大致由 4 个“增—减(平)”台阶构成，是我国粮食产量爬坡式、阶段性增长的典型代表。[23]

(3)家庭承包经营初期 11 年的“快速增长—徘徊”期

随着农村家庭承包经营的逐步推行，我国粮食出现了多年未见的快速增长期，从 1978 年的 3. 0477 亿吨上升到 1984 年的 4. 0731 亿吨，不仅实现了少有的“六连增”，而且用了 6 年时间使粮食产量由 3 亿吨上涨到 4 亿吨，平均每年增长近 2000 万吨。但是 1984—1985 年的“卖粮难”问题影响了农民的粮食生产积极性，由于粮食商品化改革的滞后及粮食经济尚未发展，加上农业结构开始了剧烈的调整，“六连增”之后的“五连减(或徘徊)”如影相随，1985年的粮食产量降到4亿吨以下(3.7911亿吨)，1986年仍然在4亿吨以下(3.9151亿吨)，1987年勉强上升到4亿吨以上(4.0473亿吨)，1988年又降到4亿吨以下(3.9408亿吨)，到1989年再次上升到4亿吨以上(4.0755亿吨)，基本上与1984年相当(4.0731亿吨)，这5年内粮食产量基本在4亿吨左右徘徊。

(4)震荡性增长的10年

1989—1999年，我国粮食产量经历了10年震荡性的增长期，粮食产量从1989年的4.0755亿吨增长到1996年的5.0455亿吨，再到1998年的5.123亿吨，最后到1999年的5.0839亿吨，实现了我国粮食生产历史上的5亿吨跨越。但是在此期间我国粮食产量的波动性较大，该时期是农村家庭承包经营实施以来较为典型的粮食生产震荡期。1990年我国粮食产量达到4.4624亿吨，比1989年增长了大约4000万吨，这种年度性的跨越式增长是空前的，在中华人民共和国成立初期和家庭承包经营实施初期也是难以企及的。然而1991年就出现了相对于1990年来说达千万吨级的粮食产量下降(1991年为4.3529亿吨)，1992年(4.4266亿吨)、1993(4.5649亿吨)开始2年的回升之后，1994年再次下降(4.4451亿吨)，1995年再次回升(4.6662亿吨)，1996年一跃上升到5亿吨以上(5.0455亿吨)，又是一个大级别的增长，仅次于1990年相比1989年的增长程度。1997年再次降到5亿吨以下(4.9417亿吨)，1998年(5.123亿吨)、1999年(5.0839亿吨)再次回到5亿吨以上的水平。

(5)1999—2003年，粮食产量持续减少的波谷期

1999—2003年是中国家庭承包经营实施以来粮食产量减少幅度最大、持续时间最长的波谷期，也是中华人民共和国成立以来我国粮食产量2次最大的滑坡之一(另一次是从1958年的1.9765亿吨减至1961年的1.365亿吨)。1999年我国粮食产量为5.0839亿吨，2000年锐减至4.6218亿吨，1年之内粮食减产4600多万吨，创下了中国粮食减产空前绝后的历史记录，从此之后，中国粮食连续8年没有能够超过5亿吨的产量。2001年继续下滑到4.5264亿吨，2002年较2001年微幅上涨，但难以改变危局，2003年降至4.307亿吨，由5亿吨级以上下滑至4.5亿吨级以下，下滑幅度跨3个半亿吨级，为20世纪90年代以来的最低水平，粮食产量滑到了1990年以来的谷底。

(6)2003—2012年，“九连增”之粮食长波曲线期

2003年始，中国粮食产量开始出现触底反弹，2004年达到4.6947亿吨，

比2003年增产3977万吨，是一个大跨越式的增长，到2007年增长至5.015亿吨，8年之后中国粮食产量重新回到5亿吨以上的水平，2008年为5.285亿吨，2011年首次达到5.5亿吨级水平，2012年开始逼近6亿吨大关，实现了我国改革开放以来粮食产量的“九连增”。这次增长无论从增长的时间上看，还是从增长的幅度上看(从4.3亿吨到达5.9亿吨左右，跨越4个半亿吨级)，均是家庭承包经营实施以来最突出的，同时也是中华人民共和国成立以来2个仅有的“九连增”之一(另一个是1949—1958年的“九连增”)。2003年以来粮食产量连续10年的增长，和2007年以来中国粮食产量连续7年的5亿吨以上水平，是中国60多年粮食产量增长曲线中最长的一段波峰线，也是中国粮食产量再上新台阶的长波曲线。

(7)2013—2019年，粮食产量平稳增长阶段

粮食主产区粮食产量呈现逐年增长的态势，黑龙江地区2019年粮食产量达到7503万吨。其余粮食主产区粮食产量也都稳中有增。中部地区的河南省、安徽省、湖南省、湖北省和江西省粮食产量都呈现波动式增长(如图5-2)。河南省2013年粮食产量为5713.7万吨，2015年粮食产量正式突破6000万吨，虽然2016年和2017年有些许下降，但是到2018年和2019年，粮食产量都突破了6500万吨，增产十分迅速。安徽省2013年粮食产量为3279.6万吨，2018年正式突破4000万吨。江西省、湖南省和湖北省粮食产量变动幅度不大，总体上也是稳中有增。中部地区粮食主产区的地位不断增强，成为我国主要粮食生产基地之一。

改革开放以来，河南省粮食总产量已经连续跨上0.35亿吨、0.4亿吨、0.45亿吨、0.5亿吨、0.55亿吨、0.6亿吨、0.65亿吨7个台阶，2019年达到0.6695亿吨。河南省用占全国1/16的耕地生产了全国1/10左右的粮食，养活了全国近1/13的人口，同时每年还输出大量的原粮及其制成品。河南省每年的粮食增量占全国总增量的1/3，已经成为全国粮食增产的最大动力，乃至成为改革开放以来全国经济社会发展的一大亮点，赢得了“中原熟，天下足”的美誉。中部地区的粮食产量所占比例越来越大，河南省粮食产量占比突破了10%，中部地区粮食产量的不断增长也为我国粮食安全作出了突出贡献。从表5-1可以看到中部地区各省粮食产量在全国粮食产量中的比重。河南省粮食产量比重由2010年的9.95%增长到2019年的10.09%，最先突破10%的关口。安徽省粮食产量相对增长速度最快，比重从2010年的5.64%增长到2019年的6.11%。但是湖南省粮食产量相对来说有所减少，粮食产量占全国

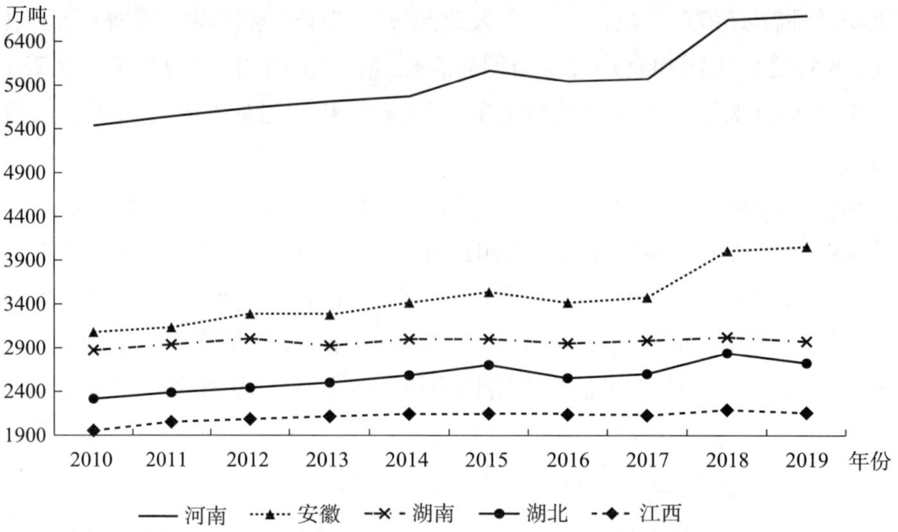

图 5-2　2010—2019 年中部地区粮食产量变化

数据来源：根据调研所得。

的比例由 2010 年的 5.26%降低到 2019 年的 4.48%。总体来看，中部地区已成为中国的粮食主产区。

表 5-1　2010—2019 年河南省及中部地区其他省份粮食产量及占全国的比重

单位：亿吨

年份	2010	2011	2012	2013	2014	2015	2016	2017	2018	2019
河南	0.544	0.554	0.567	0.5714	0.5772	0.6067	0.5947	0.5973	0.6649	0.6695
比重	9.95%	9.7%	9.67%	9.49%	9.51%	6.76%	9.65%	9.67%	10.11%	10.09%
山西	0.1085	0.119	0.1274	0.1313	0.1331	0.1260	0.1319	0.1300	0.1380	0.1362
比重	1.99%	2.09%	2.17%	2.18%	2.19%	2.03%	2.14%	2.11%	2.10%	2.05%
安徽	0.308	0.3135	0.3289	0.328	0.3416	0.3538	0.3417	0.3476	0.4007	0.4054
比重	5.64%	5.49%	5.61%	5.45%	5.63%	5.69%	5.54%	5.63%	6.09%	6.11%
湖北	0.2316	0.2388	0.2442	0.2501	0.2584	0.2703	0.2554	0.2600	0.284	0.2725
比重	4.24%	4.18%	4.16%	4.15%	4.26%	4.35%	4.14%	4.21%	4.32%	4.10%
江西	0.1954	0.2053	0.2085	0.2116	0.2144	0.2149	0.2138	0.2127	0.2191	0.2156
比重	3.58%	4.43%	3.56%	3.52%	3.53%	3.49%	3.47%	3.44%	3.33%	3.25%
湖南	0.2874	0.2939	0.3007	0.2926	0.3001	0.3003	0.2953	0.2984	0.3023	0.2975
比重	5.26%	5.15%	5.13%	4.86%	4.94%	4.83%	4.79%	4.83%	4.59%	4.48%
全国	5.464	5.712	5.864	6.0194	6.0703	6.2144	6.1625	6.1791	6.5789	6.6384

资料来源：《中国统计年鉴》《中国农村统计年鉴》《中国农业发展报告》《河南统计年鉴》。

粮食主产区是中国农业生产，特别是粮食生产的主体，其耕地面积和粮食播种面积均占全国的60%以上，粮食产量占全国的70%左右，粮食商品量占全国的95%以上。可见，我国的粮食主产区在保障国家粮食安全方面具有举足轻重的作用。[24]

2005年，河南省为了进一步提高农业综合生产能力，在71个粮食主产县的基础上，选择了24个粮食产量超过5亿公斤、商品粮超过3亿公斤、耕地面积超过8.67万公顷的粮食大县和中低产面积超过6.67万公顷的潜力较大的县，定为河南省粮食生产核心区。2007年，24个粮食生产核心区粮食产量为1865.14万吨，占全省粮食总产量的35.56%，较上年增长3.35个百分点；农民人均纯收入为3 594元，全省为3852元；农业增加值占国内生产总值的比例，核心区为32.59%，全省为14.77%，非核心区为12.08%；城镇化率，核心区低于全省县域城镇化水平3个百分点，非核心区低4个百分点。2009年，河南省政府根据《国家粮食安全中长期规划纲要(2008—2020年)》的要求制定了《河南省粮食生产核心区建设规划(2008—2020年)》，规划将粮食生产核心县扩大为95个，2012年95个核心县耕地总面积占全省耕地总面积的近70%，而粮食产量占河南省粮食总产量的90%以上，粮食单产为河南省平均水平的1.28倍，河南省集中连片的高标准农田中近2000万亩都在粮食生产核心县。

随着社会的不断发展和人们对食品安全越来越重视，绿色农业也不断发展。绿色农业是一种新型农业发展模式，指的是最大限度地利用先进科学技术、先进工业设备和高效管理，促进农业安全性、生态安全性的调整和统一。绿色农业可提高资源安全性和农业综合性经济利益，是促进人类社会经济综合、协调、可持续发展的手段，同时也提倡农产品标准化运营。[25]

农业农村部发布的玉米、小麦、水稻三大粮食作物最新的化肥和农药利用率数据表明：2019年我国三大粮食作物化肥利用率为39.2%，比2017年提高1.4个百分点、比2015年提高4个百分点；农药利用率为39.8%，比2017年提高1个百分点、比2015年提高3.2个百分点。数据显示，到2020年，我国化肥农药利用率达到40%。2015年以来，农业农村部深入开展化肥农药零增长行动，化肥农药利用率稳步提高，同时，节肥节药技术大面积推广。全国测土配方施肥技术应用面积达19.3亿亩、技术覆盖率达到89.3%，绿色防控面积超过8亿亩。全国缓释肥、水溶肥等新型肥料推广应用面积达到2.45亿亩，有机肥施用面积超过5.5亿亩。

在我国，可以把绿色农业发展历程分为准备发展阶段、迅速发展阶段和稳定发展阶段。

绿色农业准备发展阶段(20 世纪 80 年代—2002 年)：绿色农业产业的形成主要得益于生态农业理念的提出和探索，以及绿色食品工程的实施，生态农业理念的提出和探索为绿色农业发展积累了实践经验，绿色食品工程的实施推进了绿色农业发展，为绿色农业发展提供了契机。随着石油农业带来的水土污染、地力下降、生态环境承载能力退化等问题日益凸显，发达国家纷纷提出和实践了替代石油农业，如“自然农业”“持续农业”“有机农业”“生态农业”等。20 世纪 70—80 年代，我国发展生态农业的呼声也越来越高，并于 20 世纪 80 年代初开始在全国一些省的县区开展生态农业试点，取得了较好的成绩，为之后绿色农业概念的提出和发展积累了实践经验。中国于 1990 年正式提出“绿色食品”的科学概念，并在农垦系统正式实施绿色食品工程项目。中国绿色食品协会于 1996 年成立，进一步完善了绿色食品统计指标体系，农业领域实施了绿色食品标志申请制度。进入 21 世纪，绿色食品发展得到了政府、企业、消费者、媒体等的广泛关注，非政府组织等也积极投入农产品绿色化的宣传工作中，理论界和学术界也展开了有关农业绿色化的大探讨，我国绿色农业发展模式呼之欲出。[26]

绿色农业迅速发展阶段(2003—2007 年)：绿色农业概念正式提出。我国绿色食品的全面推进和发展彰显了全社会对绿色消费的青睐和关注，为我国绿色农业概念的明确提出创造了良好环境，包括舆论、社会需求、政策、理论环境，也为我国绿色农业概念的正式提出积累了经验。2003 年 10 月，联合国亚太理事会在河南长垣举办了“亚太地区绿色食品与有机农业市场通道建设国际研讨会”，“绿色农业”理念的提出以及实践倡议得到了与会国家、地区的广泛认同，形成了《长垣 31 条宣言》。绿色农业概念的明确提出，意味着中国绿色农业开始进入正式发展阶段。在官方正式提出绿色农业概念之后，我国不仅加强了对外交流合作，还越来越注重绿色健康品牌效应和政策完善，绿色农业得到了迅速发展。在对外交流合作方面，我国与瑞士、日本等国际上有影响的认证机构签署了合作协议，形成了绿色农业的良好贸易关系。中国还对英国、澳大利亚、芬兰等国的多家跨国企业进行了认证，多次组织国内绿色食品生产企业参与日本、英国等主办的有机食品博览会，成功实现绿色农业“走出去，引进来”。在政策完善方面，我国健全了绿色农业产品认证层次和标准，形成了现阶段的无公害农产品、绿色食品、有机农产品三个级别的基本农产品质量体系，为我国绿色农业的迅速发展提供了政策保障。

绿色农业稳定发展阶段(2008 年至今)：自 2008 年以来，受国际金融危机的影响，虽然我国绿色农业发展仍处于增长阶段，但速度较前几年有所放缓，进入了稳定发展阶段。金融危机爆发之前，年认证绿色标志使用企业数增长率、使用绿色标志的企业总数增长率均在 14%以上，而金融危机后至 2012 年，两项指标的增长率普遍较低，甚至有两年为负值，至 2013 年增长率才略有增高，但仍低于金融危机之前的平均水平。

近年来，我国新型农业经营主体发展迅速。这些新型农业经营主体对新事物、新理念的接受意愿和接受能力较强，并且其中相当一部分专业大户、家庭农场主及农民专业合作社与农业企业负责人本身就是具有生态自觉的“新农人”，加之规模经营、采用新技术的单位成本相对较低，因此这些新型农业经营主体采取绿色生产行为的可能性极大，这将对其他农户起到示范带动作用，从而为绿色农业补贴政策的实施提供微观支撑。

我国绿色农业补贴政策体系的基本框架包括绿色价格支持政策、绿色收入支持政策、绿色支出支持政策。其中现行的绿色收入支持政策包括退耕还林补贴政策、退耕还湿补贴政策、渔业资源保护补贴政策、耕地轮作休耕补贴政策、果树茶施用有机肥补贴政策、农业支持保护补贴政策。现行的绿色支出支持政策包括深松作业补贴政策、测土配方施肥补贴政策、施用生物农药低毒低残留补贴政策、秸秆综合利用补贴政策、残膜回收利用补贴政策。有待改进的绿色价格支持政策包括绿色最低收购价政策、绿色目标价格补贴政策。有待改进的绿色收入支持政策包括新型产粮油大县奖励政策、新型生猪牛羊调出大县奖励政策、绿色生产者补贴政策。有待改进的绿色支出支持政策包括绿色农机具购置补贴政策、绿色农业保险补贴政策、绿色农业信贷利息补贴政策、农业用水精准补贴政策。拟新增的绿色收入支持政策包括粮棉油糖施用有机肥补贴政策、绿色农业生产先进县奖励政策。拟新增的绿色支出支持政策包括采用新型绿色农业生产技术补贴政策、禽畜粪污资源化利用补贴政策。[27]

5.1.2 中国农业生产与粮食经营的新要求

首先，进一步提高粮食生产的战略地位。我国是一个人口大国，粮食安全问题如何强调都不为过。[28]《中共中央关于制定国民经济和社会发展第十四个五年规划和二〇三五年远景目标的建议》明确提出，要适应确保国计民生要求，以保障国家粮食安全为底线，健全农业支持保护制度，并提出了一系列相应的强化粮食生产、节粮增收的措施。在实现宏观粮食安全的基础上，要确保实现中观和微观层次的粮食安全，使粮食安全真正落地。在中观层次上，要进一步强化地方粮食安全责任落实，尤其是要根据底线思维，在保护耕地、保持粮食生产能力和维持合理粮食自给率方面，形成强有力的约束，以保障区域粮食安全。在微观层次上，要通过加强节粮宣传、营养健康知识传播及引导餐饮企业标识食品营养结构、提供配餐服务等，引导居民合理消费包括粮食在内的各类食物，不断优化膳食结构。

其次，进一步加强粮食科技研究与开发应用。坚定贯彻"藏粮于地、藏粮于技"战略，加快促进粮食科技创新。一方面，加快中低产田改造，改良盐碱土壤，建设优质农田，同时，加强节水灌溉技术研发；另一方面，培育耐盐、耐旱粮食品种，提高资源利用效率，提高粮食生产水平。此外，改进仓储物流技术，减少粮食损失与浪费。还要加强粮食科技的产学研结合，提高粮食科技的转化效率，促进推广应用。[29]

再次，支持企业投资粮食产业。国家应加大企业对粮食产业的投资支持。通过优惠政策提供便利条件，促进智慧农业在粮食生产中的应用，用尽量少的水土资源生产尽量多的粮食。引导和支持高校、科研机构、企业、社会大众积极参与粮食科技创新，通过加强优质粮食育种、种植技术改进、农业机械制造、粮食储存、流通和精深加工技术研发等，加大对粮食生产、储存、流通的支撑。尤其是要引导相关部门加大粮食科技创新需求调研，以此为依据确立科研项目，以形成更多应用更广的粮食科技创新成果。[30]

最后，加大对新型农业经营主体的扶持力度[31]。种粮大户是粮食规模经营的主力军，我国可从以下 3 个方面加大对种粮大户的支持力度：一是注重种粮大户年轻化，鼓励年轻人用新的思维去种田，从知识、技能、管理、经营等方面培养一批青年种粮大户精英队伍；二是鼓励大中专院校毕业生，特别是农业院校毕业生投身农业，完善政策支持环境，并选派部分大学生村官到粮食生产合作社、农业社会化服务组织锻炼；三是建立大户间的合作交流机制，引导种粮大户牵头组建和加入合作社，加强规范化建设，统一为社员提供农资、机耕、销售等专业化服务，从而促进大户间的合作交流，并不断提高合作社组织化程度，鼓励粮食生产合作社组建联合社，充分发挥规模化生产效益。[32]

5.2 农业生产效率与粮食经营效率分析

5.2.1 农业生产效率

农业生产效率是一个多维度的概念，包括土地生产效率、劳动力生产效率、资金投入效率、全要素生产率等。其中，土地生产效率和劳动力生产效率侧重于评价单要素生产效率。土地生产效率是衡量农业生产能力的重要指标，以单位面积农业产量或产值度量。劳动力生产效率是指农业劳动力投入产出水平，是农业收入与实际劳动用工量或家庭农业劳动力数量的比值。单要素生产效率不涉及要素之间的替代关系。事实上，农户会根据要素价格决定要素投入，即各种要素是相互替代的。要反映生产过程中要素综合使用情况的农户效率，就需要引入全要素生产率。农业生产全要素生产率是指扣除要素投入增长部分的增长贡献，由技术进步、专业化、组织创新等带来的生产效率增加值。[33]

5.2.2 粮食生产效率

产出指标：本书选择从产量角度表示粮食产出。产量即各省(市)每年粮食的总产量。投入指标：参照文献常用做法，本书选择土地、劳动力和资本性 3 个层面的要素。第一，土地要素用各省(自治区、直辖市)粮食播种面积来表示；第二，劳动力要素用劳动力的投入效率、劳动力工时的投入效率表示；第三，资本性要素用各省(自治区、直辖市)化肥施用量表示。由于细分粮食生产投入、产出数据的缺失，为了保证粮食投入产出数据统计口径一致，本书借鉴已有文献做法，用权重指标对农业投入、产出要素进行分离[34]。

5.2.1.1 土地生产效率

本书中的土地生产效率是用耕地总面积与粮食产量的比重，即亩产量来衡量的。第一阶段，1952—1961 年。这一阶段的全国粮食单产水平很低，10 年内年平均亩产量多在 100 公斤以下(只有 1958 年达到 104.5 公斤)，变化不大。在这 10 年中，因为单产的变化较小，所以决定粮食总产量的主要因素是粮食播种面积，即总产量基本上随粮食播种面积的增减而波动。第二阶段，1962—1995 年。政府加大了对农业的领导与投入(包括发展水利灌溉、增施化肥和农药及推广农业机械等)，特别是在 20 世纪 70 年代实行农村家庭联产承包责任制以后，调动了农民的生产积极性，粮食单产迅速提高，到 20 世纪 90 年代中期，粮食单产由原来的 88 公斤增长到 283 公斤，年均增长率为 3.5%。虽然粮食播种面积不断减少(年均减少约 510 万亩)，但减少速度(年均为 0.29%)相比粮食单产增加速度(年均为 3.5%)较慢，所以粮食总产量呈上升趋势。粮食单产的提高成了决定粮食总产量增长的主导因素。第三阶段，1996—2018 年。这 10 多年出现了新的变化，即粮食单产增长变慢，在 300 公斤上下波动(2006 年为 314.4 公斤，2013 年为 358.5 公斤，2017 年为 374.1 公斤，2018 年为 375 公斤)[35]。从中部地区的调查数据可以看到，2019 年，传统农户的土地生产效率为平均每亩产出粮食 616 公斤，核心农户为 584 公斤，专业农户为 445 公斤(见表 5-2)。种粮大户、专业合作社及家庭农场粮食的土地生产效率分居第一、第二、第三位，位居第一位的种粮大户的土地生产效率几乎达到专业农户的 2 倍。究其原因，除了新型粮食生产经营主体的粮食单产较高，还与它们的复种指数普遍高于“三类农户”有关。由表 5-2 可见，种粮大户、专业合作社的粮食复种指数分别高达 1.74 和 1.66，而“三类农户”中该值最高的传统农户粮食复种指数只有 1.32。

表 5-2 2019 年不同粮食生产经营主体土地生产效率

种粮主体	按土地面积亩产量/公斤	按播种面积亩产量/公斤	粮食复种指数
传统农户	616	467	1.32
核心农户	584	529	1.105
专业农户	445	445	1.0
家庭农场	647	647	1.0
专业合作社	958	577	1.66
种粮大户	997	573	1.74

数据来源：农业农村部固定观察点数据(2009—2019)。

5.2.2.2 劳动生产效率

本书用劳动力的投入效率、劳动力工时的投入效率来衡量粮食生产的劳动生产效率[36]。从中部地区的调查数据可以看出，家庭农场的劳动生产效率为 4736 公斤/人、146 公斤/工时，即每年每个劳动力投入能够产出 4736 公斤粮食，劳动力每个工时的粮食生产产出为 146 公斤；种粮大户的劳动生产效率为 5 万公斤/人、700 公斤/工时；专业合作社的劳动生产效率为 8214 公斤/人、316 公斤/工时。“三类农户”中，传统农户的劳动生产效率为 1763 公斤/人、56 公斤/工时；核心农户的劳动生产效率为 2396 公斤/人、116 公斤/工时；专业农户的劳动生产效率为 1908 公斤/人、87 公斤/工时[37]。

5.2.2.3 资金投入效率

本书用化肥施用量表示资金的投入效率。2016 年，全国农用化肥施用量为 6000.5 万吨，比 2015 年减少 18.5 万吨，这是该数据自 1974 年以来首次出现负增长。2017 年，国内化肥施用量进一步下降至 5859 万吨；2018 年，国内化肥施用量下降至 5823.2 万吨，较上年同比下降 0.61 个百分点，化肥施用量连续 3 年出现负增长。

1991—2016 年，河南省化肥施用量总体呈上升趋势，由 1991 年的 239.74 万吨增长到 2016 年的 715 万吨。其中，1991—2015 年，河南省的农业化肥施用量和施用强度连年增加。化肥的施用量由 1991 年的 239.74 万吨增长到 2015 年的 716.09 万吨。从化肥的种类来看，氮肥、磷肥、钾肥的施用量相对保持稳定，而复合肥的施用量增长趋势明显。具体而言，1991—2015 年，磷肥、氮肥、钾肥的使用量分别增加了 56.9 万吨、92.9 万吨、53.6 万吨，复合肥的施用量增加了 476.35 万吨，几乎增长了 2 倍。值得注意的是，在中央以及地方化肥减量使用政策的影响下，2016 年，河南省的化肥施用量增幅为-0.25%，化肥施用强度的增幅为-0.5%，化肥施用量首次实现了负增长。2015—2018 年，河南省除复合肥的施用量仍呈上升趋势外，磷肥、氮肥和钾肥的施用量均呈现下降趋势，2018 年与 2015 年相比，化肥施用量减少至 692.8 万吨，增幅为-3.25%[38]（如图 5-3）。

2019 年化肥施用总量进一步降低，为 666.7 万吨。其中，复合肥的施用量最多，为 331.7 万吨。化肥施用量的进一步降低反映出资金投入量的减少，但是粮食产量却没有降低，而是逐年增长的。资金的投入效率在不断提高，资金投入效率用化肥施用量表示，能够清晰地反映资金的投入量和相应的粮食产出量。

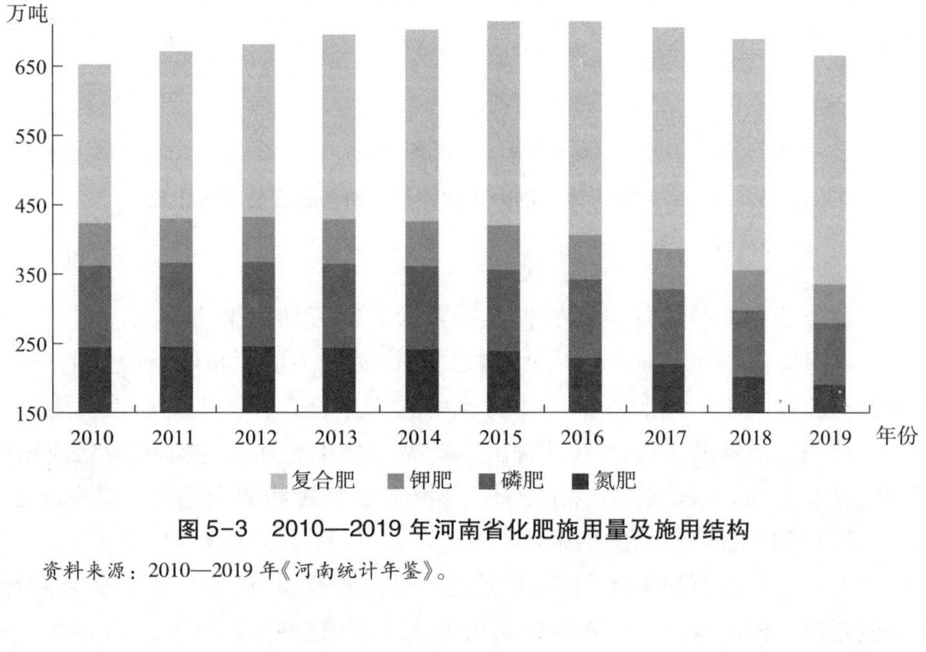

图 5-3 2010—2019 年河南省化肥施用量及施用结构

资料来源：2010—2019 年《河南统计年鉴》。

5.2.2.4 综合生产效率

无论从粮食溢出商品化率、土地生产效率、劳动力生产效率还是工时产出效率上看，家庭农场、种粮大户、粮食生产合作社等新型粮食生产经营主体的粮食生产效率均较高[39]。

传统农户的营粮收益为户均 2241 元，家庭总收入为 39612 元；核心农户营粮收益为户均 2637 元，家庭总收入为 41393 元；种粮大户营粮收益为户均 52360 元，家庭总收入为 52360 元；家庭农场营粮收益为场均 17400 元，家庭总收入为 63600 元；专业农户营粮收益为户均 1936 元，家庭总收入为 59300 元；专业合作社社员农户营粮收益为户均 4367 元，家庭总收入为 39200 元。各经营主体劳动力人均营粮收益与家庭总收入比较见图 5-4。

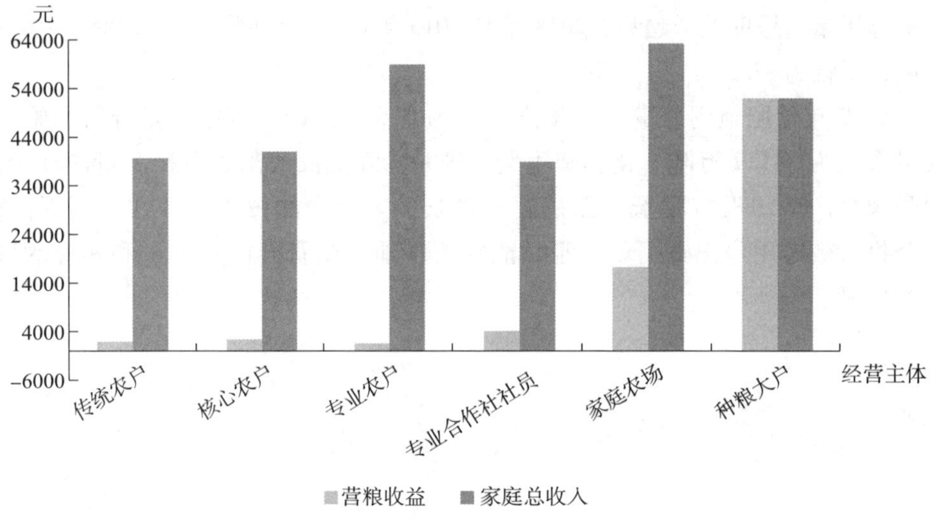

图 5-4 各经营主体劳动力人均营粮收益与家庭总收入比较

数据来源：根据调研所得。

将各类粮食生产经营主体的收入折算为家庭劳动力平均收入，可见：种粮大户、家庭农场和专业合作社社员农户每个劳动力的营粮收益分居前三位，但是家庭总收入中，按照每个劳动力平均收入来算，种粮大户、粮食生产专业合作社则是最低的。由此可以看出，新型主体的营粮效率并未转化成家庭收益的高效实现。这是对“务农吃亏”“种粮吃亏”“种粮解温饱难致富”的微观农户进行基础考察后得出的结论。

调查组对新型营粮主体“高营粮效益，低家庭收益”的原因作出如下解释：①新型营粮主体的家庭经营要素的高粮食化配置（这些主体的土地的 84%、劳动力资源的92%均配置在粮食生产中），减少了非粮食作物经营及非农务工的机会。当前农村居民的收入结构的实际状况是：非农务工经营收入成为农户家庭主收入，非农收入高于农业非粮收入，非粮收入高于营粮收入。②新型经营主体规模化粮食种植需要购置专用的农业机械，增加了营粮成本。例如，新型经营主体平均每年购置、维护粮食生产“三机”费用为户均3185元，非新型主体为户均322元。③新型农业经营主体的规模化粮食生产均有雇工现象，农业生产的雇工价格平均为147元/天，与城市农民工务工水准基本持平，提高了各类新型经营主体的工资成本，降低了粮食经营的纯收益。

5.3 粮食经营效率的测度

5.3.1 测度的具体方法

效率测度使用较多的是参数法和非参数法，参数法对于函数形式、误差项要求同方差、正态分布，对数据的质量要求过于严苛。非参数法主要借助数据包络分析法（Data Envelopment Analysis，DEA），而且能避免参数法的缺陷。Fare 提出的基于 DEA 的 Malmquist 指数法，构造每个时期生产的最优生产前沿面，测算 TFP 不同时期的演化，而且 TFP 能分解为技术进步（Techno-Logical Progress，TECH）和技术效率（Technical Efficiency Change，EFFCH）。其中，EFFCH 还可以继续分解为纯技术效率（PECH）与规模效率（SECH）。另外，DEA 能够处理多投入、多产出的生产系统的效率测算，更加符合生产现实。所以，本书选择 DEA-Malmquist 方法来测算中国的粮食生产效率[40]。

5.3.2 分类效率与综合效率

粮食经营效率的分类效率用土地生产效率、劳动力生产效率和资金投入效率来表示。其中，土地生产效率、劳动力生产效率和资金投入效率分别用各省（自治区、直辖市）粮食播种面积、劳动力的投入效率和劳动力工时的投入效率、各省（自治区、直辖市）化肥施用量表示。

数据包络分析方法是一种多输入、多输出的分析方法，即要素投入与产出之间的相对效率评价的系统分析方法，可以评价生产前沿面上的规模有效性和技术有效性。其优点在于摒弃了传统主观的赋权方法，通过巧妙地构建目标函数，并经过 Charnes-Cooper 变换，将分式规划问题转化为线性规划问题，不需要量纲的统一，也无须给定或计算投入和产出的权重值，从而对决策单元的评价更为客观。利用DEA模型可分析规模收益情况，给出非有效单元指标调整的方向，量化调整量。

5.3.3 粮食经营全要素生产率

全要素生产率增长率，通常称为技术进步率，是新古典学派经济增长理论中用来衡量纯技术进步在生产中的作用的指标，也是长期经济增长来源的一个组成部分。[41]所谓纯技术进步，包括知识、教育、技术培训、规模经济、组织管理等方面的改善，但还不能具体化为或不能归因于更高的效率、更多的资本设备、技巧更高的劳动、肥效更大的土地等生产要素的增加投入量，所以又称为非具体化的技术进步。因此，全要素生产率增长率是指全部生产要素(包括资本、劳动、土地，但通常分析时都略去土地)的投入量都不变时，生产量仍增加的部分。全要素生产率增长率并非所有要素的生产率，“全”的意思是经济增长中不能分别归因于有关的有形生产要素的增长的部分，因而全要素生产率增长率只能用来衡量除去所有有形生产要素的纯技术进步的生产率的增长。而粮食经营全要素生产率就可以看作农业技术和农业管理方式的进步程度。[42]

中国粮食生产实现了“双驱动”模式，且前沿技术进步的增产效应更大，这意味着国家更加注重农业前沿技术进步对粮食产能的提升效应，一方面，加大农业科技研发投入，重点支持农业技术发明和技术经济范式变革，鼓励农民及私营企业积极参与农业技术创新。另一方面，重视标准、制度、思维方式等，优化农业生产要素布局，积累农业生产经验，提升管理效率。同时，构建现代农业前沿技术进步和技术效率推广体系，强化协同创新效应，促进农业技术向粮食产能的转化。通过对小麦生产技术进步模式的分析可以发现：小麦生产以机械型技术进步为主导，技术进步模式的阶段分析表明资本对土地的替代率、资本对劳动的替代率均呈上升趋势。与小麦相似，玉米生产技术进步方面，整体上是机械型技术进步速度高于生物化学型技术进步的速度，属于机械型资本投入导向的技术进步模式，但后续阶段出现生物化学型技术进步速度高于机械型技术进步速度的情况。生物化学型要素投入对土地的替代水平呈上升趋势，机械型投入对劳动力替代水平呈下降趋势。玉米增产的主要原因为播种面积增加，但这种增产因素不具备持续性。

与小麦和玉米相反，早稻生产技术进步的主导模式为生物化学型技术进步，说明近几年早稻生物化学技术发展对提高早稻生产力的贡献较大。播种面积减少对早稻产量下降影响较大，科技进步一定程度上减缓了这一下降趋势。[43]

在农业结构调整、播种面积不断收缩、粮食产量有所下降的背景下，提高粮食产量的主要方式是提高种苗质量、高效施肥灌溉、提高机械化水平、提高劳动生产率等，保证粮食高效、高质、绿色供给，提升粮食综合生产效率。

参考文献

[1]王永春，李静，王秀东．中华人民共和国成立以来我国粮食生产变动规律研究及趋势展望[J]．中国农业科技导报，2021，23(1)：1-11.

[2]姜爱林．改革开放以来中国土地政策的发展变迁[J]．中州学刊，2003(5)：48-53.

[3]肖小虹，王婷婷，王超．中华人民共和国成立70年来农业政策的演变轨迹——基于1949—2019年中国农业政策的量化分析[J]．世界农业，2019(8)：33-48.

[4]郑淋议．中国农业经营制度：演变历程、问题聚焦与变革取向[J]．农村经济，2020(1)：88-95.

[5]吴丰华，韩文龙．改革开放四十年的城乡关系：历史脉络、阶段特征和未来展望[J]．学术月刊，2018(4)：58-68.

[6]朱四海．我国农业政策演变的两条基本线索[J]．农业经济问题，2005(11).

[7]李学敏，巩前文．中华人民共和国成立以来农业绿色发展支持政策演变及优化进路[J]．世界农业，2020(4)：40-50，59.

[8]刘刚．农业绿色发展的制度逻辑与实践路径[J]．当代经济管理，2020，42(5)：35-40.

[9]杨芷晴，等．我国农业补贴政策变迁、效应评估与制度优化[J]．改革，2020(10)：114-127.

[10]许庆，杨青，钱有飞．合久必分，分久必合——中华人民共和国农地制度的一个分析框架[J]．农业经济问题，2019(1)：46-60.

[11]颜玉怀，等．中国古代农业生产组织与经营形式选择[J]．西北大学学报：哲学社会科学版，2003(4)：125-128.

[12]张晓宁，惠宁．中华人民共和国60年农业组织形式变迁研究[J]．经济纵横，2010(3)：78-81.

[13]郑淋议，等．中华人民共和国成立70年农村基本经营制度的历史演进与发展取向——基于农村土地制度和农业经营制度的改革联动视角[J]．中国土地科学，2019(12)：10-17.

[14]范成方，史建民．粮食生产比较效益不断下降吗——基于粮食与油料、蔬菜、苹果种植成本收益调查数据的比较分析［J］．农业技术经济，2013(2)：31-39.

[15]罗万纯．中国粮食安全治理：发展趋势、挑战及改进[J]．中国农村经济，2020(12)：56-66.

[16]中国粮食研究培训中心．中国粮食安全发展战略与对策[M]．北京：科学出版社，2009.

[17]余勇亮．农户经营方式转型研究[D]．金华：浙江师范大学，2013.

[18]曾令秋．农业基础唯一论[J]．西南民族大学学报，2008(3)：195-197，273.

[19]陈秧分，等．乡村振兴战略中的农业地位与农业发展[J]．农业经济问题，2018(1)：20-26.

[20]马克思恩格斯全集(第21卷)[M]．北京：人民出版社，1965：350.

[21]中央农村工作会议在北京举行[N]．人民日报，2013-12-25(1).

[22]徐大兵．中华人民共和国成立六十年来农产品流通体制改革回顾与前瞻[J]．商业研究，2009(7)：197-200.

[23]王红茹，郭芳，李雪．中国粮食地图：从“南粮北运”到“北粮南运”[J]．中国经济周刊，2013(25)：32-34.

[24]罗光强，姚旭兵．粮食生产规模与效率的门槛效应及其区域差异[J]．农业技术经济，2019(10)：92-101.

[25]段清斌，吴长好，马新叶，等．绿色农业发展中存在的问题和对策研究——以河南省息县为例[J]．中国农业资源与区划，2015，36(4)：59-66.

[26]刘子飞．中国绿色农业发展历程、现状与预测[J]．改革与战略，2016，32(12)：94-102.

[27]梁謇．我国绿色农业补贴政策体系建构研究[J]．行政论坛，2020，27(1)：56-62.

[28]郑伟，滕琳艳，陈忠平．粮食适度规模经营的路径分析——以江西省吉安市为例[J]．江西农业，2017(7)：125-126.

[29]王永春，李静，王秀东．中华人民共和国成立以来我国粮食生产变动规律研究及趋势展望[J]．中国农业科技导报，2021，23(1)：1-11.

[30]陈晓华．大力培育新型农业经营主体[J]．农业经济问题(月刊)，2014(1)：4-7.

[31]楼栋，孔祥智．新型农业经营主体的多维发展形式和现实观照[J]．改革，2013(2)：65-77.

[32]孟丽，钟永玲，李楠．我国新型农业经营主体功能定位及结构演变研究[J]．农业现代化研究，2015(1)：41-45.

[33]郭军华，等．基于三阶段DEA模型的农业生产效率研究[J]．数量经济技术经济研究，2010，27(12)：27-38.

[34]曾福生，高鸣．我国粮食生产效率核算及其影响因素分析——基于SBM-Tobit模

型二步法的实证研究[J]. 农业技术经济，2012(7)：63-70.

[35]杨桐彬，等. 土地集约、技术进步与农业生产效率[J]. 农业经济与管理，2020(1)：54-65.

[36]姚增福，刘欣. 农村劳动力质量对规模农户生产效率影响研究[J]. 中国农业资源与区划，2016，37(3)：135-142.

[37]成德宁，杨敏. 农业劳动力结构转变对粮食生产效率的影响[J]. 西北农林科技大学学报，2015(4)：19-26.

[38]石晓平，郎海如. 农地经营规模与农业生产率研究综述[J]. 南京农业大学学报：社会科学版，2013，13(2)：76-84.

[39]肖卫，肖琳子. 二元经济中的农业技术进步、粮食增产与农民增收——来自2001—2010年中国省级面板数据的经验证据[J]. 中国农村经济，2013(6)：4-13，47.

[40]田红宇，祝志勇. 中国粮食生产效率及影响因素分析——基于DEA-Tobit两步法研究[J]. 中国农业资源与区划，2018，39(12)：161-168.

[41]郭永奇，侯林岐. 中国粮食主产区粮食农业绿色全要素生产率测度及影响因素研究[J]. 科技管理研究，2020，40(19)：223-229.

[42]杨义武，林万龙，张莉琴. 农业技术进步、技术效率与粮食生产——来自中国省级面板数据的经验分析[J]. 农业技术经济，2017(5)：46-56.

[43]孙玉竹，孙永珍，吴敬学，等. 农业技术进步模式对粮食生产能力影响分析——基于三大主粮1999—2016年省级面板数据分析[J]. 中国农业科技导报，2019，21(7)：1-9.

6 农户经营分化与营粮效率变化的实证分析

6.1 农户种植结构分化与营粮变动分析：以湖北省麻城市、河南省杞县为例

6.1.1 地市基本状况

6.1.1.1 麻城市概况

麻城市地处湖北省东北部，隶属黄冈市，面积为 3747 平方千米，人口为 116.34 万，其中，农业人口为 93.49 万，现有耕地面积 81.32 万亩。麻城是《全国蔬菜产业发展规划(2011—2020 年)》中的蔬菜产业重点县市，全市蔬菜播种面积超过 37 万亩，年产量超过 72 万吨，年产值达 18 亿元。

麻城市地处长江中游北岸，大别山中段南麓，鄂豫皖三省交界处，是中部地区重要的交通节点，是京九经济带的重要节点，是国家规划的大别山区域性中心城市和武汉城市圈的区域性中心城市、综合交通枢纽。

麻城市东部和东北部为高山，地势东北高、西南低，由东北向西南倾斜；属于亚热带湿润季风气候，四季分明，降水充沛，无霜期长。麻城市全境地处亚热带与温带的过渡地带，兼具南北的气候特点，动植物种类繁多。麻城市内溪流密布，大小河流汇聚形成纵贯南北的举水、巴水水系，是长江中游流域的重要水系。麻城市有大、中、小型各类水库、塘坝近 400 座，水域面积较广。

麻城市盛产水稻、小麦、棉花、油菜籽、茶叶、板栗、中药材、蔬菜、淡水鱼类等，荣获“中国菊花之乡”“中国茶油之乡”“中国板栗之乡”称号[1]。茶产业也是麻城市具有较强优势和地方特色的传统产业之一。

6.1.1.2 杞县概况

杞县位于河南省开封市，是中国特色农产品优势区和国家黄淮海农业综合开发区，素有“中原粮仓”之美称。杞县共包括4个乡镇、1个集聚区、125个行政村，总面积达264.9平方千米。

杞县是国家粮棉生产和出口基地县。该地农业发达，农产品丰富，盛产小麦、棉花、肉类及油料作物，现已建成大蒜、辣椒、花生、棉花、小麦、菜花、食用菌等农产品生产基地，位列全国百强县。杞县大蒜种植面积、产量居全国第二位。在产业园创建过程中，杞县充分发挥大蒜产业优势，积极整合筹措资金，新建大蒜冷库，库存量达5万吨。除此之外，杞县也是畜牧大县，现已建成规模养殖场1300多家，畜牧业产值已占农业总产值的40%以上，是国家瘦肉型猪、板山羊生产和出口基地县。近年来，杞县大力调整产业结构，积极引导并支持特色产业发展，金羊养殖、服装加工、板材加工、大蒜种植、高效农业、光伏发电、电子商务等特色产业发展迅速。

同时，杞县特别重视提高农民生活水平，致力于实现兴县富民目标。近年来，杞县建成23个高效农业示范园区和24个农副产品交易市场。农民生活收入主要来源于大蒜种植。该地逐步将产业园打造成全国优质大蒜标准化生产示范基地、国际大蒜现代交易与仓储物流中心，发展特色产业，创办“互联网+大蒜”产业创新孵化平台，实现生产、加工、仓储、物流、研发、服务产业要素高度集聚和紧密联系。

杞县特别重视对农村建设的财政投入，不仅支持当地特色产业大蒜种植基地的建造，还积极引导畜牧养殖业的发展，如发展了以李巴勺、左洼等村为主的经济林、苗圃产业，以牧原农牧有限公司年出栏10万头生猪为标准的生猪养殖产业，以叶庄村为主的金羊养殖产业，以顾那村为主的肉牛养殖产业。另外，还发展了一些第三产业，如以翟寨村服装厂为龙头的服装加工产业，以赵槐柏村为主的板材加工产业，以李巴勺村世林网店为主的电商产业。杞县形成了“分片有园区、村村有基地”的产业发展格局，各村都对特色种植基地进行了规划，为实现乡村振兴打下了坚实基础。

6.1.2 地市农业、粮食生产结构及调整

6.1.2.1 麻城市农业、粮食生产结构及调整

(1)农村家庭承包经营前的结构状况(1949—1978年)

麻城市作为传统的农业大市，在中华人民共和国成立之前主要依靠农业

生产来发展，几乎没有第二、第三产业。新中国成立初期，麻城市农业生产条件十分落后，基础薄弱、水平低下，各类农产品产量较低。1949 年，麻城市农林牧渔业总产值仅为 0.7 亿元，粮食产量为 14.4 万吨，油料产量为 3.9 万吨，猪存栏量为 6.3 万头，农业机械总动力仅有 40 千瓦。麻城市的农业生产以早稻为主，到 20 世纪 70 年代，双季稻发展成为农业及粮食生产的重要种植形式。到 1978 年，麻城市农业复种率达到 192%，体现了双季稻种植的普遍性。但是，麻城市晚秋季寒露风造成的低温灾害导致晚稻产量降低。为解决这一问题、确保晚稻生产安全，20 世纪六七十年代，麻城市总结经验，认真研究本地地理、气候特点，培育出了早熟、相对耐寒的晚粳稻进行种植，较好地解决了当时的粮食生产难题。

(2)农村家庭承包经营前期的调整(1978—2006 年)

随着农村家庭承包经营的实施与推行，麻城市的农业与农村经济实现了稳步发展。麻城市 1978 年的农林牧渔业产值为 4.16 亿元，与 1949 年的 0.75 亿元相比有了明显增长。2006 年，麻城市农林牧渔业产值达到 31.09 亿元，是 1978 年的 7.47 倍(如图 6-1)。

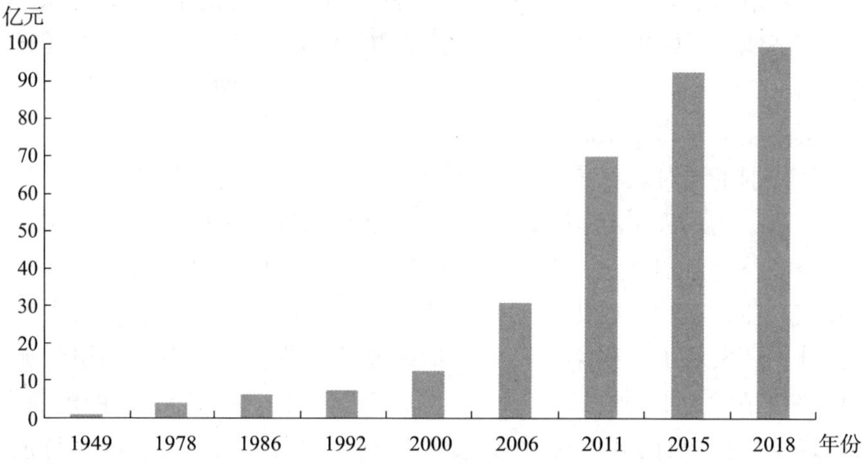

图 6-1　1949—2018 年麻城市农林牧渔业产值变化

数据来源：根据调研所得。

实施农村家庭承包经营以来，麻城市农业与农村经济的发展进入快车道。农作物播种面积快速增加，农业经济结构实现了战略性调整，农村多种经营特征逐步显现。如表 6-1 所示，2000 年麻城市耕地面积为 83.16 万亩，2006 年回调到 79.32 万亩，但是，农作物播种面积由 2000 年的 191.03 万亩增加到

2006 年的 214.07 万亩；2000 年麻城市农业总产值为 12.82 亿元，到 2006 年达到 31.09 亿元。

表 6-1　2000—2006 年麻城市农业经济和农村社会发展部分指标

年份	耕地面积/万亩	农业总产值/亿元	农作物播种面积/万亩	油料作物产量/万吨	肉类总产量/万吨	水产品产量/万吨	农村劳动力/万人
2000	83.16	12.82	191.03	5.02	6.13	1.94	24.10
2001	83.4	11.72	199.56	5.43	7.38	1.65	22.90
2002	83.42	12.73	199.77	5.51	7.39	2.01	22.84
2003	80.19	13.34	199.1	5.26	7.18	2.20	22.58
2004	80.00	14.01	204.14	5.98	7.59	2.38	25.32
2005	79.91	30.41	212.73	5.72	7.92	2.62	27.55
2006	79.32	31.09	214.07	5.47	6.11	2.54	27.62

数据来源：《湖北统计年鉴》。

2000—2006 年，麻城市农产品产量显著增长，水产品产量增长了近 30 个百分点，增长最为显著，油料作物产量增长了 8.9 个百分点。农村家庭承包经营实施之后，伴随农业结构的调整，麻城市耕地面积有所减少。农村劳动力在人数增加的基础上，受教育水平也不断提升，逐步优化了农村人地关系配置。先进的农业科学技术促进农业知识、资本有机构成的增加，促进了农产品产量逐渐增加和品质不断提高。

麻城市水资源丰富，水域面积较大，凭借得天独厚的自然优势，水产品的产量逐年增加，促进了农业发展方式的快速转变。

麻城市以水稻种植为主，经过多年探索，逐渐找到了适合自己的发展道路。随着经济社会的发展、城乡居民收入的增加，以及生活水平的提高，人们对农产品的需求越来越多样化，促使农产品品质不断升级。因此，麻城市越来越多的农民开始进入水产品行业，水产品的产量也随之增加。

总之，从农村家庭承包经营实施，到 2006 年社会主义新农村建设的实施，麻城市的农业结构呈现区域合理化，农民不再局限于种植粮食作物，种植结构逐渐向粮食作物、经济作物和水产品的多样化趋势发展。

(3)21 世纪以来的调整(2006 年至今)

进入 21 世纪，随着经济的发展，人们的生活水平逐渐提高，对物质的需求也逐渐增加，在农产品的需求方面，对肉类产品及经济作物的需求逐渐增长。粮食作物作为最基础的农产品，是人们生产生活中不可或缺的。因此，从农业内部结构来看，麻城市农业生产结构由农村家庭承包经营实施以来的以早稻种植保基本口粮安全和以水产品满足多样化的消费需求为主，转向提升早稻品质、发展畜牧业和油茶菊花等特色农业的“三管齐下”，以满足城乡居民对粮农产品消费品质升级的需求。[2]

2006 年至今，社会经济不断发展，人们的物质文化需求逐渐增加，麻城市农村劳动力供应仍处于上升阶段，这些因素促进了农村社会经济的发展，也带来了第三产业的兴起。进入 21 世纪以后，人们对服务业的需求逐渐加大，由表 6-2 可知，2006 年以后，农业总产值逐步增大，农村经济的内部结构出现了优化与调整，农村第三产业呈现蓬勃发展的态势。

表 6-2　2006—2019 年麻城市农业经济和农村社会发展部分指标

年份	地区生产总值/亿元	农业总产值/亿元	耕地面积/万亩	农村总产值/亿元	粮食产量/亿吨
2006	53. 12	20. 40	79. 32	31. 09	48. 66
2007	63. 94	24. 78	79. 34	36. 02	41. 63
2008	86. 15	32. 24	79. 39	41. 98	40. 33
2009	99. 15	35. 70	81. 18	52. 69	38. 50
2010	118. 56	40. 13	79. 63	60. 47	36. 21
2011	157. 60	42. 62	79. 63	71. 45	33. 19
2012	178. 39	41. 56	79. 52	78. 54	35. 94
2013	207. 71	46. 39	81. 4	82. 13	36. 16
2014	232. 16	48. 43	81. 4	86. 33	37. 40
2015	251. 16	48. 29	88. 9	91. 42	38. 64
2016	280. 93	56. 98	88. 92	95. 67	35. 39
2017	311. 04	55. 79	87. 14	98. 51	37. 08
2018	348. 89	55. 76	154. 28	99. 67	37. 54
2019	374. 13	60. 05	152. 96	107. 15	35. 50

数据来源：《湖北统计年鉴》。

6. 1. 2. 2　杞县农业、粮食生产结构及调整

(1)农村家庭承包经营前的结构状况(1949—1978 年)

中华人民共和国成立之初，杞县经济发展十分缓慢，作为标准的农业大县，主要依靠农业生产发展，工业几乎得不到发展。改革开放之前，杞县的农业生产技术十分落后，农业基础薄弱，生产力水平低下，农产品产量及农业总产值较低。1949 年，杞县的农业生产总值仅为 1. 93 亿元，粮食产量为 20 万吨，油料作物种植面积仅为 2. 54 万亩。杞县的粮食作物以小麦和玉米为

主。随着科技的进步，杞县农业技术水平逐渐提升，小麦和玉米的产量得到了很大的提升。但是，近年来，人们对经济作物的需求逐渐增加，使得经济作物的种植面积不断增加，粮食作物产值在农业总产值中的比重逐渐降低。近几年，受天气的影响，杞县小麦的种植面积有所减少。

(2)农村家庭承包经营前期的调整(1978—2006 年)

1978 年，农村家庭联产承包责任制的实施和推广，使得杞县的农林牧渔业产值逐渐增加。杞县 1978 年的农林牧渔业产值较 1949 年有了明显的增长，2015 年的农林牧渔业产值达到顶峰(如图 6-2)，主要是因为 2014 年实行的供给侧结构性改革对玉米的需求量及产量带来了很大的影响，使得玉米供不应求。杞县的农作物以小麦和玉米为主，由此增加了农业的总产值。

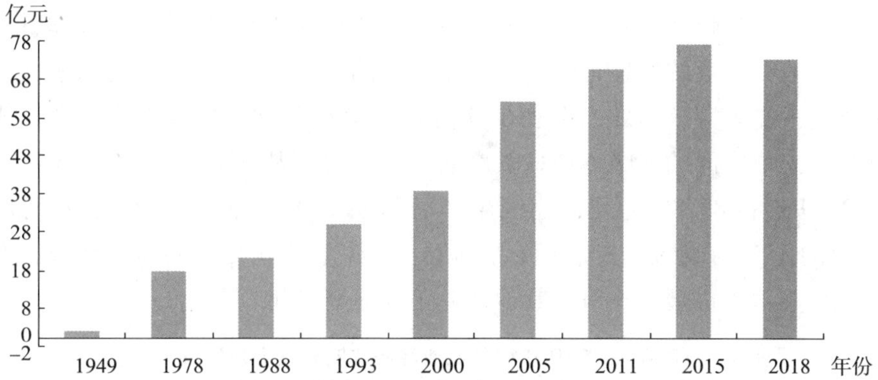

图 6-2　1949—2018 年杞县农林牧渔业产值变化

数据来源：根据调研所得。

实施农村家庭承包经营以来，杞县的农业与农村经济实现了快速发展，农作物播种面积快速增加，农业技术条件得到了改善。由表 6-3 可知，2005 年，杞县的农业生产总值相比 2000 年有了较大的增长，农作物播种面积也有了显著的增加。油料作物种植面积的增加也说明人们的生活水平得到了提升，对经济作物的需求有所增加。

表 6-3　2000—2005 年杞县农业经济和农村社会发展部分指标

年份	农业生产总值/亿元	农作物播种面积/万亩	油料作物种植面积/万亩	农村劳动力/万人
2000	55. 28	247. 41	15. 38	49. 91
2003	61. 42	260. 43	17. 88	50. 85
2005	62. 68	274. 14	18. 82	54. 79

数据来源：《河南统计年鉴》。

2003 年，杞县农作物播种面积增加的主要原因是我国在 2001 年开始实施退耕还林。杞县农业技术进步、耕地复种指数有所提升。杞县农业生产总值的迅速增加主要是因为 2003 年我国的粮食产量结束了徘徊期和负增长，农业总产值稳步增长。

(3)21 世纪以来的调整(2006 年至今)

进入 21 世纪以来，随着社会的发展及经济水平的提高，人们的物质需求也有所改变。在农产品需求方面，人们对肉类产品及经济作物的需求量逐渐上升。粮食作物作为最基础的农产品，依然是人们需求的重中之重。因此，尽管玉米和小麦等粮食作物是杞县主要的农产品，但是油料作物的种植面积也有了明显的增加，满足了人们日渐增长的物质需求。

科技的进步带动了农业技术的发展，社会对农业劳动力的要求逐渐提高。同时，农业及工业的发展也带动了第三产业的兴起。进入 21 世纪以来，人们对服务业的需求逐渐增加，由表 6-4 可知，2006 年起，杞县农业生产总值和地区生产总值之间的差距逐渐显著。农业生产总值从 2006 年的 63.35 亿元增加到 2019 年的 83.89 亿元，地区生产总值从 2006 年的 125.21 亿元增加到 2019 年的 355.44 亿元。相较而言，地区生产总值有了更加明显的增长，农业生产总值不再占据最大比重，其他产业正在逐渐兴起。

表 6-4　2006—2019 年杞县农业经济和农村社会发展部分指标

年份	地区生产总值/亿元	农业生产总值/亿元	农作物播种面积/万亩	粮食总产量/万吨
2006	125.21	63.35	289.91	52.78
2009	143.37	65.98	297.98	55.44
2010	161.25	68.02	299.33	57.61
2011	180.74	70.85	299.58	59.71
2012	201.95	72.29	299.79	61.81
2013	228.24	78.74	301.69	63.75
2014	246.39	76.14	310.02	65.01
2015	265.38	76.96	311.31	67.25
2016	289.27	77.81	303.59	66.18
2017	310.11	76.29	309.48	70.17
2018	323.22	75.31	319.38	70.16
2019	355.44	83.89	322.01	71.66

数据来源：《河南统计年鉴》。

6.1.3 农户经营结构的分化

6.1.3.1 麻城市农户经营结构的分化

(1)农业内部的结构分化

传统农业时期，麻城市农业以水稻种植为主，农业生产结构较为单一。进入21世纪以后，随着耕地面积的扩大、粮食种植面积的调整，茶叶等经济作物的播种面积逐渐增加，主要原因是农业技术、现代科学技术进步，以及科学管理方法的运用。同时，随着社会经济的发展，城乡居民消费结构和消费需求不断改变，居民对水产、畜牧经济作物的需求也在逐渐增加，见表6-5。

表6-5 1978—2019年麻城市农业内部结构

年份	农播面积/万亩	农业产值/亿元	油料面积/万亩	油料产量/万吨	茶叶产量/吨	肉类总产量/万吨	水产品产量/万吨
1978	152.66	10.14	19.18	3.89	593	4.56	1.50
1980	155.78	10.35	29.77	4.01	625	4.65	1.53
1984	160.6	10.57	31.33	4.09	644	4.89	1.61
1985	163.88	11.36	32.96	4.26	692	5.15	1.73
1988	155.69	10.79	32.3	4.18	678	4.99	1.65
1990	167.22	11.59	34.7	4.49	728	5.42	1.77
1993	176.02	11.81	35.74	4.63	751	5.70	1.81
1998	181.45	12.18	37.62	4.77	782	5.82	1.90
2000	191.03	12.82	39.6	5.02	797	6.13	1.94
2001	199.56	11.72	46.85	5.44	728	7.38	1.65
2002	199.77	12.73	44.72	5.52	802	7.39	2.01
2003	199.1	13.34	45.23	5.26	803	7.18	2.20
2004	204.14	14.00	46.29	5.98	811	7.59	2.38
2005	212.37	30.40	46.97	5.72	813	7.92	2.62
2006	214.07	31.09	46.85	5.47	814	6.11	2.54
2007	217.38	36.02	50.18	6.26	816	6.40	2.93
2008	223.79	41.98	60.95	6.92	1064	5.74	2.04
2009	227.91	52.69	64.31	8.71	1096	8.98	2.16
2010	234.4	60.47	65.8	9.31	1697	12.23	2.27

续表

年份	农播面积/万亩	农业产值/亿元	油料面积/万亩	油料产量/万吨	茶叶产量/吨	肉类总产量/万吨	水产品产量/万吨
2011	235.3	71.45	67.69	9.81	1701	10.09	2.30
2012	251.4	78.54	70.9	10.05	1750	11.19	2.38
2013	254.5	82.13	70.99	10.42	3050	11.33	2.54
2014	251.28	86.33	70.99	9.84	3076	13.62	2.97
2015	252.87	91.42	71.07	10.04	3095	11.54	3.47
2016	247.83	95.67	70.23	10.08	3098	10.76	3.04
2017	169.29	98.52	70.2	10.07	3099	13.09	2.66
2018	175.1	99.67	48.78	9.20	2960	7.79	2.77
2019	179.27	107.15	51.41	9.76	3199	5.80	2.48

数据来源：《湖北统计年鉴》。

近年来，农业生产进入新的阶段，优质农产品受到人们的追捧。在过去，消费者一味追求价格最优的农产品，随着经济的发展，消费者逐渐倾向于选择更优质的农产品。人们对经济作物、肉类及水产品的需求量明显增大，而且麻城市乡村旅游业的发展及休闲体验农业的兴起，不仅促进了当地农村经济的发展，也间接影响了该地农业种植结构。麻城市的茶文化资源丰富，通过农家乐及休闲庄园，发展麻城市的花卉文化和茶文化，可以使城市居民体验采摘作物的乐趣，进而使得麻城市的农作物种植结构产生分化。

(2)粮食与经济作物的结构分化

中华人民共和国成立初期，麻城市农林牧渔业总产值较低，农业种植以粮食作物为主，油料作物及棉花作物的产量较低，同时，肉类总产量及水产品总产量也较低。农村家庭联产承包责任制的实施，促进了麻城市农业经济的发展，也为后期麻城市种植结构的调整打下了基础。通过长期的探索，麻城市找到了一条适合自身特色的农业发展道路。近年来，麻城市逐渐发展经济作物的种植，油料作物和茶叶等产值不断增加，这些经济作物满足了人们的物质生活需求。

麻城市从以种植水稻等粮食作物为主，转变为促进板栗、花茶药、蔬菜等特色优势产业的发展，形成了区域明显、优势突出的农业生产格局[3]，增加了农民收入。同时，麻城市注重发展自身的农业资源优势，走农业特色发展道路，使当地的农产品逐渐发展为知名品牌。近几年，麻城市农业经济的兴起，吸引了大批加工企业，提高了当地农产品加工的规模和档次，促进了麻城市特色农产品产业的发展。[4]

科技的进步也加速了麻城市经济作物结构的分化。电子商务促进了麻城市农业经济的发展，2015 年，全市电子商务交易额达 15 亿元，网络销售额达 8200 万元，其中，特色农产品网销额为 3000 万元，麻城市的特色农产品通过网络销售出去，使得越来越多的人了解麻城市的特色棉花、茶叶等经济作物，不仅增加了农民的收入，还提高了知名度。

(3)粮食内部的结构调整

随着社会的发展及农业技术水平的提高，我国粮食年产量连续多年超过万亿斤，这不仅是因为种植面积的扩大及粮食单产的提高，也和粮食内部种植结构的调整密不可分。粮食内部种植结构呈现较为明显的高产作物替代低产作物的趋势。[5]

麻城市是我国大型的商品粮基地，是湖北省 46 个水稻生产重点县(市)之一，是全国 800 个产粮大县(市)之一，年粮食总产量在 5 亿公斤以上。该地区位于长江中下游地区，气候温和湿润，河流分布较广，水资源丰富，粮食作物的种植以水稻为主，水稻分为早稻和晚稻。早稻的播种时间一般在 3—4 月，收获时间为 7 月，而晚稻播种时间多在 6 月，收获时间为 10 月中上旬。受气候、地形地势及劳动力等因素的影响，麻城市水稻种植以中稻和晚稻为主，产量最大的是中稻。

近几年，麻城市立足技术方面的创新，发展再生稻种植品种和中稻种植品种，为项目区高产打下牢固基础；推广全程机械化技术，发展“中稻再生稻—青饲油菜”“春—秋青饲玉米连作”“饲料小麦—青饲玉米连作”“稻—虾共养”等高效的生产模式。同时，麻城市大力推广配方肥和生物有机肥，对病虫害实行有效防控，以此提高土地生产效率、劳动生产效率及农业可持续发展能力。在经营模式方面，相关部门组织生产合作社到项目区观摩学习，印发技术指南，提高科学种田技术水平，并对绿色高产的试验区进行补贴。在科技培训方面，重点推广良种应用等核心技术，组织专家到粮食种植区为麻城市粮食种植提供全方位技术指导。

6.1.3.2　杞县农户经营结构的分化

(1)农业内部的结构分化

早期杞县的农业种植以粮食作物为主，主要是小麦和玉米，种植结构不够多样化。进入 21 世纪以来，随着耕地面积的扩大、粮食面积的调整，油料作物、蔬菜及瓜类的播种面积和产量有了大幅提升。这主要是因为科技进步推动了农业技术的发展，以及运用了科学管理方法。同时，由于经济社会的发展，城乡居民消费结构与消费需求不断改变，对经济作物的需求也在逐渐增加，见表 6-6。

表 6-6　1978—2019 年杞县农业内部结构

年份	农作物播种面积/万亩	农业生产总值/亿元	粮食总产量/万吨	油料作物总产量/万吨	蔬菜总产量/万吨	瓜类作物总产量/万吨
1978	167.73	28.73	35.59	3.23	215.89	19.47
1980	170.65	30.56	36.65	3.53	221.48	19.53
1984	168.89	34.73	37.67	3.89	232.21	19.98
1985	169.91	36.18	37.79	3.99	239.96	20.05
1988	170.75	34.37	36.61	3.74	235.51	19.15
1990	189.79	40.19	36.65	3.97	241.13	20.01
1993	198.87	44.17	38.87	4.12	240.01	19.92
1998	221.13	51.97	39.98	4.87	253.31	21.19
2000	247.41	55.28	40.12	5.48	258.87	22.08
2003	260.43	61.42	43.53	5.96	265.51	23.57
2005	274.14	62.68	47.76	6.53	279.74	23.49
2006	289.91	63.35	52.78	6.79	278.87	22.27
2009	297.98	65.98	55.44	7.36	261.61	24.31
2010	299.33	68.02	57.61	6.98	259.91	24.47
2011	299.58	70.85	59.71	7.59	261.89	25.59
2012	299.79	72.29	61.81	7.92	262.27	26.82
2013	301.69	78.74	63.75	9.36	259.47	26.69
2014	310.02	76.14	65.01	11.24	266.71	25.25
2015	311.31	76.96	67.25	12.06	261.67	30.36
2016	303.59	77.81	66.18	10.64	261.62	30.68
2017	309.48	76.29	70.17	11.29	253.27	31.94
2018	319.38	75.31	70.16	11.48	265.54	33.52
2019	322.01	83.89	71.66	11.98	278.32	33.32

数据来源：《河南统计年鉴》。

随着社会的发展，农业生产进入一个新的阶段。经济的发展增加了居民的收入，人们倾向于选择品质更优的农产品。如表 6-6 所示，油料作物及瓜类作物的总产量都有了明显的增加，而且随着第三产业的兴起，杞县凭借得天独厚的旅游资源优势，发展相应的旅游业，促进了杞县农村经济的发展，也加速了种植结构的分化，农业种植结构不再单一。

(2)粮食与经济作物的结构分化

改革开放初期，杞县的农作物以粮食作物为主，近年来，随着经济发展和人民消费习惯的变化，杞县粮食作物与经济作物的种植结构出现了明显变化。

杞县的粮食作物和经济作物的产量在近几年都有了明显增长。通过长期的探索和实验，杞县找到了一条适合自己的发展道路。利用得天独厚的地理优势及气候条件，杞县大力发展蔬菜产业，作为经济作物的重要组成部分，蔬菜总产量在经济作物的总产量中占了很大的比例，不仅促进了农村的经济发展，也满足了人们日益增长的物质需求。随着科技的创新，杞县的农业技术有了较大的进步。杞县的油料作物总产量也有了明显增长，而这一增长更多地依赖技术的发展和人们需求的增加。

杞县的粮食作物和经济作物的总产量虽然有了明显增长，但粮食作物总产量增速明显高于经济作物，主要是因为近几年实行的供给侧结构性改革，推动了玉米产业的发展，提高了粮食的产量。

(3)粮食内部的结构调整

家庭承包经营责任制实行以来，农户拥有了生产经营自主权，生产积极性极大提高，农业快速发展。随着经济发展和产业结构不断调整，农户经营出现了种植结构和经营分化。

在粮食内部结构方面，杞县的主要粮食作物是小麦和玉米，相对于玉米来说，近几年小麦的种植面积出现了下降，而总产值有了明显提高，这说明随着农业技术水平的发展，小麦的复种指数增加。玉米的种植面积在近几年有了明显增加，主要是因为供给侧结构性改革的实施，调整了玉米的种植结构。基于当前玉米出现阶段性的供过于求，库存大幅度增加，市场价格下降比较多，杞县粮食内部结构发生了改变，玉米的种植面积逐渐增加。

6.1.4　农户种植结构分化与营粮效率的变化分析

6.1.4.1　农户种粮意愿

麻城市是湖北省粮食主产区，而农户是粮食生产的主体，他们的种粮意愿关系到湖北省乃至国家的粮食安全和社会的稳定发展。近几年，国家出台了多个惠农政策，推行一系列扶持粮食生产的措施及补贴政策，调动了农民的种粮积极性，我国的粮食生产逐渐向好发展。尽管如此，还是有一些制约农户种粮的因素，例如，越来越多的农户选择外出务工或进行其他农业生产活动，有的地区出现了复种指数下降的现象，导致了粮食总产量下降。同时，由于农用生产资料价格持续上涨，种粮成本大幅攀升。

农户的种粮意愿主要受环境因素、家庭因素和个人素质因素 3 个方面的影响，环境因素对种粮意愿的影响程度最大，家庭因素次之，个人素质因素影响最小。[6]

6.1.4.2 麻城市作物种植的要素投入

麻城市的粮食作物种植需要不同种类要素的投入，主要包括农地投入、资金投入，以及劳动力投入。其中，粮食作物的农地投入要素主要是指水稻播种面积。麻城市水域面积广阔，水资源丰富，因此，水稻是麻城市主要的粮食作物。麻城市气候温和、空气湿润，适合双季稻种植，因此麻城市的主要粮食作物又分为早稻和晚稻。资金投入要素主要包括农机具费用、化肥费用和农药费用的投入，劳动力投入要素主要是指农业从业人数。具体的种植结构要素投入情况见表 6-7。

表 6-7　2010 和 2019 年麻城市不同种植结构要素的投入情况

粮食作物	水稻种植面积/万亩		农机具费用/亿元		化肥费用/亿元		农药费用/亿元		农业从业人数/万人	
	2010 年	2019 年	2010 年	2019 年	2010 年	2019 年	2010 年	2019 年	2010 年	2019 年
早稻	18.70	6.01	0.39	0.13	0.12	0.04	0.07	0.03	13.99	4.71
晚稻	58.14	53.60	1.23	1.22	0.35	0.40	0.20	0.27	22.14	22.37

数据来源：《湖北统计年鉴》。

由表 6-7 可知，麻城市晚稻种植面积大于早稻，晚稻的种植面积在近几年没有明显的变动，而早稻的种植面积有明显减少的趋势。造成早稻种植面积减少的主要原因是农民进行结构调整，早稻的单产相对于晚稻较低，品质较差，价格也较低，而且“双抢”劳动强度较大，这导致农民的种粮积极性不高。另外一个原因是部分地区休耕轮作，使得粮食种植面积减少，农民减少了早稻的种植。早稻种植面积的减少，使其相对应的农机具费用投入、化肥费用投入以及农药费用投入的总资金也相对减少。近年来，随着社会的发展，居民生活水平日益提高，人们对品质较高的晚稻需求逐渐增加，因此，种植早稻的农业劳动力相较于 2010 年也有了明显减少。

6.1.4.3 杞县种植结构的要素投入

杞县是国家粮食生产和出口基地县，该地农业发达，农产品丰富，是小麦、玉米的重要产地。杞县的农作物种植结构要素投入与麻城市的相似，其中，在农地投入方面，由于两地的气候和地形不同，麻城市的农作物种植以早稻、晚稻为主，而杞县的农作物主要是小麦和玉米。具体的要素投入情况见表 6-8。

表 6-8 2010 和 2019 年杞县不同种植结构要素的投入情况

粮食作物	农作物种植面积/万亩		农机具费用/亿元		化肥费用/亿元		农药费用/亿元		农业从业人数/万人	
	2010 年	2019 年	2010 年	2019 年	2010 年	2019 年	2010 年	2019 年	2010 年	2019 年
小麦	96.75	83.93	1.93	1.85	0.74	0.69	0.15	0.29	39.78	40.08
玉米	47.79	72.17	0.85	1.44	0.28	0.47	0.19	0.34	19.89	33.40

数据来源：《河南统计年鉴》。

杞县位于河南省开封市，地处温带季风气候区，夏季高温多雨，冬季寒冷干燥。夏季丰富的降雨满足了小麦和玉米的生长条件，而且杞县土壤条件较好，保水、保肥力强，通透性好，适合小麦生长。杞县的粮食作物以小麦和玉米为主，其中，小麦的种植面积较玉米更大，主要是因为北方气温较低，适合冬小麦生长。然而，近几年小麦的种植面积出现了缩减，主要是因为小麦收获期遭遇阴雨天气，质量和产量都有所下降，出售价格偏低，导致部分农户种植效益下滑较快。但是，在农户种植结构的调整过程中，一般农户的小麦种植面积减小较快，大户小麦种植面积保持增势。农户的种粮意识淡薄，粮食作物种植在农户家庭中的经济地位有所动摇，农村的青壮年劳动力逐渐向城镇转移。同时，连续的阴雨天气给小麦的质量和产量也带来了很大的影响。

6.1.4.4 营粮效率的测算方法

数据包络分析方法（Data Envelopment Analysis，DEA）通常用来测算效率。本书主要采用非参数方法来估计前沿生产函数。1978 年，A. Charnes、W. W. Cooper 和 E. Rhodes 首次采用数据包络分析方法测算了基于投入并假设规模报酬不变（CRS）的效率，后来人们称之为 C^2R 模型。1984 年，R. D. Banker、A. Charnes 和 W. W. Cooper 又提出了可变规模报酬（Virtual Reference Station，VRS）模型。CRS 模型假定所有的生产单元都在最优的规模下进行生产活动。

但在实际生产活动中，受到多方面因素如不完全竞争市场的限制，生产单元不可能在最优的规模下进行生产活动，如果不是最优规模，使用CRS度量的技术效率就不准确，因在CRS模型下计算的技术效率包括了规模效率（*SE*）。所以，R. D Banker、A. Charnes 和 W. W. Cooper 提出了可变规模报酬的 DEA 模型。在VRS模型下，计算技术效率时可以排除规模效率的影响。鉴于此，本书采用VRS模型对营粮效率进行测度。VRS的线性规划模型为

$$\begin{gathered} \min_{\theta,\lambda} \quad \theta \\ \text{st.} -y_i+Y\lambda \geqslant 0 \\ \theta \cdot x_i - X\lambda \geqslant 0 \\ N1'\lambda = 1 \\ \lambda \geqslant 0 \end{gathered} \tag{6-1}$$

运用DEA模型估计效率时，可将*TE*分成两部分：一部分是纯技术效率，另一部分是规模效率（*SE*）。如果生产单元的规模处于最优状态，由CRS和VRS所计算的*TE*是相等的；当生产单元的规模不是最优时，则CRS和VRS计算所得的技术效率是不同的，二者的差异就是规模效率。因此，它们三者的关系为

$$TE_{\text{CRS}} = TE_{\text{VRS}} \times SE \tag{6-2}$$

为了表明生产单元是处于递增规模报酬（irs）还是递减规模报酬（drs）阶段，可运用DEA的非递增规模报酬（NIRS）模型来判断。NIRS的前沿模型只是把 $N1'\lambda=1$ 写成 $N1'\lambda\leqslant 1$。若NIRS的*TE*与VRS的*TE*相等，则该生产单元处于递减规模报酬阶段，如不相等则处于递增规模报酬阶段。

6.1.4.5 综合效率

根据效率测定的含义，本书确定效率模型中的投入指标为播种面积、经费投入、劳动力投入，产出指标为粮食总产量。其指标值见表6-9。

表6-9 麻城市水稻种植结构的营粮效率

年份	水稻种植分类	综合效率	纯技术效率	规模效率	规模报酬阶段
2010	早稻	1.000	1.000	1.000	—
	晚稻	0.226	0.632	0.357	irs
2011	早稻	0.856	1.000	0.856	irs
	晚稻	1.000	1.000	1.000	—

续表

年份	水稻种植分类	综合效率	纯技术效率	规模效率	规模报酬阶段
2012	早稻	0.705	1.000	0.705	irs
	晚稻	1.000	1.000	1.000	—
2013	早稻	0.703	1.000	0.703	irs
	晚稻	1.000	1.000	1.000	—
2014	早稻	0.737	1.000	0.737	irs
	晚稻	1.000	1.000	1.000	—
2015	早稻	0.793	1.000	0.793	irs
	晚稻	1.000	1.000	1.000	—
2016	早稻	0.836	1.000	0.836	irs
	晚稻	1.000	1.000	1.000	—
2017	早稻	0.813	1.000	0.813	irs
	晚稻	1.000	1.000	1.000	—
2018	早稻	0.670	1.000	0.670	irs
	晚稻	1.000	1.000	1.000	—
2019	早稻	0.723	1.000	0.723	irs
	晚稻	1.000	1.000	1.000	—

注："irs"表示规模报酬递增；"—"表示规模报酬不变。

由表6-9可知，2010年，麻城市早稻种植的综合效率、纯技术效率和规模效率均为1.000，这说明早稻种植的营粮综合效率较高，而晚稻的效率尽管没有达到最优效果，但呈规模报酬递增的趋势。2011—2019年，晚稻的综合效率都为1.000，可以看出晚稻的种植达到了最优效率值，主要是因为麻城市地处长江以北，纬度相对较高，温度相对较低，早稻的生长不能充分得到所需的热量，因此麻城市的气候更适合晚稻种植。早稻的纯技术效率测算结果均为1.000，这说明早稻的技术投入达到了最优的效果，而综合效率和规模效率均小于1.000，说明仍然有改进的空间。

杞县位于河南省开封市，是中国特色农产品优势区和国家黄淮海农业综合开发区，气候温和湿润，地处温带季风气候区，纬度较高，温度相对较低，因此，杞县的经济作物以小麦和玉米为主。测算杞县营粮效率需要确立投入指标，由于麻城市和杞县测算的效率均为营粮效率，所以本书选取的指标为综合效率、纯技术效率及规模效率，指标值见表 6-10。

表 6-10　杞县粮食作物的营粮效率

年份	粮食作物	综合效率	纯技术效率	规模效率	规模报酬阶段
2010	小麦	0.942	1.000	0.942	drs
	玉米	1.000	1.000	1.000	—
2011	小麦	0.923	1.000	0.923	drs
	玉米	1.000	1.000	1.000	—
2012	小麦	0.897	1.000	0.897	drs
	玉米	1.000	1.000	1.000	—
2013	小麦	0.901	1.000	0.901	drs
	玉米	1.000	1.000	1.000	—
2014	小麦	0.948	1.000	0.948	drs
	玉米	1.000	1.000	1.000	—
2015	小麦	0.962	1.000	0.962	drs
	玉米	1.000	1.000	1.000	—
2016	小麦	0.947	1.000	0.947	drs
	玉米	1.000	1.000	1.000	—
2017	小麦	1.000	1.000	1.000	—
	玉米	1.000	1.000	1.000	—
2018	小麦	1.000	1.000	1.000	—
	玉米	1.000	1.000	1.000	—
2019	小麦	1.000	1.000	1.000	—
	玉米	0.889	1.000	0.889	irs

注："irs"表示规模报酬递增；"—"表示规模报酬不变；"drs"表示规模报酬递减。

由表 6-10 可知，2010—2016 年，杞县的小麦种植呈边际报酬递减趋势，这主要与气候、资金投入及农民的种粮意愿有关，大量的土地及资金的投入，导致生产规模过大，使得生产的各个方面都难以得到协调，从而降低了生产效率，导致产量增加的比例小于生产要素增加的比例。2017 年，小麦的综合效率、纯技术效率及规模效率均为 1.000，达到了效率最优化，主要是因为乡村振兴促进了产业的发展，人们的思想观念逐渐转变，要素的投入更加专业，生产效率逐步提高并趋于稳定。玉米的效率测算结果是，2010—2018 年处于效率的最优状态，在 2019 年出现了小幅下降。

6.2 农户非农分化与营粮变动分析：以江西省修水县为例

6.2.1 修水县“三农”问题的基本情况

在经济高速增长的情况下，农业发展受制于小规模经营和农户的分散经营，造成农业生产效率低下。同时，小规模分散经营的农业结构带来大量剩余劳动力。随着经济的高速增长，城市劳动力需求不断增加，就业市场迅速扩大，造成农业劳动力大量流出，为农民规模经营及农民增收创造了条件，实现农户由纯农户到兼业户的转变。农民是理性的个体，他们往往追求效用及利润最大化。农民在投资时，只要存在经济差异，就会有改变自身现状的动机与动力。他们会根据资源条件、市场的运行状况进行转变或者分化，以便更好地适应当前市场环境。目前，中国农村经济处于由完全自给自足经济向完全商品经济形态的过渡期，即半自给自足或半市场化经济形态。因此，劳动力进行转移，农民出现分化，农民兼业化程度越来越高，国家应根据实际情况调整现有农作物的种植结构，从而确定农业未来的生产方向，提高农业生产效率，实现农业资源的最优配置，使农业问题在经济高速增长背景下得以解决。[7]20 世纪 70 年代末以来，经济学视角下对农业相关主题的研究不断增加，学者分别从农村就业情况、城乡人口流动、粮食相关政策、农业可持续增长及农地制度等方面进行了论述，积累了相当多的研究成果。[8]在这些研究成果中，农村劳动力转移导致的产业转移是研究的热点。产业转移势必对环境造成一定的影响[9]，农业的生产空间及农民的生存空间会因此遭受一定的打击，从而出现农业生产萎缩、人口和家庭再生产困难等一系列问题[10]。总体上，近年来农政问题的受关注度在不断上升。江西省九江市修水县的农政问题是如何体现在农业、农民和农村三大方面的呢？下文将对其进行详细论述。

第一，农业发展方面。2019 年，修水县农业产业化市级以上龙头企业达 50 家；“两品一标”即绿色食品、有机农产品和农产品地理标志在该县发展较好；农产品种类达 170 个，修水宁红茶、杭猪、金丝皇菊等入选“国家地理标志保护产品”；全县桑园面积达到 9.3 万亩，总产值达 2.79 亿元；茶叶面积达到 18.7 万亩，总产值达 21.5 亿元；油茶面积达到 20 万亩，总产值达 1.2 亿元。另外，该县商贸服务呈现日益繁荣的景象。修水县拥有乡(镇)级电商综合服务中心 4 个、村级电商服务站点 150 个，新增市场主体 37153 户，总量达 52559 户。

第二，农民生活方面。2019 年，修水县农村劳动力转移 19.1 万人次，失业保险参保 12.3 万人次；城镇居民人均可支配收入从 22224 元增长到 32984 元，农村居民人均可支配收入从 7599 元增长到 12832 元。除此之外，该县农民的生活好转突出表现在脱贫攻坚上取得的成绩和脱贫成果的持续巩固方面。

第三，农村发展方面。2019 年，修水县继续深入实施农村人居环境整治行动，积极开展农村生活垃圾治理、农村生活污水处理和农村“厕所革命”，全年完成 50 个村庄生活污水深度处理工程，完成无害化卫生厕所改造 1.3 万余座。另外，该县投资 1.2 亿元建成 41 个乡村振兴示范点，加快推进马坳、杭口等 5 个美丽示范乡镇的建设。修水县新农村建设点达 4433 个，打造美丽示范风景带 5 条、美丽宜居示范乡镇 10 个、美丽宜居示范村 200 个。近年来，修水县新建、巩固、完善农村饮水安全工程 636 处，实现农饮工程全覆盖。该县农村旅游业发展也非常突出，东浒寨、双井黄庭坚故里成功入选国家 4A 级景区，仙姑山、神岭、花臣武寨等 7 个景区成功入选国家 3A 级景区。

6.2.2 修水县农村剩余劳动力转移的状况与变化

6.2.2.1 早期以兼业化为主体的农村劳动力转移(1978—1990 年)

早期以兼业化为主体的农村劳动力转移主要指农民从农业生产中解放出来，不再或很少从事农业生产。现在泛指农村的富余劳动力进行转移，脱离农业生产，进城务工或者经商等。

表 6-11 修水县早期以兼业化为主体的农村劳动力转移数据

年份	全县农村劳动力/万人	职业		外出务工人员/人
		农业劳动力/万人	非农劳动力/万人	
1978	25.23	23.20	2.03	58
1980	24.55	22.32	2.23	148
1982	25.77	23.59	2.19	298
1985	26.75	24.26	2.49	628
1990	27.45	25.12	2.33	6430

数据来源：修水县统计年鉴及农业综合农村劳动力资料。

如表 6-11 所示，1978 年，修水县全县农村劳动力为 25.23 万人，外出务工人员为 58 人。1980 年实施分田到组之后，该县农村劳动力数量下降，到

1985 年，全县农村劳动力为 26.75 万人，外出务工人员为 628 人，出现了劳动力转移的苗头。1990 年，全县农村劳动力为 27.45 万人，受淮河大水的影响，外出务工人数大幅度增长，外出务工人员达到 6430 人。改革开放初期，许多中小企业尤其是劳动密集型企业如雨后春笋般出现，对劳动力的需求大大提升。此时，江西省三大产业变化总趋势为第一产业的就业人数大幅下降，第二、第三产业就业人数稳步上升。随着国家制度政策的逐步放开，农村劳动力开始流动，非农收入占比不断上升。修水县人多地少，人均收入低，人们的生活条件十分艰苦，为增加农民收入，改善贫穷落后局面，县委、县政府积极鼓励农村剩余劳动力外出打工，出台了一系列促进劳务输出、发展劳务产业的优惠政策，全县出现了早期的以兼业化为主体的农村劳动力转移现象。

6.2.2.2 以东南沿海为主要方向的跨区域转移(1990—2006 年)

随着改革开放的深入，修水县农村劳动力从业状况呈现以东南沿海为主要方向的跨区域转移大趋势。

表 6-12 1990—2006 年修水县农村劳动力跨区域转移数据

年份	全县农村劳动力/万人	职业		外出务工人员/万人
		农业劳动力/万人	非农劳动力/万人	
1991	29.45	26.46	2.99	0.72
1996	31.71	22.51	9.20	7.25
2000	31.84	19.48	12.37	11.59
2004	32.10	19.02	13.08	12.23
2006	32.16	19.03	13.13	12.77

数据来源：修水县统计年鉴及农业综合农村劳动力资料。

如表 6-12 所示，1991 年，修水县全县农村劳动力为 29.45 万人，外出务工人员为 0.72 万人，占全县农村劳动力的 2.4%。受 1993 年市场经济体制改革的影响，1994 年修水县输出劳务达 8.5 万人，劳务净收入达 1.48 亿元，产生了巨大的经济效益和社会效益[11]。1996 年，全县农村劳动力为 31.71 万人，首次突破 30 万人，外出务工人员达到 7.25 万人，占全县农村劳动力的 22.9%。2000—2006 年，修水县外出务工人员人数与之前相比，增长逐渐趋于平缓。2006 年，修水全县农村劳动力达到 32.16 人，外出务工人员为 12.77 万人，占全县农村劳动力的 39.7%。随着改革开放，珠海、深圳、汕头等沿海地区经济快速发展，劳务需求大大增加。修水县是江西省的劳务输出大县，政府适时使用激励手段，鼓励剩余劳动力外出打工或者创业，发展“打工经济”“创业经济”，大部分劳动力转移到东南沿海经济发达地区，实现了农民工向工人或第三产业劳动者的转变。修水县农民的大部分收入来源于外出务工，2000 年修水县外出务工人员达到 11.59 万人，占全县农村劳动力总数的 23% 左右，人均收入约为 1779.6 元，按全县 6 万人推算，达 1.07 亿元。不少农户凭借劳务输出摆脱了贫困，少数还跻身高收入人群[12]。

6.2.2.3 呈现区域显著特征的彻底性转移(2006 年至今)

2006 年以后，外出转移劳动力“回流创业”趋势明显，呈现农村与城市劳动力双向流动的新局面。

表 6-13 2006 年至今修水县农村劳动力彻底性转移数据

年份	全县农村劳动力/万人	职业		外出务工人员/万人
		农业劳动力/万人	非农劳动力/万人	
2008	33.74	19.05	14.69	13.70
2013	36.01	17.64	18.36	17.04
2015	37.07	18.49	18.58	17.03
2018	38.81	18.87	19.93	18.35
2019	39.46	18.80	20.66	18.41

数据来源：九江市统计年鉴及各市、县、乡镇劳动力资料。

如表 6-13 所示，2008 年修水县农村劳动力总数为 33.74 万人，外出务工人员人数达到 13.7 万人，占全县农村劳动力的 40.6%。2015 年，修水县农村劳动力达到 37.07 万人，外出务工人数达到 17.03 万人，占全县农村劳动力的 45.9%。2019 年，修水县农村劳动力达到 39.46 万人，外出务工人数达到 18.41 万人，占全县农村劳动力人数的 46.7%。从外出务工流向来看，东部沿海地区吸纳了全国农村转移劳动力的一半以上，占据主体地位。与此同时，中西部地区对农村劳动力的吸纳能力也有较大程度的提升。农村转移劳动力就业产业仍以制造业、建筑业和服务业为主，其中从事建筑业的比重逐年递增，从 2008 年的 16.5%上升到 2011 年的 19.7%，从事制造业的比重则有所下降。近年来，跨省转移的农村劳动力数量逐渐减少，2011 年在省外就业的农村劳动力为 17.36 人，仅占农村转移劳动力总量的 46.1%，多年来的农村劳动力跨省转移大于省内转移的局面被打破。[13] 2015 年，江西省跨省外出人口达 584.58 万人，比 2014 年减少了 3.19 万人。这说明在支持返乡创业的大背景下，江西省进一步改善就业环境，更多的农民工选择在家门口就业，农民工回流趋势显现。[14]虽然返乡创业人数在不断增加，但是江西修水县劳动力仍呈现区域显著特征的彻底性转移。近年来，江西修水县作为劳务输出大县，政府组织开展点对点输送贫困劳动力外出返岗复工等，组织25辆大巴车专程送800多名劳动力到广东、浙江沿海等地复工。其中贫困劳动力有600多人，这是该县第五批向外输送的劳动力，共有15000多名贫困劳动力返岗复工。修水县大部分外出劳动力已基本实现彻底性转移，不再从事农业生产。据劳动部门统计，近年来，修水县常年有20万人在外务工，每年全县劳务收入达25亿元以上。农村家庭增收致富收入来源主要是务工收入。务工经济产业已经成为修水继矿产、水电、蚕桑、食品、建材五大产业后的第六大支柱产业。另外，全县共有2000多人在外地成功创业，个人资产均超过1000万元，主要涉及45个产业，集中分布在广东、浙江、福建等经济发达省份。

6.2.3 农户非农分化的基本状况

我国农户非农分化演化过程为"纯农户—兼业户—非农户"。但是农户非农分化的具体情况是什么样的？不同学者持不同的观点。本书通过研究相关文献，针对农户非农分化标准作出以下界定（见表6-14）。

表6-14 农户非农分化

非农分化类型	非农分化界定（农业经营收入占家庭总收入比例）	非农分化特征
纯农户	80%以上	农业经营收入为主
工农兼业农户	50%~80%	农业经营收入为主，务工收入为辅
重工微农户	20%~50%	务工收入为主，农业收入为辅
完全转移户	20%以下	务工收入为主

资料来源：研究文献及政府文件。

第一类为纯农户，农业经营收入占家庭总收入的80%以上；第二类为工农兼业农户，农业经营收入占家庭总收入的50%~80%；第三类为重工微农户，农业经营收入占家庭总收入的20%~50%；第四类为完全转移户，农业经营收入占家庭总收入的20%以下[15]。

6.2.3.1 纯农户

纯农户从传统意义上来讲，就是纯粹务农、种田的庄稼户。改革开放前，我国绝大多数农户是纯农户，且多为纯粮户。改革开放后，纯农户是指家庭收入来源以农业经营收入为主的农户。由于粮食作物经济收益较低，纯农户会增加自身经营规模，从而提高农业经营收入。随着经济的发展，纯农户面临严重的“贫困陷阱”，生产、生活质量均落后于其他农户。

6.2.3.2 工农兼业农户

改革开放后，较多纯农户由于经营规模未扩大导致农业经营收入较低，生活质量落后于农村社会平均生活水平。部分纯农户选择离开农业，放弃对土地的耕种，这严重威胁了我国粮食安全。随着政策的进一步推动，农村城镇化进一步发展，工商资本逐步进入农村，农村劳动力获得更多的非农就业机会。大多数农户选择成为兼业农户，收入由农业经营收入和务工收入两部分组成，但是仍以农业经营收入为主。随着改革开放的推进，农户农业经营收入占家庭收入的比例将会持续降低，纯农户的比例也会随之下降，而工农兼业农户的比例将进一步上升，并逐步成为农户的主流类型。

6.2.3.3 重工微农户

中国是农业大国，但是人多地少，耕地细碎化严重。随着农业机械化发展，种植需要人工费、服务费，还有化肥农药费，导致农产品成本过高。相较而言，外国大农场的农产品成本低很多。随着经济发展水平日益提升，农户对于金钱的需求也在不断增加，原本务农的收入远远不能满足农户的消费需求。另外，城镇化快速发展，劳动力转移趋势更加明显，许多农户在外地工作，只有在农忙时回家几天，这部分农户就是重工微农户，他们的收入大部分来源于务工。

6.2.3.4 完全转移户

随着工业化和城市化的发展，农户与土地分离，部分农户彻底离开农业生产，成为完全转移户。这些农户的收入不再依赖农业生产，主要来源于外出务工和小规模的资产及工商经营活动。他们比较在乎经济效益，务农投入的成本大但收益较少，而务工则收益较多，因此完全转移户在未来会完全退出农业生产。

6.2.4 农户非农分化与营粮效率的变化分析

2019 年，修水县水稻播种面积为 67.22 万亩，比 2010 年增加了 12.18 万亩；水稻总产量为 25.19 万吨，比 2010 年增加了 5.01 万吨，然而，随着工业化、城镇化的推进，兼业化现象频发，农户非农分化趋势明显。

表 6-15 显示，2019 年，修水县共有乡村常住人口 66.77 万人，城镇化率为 46.82%，农村外出务工劳动力为 59.73 万人。外出务工人口中，有 9.20 万人属于跨省转移；有 29.87 万人属于在江西省内转移；有 20.66 万人在九江市内或修水县内转移。修水县农村劳动力转移、农村人口迁移造成的非农分化是比较明显的。2019 年，修水县农村共有 24.19 万户，户籍常住人口为 4.17 人，即每户农户平均外出人口为 1.39 人，其中户均转移的劳动力人口为 1.14 人，户均迁移入城随居的非劳动力人口为 0.25 人(不包含随家长入城上学的学生)。以农村劳动力进城务工和农村非劳动力随迁进城居住为特征的非农分化对仍然在农村从事某种程度农业生产的农户具有很大的影响，使家庭承包经营初期同质化、匀质化的“小而全”的农户结构发生了分化。根据农户非农分化情况，近年来修水县纯农户已经很少了，2019 年只有 0.24 万户，占农户总数不到 1%；农忙务农、农闲务工的兼业农户数为 9.19 万户，占农户总数的 38%；家庭主要劳动力从事各种形式的务工，次要或者边缘劳动力仍部分性从事农业生产的兼业农户数为 72570 万户，占农户总数的 30%；家庭劳动力全部从事非农经营、只在农村进行社会性居住的户数为 74898 万户，占农户总数的 31%。这种不同层次的农户非农分化，对农户的农业生产、粮食经营的要素投入、农业生产效率、营粮效率均产生重要影响。因此，分析不同类型农户营粮行为，有助于分类引导农户的生产经营，更好地保障国家粮食安全，增加农户收入。

表 6-15　2019 年修水县农户非农分化数据

乡村常住人口(万人)	城镇化率(%)	外出务工劳动力		
		跨省务工劳动力(万人)	省内务工劳动力(万人)	九江市内或修水县内转移(万人)
66.77	46.82	9.20	29.87	20.66
农村户数(万户)	户籍平均人口			
	户籍常住人口(人)	户均外出人口(人)	户均转移的劳动力(人)	户均迁移入城随居非劳动力(人)
24.19	4.17	1.39	1.14	0.25

数据来源：《九江统计年鉴(2020)》。

6.2.4.1　农户的要素投入

农户种粮是一个需要多种要素投入且过程较为复杂的活动。江西修水县主要粮食作物为水稻，鉴于此，本书以水稻为主要研究对象，主要考虑修水县农地要素、资金要素、劳动要素3种要素的投入情况，分析江西修水县的营粮效率变化，具体数据见表6-16。

表6-16 修水县不同类型农户要素投入变化

农户分类	农地投入		资金投入						劳动投入	
	水稻播种面积（万亩）		农机费用（亩/元）		化肥费用（亩/元）		农药费用（亩/元）		水稻从业（万人）	
	2010年	2019年	2010年	2019年	2010年	2019年	2010年	2019年	2010年	2019年
纯农户	31.37	38.31	170	210	50	75	32	45	3.13	3.38
工农兼业农户	15.96	19.49	153	190	43	70	29	37	4.52	4.89
重工微农户	6.05	7.39	145	175	40	64	24	33	3.65	3.95
完全转移户	1.65	2.02	126	140	38	50	20	31	6.08	6.59

数据来源：根据2011—2020年九江市统计年鉴得到水稻播种面积，资金投入和劳动投入均根据当地情况进行比例测算得出。数据主要采取首尾年列出的方式。

农地是农户种粮最基本的要素，农户农地的变化会反映出农户粮食生产行为的变化。相对于2010年，2019年各类型农户的水稻播种面积都呈现上升趋势。纯农户的播种面积约占总播种面积的一半，是种粮的主力军。另外，4种类型的农户所占用农地资源具有一定的差异：纯农户的播种面积大于工农兼业农户的播种面积，工农兼业农户的播种面积大于重工微农户的播种面积，播种面积最小的是完全转移户。重工微农户和完全转移户会把自己的部分耕地进行流转，他们的收入来源主要是外出务工或经商。由于长时间在外，他们认为耕种会加大自己的成本且收益甚微，因此会选择缩小播种面积，从而实现自己的收益最大化。相反，纯农户收入基本来源于农业生产经营，相对于其他类型农户对粮食生产重视程度较高，因此纯农户的播种面积最大。纯农户越重视农业生产，农业生产的效率就会越高。

农户种粮经营费用主要包括农业机械设备、农药、化肥等农业生产资料的投入。样本区水稻种植基本遵循以下流程：水稻在种植前需要先将田中土壤翻耕，使其松软，然后在田中培育秧苗，当秧苗长至8厘米高时，再将苗插入稻田中。一般插秧借助插秧机，但在形状不规整的稻田中，还需人工插秧。除此之外，还要使用化肥及农药等生产资料，使秧苗茁壮成长。在水稻种植过程中，不同类型的农户选择也是有差异的，纯农户由于粮食收入占家庭总收入比例大，会更倾向于选择成本较高的生产资料和采用增产技术，而不会选择一次性施肥技术，因而营粮效率最高。

从劳动投入来看，不同类型的分化农户差异性较大。纯农户劳动投入低于工农兼业农户和完全转移户。纯农户以农业生产为职业，有更多的劳动时间去进行耕种。相反，工农兼业农户和完全转移户将自己的工作重心放在务工和经商上，没有时间或者精力去进行农业生产，他们会选择雇用更多的劳动力代替自己进行农业生产。纯农户在农业生产中的劳动投入最少，且稳中有升，其次是重工微农户、工农兼业农户和完全转移户。综合来看，4 类农户的劳动投入从 2010 年到 2019 年呈上升态势。

6.2.4.2 营粮效率测算方法

DEA 模型通常用来测算效率，评价决策单元的相对有效性，主要采用非参数方法来估计前沿生产函数，其显著优点在于，输入模型数据可以有效避免单位差异所带来的结果偏差，不需要考虑生产函数和数据的单位大小。从生产函数来看，该方法可以同时存在多个产出、投入要素，来研究决策单元生产效率是否有效。对于无效决策单元，本书测算该决策单元的相对效率，根据前沿面的差距对其进行调整。

本书使用前文提到的 CRS 模型，假设规模报酬不变，生产部门有 m 个决策单元，分别是 DUM_1，DUM_2，…，DUM_m，n 个投入指标，分别是 X_1，X_2，…，X_n，k 个产出指标，分别是 Y_1，Y_2，…，Y_k。由于数据由多个产出、投入要素构成，生产无效率的决策单元很可能会产生 S^+（产出松弛量）或者 S^-（投入冗余量），即资源要素投入产生了浪费，未达到资源要素的最佳配置。其中产出松弛量是因为生产无效决策单元实际产量与该生产点在生产前沿面上的投影点产量形成了差额，应该将其加上；投入冗余量是要素投入过多而导致的生产效率低的生产要素的冗余量。从投入最小化角度来看，投入冗余量和产出松弛量的 CRS 线性模型为

$$\mathrm{Min}[TE - \varepsilon(e_1^T S^- + e_2^T S^+)]$$

$$\text{s.t.}\begin{cases}\sum_i^n \lambda_i X_i + S^- = TE \times X_0 \\ \sum_i^n \lambda_i Y_i + S^+ = Y_0 \\ \lambda_i \geqslant 0;\ i = 1,\ 2,\ \cdots,\ n;\ S^- \geqslant 0;\ S^+ \geqslant 0\end{cases} \tag{6-3}$$

在上述 CRS 的目标函数和约束条件中，TE 为决策单元的综合效率；ε 为非阿基米德无穷小。假设规模报酬不变的情况下，当 $TE \neq 1$ 时，表明决策单

元的综合效率处于无效状态；当 $TE=1$，并且满足 $S^-=S^+=0$ 时，表明决策单元的综合效率处于有效状态。

CRS 模型假定所有的决策单元都在最优的规模下进行生产活动。但在实际生产活动中，受不完全竞争市场的限制等多方面因素影响，决策单元不可能在最优的规模下进行。如果不是最优规模，使用 CRS 度量的技术效率就不准确，因为在 CRS 模型中，计算的技术效率包括了规模效率(SE)。在 VRS 模型中，计算技术效率时可以排除规模效率的影响。鉴于此，本书采取 VRS 对营粮效率进行测度。VRS 的线性模型为

$$\begin{aligned} &\min_{\theta,\lambda} \quad \theta \\ &\text{st. } -y_i+Y\lambda \geqslant 0 \\ &\theta \cdot x_i-X\lambda \geqslant 0 \\ &\mathrm{N}1'\lambda=1 \\ &\lambda \geqslant 0 \end{aligned} \tag{6-4}$$

运用 DEA 模型估计效率时，可将 TE 分成两部分：一部分是纯技术效率，另一部分是规模效率。如果生产单元的规模处于最优状态下，由 CRS 和 VRS 所计算的 TE 是相等的；当生产单元的规模不是最优时，则 CRS 和 VRS 计算所得的技术效率是不同的，二者的差异就是规模效率。因此，它们三者的关系为

$$TE_{\mathrm{CRS}}=TE_{\mathrm{VRS}}\times SE \tag{6-5}$$

为了表明生产单元处于递增规模报酬(irs)还是递减规模报酬(drs)阶段，调查组可运用 DEA 的非递增规模报酬(NIRS)模型来判断。NIRS 的前沿模型只是把 $\mathrm{N}1'\lambda=1$ 写成 $\mathrm{N}1'\lambda\leqslant1$。若 NIRS 的 TE 与 VRS 的 TE 不相等则处于递减规模报酬阶段。

6.2.4.3 营粮效率

调查组根据效率测算的含义，运用数据包络分析进行效率评价，选取江西省修水县作为评价单元，分析 2010—2019 年修水县纯农户、工农兼业农户和完全转移户的水稻营粮效率，确定投入指标为土地、资金、劳动力，产出指标为水稻总产量。土地投入指标用水稻播种面积表示；资金投入指标用水稻生产经营资金表示，包括农业机械服务费用、农药费用、化肥费用等；劳动力投入指标用水稻从业人数来表示。其指标值见表 6-17。

表 6-17 2010—2019 年修水县不同类型农户投入产出变化

年份	农户分化类型	水稻播种面积/万亩	水稻生产经营资金/万元	水稻从业人数/万人	水稻总产量/万吨
2010	纯农户	31.37	2195.80	3.13	9.08
	工农兼业农户	15.96	8139.32	4.52	8.07
	重工微农户	6.05	2421.43	3.65	2.02
	完全转移户	1.65	577.84	6.08	1.01
	总体均值	13.76	8274.15	4.34	5.04
2011	纯农户	32.66	22864.85	3.24	10.21
	工农兼业农户	16.62	8475.47	4.69	8.25
	重工微农户	6.30	2521.44	3.78	2.17
	完全转移户	1.72	601.71	6.31	1.09
	总体均值	14.33	8615.87	4.51	5.43
2012	纯农户	32.34	22636.30	3.08	9.99
	工农兼业农户	16.45	8390.75	4.45	7.34
	重工微农户	6.24	2496.23	3.59	2.04
	完全转移户	1.70	5956.92	5.99	1.02
	总体均值	14.18	8529.15	4.28	5.09
2013	纯农户	32.70	22892.03	3.18	10.89
	工农兼业农户	16.64	8485.54	4.59	7.62
	重工微农户	6.31	2524.43	3.71	2.18
	完全转移户	1.72	602.42	6.18	1.09
	总体均值	14.34	8626.11	4.41	5.44
2014	纯农户	33.54	23480.35	3.24	12.85
	工农兼业农户	17.07	8703.62	4.68	7.01
	重工微农户	6.47	2589.31	3.78	2.34
	完全转移户	1.77	617.90	6.30	1.17
	总体均值	14.71	8847.80	4.50	5.84
2015	纯农户	33.77	23636.56	3.33	12.94
	工农兼业农户	17.18	8761.52	4.81	7.06
	重工微农户	6.52	2606.54	3.88	2.35
	完全转移户	1.78	622.01	6.47	1.18
	总体均值	14.81	8906.66	4.62	5.88

续表

年份	农户分化类型	水稻播种面积/万亩	水稻生产经营资金/万元	水稻从业人数/万人	水稻总产量/万吨
2016	纯农户	33.85	23695.81	3.49	13.04
	工农兼业农户	17.22	8783.49	5.04	7.11
	重工微农户	6.53	2613.07	4.07	2.37
	完全转移户	1.78	623.57	6.79	1.19
	总体均值	14.85	4006.71	4.85	5.93
2017	纯农户	32.06	22440.16	3.58	12.51
	工农兼业农户	16.31	8318.04	5.17	6.82
	重工微农户	6.19	2474.60	4.18	2.27
	完全转移户	1.69	590.53	6.96	1.14
	总体均值	14.06	8455.83	4.97	5.68
2018	纯农户	34.61	24228.48	3.40	13.82
	工农兼业农户	17.61	8980.93	4.91	7.54
	重工微农户	6.68	2671.81	3.96	2.51
	完全转移户	1.82	637.59	6.61	1.26
	总体均值	15.18	9129.703	4.72	6.28
2019	纯农户	38.31	26819.38	3.38	15.11
	工农兼业农户	19.49	9941.32	4.89	6.30
	重工微农户	7.39	2957.53	3.95	2.52
	完全转移户	2.02	705.77	6.58	1.26
	总体均值	16.80	10106.00	4.70	6.30

数据来源：部分数据来自2011—2020年《九江统计年鉴》，部分数据依据当地情况测算得出。

由表6-17可知，2010—2019年，修水县纯农户的水稻播种面积、水稻生产经营资金和水稻总产量均高于其他类型农户投入产出要素，但是水稻从业人数低于其他类型农户。从水稻播种面积，即土地投入来看，从高到低的农户类型排序为：纯农户、工农兼业农户、重工微农户、完全转移户；从水稻生产经营资金，即资金投入来看，从高到低的农户类型排序为：纯农户、工农兼业农户、重工微农户、完全转移户；从劳动力投入来看则有些许不同，从高到低排序为：完全转移户、工农兼业农户、重工微农户、纯农户。那么，这些投入要素对营粮效率产生了哪些影响呢？具体见表6-18。

表 6-18 2010—2019 年修水县不同类型农户营粮效率

年份	农户分类	综合效率	纯技术效率	规模效率	规模报酬阶段
2010	纯农户	1.000	1.000	1.000	—
	工农兼业农户	1.000	1.000	1.000	—
	重工微农户	0.818	1.000	0.818	irs
	完全转移户	0.793	1.000	0.793	irs
2013	纯农户	1.000	1.000	1.000	—
	工农兼业农户	1.000	1.000	1.000	—
	重工微农户	0.876	1.000	0.876	irs
	完全转移户	0.855	1.000	0.855	irs
2016	纯农户	1.000	1.000	1.000	—
	工农兼业农户	1.000	1.000	1.000	—
	重工微农户	0.993	1.000	0.993	irs
	完全转移户	0.874	1.000	0.874	irs
2019	纯农户	1.000	1.000	1.000	—
	工农兼业农户	1.000	1.000	1.000	—
	重工微农户	1.000	1.000	1.000	—
	完全转移户	0.963	1.000	0.963	irs

注：规模报酬不变、可变条件下的技术效率分别表示为 TE_{CRS}、TE_{VRS}，规模效率表示为 SE（其中，TE_{CRS} 为 TE_{VRS} 与 SE 的乘积，即综合效率为纯技术效率与规模效率的乘积。drs 表示规模报酬递减状态，—表示最优规模状态，irs 表示规模报酬递增状态。因相近年份效率测算差距小，表中未将各年份一一列出，采用隔年数据进行效率测算。

从表 6-18 来看，修水县纯农户和工农兼业农户的综合效率均为 1.000，可以看出，纯农户与工农兼业农户营粮综合效率（TE_{CRS}）较高。除部分年份外，纯农户与工农兼业农户均保持相对有效状态，效率值达到最优。2010—2019 年，重工微农户和完全转移户的营粮效率整体呈现上升趋势。可以看到，重工微农户在 2019 年时综合效率也达到了 1.000，呈现最优效率值，但是完全转移户营粮效率相对较差。究其原因，并非缘于各类农户之间纯技术效率（TE_{VRS}）的差异（各类型农户 TE_{VRS} 均保持了最优状态），而是由于其规模效率的差异。完全转移户和重工微农户规模效率都呈现递增状态，尚未达到规模经济。可见，农户粮作经营较为理性，对收益较为注重，要素投入产出优势明显。江西省修水县营粮效率整体较好。2019 年，完全转移户的综合效率（TE_{CRS}）显著提高，即将达到最优状态，但仍需改善。纯农户、工农兼业农户和重工微农户综合效率都达到了最优水平 1.000，实现了各生产资料要素的充分利用。整体而言，2010—2019 年，各类型农户营粮综合效率逐步提高，各要素投入和利用也在逐渐实现最优化。

6.2.4.4 营粮全要素生产率

营粮全要素生产率不仅包括技术进步，还包括规模经济和效率的改善等，可以更好地反映决策单元的生产效率问题。因此，除营粮效率测算外，调查组还基于全要素生产率，对修水县不同类型农户营粮效率进行测算，结果见表 6-19。

表 6-19 2011—2019 年修水县不同类型农户生产率指数

年份	农户分类	技术效率	技术进步率	纯技术效率	规模效率	全要素生产率
2011	纯农户	1.099	0.986	1.000	1.099	1.084
	工农兼业农户	1.000	0.984	1.000	1.000	0.984
	重工微农户	1.053	0.986	1.028	1.024	1.038
	完全转移户	1.053	0.986	1.000	1.053	1.038
2012	纯农户	1.100	0.936	1.000	1.100	1.030
	工农兼业农户	1.000	0.917	1.000	1.000	0.917
	重工微农户	1.056	0.936	1.031	1.024	0.988
	完全转移户	1.056	0.936	1.000	1.056	0.988
2013	纯农户	1.050	1.007	1.000	1.050	1.057
	工农兼业农户	1.000	1.017	1.000	1.000	1.017
	重工微农户	1.029	1.007	1.016	1.012	1.036
	完全转移户	1.029	1.007	1.000	1.029	1.036
2014	纯农户	1.000	1.155	1.000	1.000	1.155
	工农兼业农户	1.000	0.899	1.000	1.000	0.899
	重工微农户	1.000	1.051	1.000	1.000	1.051
	完全转移户	1.000	1.049	1.000	1.000	1.049
2015	纯农户	1.000	0.984	1.000	1.000	0.984
	工农兼业农户	1.000	0.992	1.000	1.000	0.992
	重工微农户	1.000	0.987	1.000	1.000	0.987
	完全转移户	1.000	0.989	1.000	1.000	0.989
2016	纯农户	1.000	0.970	1.000	1.000	0.970
	工农兼业农户	1.000	0.988	1.000	1.000	0.988
	重工微农户	1.000	0.974	1.000	1.000	0.974
	完全转移户	1.000	0.981	1.000	1.000	0.981

续表

年份	农户分类	技术效率	技术进步率	纯技术效率	规模效率	全要素生产率
2017	纯农户	1.000	0.950	1.000	1.000	0.950
	工农兼业农户	1.000	0.982	1.000	1.000	0.982
	重工微农户	1.000	0.954	1.000	1.000	0.954
	完全转移户	1.000	0.970	1.000	1.000	0.970
2018	纯农户	1.000	1.136	1.000	1.000	1.136
	工农兼业农户	1.000	1.075	1.000	1.000	1.075
	重工微农户	1.000	1.130	1.000	1.000	1.130
	完全转移户	1.000	1.098	1.000	1.000	1.098
2019	纯农户	1.000	1.057	1.000	1.000	1.057
	工农兼业农户	1.000	0.786	1.000	1.000	0.786
	重工微农户	1.000	0.964	1.000	1.000	0.964
	完全转移户	1.000	0.951	1.000	1.000	0.951

注：固定规模报酬下的技术效率的变化率(effch)表示技术进步率(techch)，在变化的规模报酬下技术效率的变化率(pech)表示纯技术效率，分配效率的变化率(sech)表示规模效率，生产率指数的变化率(tfpch)表示全要素生产率。

从表6-19可以看出，2014—2019年，各类型农户的技术效率、规模效率和纯技术效率均为1.000，达到了营粮效率最佳状态。2011—2013年，除工农兼业农户外，其他类型农户的技术效率均高于1.000。从营粮全要素生产率变化来看，2010—2019年，纯农户、工农兼业农户、重工微农户和完全转移户水稻营粮全要素生产率的平均增长率分别为4.7%、-4%、1.3%和1.1%，说明修水县纯农户、重工微农户和完全转移户的水稻营粮全要素生产率得到明显提升，而工农兼业农户的营粮生产率有下降趋势。2010—2019年，纯农户、工农兼业农户、重工微农户和完全转移户水稻营粮全要素生产率的技术变化率分别为2%、-4%、-0.2%和-0.4%，这说明技术进步对纯农户营粮效率提升有明显的作用，但在工农兼业农户、重工微农户和完全转移户水稻营粮效率提升的过程中作用并不明显。该县在专业技术推广及管理水平的提高等方面存在问题。

6.2.4.5 结论

从上述分析可以看出，不同类型分化农户的粮食生产效率存在明显差异。一般来说，家庭收入来源主要是农业生产经营活动，即粮食收入占家庭总收入比例较大的农户，粮食生产效率较高，如纯农户。其原因在于，此类农户比其他类型的农户更加重视粮食生产，想要把更多的优质资源分配到粮食生产过程中去。同时，此类农户更多地从增产的角度选择和使用生产技术，所以营粮效率较高。本书认为，粮食增产政策的落脚点应该放在鼓励纯农户扩大种植面积上。在同等要素投入的前提下，纯农户的粮食生产效率更高，可以获得更高的产量。农地向纯农户集中，规模效益进一步提高，更有利于提高农户的营粮效率。同时，当地政府应通过利益补偿机制给予农户一定的正向激励，引导营粮效率低且粮食收入占家庭总收入比例小的农户，如重工微农户、完全转移户，逐渐放弃粮食生产，实现农用地向纯农户的合理流转，从而提高当地农户粮食生产的整体技术效率。

6.3 农户经营规模与营粮变动分析：以湖南省平江县为例

农户的经营分化以农户在粮食和经济作物之间作出选择，以及在不同粮食品种种植方面的增减等形式表现出来。根据经济利益导向原则，农户应该选择利润最高的农作物进行种植，但当经济利益最大的作物需要大量劳动力和劳动时间的投入或者机会成本较高时，在求稳心态的影响下，农户可能会重新选择经济利润较低但是机会成本同样低的种植作物。在这种选择与变化中，农户的经营规模既是其影响因素，又是其反映因素。农户经营规模与营粮行为选择呈现较为复杂的关系。本书依据湖南省平江县的数据对这种关系及机理进行分析[16]。

6.3.1 平江县“三农”问题的基本情况

平江县位于湖南省东北部，东与江西省接壤，南与浏阳市、长沙县毗邻，西与汨罗市交界，北与岳阳县和湖北省通城县相连。东北部以山为界，西南部以水为界。平江县的总面积约为 4118.06 平方千米，占全省总面积的 2.1%。县内地貌以山地丘陵为主，其中山地占总面积的 28.5%，丘陵占 55.9%，岗地占 5.8%，平原占 9.8%。地势东南部和东北部高，西南部低。

平江县土地总面积约为 4118.06 平方千米，折合 618 万亩，其中耕地面积约为 81 万亩，占土地总面积的 13%。耕地中水田面积为 67.16 万亩，旱地面积为 13.39 万亩。平江县主要产物是稻谷、棉花、油料、茶叶和柑橘。2002 年平江县农业总产值为 88103 万元，已形成粮食、生猪、油茶、茶叶、中药、楠竹六大产业基地。平江县实施粮食生产“千亩示范、万亩连片”工程，被评为湖南省粮食生产先进县。2019 年，全县第一产业产值为 140035 万元，占全县国内生产总值的 4.3%。

6.3.2 平江县农地流转与农地规模状况变化

6.3.2.1 农地流转

平江县农地流转始于 20 世纪 80 年代中后期，家庭承包经营的能量释放减弱，农民从事农业生产的积极性大大降低，出现了撂荒等现象。这期间的土地流转方式以口头协议式流转为主，流转较为随意，流转量不大。20 世纪 90 年代之后，随着农业、农村卷入市场化的洪流，小农难以对接大市场，农业比较效益低下成了当时无法解决的问题，加上当时农民负担较重，相对于 20 世纪 80 年代，农民的种田积极性进一步下降，撂荒已经成为普遍现象。受农户撂荒普遍化影响，农户的土地流转带有很强的自然流转、事后确认的特点，这就大大影响了土地流转的稳定性和正规性；到 21 世纪初，随着农业税、农业特产税的相继免除及对种粮农民进行直接补贴的“两免一补”政策开始实施，反哺农业开始真正落地。社会主义新农村建设相继铺开，农民的土地价值判断出现了翻转，农村土地流转呈现新的特点与趋势，平江县的农地流转逐渐转向正规化、规范化；到了新时代，特别是党的十八大召开之后，土地“三权分置”改革开始实施，土地确权一步步走向正规化，乡村振兴战略对产业振兴、农地适度规模化提出了新的要求，平江县农地流转呈现地方政府主导下的有组织的、规模化的态势，农地流转对实现农业规模经营起着巨大的推动作用（见表 6-20）。

表 6-20 平江县土地流转阶段调查（一）

时期	流转费用及形式			转入及转出			对单元地块规模影响			对土地规模化的影响		
	负费用	实物费用	货币缴纳	总量性流转	结构性流转	不确定	地块变大、数量变少	地块变大、数量变多	影响不大	规模化	更加细碎化	影响不确定
20 世纪 80 年代		√				√			√			√
20 世纪 90 年代	√					√			√			√
世纪之交后			√	√	√		√			√		
21 世纪以来			√	√	√		√			√		

数据来源：根据调查资料整理而得。

20 世纪 80 年代和 90 年代，平江县的土地调整实行增人增地、减人减地的 3 年一小调、5 年一大调，即实施了耕地的定时细分，导致土地的农户私下自然流转无效。1998 年之后，随着耕地细分的最后一次土地产权的稳定化调整，农村实施增人不增地、减人不减地。这种土地的稳定产权机制对平江县 1998 年之后的土地流转以及规模化经营影响较大。

1980 年以后，随着家庭承包的能量释放减弱，平江县农户的农业生产积极性开始减弱。平江县向外转移的农户开始了最早的非正规土地流转活动，这个时期的土地流转特征是流转费用主要为实物费用。由于没有正式的邀约与文本，农户土地的流入和流出具有很大的不确定性。频繁的转入、转出及三五年一调整的土地重分与细分，导致土地流转对地块单位面积及每户经营的地块数量影响不大，即土地细分的复制、土地规模化经营难以有显著的改进。

1990 年以后，随着社会主义市场经济体制的深入，平江县农业、农村经济加入市场化浪潮，农业比较效益低下，在市场条件下被放大及显性化，加上农民负担过重，三统五提等税费负担被捆绑在土地上，农民的生产积极性进一步降低，土地撂荒成为一种普遍性现象。这一时期的土地流转带有抛弃性流转的特征，正规的土地流转体现为负费用，更遑论农户对于土地的流入和流出有正式的邀约与文本了，土地流转仍然具有不确定性。

2000 年以后，随着三五年一动的土地细分制度的中止，土地流转呈现新的发展态势，对土地规模化的发展产生了较大影响。2006 年之后，农业税、农业特产税相继免除，反哺农业真正落地。农村土地流转呈现新的特点与趋势，平江县的土地流转逐渐转向正规化、规范化；土地流转费用逐渐呈现货币化趋势，土地转入、转出的平衡中，既体现了土地总量的增加，也体现了不同地块结构的归并，于是，地块数量变小，单位地块面积变大，对土地的规模化产生了正向影响。

到了新时代，土地“三权分置”改革开始实施，土地确权一步步走向正规化。土地流转对实现农业规模经营起着巨大的推动作用。土地流转费用货币化特征在正规契约中得以体现，在一个耕作单元之下，地块数量越来越少，单位地块面积越变越大，土地的规模化越来越朝适度方向发展。

表 6-21 显示，20 世纪 90 年代，土地流转约定形式主要为口头约定，约束力不强，流转比较随意；土地流转规模也并不确定，流转比较随心所欲；对于流转的期限也没有明确的说明，通常为近邻或者亲戚间的流转；对于土地经营权的回收也具有随意性。之所以出现这种现象，是因为 20 世纪 80 年

代和90年代中后期我国对于土地的管理较为混乱，土地的流转形式各异。2000年之后，土地流转模式开始发生变化。该阶段的土地流转逐渐走上正轨，出现协议流转，但是协议流转规模较小，流转期限为3~5年，一般不超过5年；21世纪以来，随着土地确权和2017年“三权分置”政策的推行，出现了契约备案类型的土地流转，土地流转趋于规模化和正式化。在政府的参与和监管下，土地的流转在官方备案可查，土地承包方和转租方的信任关系也更加稳固，所以流转期限也逐渐增长，一般在5年以上。

表6-21　平江县土地流转阶段调查表(二)

时期	流转契约			流转层次			流转规模			流转期限			
	口头约定	协议	契约备案	自然	随意	正式	大	小	不确定	5年以上	3~5年	3年以下	不确定
20世纪80年代	√				√				√				√
20世纪90年代	√			√					√				√
世纪之交后		√				√		√			√		
21世纪以来			√			√	√			√			

数据来源：根据调查资料整理而得。

6.3.2.2　农地规模

21世纪以来，特别是2012年，平江县在各级政府的推动下，建设全县统一的耕地流转交易大厅与流转交易市场，农地规模不断产生变化。随着劳动力的大量转移，农村劳动力大量流失。同时，随着农一代日渐衰老、年轻农村人不愿种田，粮农种植者面临后继无人的情况。农业土地撂荒问题日趋严重，平江地区开始推行土地流转，对撂荒土地进行流转、承包和规模化经营，导致该地区小微农户数量不断减少，中型、大型农企或农场如雨后春笋般破土而出，农地经营开始向区域化、模块化发展。2014年以来，耕地“三权分置”改革政策的实施，使平江县土地流转呈现加速发展态势。平江县因地制宜，制订针对性措施，进行土地确权，鼓励农地流转，并且奖励流转和承包大户，在政策上给予优惠。到2019年，平江县中型农户逐渐减少，小型农户数量也相对减少，大型农户规模变大，规模化经营雏形逐渐形成。

受到2001—2003年退耕还林还草政策影响，2002—2008年平江县耕地面积相对减少。随着医疗设施及人居环境的改善，人口出现增长，户均耕地从2000年的2.64亩减少到2008年的2.32亩；2006年实行“两免一补”政策，免除农业税，再次激发了农民的种植积极性，耕地面积快速增长，到2018年耕地面积达到148.3万亩，户均耕地面积达到4.67亩。数据显示，2000—2008年，平江县中型农户数量、规模不断增长，小型农户规模相对减小；2008—2018年农户户均耕地面积出现翻倍增长，大型农户快速发展（见表6-22）。

表6-22　平江县耕地规模化发展状况

年份	总耕地面积与户均规模			大型农户		中型农户		小型农户	
	耕地/万亩	农户/万户	户均/亩	农户/万户	户均/亩	农户/万户	户均/亩	农户/万户	户均/亩
2000	72.35	27.4	2.64	2.68	26.41	5.48	13.2	19.18	3.77
2008	67.40	29.1	2.32	2.90	23.20	5.81	11.6	20.37	3.31
2018	148.3	31.7	4.67	3.17	46.78	6.34	23.4	22.19	6.68

资料来源：根据调研数据整理。

2015年，平江县制定了《关于制止耕地撂荒、倡导土地流转、鼓励规模经营的决定》，鼓励和支持农村土地向大户集中流转。2015年，平江县召开了全县农村土地承包经营权流转工作动员大会，随后机关干部职工历时一个半月，进村入户，一边宣传土地流转意义和政策，耐心帮助农民算清受益帐，一边开展农村土地利用情况调查摸底工作。当年，全县涌现规模种植户200余户，集约经营面积达16000余亩。同时，该县把以工代赈、土地整理和新农村建设等项目作为开展土地流转的基础性工作。2018年，平江县开展集中土地平整，共平整土地7900余亩，用平整的土地集中进行规模化的农业综合项目开发。

21世纪以来，平江县通过抓产业发展带动土地流转，实现农地的规模化经营。2009年，平江县引导农民通过土地流转积极参与农业结构调整，建立了产业化、规模化的早稻示范基地18400亩、晚稻示范基地21500亩、梅树村茱萸药材示范基地1000亩。2014年，平江县产业化、规模化的早稻示范基地扩大至32360亩，晚稻示范基地为47850亩，综合化药材示范基地为8500亩。2018年，平江县产业化、规模化的早稻示范基地又扩大至5万亩以上，晚稻示范基地扩大至8万亩以上，综合化药材示范基地扩大至1万亩以上，基地规模化经营达到14万亩以上，占平江县耕地总面积的18.7%，既加快了农村产业结构调整速度，又带动了农村土地流转和规模化经营。

6.3.3 农户规模经营中的多元利益主体

6.3.3.1 农地规模经营发展的形式

平江县农户规模分化过程中，为实现规模效应，农户采用农地合作、企业化经营、联耕联种等多种方式，在经营的内部分工基础上进一步推动了规模化的发展：①农地合作：通过反租倒包等鼓励普通农户向种粮大户演化。②企业化经营：鼓励家庭农场及种粮大户向农业企业转变。③联耕联种：分阶段规模化。联耕联种的具体形式主要包括以下3种：联耕分管，即在农户自愿的基础上，由村集体或组织者负责将田埂平整，实现土地连片成框，农户协商后确定统一种植的品种，再请专业大户或合作社统一耕地、播种，但水肥管理、病虫害防治及后续收割等环节仍由农户自行负责；联耕联管，是联耕分管形式的升级，即在联耕的基础上进一步由专业大户或合作社扩大服务范围，帮助农户管理农田，但经营权仍在农户手中；联耕联营，是联耕联种的高级形式，整个耕作管理和经营环节都实现统一，成本由所有农户均摊，收益也由他们均分。

6.3.3.2 农户分化过程中的个人行为研究

在农业规模化发展背景下，从普通农户发展分化而来的农村能人、中坚农民、普通农户等利益主体围绕土地流转、经营联合及利益分享等方面产生了许多博弈，并体现在他们不同的行动逻辑上。[17]

(1)农村能人。农村能人的形成首先需要具备充足的自然资本(即较大规模的农地)。但是，农村能人仅有少量的承包地。为获得自然资本，他们凭借自己的社会资本，即在村庄中的地位和威望，利用血缘和亲缘等各种关系网络，将中坚农民和普通农户的农地流转到自己手中，顺利转入较大规模农地。受农村社区中农民“自己人”意识和特殊信任结构的影响，农村能人与中坚农民和普通农户的吸纳关系很容易形成。[18]农村能人转入较大规模的农地后，或将农地再流转给外来企业经营，或自己成为种粮大户等新型农业经营主体。农村能人通过完成对中坚农民和普通农户的吸纳，并与地方政府和外来资本产生联系，获得了成为新型农业经营主体所需的资本。

(2)中坚农民。中坚农民为农地经营规模为20亩左右的农业经营主体。这一群体是农村劳动力外流后自发形成的。[19]中坚农民身强力壮，家庭原有的少量承包地既难以使其劳动能力得到充分发挥，也不足以满足其家庭基本生活需要。因而，他们主动转入外出农民的承包地，依托村社内部的互惠体系和家庭劳动力的自我开发，促进小规模经营的转型升级，从而使劳动生产率相对于普通农户有大幅提升，最终实现了其农业生产的“去过密化”。[20]不过，在农地规模流转和培育新型农业经营主体的过程中，中坚农民只经营20亩左右的农地，自然资本拥有量相对较少，并且他们拥有的社会资本也比不上农村能人，无法像农村能人那样顺利实现农地的规模流转，而且高昂的土地租金迫使一些中坚农民退出农业生产，生存空间大受挤压。[21]他们最终只能将自家仅有的承包地流转出去，或成为农业雇工，出让自己的人力资本，或进入城市寻找谋生之道。

(3)普通农户。在规模流转农地、培育新型农业经营主体的过程中，普通农户与中坚农民的处境相似。相对于中坚农民，普通农户的农地经营规模更小，且其农地细碎化现象更为明显。因而，普通农户的自然资本和人力资本不足、经营规模小、经济能力弱。他们主要采用“以代际分工为基础的半耕半工”的生计模式[22]，与其他村民的联系并不密切，社会资本不足。

6.3.3.3 按规模划分不同类型的农户

按照经营规模的不同，农户可以划分为大型农户、中型农户、小型农户3种类型，根据调研数据，本书界定经营规模在100亩以下的农户为小型农户、100~500亩的为中型农户、500亩以上为大型农户。

6.3.3.4 不同类型农户的比重

本书根据调研数据说明大型、中型、小型农户所占的土地在土地总面积中的比重和农户类型数量在农户数据总量中的比重，以此来明晰大型、中型、小型农户的规模状况。在数量占比方面，小型农户占比为70.3%，中型农户占比为18.4%，大型农户占比为11.3%(如图6-3)；在土地规模占比方面，小型农户占比为49.1%，中型农户占比为20.6%，大型农户占比为30.3%(如图6-4)。

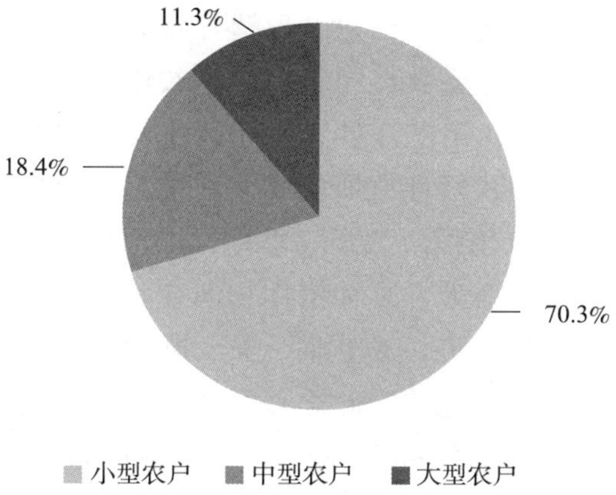

图 6-3　平江县各类型农户数量占比

数据来源：根据调研数据整理而得。

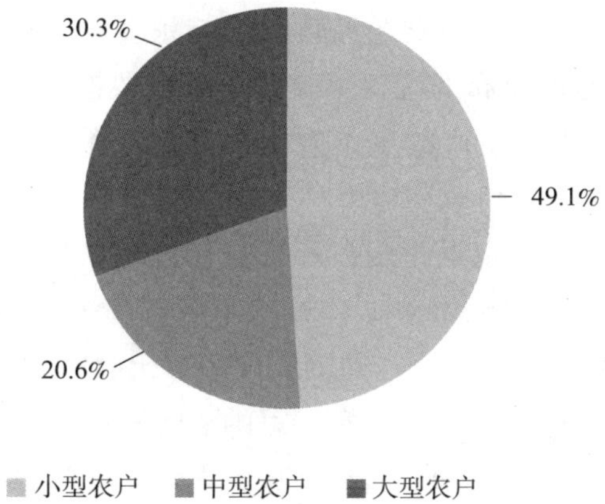

图 6-4　平江县各类型农户土地规模占比

数据来源：根据调研数据整理而得。

由图 6-3 和图 6-4 可知，小型农户虽然在数量上所占比例较高，但在土地规模上所占比例比大型农户高得不多，而大型农户虽然在数量上少于中型农户，但是土地规模占比却超过中型农户的土地规模占比。

6.3.4　农户经营规模分化与营粮效率的变化分析

6.3.4.1　经营规模分化

随着城镇化和“三农”的发展，农业内部开始分化，如农林牧畜渔产生分化。农业内部的分化又分为种植业和养殖业的分化，主要表现为养殖业规模不断增大，趋于规模化；种植业规模不断缩减，甚至出现种植业小型农户数量的减少，这一现象和大量农业土地出现撂荒相对应。种植业内部结构分化为经济作物和粮食作物，主要表现为农户的离农化和兼业农户的出现，以及作物熟制的分化。随着近几年平江县农业规模化发展和对新型职业农民培训的不断投入，农民的种粮积极性有所提高。水稻熟制出现分化，常见的为水稻由原来的单季稻变为双季稻，甚至三季稻，出现早稻、中稻和晚稻；种植作物分化，由原来的以水稻为主要种植作物演变为多种种植作物并存，以适应当地状况，主要表现为经济作物如棉、桑、麻和油料作物的种植面积不断增加，产量也发生了巨大变化。除此之外，平江县的种植制度和播种制度也发生了变化，导致水田种植面积不断减少，旱田种植面积不断增加。

6.3.4.2 农户经营规模与营粮效率

(1)研究目的与方法

本节研究湖南岳阳平江县农地经营规模与粮食生产成本的关系，利用平江县2005—2019年官网公布的统计年鉴数据进行数据包络分析，采用随机前沿成本函数测算该地水稻生产的成本效率，进一步探究平江县农户经营规模与营粮效率变动情况。

DEA法不需要事先设定生产函数形式，通过线性规划的方式求得数据结果，这会造成数据出现随机误差，计算结果容易受到特异值的影响。所以，调查组引入了新的数据分析方法，即随机前沿分析(Stochastic Fronter Analysis, SFA)法。相对而言，SFA法需要事先设定函数的形式和随机误差的分布样式，这可以弥补DEA法存在的问题，系统地考察农业生产中所存在的不确定因素。因为农业易受到气候等因素的影响，所以调查组采用SFA法进行数据的辅证分析具有必要性和可行性，使得研究的结果更加符合平江县的农业生产实际状况[23]。

在采用SFA法进行测算的过程中，调查组根据被解释变量的差异性，将其随机划分为前沿成本函数和随机前沿生产函数。考虑到本节探究农户经营规模与粮食生产成本效率的关系，本节采用随机前沿成本函数进行实证研究。随机前沿成本函数形式为：

$$c_{it}=f(P_{it},\ y_{it},\ \beta)+v_{it}+u_{it} \tag{6-6}$$

式中，c_{it}为总生产成本；$f(P_{it},\ y_{it})$为成本函数；P_{it}为生产要素价格；y_{it}为总产出；β为待估计参数；v_{it}为随机误差项，服从正态分布；u_{it}为成本非效率项，服从独立于v_{it}的截断正态分布。根据相关定义，成本效率可以表示为

$$CE=exp(u_{it}) \tag{6-7}$$

进一步地，成本无效率的影响因素可以表示为

$$m_{it}=\theta_0+\theta_1 d_{it}+\varepsilon_{it} \tag{6-8}$$

式中，m_{it}为成本非效率项u_{it}分布的均值；d_{it}为影响成本非效率的诸多因素；ε_{it}为随机误差项。为了缩小模式设定误差，本书将成本函数$f(P_{it},\ y_{it})$的形式设定为超越对数(Trans-log)形式，则式(6-6)可以表示为：

$$\begin{aligned}\ln c_{it} &= \beta_0 + a_y \ln y_{it} + \frac{1}{2} a_{yy} (\ln y_{it})^2 + \sum \beta_i \ln P_{it} + \\ &\frac{1}{2}\sum\sum \beta_{ij} \ln P_{it} \ln P_{jt} + \sum a_{iy} \ln P_{it} \ln y_{it} + \\ &\theta_t t + \frac{1}{2}\theta_{tt} t^2 + v_{it} + u_{it}\end{aligned} \tag{6-9}$$

要说明的是，成本函数关于要素价格具备对称性和齐次性的性质，即式(6-9)还需要满足以下约束条件：

$$\beta_{ij}=\beta_{ji};\ \sum \beta_i = 1;\ \sum \beta_{ji} = 0;\ \sum a_{iy} = 0 \tag{6-10}$$

(2)实证分析

平江地区种植田地分为水田和旱田。水田主要种植水稻，该地水稻品种分别为早稻、中稻和晚稻。旱田主要粮食作物为小麦。近几年，随着供给侧结构性改革的发展和逐步深化，国家出台了大量惠农政策，革新农业补贴制度，大大提升了农民的种粮积极性，水稻种植也受到农民种粮积极性的影响，由原来的单季稻逐渐变为双季稻。平江县粮食投入产出情况见表6-23。

表6-23 平江县粮食投入产出

年份	总产量/万吨	种植面积/千公顷	劳动力投入/万人	早稻		中稻		晚稻		小麦		其他	
				产量/万吨	种植面积/千公顷	产量/万吨	种植面积/千公顷	产量/万吨	种植面积/千公顷	产量/万吨	种植面积/千公顷	产量/万吨	种植面积/千公顷
2009	46. 22	78. 23	49. 69	14. 25	26. 96	7. 44	10. 00	20. 531	30. 82	0. 063	0. 23	1. 93	3. 73
2010	45. 42	76. 32	51. 36	14. 08	28. 30	7. 62	9. 33	20. 28	31. 00	0. 068	0. 25	1. 89	3. 62
2011	41. 55	71. 18	51. 66	13. 55	26. 18	6. 10	8. 92	19. 39	29. 85	0. 070	0. 25	1. 66	4. 08
2012	42. 55	73. 09	51. 80	13. 64	26. 21	6. 11	8. 75	19. 94	30. 43	0. 073	0. 26	1. 81	4. 30
2013	41. 81	74. 54	52. 81	14. 00	26. 50	5. 46	8. 31	19. 57	30. 92	0. 078	0. 28	1. 45	4. 65
2014	42. 94	76. 38	55. 75	14. 12	26. 92	5. 57	8. 07	20. 05	31. 20	0. 084	0. 28	2. 01	5. 39
2015	43. 63	76. 55	54. 68	14. 20	27. 19	5. 23	7. 57	20. 63	31. 50	0. 142	0. 48	2. 112	5. 39
2016	42. 72	77. 12	53. 20	13. 76	27. 15	4. 99	7. 20	20. 26	31. 45	0. 139	0. 48	2. 16	5. 66

续表

年份	总产量/万吨	种植面积/千公顷	劳动力投入/万人	早稻		中稻		晚稻		小麦		其他	
				产量/万吨	种植面积/千公顷	产量/万吨	种植面积/千公顷	产量/万吨	种植面积/千公顷	产量/万吨	种植面积/千公顷	产量/万吨	种植面积/千公顷
2017	42. 99	77. 81	54. 20	13. 48	27. 05	5. 10	7. 23	20. 46	31. 20	0. 142	0. 49	2. 27	5. 87
2018	41. 39	66. 36	53. 50	11. 26	19. 88	13. 81	18. 18	13. 48	21. 09	0. 150	0. 51	1. 82	4. 21
2019	40. 60	66. 25	51. 65	10. 63	19. 20	18. 46	18. 46	12. 81	21. 06	0. 153	0. 52	1. 80	4. 00

数据来源：根据调研数据整理而得。

如表 6-23 所示，粮食总产量从 2009 年的 46. 22 万吨减少到 2019 年的 40. 60 万吨，主要表现为早稻的减少，即从 2009 年的 14. 25 万吨缩减到 2019 年的 10. 63 万吨。2017—2018 年，中稻产量出现大规模跨越式增加，其原因是中稻种植面积的大规模增长和农业机械的大量投入和使用。随着近几年气候的不断变化，我国中部地区干旱程度加剧，平江地区水田规模缩小，旱田面积不断增加，主要表现为小麦的种植面积自 2009 年的 0. 23 千公顷增加到 2019 年的 0. 52 千公顷。

本节根据以上要素投入数据对平江地区营粮效率进行测算，将水稻分为早稻、中稻和晚稻，投入要素分为以种植面积为主的土地投入和劳动投入，运用 DEA-xp1 软件进行分析，结果见表 6-24。

表 6-24　平江地区营粮投入产出效率分析

年份	te	peer weights		peer count
2009	0. 991	0. 870	0. 213	0
2010	0. 982	0. 829	0. 236	0
2011	0. 949	0. 873	0. 097	0
2012	0. 966	0. 897	0. 096	0
2013	0. 934	0. 957	0. 016	0
2014	0. 951	0. 977	0. 023	0
2015	0. 980	0. 654	0. 365	0
2016	1. 000	1. 000	—	1
2017	1. 000	1. 000	—	7
2018	1. 000	1. 000	—	6
2019	1. 000	1. 000	—	0

注：te 为技术效率，peer weights 为参照数据所占权重，peer count 为参照数据。

在规模报酬不变的情况下，假定规模报酬为 CRS，对于松弛的计算采用多阶段的方法，结果显示，自 2009 年到 2019 年共 11 年的投入和产出中，只有 2016 年、2017 年、2018 年和 2019 年技术效率为 1.000，为最优的投入和产出单元，其他则为次优单元，平均值为 0.978，产出技术效率为 0，产出技术效率没有松弛。

接下来进行可变规模技术效率测算。根据可变规模技术效率，VRSTE 为纯技术效率，SCALE 为规模效率，则有 CRSTE = VRSTE×SCALE（见表 6-25）。

表 6-25　早稻综合效率分析

年份	CRSTE	VRSTE	SCALE	结果
2009	1.000	1.000	1.000	irs
2010	0.956	0.968	0.988	irs
2011	0.968	0.971	0.997	irs
2012	0.973	0.973	1.000	—
2013	0.987	0.996	0.992	drs
2014	0.974	0.990	0.983	drs
2015	0.974	0.987	0.987	drs
2016	0.949	0.950	0.999	drs
2017	0.930	0.931	0.999	irs
2018	1.000	1.000	1.000	—
2019	0.978	1.000	0.978	irs

注：CRSTE 为综合效率，VRSTE 为纯技术效率，SCALE 为规模效率，irs 为规模报酬递增，drs 为规模报酬递减，—为规模报酬不变。

由表 6-25 可知，2009—2011 年，早稻综合效率出现规模报酬递增态势，2013—2016 年出现规模报酬递减态势，2017—2019 年再次出现规模报酬递增趋势。其中，最优投入单元为 2009 年和 2018 年，纯技术效率为 1.000，根据投入松弛变量可知，早稻种植面积需要减少 38 公顷，劳动力需要减少 11212 人。2009 年技术效率为 1.000，对于早稻的播种投入应参照 2009 年。2010 年要达到 2009 年的技术效率，需要减少土地投入 1340 公顷，减少劳动力投入 16690 人；2011 年需要减少土地投入 755 公顷，减少劳动力投入 14889 人；2012 年需要减少土地投入 695 公顷，减少劳动力投入 13736 人；2013 年需要减少土地投入 118 公顷，减少劳动力投入 2360 人；2014 年需要减少土地投入 269 公顷，减少劳动力投入 5568 人；2015 年需要减少土地投入 355 公顷，减少劳动力投入 7132 人；2016 年需要减少土地投入 1366 公顷，减少劳动力投入 26776 人；2017 年需要减少土地投入 1858 公顷，减少劳动力投入 37231 人；2018 年综合效率为 1.000，不需要改变投入。

由表 6-26 可知，2009—2019 年，中稻的规模技术效率呈现规模报酬递增状态，2019 年，纯技术效率为 1.000，是最优投入和产出单元，所以 2009—2018 年要达到技术效果最优，需要参照 2019 年的投入和产出规模。相对而言，2011 年需要减少土地投入 87 公顷，减少劳动力投入 5044 人；2012 年需要减少土地投入 76 公顷，减少劳动力投入 4481 人；2013 年需要减少土地投入 132 公顷，减少劳动力投入 8380 人；2014 年需减少土地投入 410 公顷，减少劳动力投入 28318 人；2015 年需要减少土地投入 191 公顷，减少劳动力投入 13810 人；2016 年和 2017 的纯技术效率为 1.000，所以不需要改变投入；2018 年需要减少土地投入 910 公顷，减少劳动力投入 26785 人；2019 年综合效率为 1.000，不需要改变要素投入。

表 6-26　中稻综合效率分析

年份	CRSTE	VRSTE	SCALE	结果
2009	0.744	1.000	0.744	irs
2010	0.817	1.000	0.817	irs
2011	0.684	0.990	0.691	irs
2012	0.698	0.991	0.704	irs
2013	0.657	0.984	0.668	irs
2014	0.690	0.949	0.727	irs
2015	0.691	0.975	0.709	irs
2016	0.693	1.000	0.693	irs
2017	0.705	1.000	0.705	irs
2018	0.760	0.950	0.800	irs
2019	1.000	1.000	1.000	—

注：CRSTE 为综合效率，VRSTE 为纯技术效率，SCALE 为规模效率，irs 为规模报酬递增，—为规模报酬不变。

由表 6-27 可知，平江县晚稻的技术规模大部分呈现递增状态，2015 年受到 2014 年供给侧结构性改革的影响，出现规模效率递减。而 2009 年纯技术效率为 1.000，所以对于晚稻的投入规模要参照 2009 年。2010 年要达到 2009 年的纯技术效率，需要减少土地投入 519 公顷，减少劳动力投入 8594 人；2011 年需要减少土地投入 598 公顷，减少劳动力投入 10344 人；2012 年需要减少土地投入 414 公顷，减少劳动力投入 7053 人；2013 年需要减少土地投入

1426 公顷，减少劳动力投入 24360 人；2014 年应减少土地投入 1036 公顷，减少劳动力投入 18511 人；2015 年纯技术效率为 1.000，不需要改变投入规模；2016 年需要减少土地投入 997 公顷，减少劳动力投入 16873 人；2017 年需要减少土地投入 469 公顷，减少劳动力投入 8152 人；2018 年和 2019 年纯技术效率为 1.000，不需要改变晚稻的投入要素。

表 6-27 晚稻综合效率分析

年份	CRSTE	VRSTE	SCALE	结果
2009	1.000	1.000	1.000	—
2010	0.982	0.983	0.999	irs
2011	0.975	0.98	0.995	irs
2012	0.984	0.986	0.998	irs
2013	0.950	0.954	0.996	irs
2014	0.965	0.967	0.998	irs
2015	0.984	1.000	0.984	drs
2016	0.967	0.968	0.999	irs
2017	0.985	0.985	1.000	—
2018	0.960	1.000	0.960	irs
2019	0.913	1.000	0.913	irs

注：CRSTE 为综合效率，VRSTE 为纯技术效率，SCALE 为规模效率，irs 为规模报酬递增，drs 为规模报酬递减，—为规模报酬不变。

由表 6-28 可知，2009—2013 年和 2016 年规模效率呈现递增状态，2018 年规模效率呈现递减状态。小麦在 2014 年和 2019 年综合效率为 1.000，所以其他年份要实现投入的合理配置，要对种植面积和劳动力投入进行调整。2009 年纯技术效率为 1.000，所以不需要改变投入规模，相对而言，2010 年需要减少土地投入 5 公顷，减少劳动力投入 9258 人；2011 年需要减少土地投入 2 公顷，减少劳动力投入 3804 人；2012 年需要减少土地投入 3 公顷，减少劳动力投入 5259 人；2013 年需要减少土地投入 7 公顷，减少劳动力投入 12427 人；2015 年需要减少土地投入 12 公顷，减少劳动力投入 13882 人；2016 年需要减少土地投入 10 公顷，减少劳动力投入 10908 人；2017 年需减少土地投入 9 公顷，减少劳动力投入 10032 人；2018 年需要减少土地投入 4 公顷，减少劳动力投入 4147 人；2019 年综合效率为 1.000，不需要改变小麦的投入要素。

表 6-28　小麦综合效率分析

年份	CRSTE	VRSTE	SCALE	结果
2009	0.906	1.000	0.906	irs
2010	0.906	0.982	0.923	irs
2011	0.929	0.993	0.936	irs
2012	0.929	0.99	0.938	irs
2013	0.926	0.976	0.949	irs
2014	1.000	1.000	1.000	—
2015	0.974	0.975	1.000	—
2016	0.977	0.979	0.997	irs
2017	0.981	0.981	1.000	—
2018	0.992	0.992	0.999	drs
2019	1.000	1.000	1.000	—

注：CRSTE 为综合效率，VRSTE 为纯技术效率，SCALE 为规模效率，irs 为规模报酬递增，drs 为规模报酬递减，—为规模报酬不变。

总体来看，当农地经营规模达到一定限度后，随着种植规模继续增大，生产的成本效率呈现不稳定的下降趋势，说明过度的扩大农地经营规模会导致生产不经济，从而拉低成本效率。其原因可能是农地经营规模达到最优点时，农户对农地的经营管理达到了最优，而随着农地经营规模进一步增大，农户可能会缺乏足够的精力管理农田，使得农业生产逐步转为粗放经营，从而降低了作物种植的成本效率。[24]

6.4　农户经营的组织分化与营粮变动分析：以安徽省涡阳县为例

6.4.1　涡阳县“三农”问题的基本情况

涡阳县位于安徽省北部，地处皖豫两省交界处，是安徽省亳州市辖县，由于地处涡河中游而闻名，82.4%的土地处于河间平原，17.6%的土地处于黄泛区平原。

涡阳县地处淮北平原，是农业大县，面积约为 2107 平方千米，土地利用类型以耕地为主，耕地面积为 1311 平方千米，占全县面积的 62.2%，全县范围内受保护基本农田面积为 1198 平方千米，占总耕地面积的 91.4%。全县总人口约为 148. 1 万，其中农业人口约为 131. 8 万，农村劳动力有 73. 8 万人，耕地面积为 13. 1 万公顷。涡阳县是全省粮食生产十强县之一，粮食作物以小麦、玉米为主。2018 年，全县粮食播种面积为 24. 1 万公顷，占农作物播种面积的 90. 4%，平均单产量为 379. 4 千克，总产量为 137. 4 万吨。其中，小麦播种面积为 11. 8 万公顷，单产量为 500. 2 千克，总产量为 88. 6 万吨；玉米播种面积为 4. 0 万公顷，单产量为 475. 9 千克，总产量为 28. 6 万吨。2019 年粮食产量为 126. 25 万吨，比上年增产 3. 31 万吨。其中，夏粮产量为 90. 38 万吨，较上年增产 1. 7 万吨；秋粮产量为 25. 43 万吨，较上年减产 8. 6 万吨。

多年来，县农机局大力推广节水灌溉、精量播种、化肥深施、高效植保、秸秆还田、保护性耕作等机械化、清洁环保生产方式，农业机械化迅猛发展，提高了水、种、肥、药的利用率，改善了耕地质量，粮食产量逐年提高。但产量水平同周边县、省市相比，还存在很大的差距，有很大的增产空间。若通过重点推广秸秆还田、测土配方施肥、科学播种、节水灌溉、化学调控、病虫害综合防治等先进适用技术，着力提升粮食生产的科技含量，使病虫害损失率控制在 3%以内，全县粮食单产量有望再提高 10 个百分点，可新增粮食 13. 7 万吨左右。

6. 4. 2　涡阳县农业经营主体分化状况

6. 4. 2. 1　家庭承包经营，重归小农经济的汪洋大海(1978—1992 年)

1978 年，安徽省凤阳县小岗村村民开创了家庭联产承包责任制的先河，推进了中国改革开放的进程。据统计，小岗村当年的粮食产粮为 13. 2 万斤，相当于 1966—1970 年粮食产量的总和。[25] 1982 年，第一个指导农村工作的“中央一号文件”出台，明确指出包产到户、包干到户都是社会主义集体经济的生产方式。涡阳县邻近凤阳县，受安徽省农村改革先行先试的影响和凤阳经验的辐射带动，在 1979 年开始试行包产到组，1980 年开始大力推行包产到户，1981 年完成了全县包产到户的改革。涡阳县农业经营主体由人民公社时的“社队主体”回归到千家万户的“小农户”主体。农村家庭承包经营是以集体经济组织为发包方，以家庭为承包方，以承包合同为纽带而组成的有机整体。承包试用合同把承包户应向国家上缴订购粮和集体经济组织提留粮款等义务同承包土地的权利联系起来，明确发包方应该为承包方提供的各种服务。农村家庭联产承包责任制实行家庭联产承包为生、统分结合、双层经营，发挥了统一经营的优越性，在坚持生产资料公有制的前提下，遵循实事求是、一切从实际出发的原则，尊重客观规律的要求，充分调动了广大农民的生产积极性。[26]

如图 6-5 所示，涡阳县在 1978—1995 年的粮食产量呈现上升的态势。1978 年以前涡阳县的粮食产量较低。1978 年以后，随着农村家庭联产承包责任制的不断推进，农民有了土地生产经营的自主权，生产积极性被极大地调动起来，农民在有限的土地上进行精耕细作，土地单产量增加，1995 年的粮食产量较 1978 年增长了 49.09 万吨，是 1978 年粮食产量的近 3 倍，这说明家庭联产承包责任制是适合我国国情、符合广大人民群众的利益需求的。

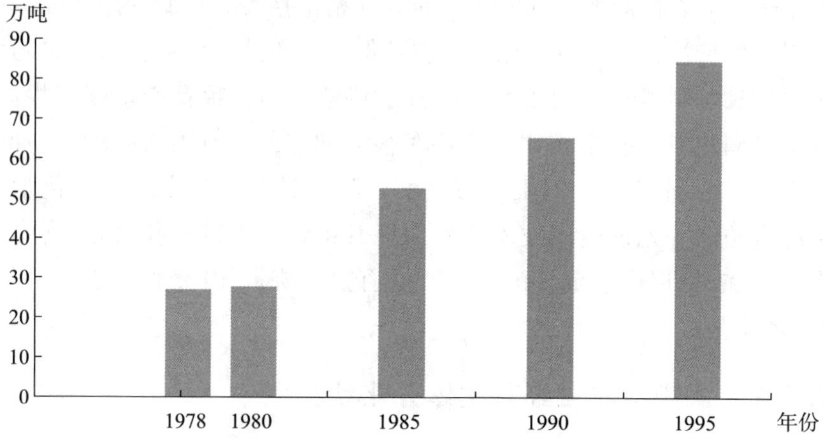

图 6-5 涡阳县 1978—1995 年粮食产量

数据来源：根据调研所得。

6.4.2.2 出于对接大市场的需要，各类专业合作组织迅速发展（1992—2006 年）

随着社会经济的发展，中国面临传统农业向现代农业的转型升级，传统一家一户经营所带来的问题日益凸显。生产成本过高、机械化水平低下、农业生产效率偏低、规模效应不明显等是制约现代农业发展的关键因素。[27] 农民专业合作社逐步成为农民提高粮食生产效率和收入水平的最佳选择。农民专业合作社以农村家庭承包经营为基础，通过提供农产品销售、加工、运输、贮藏，以及与农业生产经营有关的技术、信息等服务来实现成员互助，从成立之初就具有经济互助性。农民专业合作社的形成需要内外双重动力的驱动。内部动力包括农户对经济利益的追求、种养能人和精英农户的示范带动、农村集体组织的协调发展，以及农业产业化发展中要求的农村内部结构治理；

外部动力包括教育、技术和管理层面的支持，包括政府的大力支持和相关的农业补贴政策、强有力的法律制度。[28]

随着社会主义市场经济体制向农村、农业经济领域渗透，我国农业和农村经济发展进入新的阶段。农产品从过去的长期短缺转变为总量基本平衡，而部分农产品结构性生产过剩，出现了农产品难卖和农民增收缓慢的情况。[29]为了应对市场冲击，部分农民组织成立专业合作社，各级政府和有关部门也积极引导农民自愿加入专业合作社，增强农业抵御市场风险的能力。2007 年 7 月，《中华人民共和国农民专业合作社法》正式实施，明确规定农民专业合作社是在家庭联产承包经营基础上，农产品的生产经营者或农业生产经营服务的提供者、利用者自愿联合、民主管理的互助性经济组织，这标志着农民专业合作社逐渐合法化。据统计，1990 年，全国各类农民专业合作组织与联合组织有 123.1 万个，其中生产经营型的有 7.4 万个，占 6%，服务型的有 41.4 万个，占 33.7%，专业技术协会型的有 7.7 万个，占 6.3%。1999 年，全国农村的专业合作组织有 140 万个，2004 年我国有 14 万个农民专业合作社，2006 年农民专业合作组织成员数为 3878 万户，占全国农户总数的 15.6%。2007 年，全国有农民专业合作组织 15 万个。1993 年涡阳县各类农民专业合作组织仅有 200 多个，其中主要包括生产经营型和专业技术协会型组织，服务型组织发展迟缓。2003 年，涡阳县的各类专业合作组织已经增加至 500 多个，2007 年进一步增加至 800 多个。

如图 6-6 所示，涡阳县在 1998—2006 年的粮食播种面积呈现波动增长的态势，2006 年较 1998 年的播种面积增加了 98.08 万亩，2000 年播种面积出现减少的状况，在 2001 年大幅度增加，并在 2001—2003 年出现了相对稳定的局面，在 2004 年播种面积又有所上升，2004—2006 年播种面积相对稳定。涡阳县的粮食产量也呈现波动上升的趋势，2006 年的粮食产量较 1998 年增加了 27.48 万吨，1998—2001 年的粮食产量不断增加，2001 年粮食产量达到了 94.76 万吨，但 2002 年、2003 年粮食产量持续下降，主要是因为 2003 年出现了淮河大洪水，使得涡阳地区受灾严重，粮食产量锐减。2004 年粮食产量出现了大幅度回升，2005 年有小幅度减产，2006 年粮食产量再次增加。

6.4.2.3 适应现代农业发展的新型农业经营主体快速发展（2006 年至今）

新型农业经营主体与家庭联产承包责任制的建立相伴而生，是农业分产、分工、分业不断深化的产物，也是农村改革发展的重要推动力量。[30]针对我

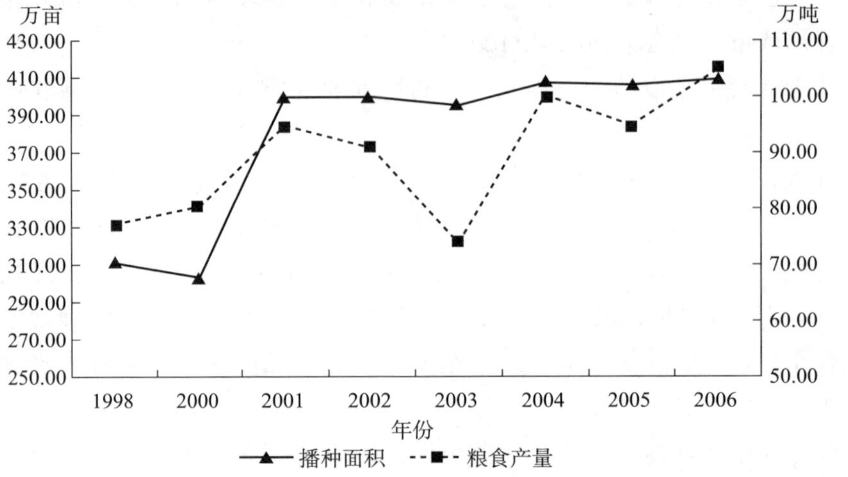

图 6-6　1998—2006 年涡阳县粮食播种面积和产量状况

数据来源：根据调研所得。

国"谁来种地""如何种地"等问题，2013 年和 2014 年的"中央一号文件"为我国农业发展指明了方向，即通过积极培育和扶持新型农业经营主体，推进粮食生产的规模化、专业化、集约化，提高土地生产效率和农民种粮收益，实现粮食生产的高产、高效，确保谷物基本自给和口粮绝对安全。[31]

与传统的分散农户相比，专业大户、家庭农场、专业合作社和农业企业等规模化生产的经营主体更符合现代农业发展的需求，更容易接受和采用新品种、新技术，是利用各种先进生产要素更加有效的载体。[32]为了解决我国现阶段农业在发展过程中所遇到的种种问题，我国必须积极培育新型农业经营主体，提高我国农业抗风险的能力和参与国际竞争的能力。我国以往以传统农户作为生产主体的农业经营体系应对剧烈变化的农产品市场的能力有限，因此，要加快培育新型农业经营主体，提高农业的组织化程度和农产品的附加值，推动农业产前、产中和产后各个环节的深度融合，提高应对农产品市场风险的能力和农产品市场竞争力。为此，各地在加快发展现代农业、构建新型农业经营体系的过程中，要培育发展一批专业大户、家庭农场、农民专业合作社和农业龙头企业等新型农业经营主体。[32]各新型农业经营主体在农业生产中应具有不同的功能定位，相互依存又相互促进，在未来较长的一段时间内朝着各自的功能定位优化演变[33]，带动我国农业产业结构调整，促进农业规模化经营。

如表 6-29 所示，2018 年，全国小农户约为 23067 万户，各新型农业经营主体约为 300 万个。其中，农民专业合作社约有 217 万个，家庭农场约有 80 万个，农业企业有 8.7 万个。安徽省有小农户 1083.2 万户，新型农业经营主体有 20 多万个，农民专业合作社有 10.10 万个，家庭农场有 10 万多个，农业企业有 1.60 万个。

表 6-29 2018 年农户及组织的对比情况

对比单位	小农户/万户	新型农业经营主体		
		农民专业合作社(协会)/万个	家庭农场/万个	农业企业/万个
全国	23067.00	216.80	79.60	8.70
安徽省	1083.20	10.10	10.50	1.60
涡阳县	36.40	0.28	0.31	0.01

资料来源：《中国家庭农场发展报告》《2019 中国新型农业经营主体发展分析报告》等。

如表 6-30 所示，2007—2019 年，安徽省的小麦播种面积总体上呈现上升的态势，由 2007 年的 3495.41 万亩增加到 2019 年的 4253.40 万亩，增加了 757.99 万亩；2007—2015 年，安徽省的小麦播种面积一直处于稳定增长的状态，但在 2017 年出现了下降，由 2015 年的 3685.50 万亩下降为 2017 年的 3587.99 万亩，下降了 97.51 万亩，2019 年，播种面积大幅度增加，较 2017 年增加了 665.41 万亩。安徽省的小麦产量呈现与播种面积相符合的增长态势。2007—2015 年小麦产量不断增加，2017 年小麦产量大幅度下降，并在 2019 年出现大幅度增加，2019 年小麦产量较 2007 年小麦产量增加了 545.57 万吨，较 2017 年增加了 263.39 万吨。涡阳县小麦播种面积总体上呈现波动上升的态势，2019 年较 2007 年增加了 17.34 万亩；2007—2011 年小麦的播种面积一直处于增长状态，到 2013 年出现了减少的情况，2015—2019 年又出现了不断增长的趋势。涡阳县小麦产量在总体上也呈现波动上升态势；2007—2011 年小麦产量一直处于增长状态，2013 年出现了产量下降的趋势；2015—2017 年小麦产量增加，2019 年又出现了小麦产量下降的情况。

表 6-30 2007—2019 年安徽省、涡阳县小麦播种面积和产量

年份	安徽省		涡阳县	
	播种面积/万亩	小麦产量/万吨	播种面积/万亩	小麦产量/万吨
2007	3495.41	1111.32	165.33	71.36
2009	3532.91	1177.16	167.11	75.59
2011	3574.50	1215.70	177.50	88.79
2013	3649.28	1332.00	172.35	87.04

续表

年份	安徽省		涡阳县	
	播种面积/万亩	小麦产量/万吨	播种面积/万亩	小麦产量/万吨
2015	3685.50	1411.00	174.48	90.26
2017	3587.99	1393.50	176.97	90.65
2019	4253.40	1656.89	182.67	88.89

资料来源：历年《安徽统计年鉴》。

6.4.3 不同类型的农业经营主体与组织

6.4.3.1 小农户及其经营地位

1978年以来，我国实行以农村家庭联产承包责任制为主的农业制度和统分结合的双层经营体制。我国农民以家庭为单位进行自主经营，推动了我国农业的发展，奠定了我国农业发展的基础，小农户经营成为主要的农业生产方式。但是，随着我国经济发展和工业化进程的不断推进，科学技术水平不断提高，农业机械设备广泛应用，先进生产技术普及，我国农村剩余劳动力大量转移到第二、第三产业，农村务农人口减少，土地流转加快，新型农业经营主体开始出现。随着20世纪70年代末实行的农村家庭联产承包责任制把耕地按人口平均分配到农户家庭以来，小农户在我国农业领域的主体地位开始确立。经过40多年的发展，小农户的数量规模不断减小，但是依然在我国农业发展中占据主体地位，对我国农业的发展起着重要作用。尽管我国农业领域出现了新型农业经营主体，呈现小农户与新型农业经营主体并存发展的格局，但小农户占比大且主体地位突出的局面并未改变。[34]

小农户是指以家庭为基本单位，土地经营规模较小，主要依靠家庭自有劳动力组织生产，农业相关收入在家庭收入中占有相当比例，农业是家庭生计重要组成部分的农业经营微观主体。[35]发展至今，小农户具有多方面的特征，主要有：小农户占比大且主体地位突出、小农户自家承包地规模小且细碎化、小农户兼业化程度较高、小农户机械化程度日益提高、小农户参与分工协作程度日益提高。当前，虽然农村剩余劳动力大量转移，但是小农户的主体地位未被改变。2015年年底，我国经营耕地面积在10亩以下的农户有2.1亿户，占总农户的79.6%；在30亩以下的农户有2.55亿户，占总农户的96.1%，经营耕地面积占耕地总面积的87%。按照世界银行户均耕地面积在30亩以下为小农户的标准来看，小农户依然是我国农业领域的最重要主体。

农村地区耕地面积有限，而农村劳动力众多，户均耕地面积有限，农民收入增长困难，农村未转移的劳动力为了增加收入，在农闲时进城打工，在农忙时回到家乡从事农业活动。随着农业机械设备的广泛应用和农业基础设施的完善，农户在农业管理过程中的人力需求减少，进一步促进了农村剩余劳动力的转移。小农户兼业化程度大大提高，小农户参与社会分工协作的程度也不断提高。基于社会经济的客观发展规律，以农为主和以农为辅两类兼业小农户的存在是必然的，专业化以及兼业化成为我国农业家庭联产的重要方式，二者对于农业生产经营具有重要意义。[36]

小农户发挥着维护国家粮食安全、维护社会和谐稳定的作用，是推动工业化和城镇化进程的人力资源。但小农户经营规模小、生产效率低的缺点依然影响着我国现代农业的发展，也影响着我国的粮食安全。

党的十八大以来，针对小农户在农业发展中将长期存在的客观事实，以及农业发展面临的新问题、新挑战，国家在创新农地产权制度、推进农地确权和“三权分置”改革、完善农村基本经营制度、保障农民土地权益的同时，继续完善农业经营体系，通过土地流转等途径不断探索农业规模化、集约化、组织化的新途径，小农户与新型农业经营主体并存的局面逐步形成。[37]2011—2017 年，我国农村家庭经营性收入增长率从 13. 8%回落到 4. 9%。为了巩固家庭经营的基础性地位以顺利推进乡村振兴，党的十九大报告首次提出了小农户与现代农业有机衔接的战略要求。[38]党的十九大报告提出，要走中国特色社会主义乡村振兴道路，必须积极培育新型农业经营主体，健全农业社会化服务体系，促进小农户和现代农业发展有机衔接。中共中央印发的《关于促进小农户与现代农业发展有机衔接的意见》强调，要以多种形式组织和带动传统小农户向现代小农户转变。由此，建立统一的合作平台和组织化衔接机制成为现代农业发展的重要基础。[39]

涡阳县小农户的小麦播种面积和小麦产量占涡阳县小麦总播种面积、小麦总产量的比例较高，小农户是涡阳县最主要的小麦生产主体。小农户的播种面积由 2011 年的 142 万亩增长到 2019 年的 146. 14 万亩，总体增长了 4. 14 万亩，小农户的小麦播种面积在 2012 年下降较多，并在 2013—2017 年处于缓慢增长的状态，2018 年有较大的增长，2019 年又有所回落(如图 6-7)。小农户的小麦产量总体上呈现波动增长的趋势，2012 年小麦产量下降较多，2012—2015 年小麦产量处于不断增长的状态，2016 年和 2018 年小麦产量又出现下降的情况，2017 年和 2019 年小麦产量有所回升。

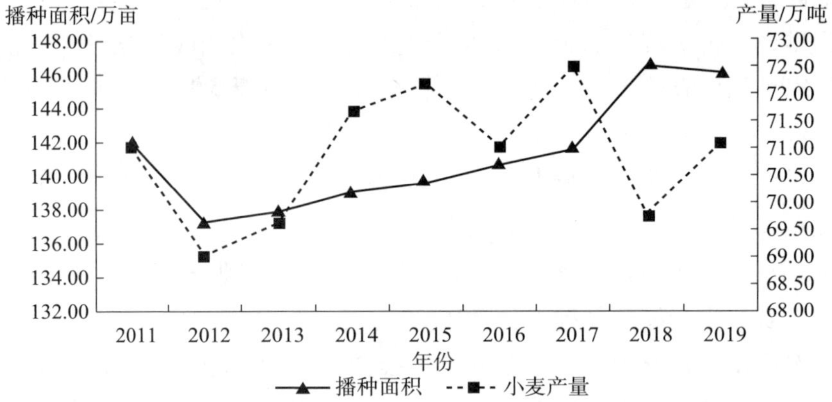

图 6-7　2011—2019 年涡阳县小农户的小麦播种面积和产量状况

数据来源：根据调研所得。

6.4.3.2　新型农业经营主体

我国实行农村家庭联产承包责任制以来，农民的生产积极性得到极大提高。农民在有限的耕地上进行精耕细作，粮食生产效率得到了提高，为我国工业的发展作出了极大的贡献，促进了我国产业结构的调整升级。但是，随着我国经济的不断发展，农村家庭联产承包责任制的不足逐渐暴露出来，对我国的粮食安全产生了不利影响。为了我国农业和经济的健康发展，必须大力发展现代农业。人多地少、农户经营规模小及生产经营方式比较粗放是我国发展现代农业的严重制约因素。[40]为了推进现代农业持续健康发展，国家需要在坚持农村家庭承包经营基本制度的同时，培育新型农业经营主体，调整农业的生产规模，发挥农业生产的规模效益，降低农业生产过程中的投入成本，提高农产品的产量和质量，提高农产品在市场竞争中的竞争力，提高农业抵御市场风险的能力。

近年来，我国出台了一系列农业政策，鼓励新型农业经营主体的发展。我国新型农业经营主体迅速发展，推动了我国现代农业的发展，促进了农村地区的发展，有利于我国乡村振兴战略的贯彻。通过对近几年农业经营体系相关政策的梳理可以看出(见表 6-31)，与现代农业发展要求适应的种粮大户、家庭农场、农民专业合作社、农业企业等新型农业经营主体一直是我国发展和培育的对象，政府不断出台各类支持政策鼓励其发展[41]。国家一直把"三农"工作放在我国发展的重要位置，对农业的投入和政策扶持力度不断加大，积极培育新型农业经营主体，促进我国农村地区的经济发展。

表 6-31 我国新型农业经营体系相关政策演进

时间	文件	相关主题
2012 年 2 月	2012 年“中央一号文件”	培养种养大户、农机大户等农村生产经营型人才
2012 年 11 月	党的十八大报告	发展规模经营，构建新型农业经营体系
2013 年 1 月	2013 年“中央一号文件”	农业补贴资金继续向新型生产经营主体倾斜
2014 年 1 月	2014 年“中央一号文件”	从规模经营、主体培育等方面提出构建新型农业经营体系
2015 年 2 月	2015 年“中央一号文件”	加快构建新型农业经营体系
2016 年 1 月	2016 年“中央一号文件”	积极培育各类新型农业经营主体
2017 年 2 月	2017 年“中央一号文件”	大力培育新型农业经营主体
2017 年 5 月	《关于加快构建政策体系培育新型农业经营主体的意见》	在现有农业政策的基础上，依据新型农业经营主体发展的实际状况，从人才、基础设施建设、财政税收等 6 个方面进行了政策配套整合
2018 年 1 月	2018 年“中央一号文件”	实施新型农业经营主体培育工程
2019 年 1 月	2019 年“中央一号文件”	大力发展现代农产品加工业；发展乡村新型服务业；深化农村土地制度改革；深入推进农村集体产权制度改革；完善农业支持保护制度
2020 年 1 月	2020 年“中央一号文件”	抓好农村重点改革任务，鼓励发展多种形式适度规模经营，健全面向小农户的农业社会化服务体系
2021 年 2 月	2021 年“中央一号文件”	加快推进农业现代化，加快健全现代农业全产业链标准体系，推动新型农业经营主体按标生产，培育农业龙头企业标准“领跑者”

资料来源：根据研究所得。

新型农业经营主体是指具有较大的经营规模、较好的物质装备条件和经营管理能力，劳动生产、资源利用和土地产出率较高，以商品化生产为主要目标的农业经营组织。我国的新型农业经营主体是在农村家庭联产承包责任制经营、统分结合双层经营体制的基础上形成和发展起来的[42]，带动着我国农业不断朝现代化方向发展。根据涡阳县小麦生产经营的现状，本书主要从家庭农场和农民专业合作社两个方面对新型农业经营主体进行分析，即从2011—2019 年涡阳县家庭农场和农民专业合作社的小麦播种面积、小麦产量方面对涡阳县新型农业经营主体进行分析。

家庭农场指的是以家庭成员为主要劳动力，从事农业商品化、规模化、集约化的生产经营活动，并以农业收入为家庭主要收入来源的新型农业经营主体。家庭农场与居委会和农户签订正式的土地流转合同，所承包的土地集中连片，经营规模较大，便于大型机械操作。农户可以选择购买大型的农机设备，在完成家庭农场的作物收割后再为基础农户、专业大户提供机械化服务。家庭农场的机械化水平相对较高，农业生产资料的投入成本得以降低，农业生产效率提高。

由图 6-8 可知，涡阳县家庭农场的小麦总播种面积呈现波动上升的态势，由 2011 年的 8.88 万亩增长到 2019 年的 9.13 亩，总体上增长了 0.25 万亩。2012 年播种面积下降较多，2013—2017 年处于平稳增长的状态，在 2017 年基本上达到了 2011 年的播种面积，2018 年播种面积增长加快，较 2017 年增加了 0.31 万亩。涡阳县家庭农场的经营规模占涡阳县小麦生产播种面积的比例较小。涡阳县家庭农场的小麦产量总体变化不大，2011—2013 年小麦产量有所减少，2013—2015 年产量缓慢增加，2018 年又有所下降。

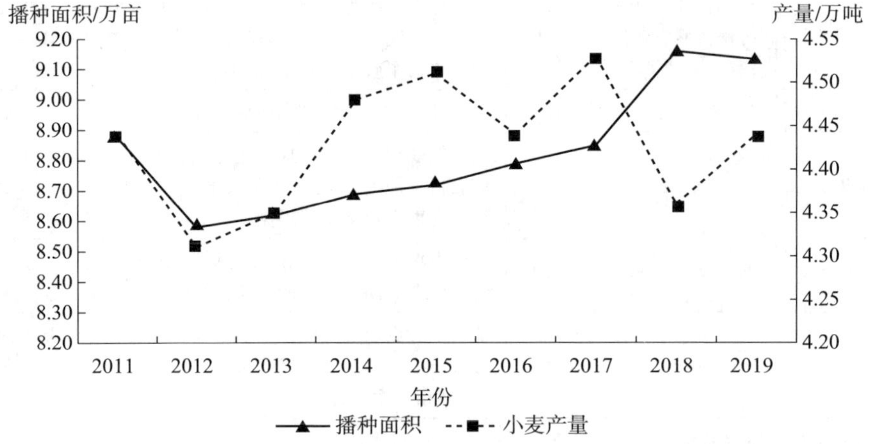

图 6-8　2011—2019 年涡阳县家庭农场小麦播种面积和产量状况

数据来源：根据调研所得。

农民专业合作社是指以农村家庭承包经营为基础，通过提供农产品的销售、加工、运输、贮藏及与农业生产经营有关的技术、信息等服务来实现成员互助的组织。农民专业合作社的主要服务对象是合作社成员，为其提供农业生产资料的购买服务。农民专业合作社从生产资料市场中为社员选购品质优良的生产资料。这可以使农户在生产中针对农作物有效实施病虫害防治，提高作物的生产效率和质量。同时，农民专业合作社将社员统一起来进行农产品销售，直接与市场中的需求者进行对接，可以提高合作社在农产品市场中的谈判能力，提高其竞争能力，提高农产品的销售价格，解决农产品销售困难的问题。

如图 6-9 所示，涡阳县农民专业合作社的播种面积总体上呈现波动上升的态势，由 2011 年的 26.63 万亩增长到 2019 年的 27.40 万亩，总体上增长了

0.77万亩。2012年，农民专业合作社的小麦播种面积下降较多，2013年与2012年基本持平，2014—2017年处于缓慢增长的状态，2018年播种面积增长加快，较2017年增加了0.93万亩。涡阳县家庭农场的经营规模占涡阳县小麦生产播种面积的比例较小，但该比例大于家庭农场的小麦播种面积所占比例。涡阳县农民专业合作社的小麦产量总体变化不大，2011—2013年产量有所减少，2013—2015年产量缓慢增加，在2017年达到产量最大值，即13.60万吨，2018年有所下降，2019年有所回升。

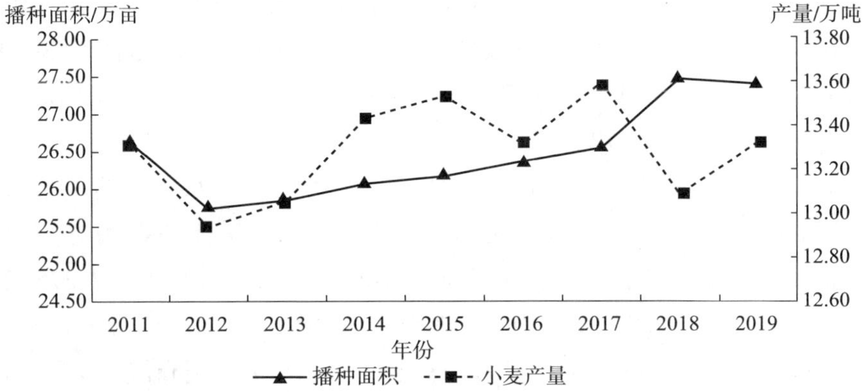

图6-9 2011—2019年涡阳县农民专业合作社小麦播种面积和产量状况

数据来源：根据调研所得。

6.4.3.3 农业社会化服务体系——从哪种农户中分化而来

随着我国经济的发展，城乡居民收入差距扩大，城市更多的就业机会、完善的生活设施和稳定的收入等不断吸引着农村居民。农村剩余劳动力大量转移，在劳动力转移的过程中农民不断分化。一部分人离开农村，将土地流转给他人，逐步形成专业大户，专业大户自身的资金实力并不能承担得起大型农机设备成本，需要提供专业的各类生产性服务的组织来降低其生产成本；另一部分农民成为兼业化农户，农闲时进城务工，农忙时返回农村收割作物。但务工农民逐渐发现，返乡务农所获得的收益远小于留在城市务工所获得的收益，因此多数外出务工者会由于务工损失等机会成本选择不回家务农[43]，将作物的收割交给有专业技术的农业社会化服务组织。我国发展现代农业离不开健全的农业社会化服务体系，通过健全农业社会化服务体系，逐步提高农民的组织化水平，实现农业生产服务的集中[44]，提高农业生产效率，降低生产成本。

农业社会化服务体系是指与农业相关的社会经济组织，是为满足农业生产的需要，为农业生产经营主体提供各种服务而形成的网络体系。随着农业生产力的发展和农业商品化程度的提高，传统上由农民直接承担的农业生产环节越来越多地从农业生产过程中分化出来，发展成为独立的新兴涉农经济部门。这些部门通过商品交换同农业生产部门相联系，其中有不少通过合同或其他组织形式联系，在市场机制作用下，同农业生产部门形成了稳定的依赖关系，成为一个有机整体。

由图 6-10 可以看出，2010—2019 年涡阳县农机服务费用总体上呈现上升的态势。小麦生产所需要的农机服务主要包括翻地服务、播种服务和收割服务。翻地服务费用由 2011 年的 7987.68 万元增长为 2019 年的 8402.82 万元，2011—2015 年增长比较缓慢，2016 年增长较多，较 2015 年增加了 61.755 万元，2018 年较 2017 年增加了 284.832 万元。播种费用由 2011 年的 8875.20 万元增长到 2019 年的 9133.50 万元，2012 年和 2013 年播种费用有所减少，2014 年和 2017 年增长较快，分别较前一年增长了 73.8 万元和 57.375 万元。收割费用由 2011 年的 9052.70 万元增长到了 2019 年的 9316.17 万元，2014 年费用增加较多，较 2013 年增加了 75.28 万元，2018 年达到峰值。涡阳县的小麦播种面积有所增加，但总体变化有限。随着涡阳县农业机械设备的不断增加，农业生产的机械化水平不断提高，农户越来越多地选择接受农机服务。然而农机设施的成本不断增加，农业机械提供的农业社会化服务中每亩的费用不断增加，这会导致农机服务的费用不断上升。

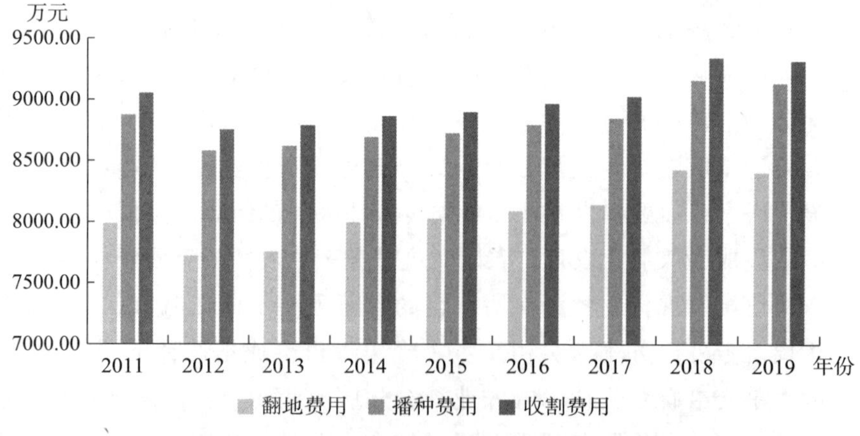

图 6-10　2011—2019 年涡阳县农机服务费用

数据来源：根据调研所得。

6.4.4 农户组织分化与营粮效率的变化分析

6.4.4.1 农业生产要素投入、粮食产出

本节主要对安徽省涡阳县的新型农业经营主体的粮食生产效率进行测算。新型农业经营主体主要选取小农户、家庭农场、农民专业合作社，农业生产投入要素主要选取小麦播种总面积、农资投入、农业劳动力总投入，数据指标见表6-32。产出指标主要选取小麦的产量。

表 6-32 不同经营主体农业生产要素投入变化

经营主体分类	小麦播种总面积/万亩		农资投入/万元		农业劳动力总投入/万人	
	2011 年	2019 年	2011 年	2019 年	2011 年	2019 年
小农户	142.00	146.14	12070.27	129914.90	11.83	11.93
家庭农场	8.88	9.13	6390.14	6503.05	2.32	2.34
农民专业合作社	26.63	27.40	21593.36	22030.00	7.89	7.95
总体平均	59.17	60.89	49562.08	52815.99	7.35	7.41

注：表中未将调查的9个年份一一列出，而是采取首尾年列出的方式。

由表6-32可知，3种类型的农业经营主体所占用的农地资源存在一定的差异。就小麦播种总面积而言，小农户的生产规模最大，农民专业合作社次之，家庭农场的最小。小农户承包的土地比较分散，土地细碎化，每户拥有的土地面积较小。农民专业合作社内部成员较多，耕地面积总量大，但由于社员比较分散，所以其土地的细碎化程度相对较高。家庭农场在承包土地时首先考虑土地的连片程度及土地的质量。安徽省涡阳县土地集中程度较高。

农资投入主要包括农业机械设备、农药、化肥、塑料薄膜等农业生产资料的投入。小农户因资金有限，无法承担购买大型农业机械的成本，一般选择接受由拥有专业农业机械设备的机构或个人提供的专业化翻地、播种、收割等农机服务。农民专业合作社有国家政策扶持，拥有一定数量的农业机械设备，拥有一定的机械化生产能力。家庭农场因其规模不同，拥有的农业机械设备也有所不同。小型的家庭农场一般会接受专业的机构或个人提供的农机服务。大型的家庭农场拥有雄厚的资金和国家的政策支持，能够购买大型农业机械设备，各种农机配备比较齐全，农场主在为自己提供农机服务后，还可以为附近村民提供农机服务，在提高当地机械化水平的同时还可以增加收入。

从粮食生产中的农业劳动力投入状况来看，不同类型农业经营主体的差异显著。小农户在粮食生产中的劳动投入水平最高，且稳中有升。农民专业合作社的劳动力投入次之，所需的劳动力也较多，农业生产的机械化水平有限。家庭农场在粮食生产中的劳动力投入最少，同时增长的幅度较小。因其实行大规模机械化操作，所需的劳动力投入较少，生产效率较高。

6.4.4.2 基于组织分化的不同经营主体的影响效率分析

DEA 模型通常用来测算效率，主要采用非参数方法来估计前沿生产函数。在 VRS 模型下，计算技术效率时可以排除规模效率的影响。鉴于此，本书采取 VRS 模型对营粮效率进行测度。VRS 的线性规划模型为

$$\begin{aligned} &\min_{\theta,\lambda} \quad \theta \\ &\text{st.}\ -y_i+Y\lambda \geqslant 0 \\ &\theta \cdot x_i - X\lambda \geqslant 0 \\ &N1'\lambda = 1 \\ &\lambda \geqslant 0 \end{aligned} \tag{6-11}$$

运用 DEA 模型估计效率时，可将 *TE* 分成两部分：一部分是纯技术效率，另一部分是规模效率。如果生产单元的规模处于最优状态下，由 CRS 和 VRS 所计算的 *TE* 是相等的；当生产单元的规模不是最优时，由 CRS 和 VRS 计算所得的 *TE* 是不同的，二者的差异就是规模效率。因此，它们三者的关系为

$$TE_{\mathrm{CRS}} = TE_{\mathrm{VRS}} \times SE \tag{6-12}$$

为了验证生产单元处于递增规模报酬（irs）还是递减规模报酬（drs）阶段，可运用 DEA 的非递增规模报酬（NIRS）模型来判断。NIRS 的前沿模型只是把 $N1'\lambda=1$ 写成 $N1'\lambda\leqslant 1$。若 NIRS 的 *TE* 与 VRS 的 *TE* 相等，则该生产单元处于递增报酬阶段，如不相等则处于递减规模报酬阶段。

Malmquist 模型主要用于测算全要素生产率，表达式为

$$\text{Techch} = D_t(x_t+1,\ y_t+1)/D_t+1(x_t+1,\ y_t+1) \times D_t(x_t,\ y_t)/D_t+1(x_t,\ y_t);$$

$$\text{Effch} = D_t+1(x_t+1,\ y_t+1)/D_t(x_t,\ y_t) \tag{6-13}$$

Techch 代表技术进步，Effch 代表技术效率变化，两者的乘积是全要素生产率。Pech 代表纯技术效率，Sech 代表规模效率，两者的乘积是技术效率变化，即

$$\text{Tfpch} = \text{Effch} \times \text{Techch} = (\text{Pech} \times \text{Sech}) \times \text{Techch} \tag{6-14}$$

本节运用数据包络分析方法进行效率评价，选取安徽省亳州市涡阳县作

为评价单元，分析2011—2012年涡阳县小农户、家庭农场和农民专业合作社的小麦生产效率，投入指标为土地、资金、劳动力，产出指标为小麦总产量。土地指标为小麦播种面积，资金投入指标为小麦生产经营资金投入，包括农业机械服务费用、农药费用、化肥费用等，劳动力指标为农业劳动力投入。其指标值见表6-33。

表6-33　不同类型农户投入产出变化

年份	经营主体分类	小麦播种面积/万亩	小麦生产经营资金投入/万元	农业劳动力投入/万人	小麦总产量/万吨
2011	小农户	142.00	120702.72	11.83	66.59
	家庭农场	8.88	6390.14	2.32	8.88
	农民专业合作社	26.63	21593.36	7.89	13.32
	总体平均	59.17	49562.08	7.35	29.60
2014	小农户	139.06	119178.19	12.05	67.22
	家庭农场	8.69	6257.90	2.36	67.22
	农民专业合作社	26.07	20990.03	8.04	13.44
	总体平均	57.94	48808.70	7.48	29.87
2016	小农户	140.66	120827.28	12.36	66.61
	家庭农场	8.79	6303.34	2.42	8.88
	农民专业合作社	26.37	21468.29	8.24	13.32
	总体平均	58.61	49532.97	7.67	29.61
2019	小农户	146.14	129914.90	11.93	66.70
	家庭农场	9.13	6503.05	2.34	8.89
	农民专业合作社	27.40	22030.00	7.95	13.33
	总体平均	60.89	52815.99	7.41	29.63

数据来源：根据《涡阳县统计年鉴》计算所得。

由表6-33可以看出，从总体平均值来看，涡阳县3类经营主体的小麦播种面积呈现波动上升的态势，并在2019年达到了60.89万亩。3类经营主体的小麦生产经营资金投入不断增加，由2011年的49562.08万元增加到2019年的52815.99万元，但农业劳动力投入却呈现下降的态势，小麦总产量呈现波动上升的态势。

在3类经营主体中，小农户的小麦播种面积、生产经营资金投入和小麦总产量在近年来呈现波动上升的态势，占据涡阳县的小麦播种面积、生产经营资金投入和小麦总产量的75%左右。小农户仍是涡阳县最主要的粮食生产经营主体，但小农户的劳动力投入并未呈现增加态势，农村剩余劳动力不断转移。家庭农场的各种生产要素的投入相对较少，但其粮食产出效率高于小农户和农民专业合作社，农民专业合作社的粮食生产效率最低(见表 6-34)。

表 6-34　不同经营主体小麦经营产出效率

年份	农户分类	TE_{CRS}	TE_{VRS}	SE	drs-irs
2011	小农户	0. 690	1. 000	0. 690	irs
	家庭农场	0. 910	0. 940	0. 968	drs
	农民专业合作社	0. 640	0. 930	0. 688	drs
2012	小农户	0. 690	1. 000	0. 690	irs
	家庭农场	0. 910	0. 960	0. 948	drs
	农民专业合作社	0. 640	0. 920	0. 696	drs
2013	小农户	0. 700	1. 000	0. 700	irs
	家庭农场	0. 920	0. 980	0. 938	drs
	农民专业合作社	0. 630	0. 910	0. 692	drs
2014	小农户	0. 710	1. 000	0. 710	irs
	家庭农场	0. 930	1. 000	0. 930	irs
	农民专业合作社	0. 630	0. 910	0. 692	drs
2015	小农户	0. 720	1. 000	0. 720	irs
	家庭农场	0. 950	0. 960	0. 989	drs
	农民专业合作社	0. 640	0. 910	0. 703	drs
2016	小农户	0. 720	1. 000	0. 720	irs
	家庭农场	0. 940	0. 960	0. 979	drs
	农民专业合作社	0. 650	0. 920	0. 707	drs
2017	小农户	0. 750	1. 000	0. 750	irs
	家庭农场	0. 970	0. 980	0. 989	drs
	农民专业合作社	0. 670	0. 920	0. 728	drs
2018	小农户	0. 790	1. 000	0. 790	irs
	家庭农场	0. 980	1. 000	0. 980	irs
	农民专业合作社	0. 660	0. 920	0. 717	drs
2019	小农户	0. 810	1. 000	0. 810	irs
	家庭农场	1. 000	1. 000	1. 000	—
	农民专业合作社	0. 680	0. 930	0. 730	drs

注：TE_{CRS}、TE_{VRS} 分别表示规模报酬不变、可变条件下的技术效率，SE 表示规模效率(TE_{CRS} 为 TE_{VRS} 与 SE 的乘积)。drs 表示规模报酬递减状态，—表示最优规模状态，irs 表示规模报酬递增状态。

由表6-34可知：①3种经营主体中，小农户和家庭农场投入产出值相对较高，这说明小农户和家庭农场的各项农业生产要素投入中的无效投入相对较少，也就是说，生产要素的利用率相对较高，浪费比较少；②2019年，家庭农场的综合效率(TE_{CRS})显著提高，达到了1.000，技术效率和规模效率也达到了1.000，这说明涡阳县的家庭农场经营达到了最优状态，农业生产资料投入要素得到了充分利用；③小农户与农民专业合作社的效率总体较低，原因在于小农户与农民专业合作社的生产经营方式比较相似。但相较于农民专业合作社而言，小农户的综合效率较高，小农户的生产资料的浪费相对较少，各项农业生产要素投入的无效成分相对较少。近年来，小农户和农民专业合作社的综合效率呈现不断提高的趋势。2019年，小农户小麦生产经营的综合效率达到了0.810，技术效率达到了1.000，规模效率达到了0.810，农民专业合作社的综合效率为0.680，技术效率为0.930，规模效率为0.730；④通过对涡阳县不同经营主体的营粮效率进行测算，调查组发现涡阳县现阶段小麦的生产经营仍处于投入过剩状态。由于国家大力支持和鼓励新型农业经营主体的培育，家庭农场在技术和资金方面能够获得较多的资源，其技术效率相对较高。农民专业合作社近年来过于注重社内成员数量的增长，并未对其质量进行严格把控，也没有进行适度规模经营，规模效率比较低，导致其综合效率也比较低。

由表6-34可知，小农户与家庭农场进行小麦经营的综合效率(TE_{CRS})相对农民专业合作社较高。其原因在于不同农业经营主体之间的纯技术效率(TE_{VRS})和规模效率(SE)存在差异。小农户、家庭农场和农民专业合作社的技术效率和规模效率均未到达最优状态，有明显的上升空间。小农户的生产规模较小，只能通过提高其技术效率即加大生产资料和经营管理的投入来提高产量，这会影响其综合效率的提高。农民专业合作社由于政策的扶持，过度增加社员的数量，经营规模过大，不能提供有效的经营管理，使其单位产量无法得到有效提高。

6.4.4.3　全要素生产率

本书将农地播种面积、生产经营资金投入、劳动力投入等作为要素投入组合，粮食总产量作为农户粮作经营产出衡量指标，来研究不同农业经营主体生产经营的生产率及其变化。具体数据见表6-35。

表 6-35　涡阳县不同经营主体生产率指数

年份	经营主体分类	依据产量指标计算				
		effch	techch	pech	sech	tfpch
2012	小农户	1.000	0.992	1.000	1.000	0.992
	家庭农场	1.000	1.003	1.000	1.000	1.003
	农民专业合作社	1.000	1.005	1.000	1.000	1.005
2013	小农户	1.000	1.004	1.000	1.000	1.004
	家庭农场	1.000	1.004	1.000	1.000	1.004
	农民专业合作社	1.000	1.004	1.000	1.000	1.004
2014	小农户	1.000	1.014	1.000	1.000	1.014
	家庭农场	1.000	1.019	1.000	1.000	1.019
	农民专业合作社	1.000	1.021	1.000	1.000	1.021
2015	小农户	1.000	0.998	1.000	1.000	0.998
	家庭农场	1.000	1.002	1.000	1.000	1.002
	农民专业合作社	1.000	1.003	1.000	1.000	1.003
2016	小农户	1.000	0.975	1.000	1.000	0.975
	家庭农场	1.000	0.976	1.000	1.000	0.976
	农民专业合作社	1.000	0.977	1.000	1.000	0.977
2017	小农户	1.000	1.014	1.000	1.000	1.014
	家庭农场	1.000	1.014	1.000	1.000	1.014
	农民专业合作社	1.000	1.014	1.000	1.000	1.014
2018	小农户	1.000	0.974	1.000	1.000	0.974
	家庭农场	1.000	0.933	1.000	1.000	0.933
	农民专业合作社	1.000	0.930	1.000	1.000	0.930
2019	小农户	1.000	0.947	1.000	1.000	0.947
	家庭农场	1.000	0.933	1.000	1.000	0.933
	农民专业合作社	1.000	0.930	1.000	1.000	0.930

注：effch 表示固定报酬规模下的技术效率的变化率，techch 表示技术进步率，pech 表示在变化的报酬规模下技术效率的变化率，sech 表示分配效率的变化率，tfpch 表示生产率指数的变化率。

从全要素生产率变化来看，2011—2019 年，小农户、家庭农场和农民专业合作社的小麦生产经营的全要素生产率的平均增长率分别为-1.025%、-1.45%和-1.45%，说明涡阳县小农户、家庭农场及农民专业合作社的小麦生产经营的全要素生产率未实现明显提升。2011—2019 年小农户、家庭农场及农民专业合作社的小麦生产经营效率的技术进步率（techch）分别为

-0.41%、-0.7%和-0.66%，effch 均为 0。这说明技术进步在涡阳县小农户、家庭农场和农民专业合作社生产经营效率提升的过程中作用并不明显，涡阳县在专业技术的推广、生产规模的调整及管理水平的提高等方面存在一定的问题。

参考文献

[1]凌礼潮．麻城福白菊种植历史考证[J]．亚太传统医药，2012，8(11)：193-194.

[2]丁一文．在麻城建设大别山农产品交易中心的建议[J]．农村经济与科技，2016，27(21)：108-111.

[3]宁夏．大农业：乡村振兴背景下的农业转型[J]．中国农业大学学报：社会科学版，2019，36(6)：5-12.

[4]尚凯焕．关于麻城市特色农产品发展项目效果研究[J]．农村经济与科技，2016，27(21)：194-196.

[5]朱晶，李天祥，林大燕．"九连增"后的思考：粮食内部结构调整的贡献及未来潜力分析[J]．农业经济问题，2013，34(11)：36-43，110-111.

[6]李维．农户水稻种植意愿及其影响因素分析——基于湖南资兴 320 户农户问卷调查[J]．湖南农业大学学报：社会科学版，2010，11(5)：7-13.

[7]潘璐，李华．遭遇产业转移的赵村：空间视角下的农政问题[J]．中国农业大学学报：社会科学版，2018，35(4)：5-17.

[8]豆建民，沈艳兵．产业转移对中国中部地区的环境影响研究[J]．中国人口·资源与环境，2014，24(11)：96-102.

[9]叶敬忠，贺聪志，许惠娇．生计框架视角的农政问题与农政变迁[J]．华中农业大学学报：社会科学版，2019(1)：8-15，162.

[10]方海洋．"基本法"农政与"自立经营"——日本战后的经济高速增长与农业发展问题浅析[J]．农业经济问题，1996(3)：60-63.

[11]戴嵩青．生机勃勃 DE 新经济增长点——修水县吸引打工人员回乡办实业闯出新路[J]．江西政报，1995(6)：34-35.

[12]胡训权．修水县劳务输出情况调查[J]．统计与信息，1994(2)：13-5.

[13]何建新．我国农村剩余劳动力转移的现状及转移路径分析[J]．中国人口·资源与环境，2013，23(S2)：234-236.

[14]吴隽．江西省农村剩余劳动力测算和转移问题研究[J]．金融与经济，2016(9)：87-91.

[15]马彪，张琛，彭超．农户分化背景下农业保险的功能实现研究[J]．保险研究，2020(9)：77-91.

[16]赵玉姝，高强，焦源．农户分化背景下农业技术推广机制优化研究[J]．青岛：中

国海洋大学学报：社会科学版，2014(1).

[17]唐轲．农户农地流转与经营规模对粮食生产的影响[D]．北京：中国农业科学院．

[18]赵晓峰，赵祥云．农地规模经营与农村社会阶层结构重塑——兼论新型农业经营主体培育的社会学命题[J]．中国农村观察，2016(6)：55-66，85，96.

[19]贺雪峰．中坚农民的崛起[J]．人文杂志，2014(7).

[20][美]黄宗智．长江三角洲的小农家庭与乡村发展[M]．北京：法律出版社，2014.

[21]孙新华．强制商品化："被流转"农户的市场化困境——基于5省六地的调查[J]．南京农业大学学报：社会科学版，2013(5).

[22]贺雪峰．为谁的农业现代化[J]．开放时代，2015(5).

[23]王善高，陈晔晗，等．农地经营规模与粮食生产成本效率的关系研究——基于江苏稻谷种植的实证分析[J]．广东农业科学，2019，46(1)：148-155.

[24]米兰．农地适度规模经营的效率研究[D]．沈阳：辽宁大学．，2019

[25]郭冠清．中华人民共和国农业农村现代化的政治经济学分析[J]．经济与管理评论，2020，36(5)：14-26.

[26]胡小平，钟秋波．中华人民共和国农业经营制度的变迁[J]．四川师范大学学报，2019，46(4)：50-57.

[27]许佳彬，汪洋，李翠霞．专业种植大户愿意成立农民专业合作社吗——基于黑龙江省364个样本数据的实证研究[J]．农村经济，2020(10)：123-130.

[28]汪艳涛，金炜博．农民专业合作社产生历程、动因与发展趋势[J]．农业经济，2017(3)：18-20.

[29]于爱梅．浅析农民专业合作社的发展历程和重要意义[J]．理论学刊，2012(S1)：69.

[30]陈晓华．大力培育新型农业经营主体——在中国农业经济学会年会上的致辞[J]．农业经济问题，2014，35(1)：4-7.

[31]李英杰，郑小六，岳曾良，等．河北省粮食产业新型经营主体发展现状、问题及发展思路[J]．农业经济与管理，2015(2)：67-76.

[32]张秀生，单娇．加快推进农业现代化背景下新型农业经营主体培育研究[J]．湘潭大学学报，2014，38(3)：17-24.

[33]孟丽，钟永玲，李楠．我国新型农业经营主体功能定位及结构演变研究[J]．农业现代化研究，2015，36(1)：41-45.

[34]孟秋菊，徐晓宗．小农户衔接现代农业发展的内涵研究[J]．重庆社会科学，2021(1)：23-37.

[35]张军以，王腊春．乡村振兴视域下的小农户振兴解析[J]．人文地理，2020，35(6)：66-75.

[36]司明宇，金紫薇．论中国小农户的前景与出路[J]．农业经济，2019(9)：9-11.

[37]吕一清，张东生．如何有机衔接小农户与现代农业——基于中华人民共和国成立

以来农户分化的现实思考[J]. 现代经济探讨, 2020(11): 116-127.

[38]孙圣红. 小农户与现代农业衔接的突出问题及应对策略[J]. 农业经济, 2020(10): 18-19.

[39]钟丽娜, 吴惠芳, 梁栋. 集体统筹: 小农户与现代农业有机衔接的组织化路径——黑龙江省K村村集体土地规模经营实践的启示[J]. 南京农业大学学报, 2021, 21(2): 126-135.

[40]曾福生. 中国现代农业经营模式及其创新的探讨[J]. 农业经济问题, 2011, 32(10): 4-10, 110.

[41]周腰华, 成丽娜. 新型农业经营主体组织模式与经营模式分析[J]. 学术交流, 2019(7): 105-113.

[42]汪萍. 我国新型粮食生产经营主体研究[J]. 农业经济, 2015(4): 38-40.

[43]孙少岩, 郭杨. 健全农业社会化服务体系、助推乡村振兴战略——土地收益保证贷款相关理论及实践问题探讨[J]. 商业研究, 2018(11): 7-11.

[44]李明贤, 刘美伶. 社会化服务组织、现代技术采纳和小农户与现代农业衔接[J]. 农业经济, 2020(10): 12-14.

7 借鉴国内外经验，构建农户粮食经营效率的提升机制

7.1 国内外相关经验借鉴

本章在前文研究的基础上，研究农户经营差异化对我国农业和农村现代化及粮食安全的影响，并从我国东北、东部及西部地区相关省域，以及一些发达与发展中国家实践中吸取经验，为国家提供促进和指导农户管理差异化方面的建议。本章尝试建立一种机制来促进和指导中部地区农户管理的差异化，提高粮食生产效率[1]。

7.1.1 国内经验借鉴

7.1.1.1 黑龙江规模化农业经营的经验及必要性

大规模经营是我国在农业生产方式方面的重要探索。耕地流转为农业用地集约化提供了可能。中国政府将促进土地流转、推进农业规模运营作为重要的农业政策。1984 年，“中央一号文件”指出“鼓励土地逐渐向种田能手集中”；2006 年至今的地方政策文件也不断强调发展多种规模经营；2007 年实施的《物权法》允许土地承包运营权流转；2013 年“中央一号文件”鼓励培育新的农业经营实体，积极而明确的政策态度加快了土地承包经营权的发展进程。在农业规模经营理论发展速度加快的基础上，围绕农业规模经营的延伸、必要性、形式、效率和途径，学者展开了讨论。讨论集中于“农业规模经营能否比小农户有更高的效率”“什么是农业规模经营的适宜性，规模是多少”“各种新型农业经营实体的种植重点是什么”等问题，目的是确定适合中国国情和中

央政府特点的农业规模，以优化经营路线，找出发展过程中可能出现的弊端和阻碍因素，并提出合理的纠正对策。

通过不断地进行农业规模经营的实践探索和理论经验的积累，研究者逐渐意识到，扩大农业经营规模和培育新的农业经营实体并不是完全替代小农户，而是寻求更好的共生。因此，有必要根据自然资源状况、社会经济条件、农村闲置劳动力的转移情况，确定适合当地农用土地适度经营的规范，以及该领域的农业机械化程度。黑龙江地区作为我国农业大省，具有农业用地规模化经营的必要性。

(1) 黑龙江的规模化经营条件

第一，自然资源丰富。自然资源是农业发展的重要物质基础，决定了我国传统农业的二次布局。气候条件、水资源和农地资源是影响区域农业消费和发展的次要因素。黑龙江区域农业发展的优势来自其自然资源禀赋：①黑龙江地形以平原、山地为主，农业用地资源丰富。黑龙江拥有亚洲最大的黑土区和世界上土壤最肥沃的黑土区。黑龙江省地势平坦、土地集中连片，适合机械化耕作。②森林和湿地资源丰富。长白山、大兴安岭和小兴安岭是黑龙江重要的天然屏障。松花江、辽河、鸭绿江等河流具有巨大的经济价值和生态价值。③黑龙江是全国重要的粮食消费基地，是世界三大黄金玉米带之一，承担国家粮食储备和专项分配的义务，是我国重要的粮食主产区和最大的商品粮消费基地。④黑龙江位于中国的最北部，与俄罗斯、朝鲜半岛接壤，与日本隔海相望，具有开拓国际市场的优势。

第二，交通便利。黑龙江区域交通运输条件已由原来单一的运输方式转变为目前的海、陆、空立体运输体系。黑龙江铁路运输里程达到 6781 千米，占全国总里程的 4.8%。内河航道里程为 5098 千米，占全国总里程的 4%。便利的交通条件有利于黑龙江加强与其他省的联系，降低了农产品的内销难度，有利于黑龙江农业经济的发展，提高了农业经营者的积极性。

第三，化肥用量少。黑龙江地区化肥用量低于全国平均水平。在我国的传统农业领域，为了促进农业增产，农户需要依靠化肥和农药的投入，化肥用量的增加和不合理施用造成的土壤质量下降等生态问题日益突出。较高的土壤质量是农业可持续发展的重要前提，化肥用量是衡量农业能否持续发展的重要指标。2019 年，黑龙江化肥用量仅为 223 万吨。黑龙江地区化肥用量低于全国平均水平，地区可持续发展潜力巨大，适合农业经济发展。[2]

(2) 在黑龙江地区施行农地规模经营的必要性

农地流转将带动农地适度规模经营加快发展。2016 年，全国农业用地流转率为35%，农业经营性支出占农民家庭支出的比例下降了1/3。农业经营者仅仅依靠原有的小块农田获取农业经营收入，远远不能支撑家庭的正常消费。因此，很多人选择外出打工，由亲属代为耕作或转租土地给其他农业经营者。实践证明，在黑龙江省开展农地规模经营是有必要的。

第一，整合现有农地以提高应用效率。黑龙江地区在农村和农业经济发展过程中面临着一些问题。首先，随着农村剩余劳动力的转移，许多农村成为空心村。许多废弃房屋或无人居住的房屋占用了农用地资源，造成农用地资源浪费。其次，一些农用地闲置是由于土壤质量差、产出率极低。单个农业生产经营者种田的成本远远高于其种田收益，难以继续耕种。最后，随着我国经济的发展，农业生产经营者的生产和经营活动不仅限于农业生产和经营活动。在农业消费和经营中，非农产业化和非全日制产业化现象严重。劳动带来的机会成本远高于农民种地成本，这会导致农户生产的积极性下降，一些地区出现了农地闲置的现象，农地利用效率下降。

因此，积极落实宅基地政策，加速城乡一体化发展，加速农地流转，实行农地适度规模经营，整合现有农地，不仅可以充分利用农地，也可以制止一以贯之的粗放管理，降低农业支出成本，提高农业利用效率。许多农户购买了国家补贴的农机，但使用较少，造成严重浪费。一些工商资本为了获得国家惠农补贴而选择买地，导致国家政策性资金不能很好地运用。实行农地适度规模经营，可以培育一大批规模经营户。由于需求量大，他们可以以较低的价格从生产厂家购买农机和农资。在生产经营的同时，生产厂家还可以为其他农民提供产前、产中、产后服务，提高农机利用效率。[3]

第二，促进黑龙江地区乡村振兴的开展。2018年，“中央一号文件”提出要落实乡村振兴政策，加速推进农村现代化。其中，产业繁荣是乡村振兴的基石，发展示范农业是产业繁荣的重要内容，尤其要实现现代农业的发展和农地的规模经营。传统小农经济最大的弊端就是人均耕地面积过小，这不利于农村现代机械化发展和先进技术的引进。完成农业现代化，最重要的一点是提高农业现代化程度，利用现代科技成果进行农业生产。只要完成农地的适度规模经营，就有利于引进先进的科技成果，从而降低生产成本。农业生产经营者会考虑用先进的技术替代现有的落后的生产技术，降低农产品的生产和经营成本，增强农产品的整体竞争力。随着种植规模的扩大，农业经营者会选择多种生产方式，以实现农地规模经营，促进农业发展。2018年3月，农村经济体制与经营管理司司长在接受采访时提到，参加合作社的普通农民人均支出比不参加合作社的普通农民高出15%~20%，这表明农民消费水平有了很大的提高。在农业发展方面，种植大户、农业合作社和家庭农场在农业生产运营中发挥着重要作用，有利于优化农业生产方式，提高农业集约化和组织化发展程度，在保证高质量农产品增产的同时开展深加工，提高农产品附加值。除此之外，还可以避免农产品销售不畅造成的损失，大力推广应用物流、信息技术，使农产品更好地走出去，并且在更好地了解市场情况的条件下发展农产品生产服务业。同时，将农业与乡村旅游相结合，促进第三产业的发展，并根据实际情况选择合适的对外消费，促进乡村复兴。

第三，降低农产品成本，增强国际竞争力。2001 年，我国加入世界贸易组织。短期来看，“入世”对于农业影响弊大于利。农产品市场受到国际市场前所未有的影响和冲击，如果任由农产品进口，将严重影响农民收入及种粮积极性。我国农产品生产成本过高，导致农产品价格居高不下，在国际市场上缺乏竞争力。黑龙江地区作为我国粮食主产区，粮食产量高、库存多，但出口贸易额较低，难以抢占国际市场。美国凭借其规模大、成本低的家庭农场优势，向我国出口玉米等重要粮食作物。在农村家庭承包制下，小农经济技术水平低下，农业基本装备落后，社会化服务跟不上。在消费和经营过程中，经营者沿袭以往的消费和经营模式，缺乏必要的资金观念。在成本较高的背景下，为了维持农民的收入，我国不得不提高粮食最低收购价格，逐步形成国际粮价严重“倒挂”的局面。由于农地分散经营，一方面，消费规模过小，造成种子、化肥、农药等消费要素施用不足，利用效率降低。另一方面，经营者在市场谈判中力量不足，导致投入要素价格居高不下。传统的小规模消费形式导致农产品总产量和商品率较低，大部分农民以单一的方式进行耕作。在新农业科技和新农作制度的推广和实施中，对于只耕种小块农田、种植多种商品的小规模农业生产经营者来说，采用新的耕作方式、引进新设备的成本和风险都很高，且效益不明显，因此缺乏必要的动力，农业科技推广难度较大。对于经营规模相对较大的农业生产经营者来说，其生产的商品主要在市场上销售，他们具有较强的经济效益观念，因此对新技术的使用有着强烈的需求，愿意通过科学技术的普及来提高生产质量和节约资金。

在全球贸易中，较低的价格是优势，但农产品的质量也非常重要。我国的农业经济发展由原来的高速增长方式向高质量、高数量发展方式转变。我国的农业消费方式仍以小农经济为主，农药残留量高，对农产品质量的一贯监管难以开展，导致向国外出口农产品时，很容易遇到其他国家的绿色壁垒。施行农地适度规模经营之后，我国要进行标准化生产经营管理，采用先进的生产设备，增加无机肥的用量，减少化肥和农药的用量；增加对农业生产各项成果的技术指导和控制，实现质量标准化和无公害化；提高农户经营效率，引导国内农业发展好品牌、调整结构；完成农业转型升级，增强国际竞争力。

7.1.1.2 浙江省粮食补贴现状及存在的问题

(1)浙江省现行粮食补贴政策

浙江省粮食补贴政策的制定和实施与当地农业补贴政策的进程是同步的。近年来，为保障食品安全、增强食品消费综合能力，浙江省严格执行食品补贴政策，在深入研究农业生态特点的基础上，通过灵活运用各种补贴工具，不断加大对粮食消费的补贴力度，逐步形成了一套较为稳定的粮食补贴政策体系。

一是综合性支出补贴，是指国家实施的“四项补贴”中的粮食间接补贴和农资综合间接补贴。浙江省的粮食间接补贴包括对粮油大户的间接补贴和对订单稻的奖励，这两项都是省政府出台的粮食消费扶持性补贴。2004 年以后，为落实地方对农民的间接补贴政策，浙江省开始对种粮大户实行间接补贴政策，补贴对象为年稻麦种植面积超过 20 亩的种粮大户，补贴标准从 2004 年的 10 元/亩提高到 2010 年的 30 元/亩。从 2004 年开始，浙江省开始实施“订单粮”补贴政策。浙江省 2009 年进行政策调整，实施粮食销售奖励政策，奖励额度不断增加。2012 年的奖励标准是，对种粮大户和粮食专业合作社社员，按订单销售的早稻每 50 公斤奖励 30 元，每亩最高奖励 240 元；对其他农户，按订单销售的早稻每 50 公斤奖励 20 元，每亩最高奖励 160 元；对按订单销售的水稻制种基地农户，每销售 50 公斤早稻奖励 30 元，每亩最高奖励 240 元。浙江省对农业生产资料实行综合间接补贴。为补偿因柴油、化肥、农药、塑料薄膜等农资价格上涨而增加的成本，国家于 2006 年出台了农资综合直补政策，补贴对象是全体种粮农民，补贴标准从 10 元/亩左右逐年提高到 40 元/亩左右，补贴资金通过“一卡通”发放。

二是对优质品种和作物的补贴。为促进农副产品消费和优质粮食种植，自 2007 年开始，国家根据实际种植量，逐步对浙江省水稻、小麦、油菜、玉米、棉花种植户进行补贴。近 20 年来，浙江省劣质种子补贴标准为水稻、棉花 15 元/亩，小麦、油菜、玉米 10 元/亩。①水稻集中育种补贴。2004 年以后，为落实地方良种补贴政策，浙江省出台了水稻良种补贴政策，对全年优质稻种植面积超过 20 亩的大户给予 5 元/亩的补贴，并与粮食种植大户一起实施。2010 年调整粮食生产功能区优质种子补贴，2011 年调整粮食生产功能区集中养殖区补贴。根据服务对象在规定补贴范围之内集中养殖区停止补贴，省级每亩补贴不超过40元。②农机购置补贴。浙江省农机购置补贴采取地省联合补贴的方式。为促进农业机械化发展，浙江省于2004年实施农机购置补贴政策，主要对大中型农机购置实行以奖代征。标准约为该机价格的1/3，由省财政和中央财政投资。自2005年开始，浙江省地方财政对农机购置实行补贴，补贴金额按农机购置价的3%左右确定，最高不超过10%，同时，浙江省在国家补贴的基础之上不断完善补贴模式，扩大补贴范围，在全国率先实施农机补贴试点。③农机作业补贴。在落实地方和省级农机奖励政策的基础上，浙江省从2007年开始实施水稻机械化作业补贴。补贴对象为全省水稻机械化插秧、油菜机械化播种者，补贴标准为40元/亩。

三是实施粮食价格补贴政策。除农业“四补贴”之外，浙江省还实施了粮食收割补贴政策，提高稻麦种植大户补贴标准。2011年，浙江省根据粮食实际订单采购量，规范种粮大户补贴。早稻补贴由每50公斤6元提高到每50公斤7元，中晚稻、小麦补贴由每50公斤4元提高到每50公斤5元，杂交稻补贴由每50公斤20元提高到每50公斤25元。[4]

(2)浙江省粮食补贴规模与结构分析

由于浙江省不是粮食主产区，国家对农业实行“四补贴”，浙江省地方财政转移支付的补贴不包括对粮食和农业的间接补贴。因此，浙江省对农民的间接补贴主要是省财政安排的对粮油大户的间接补贴和对订单稻的奖励。此外，为补偿农资价格下跌带来的生产成本上涨，国家于2006年出台了农资综合间接补贴政策。考虑到其金额占粮食补贴总额的比例较大，为了保证数据的可比性，本书选取2004—2013年的数据进行比较分析。总体来看，2006年以后，浙江省粮食补贴持续快速增长，从2006年的16815万元增长到2013年的206720万元(见表7-1)。同时，补贴项目也持续增加，其中农资综合间接补贴增幅明显。2013年的补贴金额是2006年的近12倍。补贴金额的增加和每亩补贴标准的提高，对降低农民生产成本起到了非常重要的作用。浙江省农机补贴增长明显，比2006年增长了近8.6倍。2013年，浙江省农机总功率高达24709.5万千瓦，表明浙江省政府高度重视农业现代化发展。为促进农副产品消费和优质粮油种植，2007年国家逐步按照实际种植面积对浙江省水稻、小麦、玉米种植户进行补贴。到2013年，补贴金额达到22693万元，约为2007年的2倍。[3]浙江省粮食补贴政策自2004年正式实施以来，总体来看，补贴规模呈现逐年增大趋势。

表 7-1　2004—2013 年浙江省各项粮食补贴金额　　单位：万元

项目	2004 年	2005 年	2006 年	2007 年	2008 年	2009 年	2010 年	2011 年	2012 年	2013 年
粮农直补	1190	1123	1815	1786	2254	14136	14579	17813	19484	19795
农资直补	0	0	9893	29501	78660	86380	93564	106332	120232	120232
良种补贴	0	0	0	10999	19617	21148	21214	21323	20868	22693
农机补贴	2500	3480	5107	3900	28000	28000	22000	35000	44000	44000
合计	3690	4793	16815	46186	128531	149664	151357	180468	204584	206720

数据来源：历年《浙江统计年鉴》。

(3)浙江省粮食补贴存在的主要问题

第一，农业成本不断上涨，抵消了粮食补贴。土地租金、农资、人工等成本的上涨额已逐步超过了粮食补贴政策给种粮大户带来的收益。浙江省物价局价钱与成本调查大队的数据显示，2011 年浙江省水稻生产的物质与效劳费用为 442. 15 元/亩，比 2003 年的 252. 33 元增加了 189. 82 元，增幅达 75. 2%(其中农药增长 1. 1 倍、化肥增长 50 个百分点)；流转地租金和自营地折租成本为 227. 35 元，比 2003 年的 41. 2 元增加了 186. 15 元。对嘉兴、台州两市 15 户稻麦复种面积在 100 亩之上的种粮大户的调查显示，种粮大户雇用人工的费用，2011 年为 410 元/亩，相比 2004 年的 142 元/亩增长了 1. 89 倍；土地租金由 2004 年的 133 元/亩增加到 2011 年的 477 元/亩，增长了 2. 59 倍。与此同时，粮食补贴支出从 34 元/亩增加到 180 元/亩，增长了 4. 29 倍。农资成本大幅度上涨已经单方面抵消了种粮补贴政策带来的收益。[5]

第二，粮食补贴施行成本偏高，降低了补贴效率。由于补贴政策施行面广、量大，触及千家万户，各项补贴政策的规范、对象、范围和发放方式不同，每一项补贴政策都要经过相应的操作顺序；落实进程中有需求申报、统计汇总、公示等一系列操作步骤；补贴资金发放还需兑付、建档立册等打包环节，操作流程复杂，行政运作成本较高，增加了落实政策的难度。另外，在实践操作进程中不可控要素较多，如农户补贴面积难以确定，主要还是靠村里的会计上报，乡镇政府、农业部门、财政部门等层层上报，大都没有进行有效的核实。由于村会计对各项补贴政策的要求缺乏理解，也没有条件去逐户核实作物种植状况和种植面积，有些地方凭主观填报数据，数据的真实性、可信度不高，因而，花费少量行政成本核对而来的早期数据很有可能是多种少报或少种多报的数据，在一些村、乡镇，因种粮面积、补贴规范等缘由发生纠纷，也成为来信来访的根源。[6]

第三，粮食规模化的相关补贴政策尚不完善。据统计，浙江省农资综合间接补贴落实到每个农户不到100元，这对经济相对繁荣的大部分浙江农民来说根本起不到促进作用。但是，一些种粮散户考虑到有种粮补贴及担心土地流转之后得不到年地承包相关权益，宁可本人集约式种粮也不愿流转给种粮大户，使得粮食规模化运营得不到应有的开展。从全省来看，虽然2011年复种面积在20亩以上的种粮大户有4.62万户，规模种粮面积达346.67万亩，相比2004年的1.27万户和214.88万亩，年均增长率较高，但面积仍只占全省种粮面积的17%左右。

第四，土地流转的“非粮化”趋势明显。浙江省耕地少但资源禀赋多，各地特征农业、品牌农业蓬勃发展，万元田甚至几万元田很多。虽然浙江省从2004年开始屡次提高粮食收购价，但种粮收益依然低于种植经济作物的收益。以水稻为例，2012年收买价为140元，相比2003年的70元增长了1倍，但远远跟不上水果、蔬菜等经济作物的价格增长幅度。浙江省物价局价钱与成本调查显示，2011年早稻、晚稻每亩净支出分别为328.65元、827.56元(不包括补贴支出)，假如每年种早稻和晚硬稻两季，总支出仅为种植蔬菜的每亩净支出4534.61元的25.5%；与种植葡萄的上万元亩支出相比，种粮的收益则更低。据浙江省物价局2011年价格与资金调查，种植业平均每亩年利润在3000元左右，而粮食种植利润不到行业平均利润的一半。在高租金条件之下，农民只能种植经济作物，种粮是无利可图的。有的县实行土地整村流转，县政府对完成流转任务的村给予一次性奖励。土地流转之后，产业以效益农业和装备农业为主，粮食种植面积大幅减少。据浙江省农业部门初步统计分析，土地流转的“非粮”率为39%，间接加快了农户经营分化的速度。

7.1.2 国外经验借鉴

中国作为发展中国家，在研究农户经营分化时，也应研究世界上其他国家在营粮效率提升方面的方法，作为参考。

7.1.2.1 美国的粮食补贴政策

美国是著名的农业强国，每年的粮食产量和出口量均位居世界前列。作为一个发达的粮食大国，美国农业的高速发展离不开美国政府对农业的高度重视。美国政府对农业的支持主要表现为对农民利益的保护及为粮食设立专项政策，形成了一个完整的农业保护系统，是世界上粮食干预体系的典范。其粮食政策不仅保障了粮食安全，而且对促进农户经营分化具有重要意义。

粮食补贴立法是美国粮食补贴的最大特点。美国粮食政策通常为立法机构通过的法律或法规，而不是政府政令。法律法规通常对具体的政策项目、相应财政预算支出规模、政府执行机构职责范围等作出明确的规定，保证了政策制定的公开性和措施的透明度，具有较强的稳定性和较高的权威性。近代以来，美国一直通过对粮食价格进行维持和粮食补贴等手段来对粮食的生产和供应进行宏观调控，1933 年，美国颁布了著名的《农业调整法》。[7] 这是美国第一次以立法的形式对粮食进行保护，这标志着美国政府对粮食的保护措施由辅助调控措施转变为强制性措施。这项政策颁布之初，的确在一定程度上刺激了农户营粮的积极性，但是由于手段过于强硬，强制对粮食价格进行提高导致粮食产量过剩。为了调节粮食市场供需平衡，1954 年，美国又颁布并实行《农业贸易发展与援助法》。该法开始对粮食的生产进行适量控制，并将美国国内无法自销的粮食出口，既保护粮农的利益，也增加了外汇收入，更为美国成为粮食出口大国奠定了基础。同时，美国对粮食价格的补贴也进行了进一步调整，在 1973 年实行的《农业与消费者保护法案》中，推行设立补贴目标价格，以目标价格为基础进行差额补贴，相较于最初的直接补贴，这种补贴方式可以更灵活地顺应粮食市场需求。[7] 但好景不长，1977 年前后，美国的出口市场萎缩，国内市场粮食价格持续走低，导致政府补贴支出大幅增加，财政不堪重负，政府为了削减支出，开始鼓励粮农按照市场规律调整农产品种植。

近 20 年来，美国粮食补贴主要基于“农民收入平价”原则，目的是通过大规模补贴把农民收入提高到与城市居民收入大体相当的水平。2008 年，美国颁布《2008 农业法案》[8]，对农业扶持政策进行了较大的调整，第一次增加了“ACRE”政策，即平均作物收入选择补贴。农户可以选择原有的商品补贴，也可以选择放弃原有的商品补贴而接受“ACRE”。“ACRE”规定农户可以选择平均农作物中的任何一种作为商品补贴目标，使其可直接享受低贷款率和低支付成本的特权，并在农作物的商品收入低于“ACRE”保障收益目标或基本收益时，获得平均农作物收入补贴，这能更大范围地保证农民的收益。[8]

价格支持始终是美国粮食补贴政策的基础性措施。如美国采取的信贷支持相结合的最低保护价制度，虽然 70 多年来进行了多次调整，但仍然是其粮食补贴政策的基石。价格支持政策指向明确，操作相对简单，作用直接，见效较快，对补贴能力不强、保障农产品供给压力较大的国家而言是一项首选措施。

综合来看，美国的粮食补贴政策在设置上有值得借鉴的地方。首先，各项补贴政策目标精准清晰、指向明确、分工合理，避免了出现补贴漏洞或重复补贴现象；其次，收入补贴比重大于价格补贴比重，能够缓解居高不下的财政支出压力并适应世界贸易组织规则，用与价格不挂钩的生产灵活性合同补贴政策代替实施多年的差价补贴[9]；再次，实行贷款差额补贴、反周期补贴，这些直接补贴既能有效稳定农民收入，又对市场机制扭曲作用较小；最后，政策目标设定为稳定农民收入、增强农产品竞争力，可相应减少价格支持，对农民提供技术补贴。

7.1.2.2 韩国的粮食补贴政策

韩国作为一个后起的工业化国家，2011 年共有人口 5051.5 万，其中农业人口为 296.5 万，且近年来在不断下降。与其他国家不同的是，韩国较为注重农村的基础设施建设和农业机械化，对农业的发展和扶持也多从这些方面入手，如在 20 世纪 70 年代开始实施“新村运动”，极大地推动了韩国农村的现代化进程，使韩国当前的农村基础设施较为完善，农民生活水平也得到显著提高。[10]在农业技术方面，韩国通过推广生物技术、培育新品种、推广农业技术等措施，增强本国农产品竞争力，甚至将本国农产品出口日本。韩国的农业政策的重要目标是确保粮食安全，因此在粮食的生产经营方面也有较完善的对应补贴政策。与韩国的耕种历史和饮食文化密切相关，大米是韩国最主要的粮食作物，因此粮食政策一定程度上就是大米政策。

20 世纪 50 年代和 60 年代，韩国通过《谷物管理法》，为国内提供稳定的食品来源。为了实现大米自给，1968 年，韩国采取“高价收购、低价销售”的双重购销价格政策以保护本国农产品生产者的利益，但购销价格“倒挂”使韩国国内农产品价格与国际市场农产品价格严重脱轨，财政不堪重负，这时的韩国农业政策调整为以保护农业发展为主，最终实现了农业生产率的大幅提高，而且实现了主要粮食的自给自足。但以保护为主的农业政策也造成了一定的负面影响，使得韩国大米价格高于世界平均水平，而且化肥和农药使用量的大幅提高造成了环境污染与食品安全问题。

20 世纪 90 年代，韩国大米开始以销售投标机制确定市场价格，1995 年起按照市场价格收购，政府委托农业协同组合中央会补贴政府收购价与市场价格之间的价差，并于 1997 年建立稻米约定收购制度，政府预先支付 30%的价款给协议稻农，收获期间农民仍可以选择其他销售渠道，偿还预付款。

韩国最值得我国借鉴的是在大米收入补贴方面采取的措施。2004 年，为了履行世界贸易组织有关“黄箱”补贴削减的承诺，韩国制定了《农业农村综合对策》，规定了稳定农户所得直接补贴、农业结构调整直接补贴和维护农业公益功能直接补贴。

首先，稳定农户所得直接补贴，包括固定补贴和变动补贴两部分。固定补贴部分为脱钩补贴，与市场价格无关，属于“绿箱”政策；变动补贴为挂钩补贴，与市场价格有关，属于“黄箱”政策。固定补贴有三个来源，中央、道、市(郡)，中央补助由中央拨款纳入地方预算，有统一的标准。此外，还有道、市(郡)补助，但是标准不一，目标价格每 3 年调整 1 次。[9]

其次，农业结构调整直接补贴，包括经营转让直接补贴和稻米生产调整直接补贴。经营转让直接补贴即对提前退休农民的直接补贴，年龄超过 65 岁的农民，将耕地转让或出租给其他农户，可以连续 5 年(2006 年改为 8 年)获得政府补贴。稻米生产调整直接补贴是 2003—2005 年实行的短期政策性补贴，是对当年放弃生产大米的农户予以直接补贴。

最后，维护农业公益功能直接补贴，包括“环境友好型”农业直接补贴、“环境友好型”畜牧业直接补贴、条件不利地区直接补贴和景观保全直接补贴。“环境友好型”农业直接补贴始于 1999 年，补偿农民因减少农药、化肥的使用而使作物减产所带来的收入损失。2004 年，韩国开始对畜牧业中“环境友好型”养殖农场实行直接补贴。条件不利地区直接补贴是 2004 年韩国对农业生产条件、居住条件不利的山区农户实行的政策性补贴。

总体上看，韩国农业和粮食政策可以以 20 世纪 80 年代为界，划分为前后两个阶段。这两个阶段的差异比较明显：前期主要注重数量的供应，即提高粮食产量，增加农民收入，实现粮食的自给自足；后期在前期工作的基础上，强调质量的提升，即优化产业结构，强化产业素质以实现农业的现代化。[11]从政策基调来看，前期政策具有较浓厚的保护性特征，后期政策更多地体现鼓励竞争。多年的农业保护政策客观上对韩国的农业发展起到了促进作用，有利于国家经济的健康发展。相关政策不仅保证了主要农产品尤其是粮食的有效供应，还推动了农业的现代化进程，提高了农民收入，缩小了城乡差别。通过补贴提高农民对农业生产的积极性，缓解经济不景气造成的就业方面的影响，使农民在农业生产过程中切实体会到实际效益获得，方便更多的资金投入生产，在国内消费疲软的情况下，通过出口创造外汇，为现代化的发展注入了动力。

7.1.2.3 日本农协粮食议价能力的增进

日本作为一个岛国，人均耕地面积仅有 0.05 公顷，主要原因是日本地形以山地、丘陵为主，平原面积小，人口众多。第二次世界大战后，日本国内的粮食危机给日本城乡居民带来了沉重的灾难。仅靠定量供应的粮食无法维持居民的最低生活需求，有时甚至连标准配给量都无法保证供应。为了解决粮食危机和恢复经济发展，日本在美国的帮助下通过对农地的改革，消灭了支配农村的地主阶层，成立了农协，即“日本农业协同组合”。这是基层农民出于维护自身利益、改善生产生活、活化乡村地区等目的，在平等自愿、互惠互利、长期合作的基础上成立的农民互助合作组织。[12]

农协在成立之初，形成了以生产米麦为中心、以自耕农层为核心的组织基础。为了向消费者提供安全的大米，日本农协制定了记录栽培履历的制度，保证大米生产的每一个环节真实透明，这保证了“农协米”的质量，提高了日本消费者对日本农协的信任度，从而增加了日本大米的商品竞争力、大米销量及农户收益。[13]同时，日本农协也尽力削减流通成本及生产成本，为经营大米的农户提供良好的生产和发展环境，并且加大稻米向海外输出的力度，努力增加销路，提高日本营粮农民的纯收入。另外，日本农协还开展了包括加大饲料用米的生产和供给量、采用新工艺来进行米粉和面包的生产、组织研发大米新的利用价值等谷物生产多元化的活动，在调整农产品供需、调整稻作市场结构方面起到了重要作用。

在大米的价格方面，日本农协也进行了重点保护，主要采取两种方式。一是通过间接保护方式，对进口大米征收关税。比如大米的关税高达490%，使得日本进口大米国内销售价格比进口平均价格高4.9倍，若按照世界贸易组织的关税计算方法，日本的大米关税高于700%。[13]进口大米昂贵的价格使消费者不得不选择国产大米，为国产大米扩大了销售空间。二是大米高收低售补贴制度。日本政府对大米实行价格“倒挂”，即高价收购、低价销售的“双重价格”制度。但随着生产收入增加和饮食文化的变化，日本的大米消费量逐渐减少，生产量却因为政府的价格补贴而不断增加，其生产量已远远超过了消费量。政府为了保证农民的收入和贮存大米支付了大量的财政补贴，导致财政负担重，日本的粮食管理制度难以为继。

从20世纪70年代开始，日本政府开始对大米产业进行调整，并对农户进行引导性的经营分化，主要通过补助金的诱导让农户从种植大米转向种植其他农作物。休耕政策成为政府减少财政支出、保障农民收入、维持米价的主要政策。日本政府于1978年引入“转耕补助金政策”来吸引农户减少耕种大米的面积和产量，通过供给的减少来维持大米的高价格。再加上日本民主党执政期间颁布的“务农者户别收入补偿制度”，进一步促进了小规模兼业农户继续进行高成本的大米及相关农产品的种植。

在大米贩卖方面，日本农协通过与大米实际需要者签订播种前契约合同，保证稻作生产者的利益和积极性，而合同中的均价也逐年上升，提高了生产者的净收入。农协还通过加强农业生产者与物流从业者的联合，扩大了精米的销售量。

随着日本经济的高速发展，第二、第三产业的发展使得农业劳动力逐渐外流，依靠非农收入的兼业农户比例开始增加，开始分化为专业农户、二兼农户、一兼农户，开始了真正意义上的农户经营分化。从表 7-2 可以看出，种植大米的专业农户只占农户总数的 38.1%，61.9%的农户是以非农收入为主的兼业农户，但是从事大米经营的农户收入水平并不低，甚至远远高于种植小麦及其他作物的农户的收入水平，这离不开日本农协对大米生产经营的全方位支持。[14]

表 7-2　2011 年日本各种农产品的种植农户类型占比及收入

农产品品种	专业农户/%	准主业农户/%	副业农户/%	收入/千亿日元
大米	38.1	26.2	35.7	18.0
小麦	87.6	15.5	6.9	0.7
大豆	68.4	12.0	19.6	0.7
蔬菜	79.7	9.0	11.3	20.3
水果	64.2	14.8	21.0	6.8
花卉	78.4	11.4	10.1	3.3
奶牛	92.6	3.5	3.9	7.1
肉牛	79.2	10.3	10.5	4.4
猪	89.9	4.9	5.2	5.1

资料来源：日本农林水产省统计数据。

总体上，日本的农业补贴及农协对日本农业的发展起到了积极作用。首先，在国家财政补贴刺激下，日本农田水利基本建设发展迅速，新垦地面积扩大，单位耕地生产率得到较大提高，从而实现营粮效率的提升；其次，日本注重对现代农业发展的持续投入，加速农业现代化进程，在许多方面已超过欧美发达国家；再次，巨额财政补贴下的农产品价格补贴极大地调动了农民生产积极性，农产品供给大幅增加，也促进了农民收入稳定增长；最后，政府对市场信息反应灵敏，积极引导农户进行科学的经营分化。

7.1.2.4　发展中国家新型粮农的培养工程

发展中国家也称开发中国家、欠发达国家，指经济、技术、人民生活水平较低的国家。发展中国家的人均国内生产总值相对较低，人口众多，有广阔的市场和丰富的自然资源。

相对于发达国家，发展中国家农业现代化水平较低，除极个别国家外，绝大多数还处于传统农业阶段，有的甚至处于原始农业状态，农业的商品化程度很低，而且农民生产的产品主要用于满足自身的消费，只有少量剩余产品用来交换生产和生活所需的物品，发展中国家的农业社会化服务体系发展处于较低水平阶段。

巴西、俄罗斯、南非等国在农业发展条件、经济发展水平及农民综合素质方面和中国有很多相似之处，作为发展中国家的"金砖国家"在对农民的教育培训中多注重理论与实践相结合，基本以政府为主导，统筹职业农民培育工作，通过多样化的培训，加大对青年农民的培育力度，这为"金砖国家"农业持续稳定发展培养了高素质的农业人才。本书将以巴西、俄罗斯、南非为例，对发展中国家的新型职业农民的培养工程进行研究和探索。

(1)巴西新型职业农民的培养模式

巴西的农民培训是政府主导型的，并且完善了农业科研、教育、推广体系。1991 年，巴西联邦政府成立了农业职业教育服务机构，主要职能包括：①组织、管理和实施全国农村职业农民培训；②支持职业农民雇主单位组织工作场所的培训；③开发和传播农村职业培训和农村社会发展技术；④协调、指导和管理农村农民职业培训和农村社会发展计划和项目；⑤支持联邦政府农村农民职业培训和农村社会发展工作。1995 年，巴西联邦政府实施了"员工继续培训计划"，用 3 年的时间为企事业单位培养了大量员工，很好地做到了政府部门、私人部门与市场机制的有机结合。[15]

多年来，巴西形成了具有特色的农业科研推广体系。全国有 118 个研究中心、1800 多个农业科研推广站，为农业生产提供技术服务与帮助。除农业职业教育服务机构外，农业院校、国家农牧业研究企业和各州农业研究所也构成了农业科研体系，培养了各类农业人才，并且承担了农业科研项目的研究工作。农业职业教育服务机构和农业技术联合体作为主要的农业技术推广组织，负责对农民进行技术指导和服务，提高农村地区的农业生产效率。在职业农民培育方面，政府向农民推广农业生产技术培训，改变了粗放型的经营方式，促进了水土资源的可持续利用。[16]

总体而言，巴西政府主要通过政策引导来促进培训，从而改善农民的生活质量。目前，巴西农民培育相关政策体系包括取消"进口替代"政策、生产者支持政策、生态补贴模式、农村保险体系、信贷政策和农村基础设施建设政策等，宗旨是保护和提高农民的生产积极性。

(2)俄罗斯新型职业农民的培养模式

对职业农民培育的立法保护是俄罗斯农民培育模式的一大特色。俄罗斯制定了一系列扶持农民和农业的政策和措施，在俄罗斯农民培育中发挥了重要作用。俄罗斯针对农村开展初等教育、中等职业教育、高等农业教育和补充职业教育，设立了一套从低级到高级的农业人才培育体系，并且农村初等教育对全民免费开放。俄罗斯的农业教育面向各学历层次的农业人才，目的是培育各等级的农业劳动者和专家。其主要特点在于：一是培训方式多样化。俄罗斯农业教育培训有合作社大学的教育培训、国有农场的内部教育培训，还有农业高等院校和科研院所的全日制教育、函授教育、网络教育、夜校教育、旁听和在岗培训等多种教学形式。灵活的教育培训方式，使俄罗斯农业教育体系得以完善。政府部门还对农业在职人员的再培训进行补充，包括新型现代化农场主的培训、农艺工程师的再培训、农村教师的职业技术教育等。二是办学形式多样化。除高等农业院校和农业科研院所外，农业合作社和大型农场也创办了自己的大学和技术学校，用于培养农业技术人才；为了发展职业教育，俄罗斯鼓励民办学校的发展，走出了一条以国家办学为主、民间办学为辅的特色教育之路，形成了多元化、多层次的办学形式。[17]

此外，俄罗斯非常重视职业资格认证，在农民教育培训的各阶段实施不同层次的资格认证。俄罗斯的农业资格证书注重与国际接轨，采用欧盟 5 级技能等级标准体系。资格认证主要集中在不完全高等教育阶段和完全高等教育阶段。人们在不完全高等教育阶段经过 3 年的学习和职业培训后，可以获得相关初级职业资格证书，如初级农艺师、初级动物工程师等职业资格证书。在完全高等教育阶段(又称专门化教育)的“应用型人才”培养模式下，人们经过 6 年的学习，可获得农艺师、工程师等资格证书。

(3)南非新型职业农民的培养模式

南非农民培育是由国家统筹规划，政府及相关部门指导协作，教育系统为主体，农业改良普及事业系统和农协配合完成的。南非农民培育贯穿整个教育环节，在进行相应阶段的普通教育的同时，配合相应的职业培训，保证学生在获取毕业证书的同时获得相应的职业资格证书，这种教育培训模式充分提高了农民的培训效率。南非的高等农业教育沿袭了英联邦国家的综合性大学学制，农业教育由大学中的农学院承担，目前共有 8 所国立大学设有政府投资的农学院，另有近 30 所专科性质的农学院。农学院本科生完成 3 年本科课程可获学士学位。各大学农学院都非常重视与发达国家农业院校和国内外农业科研机构的合作和交流。为顺应农业专业化的趋势、满足高科技农业的需求，几乎一半的毕业生可获得“研究型”学士学位。

除了教育机构，南非还设立了农业研究理事会，领导1个研究机构和分布在全国的40个试验站，向全国提供农业服务，支持政府制订的发展计划，确保农业在全国、非洲地区甚至国际上的竞争力。农业研究支持体系与各省农业研究机构和大学的农学院共同形成了完整的农民培育支持体系。

南非还针对农民教育制定了教育法案，如针对职业农民培育实施主体的《南非学校法案》。教育内容注重实用性，南非中小学内部均设有农业专题课程，内容以技术培训为主。南非对青年农民进行农业高等学校教育和研究所职业培训，将教育培训课程和资格认证相结合，并在全国推广。[18]

7.2 我国传统营粮效率提升的三大工具

基于国内外经验，结合中国的实际情况，我国传统营粮效率的提升离不开科学技术、政策，以及农业基础设施建设。但是仅靠这三个提升工具，我国农业也会面临极大的挑战，原因是我国目前的农户营粮劳动力质量较低，现有的鼓励政策并未对农户提升营粮效率产生持久的积极影响，农业扶持的目标、方向和政策不够精准。

7.2.1 传统营粮效率提升的三大工具

我国是具有悠久农耕历史的国家，传统耕作思想及方法根深蒂固。要想打破传统、提升营粮效率，必须利用现代科学技术，将良技、良法认真传授于营粮农户，并且创新农业粮食补贴政策，以从根本上调动农民积极性为目的，以农业基础设施建设为主导，加大对农户营粮的投入，从而提升农户的营粮效率。

7.2.1.1 良种、良技、良法主导的科学技术

目前，我国的农业科学技术仍是以良种、良技、良法为主，对提高粮食经营效率起主要作用。

良种是指用常规原种繁殖的第一代至第三代种子和达到良种质量标准的杂交种子，是供大田生产的种子，也是主要用于商品化的种子。植物良种的作用主要在于可以从根源上改进产品品质，例如，优质玉米品种的选育提高了籽粒蛋白质和赖氨酸含量，显著提高了饲用价值，各种鲜食玉米杂交品种更是层出不穷，不仅提高了玉米的品质，而且增强了玉米的适口性。良种还可以增加种子的逆抗性，提高种子的适应能力，从而扩大农作物的培育区域范围。最重要的是良种栽培可有效提升产量、提高种植效率和劳动生产率。

我国主要的良种推广方式包括普通推广方式、培训与走访相结合推广方式、参与式推广方式、项目推广方式和费用共担推广方式等。

良技、良法即优良的栽培技术和方法，是指正确地选种、适时适量地播种、合理地施肥除草，以及能够处理种植期间出现的各种病虫害防治问题。良技、良法在农作物种植期间显得尤为重要，是影响农作物产量的主要因素。

但良种、良技、良法都需要经过一定的学习和知识储备才能熟练运用，对于栽培者有较高的要求。农村大量的劳动从业者年龄较大，传统观念根深蒂固，对新型的良技、良法有一定的排斥心理，因此，“三良”科技在实际推广中往往会受到阻碍。

7.2.1.2 调动农民积极性的导向性创新政策

中国农村改革多年来，粮食生产取得了举世瞩目的成就，粮食产量由1986年的39151.2万吨上升到2020年的66949万吨，年平均增长率达1.87%。但是，在过去的30多年中，随着我国市场经济改革逐步深入，非农比较收益逐步提高，农户种植粮食的生产行为受到了更多因素影响，农户的种粮意愿也受到了更大的冲击。20世纪80年代以来，中国粮食生产经历了三次大的波动，便是农民种粮意愿下降的反映。[19]针对这三次粮食生产的波动，为了从根本上达成增强农民种粮意愿、调动农民种粮积极性、推动粮食生产、确保粮食安全的目的，中国政府的农业工作主线始终围绕着不断出台各项农业生产扶持政策展开。支持该思路的重要依据是在粮食生产比较效益较低的情况下，政府要依靠政策激励与价格引导并举，才能增强农民种粮意愿，并进一步调动农民种粮积极性。

按照农业农村部和财政部发布的2020年财政强农惠农政策分类，当前我国主要农业支持政策领域包括：农业生产发展与流通（包括耕地地力保护补贴，农机购置补贴，玉米、大豆生产者补贴和稻谷补贴等16项）、农业绿色生产与农业资源保护利用（包括农作物秸秆综合利用试点、耕地轮作休耕制度试点等8项）、农田建设（包括高标准农田建设、东北黑土地保护利用和保护性耕作、耕地质量保护与提升3项）、新型农业经营主体培育（包括高素质农民培育、新型农业经营主体高质量发展等4项）、农业防灾减灾、乡村建设。政策分类共计6类36个项目。[20]根据新时期粮食安全战略的要求，国家先后出台了一系列宏观调控政策来鼓励农民种粮。随着社会经济环境的转变，粮食补贴政策体系改革也在逐步深化，初步形成了以农业支持保护补贴为基础的直接补贴和以最低收购价为核心的价格补贴组成的综合粮食安全补贴政策体系。

无论是粮食补贴政策还是耕地保护政策，抑或是农田设施建设等各种与农业有关的政策，都或多或少地对农户营粮产生积极的影响。在经济高速发展的时代，农户从农业经营中获取的利益越多，其经营农业的积极性也就越高。增强农户的种粮意愿不仅是农业可持续发展的需要，也是维护国家粮食安全的需要。各级政府都应高度重视粮食补贴政策对农业生产和农民增收的促进作用，根据本地实际设计出提高农户种粮收入预期的各项惠农政策，增强农户种粮意愿，以激发和保护农户对粮食生产的热情和积极性，从而维护国家粮食安全。

7.2.1.3 农业基础设施建设主导下的投入增长

提高农户营粮效率，农业基础设施是基础，也是“硬”条件。农业基础设施能够有效提高粮食单产和粮食生产的抗灾、减灾能力。农业基础设施的建设水平是影响粮食综合生产能力和生产效率的关键因素，能够有效帮助农户降低粮食经营风险、提高经营能力。加大农业基础设施的投入，在某种意义上也能够提高粮食生产储备能力，对维护国家粮食安全具有重要意义，而国家粮食安全也是农户进行分化经营的重要前提。

2016年“中央一号文件”明确提出了“大规模推进高标准农田建设、大规模推进农田水利建设、加快农村地区的生产和生活基础设施建设，持续夯实现代农业基础，提高农业质量效益和竞争力”，农业基础设施建设再一次被摆在促进农业发展和农村进步的重要位置。一方面，良好的农业基础设施条件可以提高可耕种土地的数量和质量，实现“藏粮于地”[21]；另一方面，农业基础设施尤其是农田水利设施可增强粮食生产的抗灾能力，提高粮食单产，实现“藏粮于技”。农业基础设施投入和粮食生产的双向互动关系如图7-1所示。

改革开放尤其是21世纪以来，农业基础设施建设是助推粮食增产的重要动力，为保障我国粮食安全作出了重要贡献。国家发展和改革委员会发布的《国家粮食安全中长期规划纲要(2008—2020年)》提出切实加强农业基础设施尤其是农田水利设施建设，要求到2020年农业灌溉用水有效利用系数达到0.55以上，中低产田比重下降到50%左右。国家相关法规对农业基础设施投入的总量、增量、比例都有一定的要求，例如，2011年“中央一号文件”提出，2011年后的10年水利基础设施投入比2010年高出1倍，土地出让收益中的10%用于农田水利建设。

农业基础设施投入和粮食生产存在双向互动关系(如图7-1)，一方面，加大农业基础设施投入可以减少耕地撂荒、开垦荒地从而节约粮食成本，扩

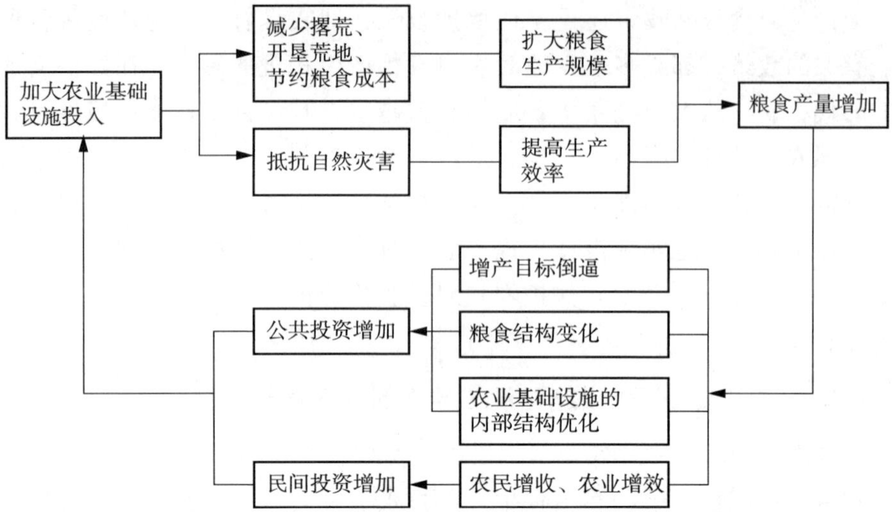

图 7-1　农业基础设施投入和粮食生产的双向互动关系

数据来源：根据调研所得。

大粮食生产规模；亦可增加农作物抵御自然灾害的能力，提高生产效率，最终增加粮食产量。另一方面，粮食产量的增加可影响农业基础设施的内部结构优化，农民收入增加，农业经济效益增长，使公共投资增加、民间投资增加，最终使资本继续投入农业基础设施建设。

农业基础设施建设与粮食增产也存在直接关系和间接关系。首先是直接关系，农业基础设施建设可提高土地的复种指数，提升粮食各生产环节的管理效率，减少旱涝灾害；其次是间接关系，农业基础设施的完善可扩大粮食的经营规模，有效减少耕地撂荒，增加先进技术在粮食耕作过程中的使用。除此之外，农业基础设施建设对于不同的粮食作物也具有不同的影响，就水稻、小麦、玉米三大主粮而言，农业基础设施建设对水稻和小麦的营销最为明显，这主要是由其种植条件决定的。我国水稻主产区域集中在秦岭—淮河以南地区和东北平原两个区域，这两个区域的降水都集中在夏季，致使夏天的洪涝和其他季节的干旱易发。因此，对水稻产出影响最大的属旱涝灾害，而农业基础设施尤其是农田水利设施可以减弱水稻生产中所面对的自然灾害的影响，在一定程度上改变"靠天吃饭"的局面。[21]

农业基础设施与粮食生产经营的各种关系决定了其在提升农户营粮效率中的决定性地位，且我国目前的农业基础设施建设仍不完善，与一些发达国家相距甚远，因此国家必须继续加大对农业基础设施建设的投入，从而促进农户营粮效率的提升及农户经营的自然分化。[22]

7.2.2　三大工具的使用空间及对农户经营分化的挑战

科学技术、政策及农业基础设施建设作为我国传统营粮效率提升的三大工具仍有非常大的使用空间，但三大工具在促进农户经营分化时也面临巨大挑战，空间需要被填充，困难需要被克服，这要求我们对其进一步剖析和研究，才能真正提升营粮效率，进而科学合理地指导农户经营分化。

7.2.2.1　科技投入空间尚存，但弱质化粮农接受转化能力降低

改革开放以来，我国农业科技创新取得了长足发展，建立了较为完善的农业科技创新体系，推动了中国农村经济在较长时期内保持快速发展。[23]但不可否认的是，与发达国家相比，我国的农业科技存在贡献率不高、转化率低下和农民的农业科技需求不足等问题。这些问题不仅制约着农业科技的使用，而且严重阻碍了农业科技的创新。[24]以“三良”为主的农业科技具有一定的局限性，实现农业现代化仅依靠这些科学技术远远不够，为了顺应现代农业的发展，必须不断丰富科学技术的内涵。

农业科学技术进步不仅是农业增长的持久动力，也是我国国民经济发展的关键保障。以甘肃省为例，2006—2010 年，甘肃省农业科技投入额每年都有所增加，但是各年的增长率呈上下波动，没有形成良好的持续增长趋势。[25]企业的农业科技投入比例 2006 年为 46.34%，经过一系列波动后下降到 2010 年的 36.48%；农业科技院的科技投入比率从 2006 年的 40.26%下降到 2010 年的 38.86%；农业企业的科技投入比率从 2006 年的 13.39%小幅上升到 2010 年的 22.13%（如图 7-2）。

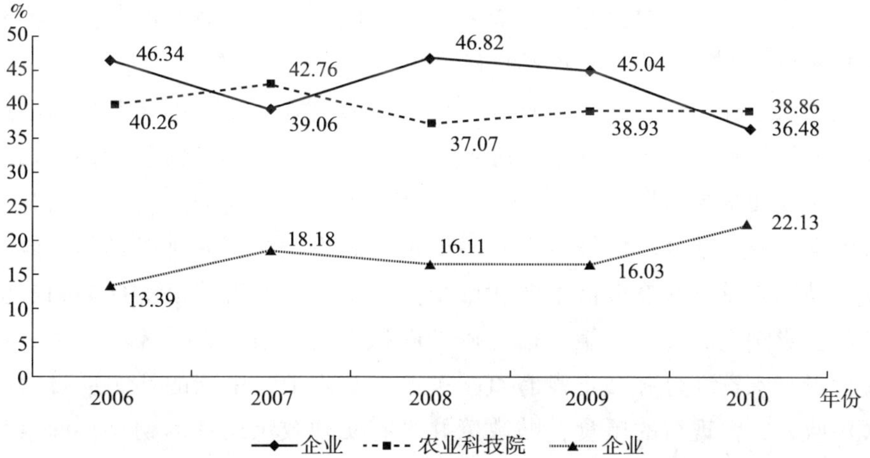

图 7-2　2006—2010 年甘肃省农业科技院、企业和农业企业承担农业科技投入总额比例情况

数据来源：根据调研所得。

农业科技的应用离不开农户这一主体，新型的粮食种植技术不能是盲目的单项提升，要考虑到农户应用的实际情况。虽然加强科技投入有利于推动农户经营分化，但农村劳动力往往接受能力较低、老龄化严重，严重阻碍了农业科学技术的推广与应用。2010 年，全国第六次人口普查资料显示，我国农村 60 岁以上老年人口占农村人口的比例为 14.98%，而 2015 年全国 1%的人口抽样调查数据显示，这一比例已经快速上升到 18.47%，农村老年人口总量接近 1.12 亿。受此影响，农业劳动力老龄化更为严重，第三次全国农业普查数据显示，2016 年，我国农业生产经营人员中，55 岁及以上的人口数量占比为 33.6%，“老人农业”已成为中国农业的典型特征之一。[26]

同时，我国农户人均耕地不足 3 亩，以家庭为生产经营单位的小规模农户仍是我国农业生产的基本单位和重要主体。实现小规模家庭经营、营粮劳动力老龄化、科技水平应用能力较低的营粮现状适应“三良”科学技术的发展，是提高我国农户营粮效率、解决农户经营分化问题的重中之重。

7.2.2.2 农地制度及利益补贴机制不足以再次撬动农民营粮积极性

为了保护营粮农民的利益，降低农作物自然灾害对营粮农户产生的风险，保证粮食产量，维护国家粮食安全，我国出台了不少关于粮食补贴的政策，大致可分为粮食直补政策和农资综合补贴，资金都来自国家财政，而且规定了发放的原则。[27]但粮食直补政策对农户的种粮面积扩大、农民收入的增加均影响较小，对农户每亩粮食生产的投入量没有影响，农户投入的增加主要是由于农资价格的提高。[28]要想实现粮食补贴政策的预期目标，必须进一步科学界定补贴方式和补贴标准，有效甄别补贴对象。同时，粮食直补不能代替价格支持，不能高估直补政策的有效性。

我国农业补贴同许多其他政策一样，虽然国家的补贴是根据粮食生产情况从中央拨款到省，再从省分配到县，但是地方政府发放给农户的补贴（大部分是以土地面积为依据来分配补贴的）没有对生产产生影响。[29]事实上，根据调查数据，绝大部分补贴是给土地的承包户而不是给实际耕作者的。最重要的是，补贴并没有影响粮食生产和市场，也没有证据表明粮食直补和农资综合补贴会影响生产者的决策。粮食播种面积变化与粮食直补并不相关，化肥的施用量与农资综合补贴也没有直接关系。实际上，中国的补贴项目提高了农民的收入，但现行的粮食补贴政策并没有实现政策设计的初衷，即增强农户种粮意愿。[30]

总体来说，我国虽然一直有不少粮食补贴政策，其根本目的也是保护农民利益、调动农民种粮积极性，但由于申请过程烦琐、补贴力度不大、补贴方向不准确等原因，这些政策实行的效果并不理想。现阶段，国家必须对其进行进一步的创新研究，重新制定出能够真正对营粮农民有所帮助的新政策。

7.2.2.3 基础设施的硬性约束为农户经营分化带来挑战

农村基础设施的建设水平在一定程度上可以影响粮食综合生产能力和生产效率。加强农业基础设施建设，在某种意义上也是增强粮食生产能力的物质前提，对维护国家粮食安全具有重要意义。当前，农业基础设施的投入会在一定程度上为农户经营分化带来挑战。一方面，农业基础设施的投入会一定程度上减少田间劳动力的使用，提高农地工作效率，这会使得农户离开田间地头，选择经营其他农作物来提高家庭收入。另一方面，国家大力投入乡村基础设施建设，设施种类多样，不仅可用于粮食生产和收割，还可以在种植经济作物中使用，这就促使农户不单单选择种粮来营生，一定程度上影响了农户经营分化。总之，在基础设施的使用中，合理分配是农户经营分化的前提，也是维护国家粮食安全的基础。

7.3 构建中部粮食主产区农户营粮效率提升机制

7.3.1 锚定机制

国家应持续积极倡导农地流转。目前中部地区土地运营规模过小已成为制约农业现代化的重要障碍，适当扩大农业运营规模可以提高粮食生产效率。针对目前存在的土地分散化带来的实用效率下降的现象，相关部门应积极引导农户在公平分配土地的基础上持续积极鼓励土地适度流转，通过适当扩大土地运营面积来缩减土地块数。目前，河南省已出现诸如运营家庭等规模组织，但由于河南省粮食生产条件优越，各个地域详细的生产条件、生产资源存在差别，所以，对于土地的合理流转不能“一刀切”，要根据河南省农业开展的实践并结合我国其他地域农业规模化的经验，合理规划农业消费。既要注重公平，也要注重效率，走新型农业化路径，完成传统农业向现代农业的转化。[31]

7.3.2 方向机制

国家应加快培育新型粮食规模经营主体。虽然我国新型农业经营主体的人力资本水平相对于传统小农户有着巨大的提升，但是当前我国粮食生产的国内外形势十分复杂，粮食生产面临“内忧外患”的局面。新型农业经营主体承担着农业现代化、农民增收、粮食安全的多重任务，需要在新时代乡村振兴背景下完成艰巨的历史使命。新时期粮食规模生产主体不再自产自食、自产自售，同时，消费者也更加青睐绿色、无公害、健康环保的食品，供给侧结构性改革的推进也对粮食规模经营主体的经营管理能力提出了新的要求。

7.3.2.1 加强职业农民能力建设，完善农业科技推广体系

随着我国农业消费内部环境的变化，对新型职业农民才能的培育应在深度和广度上不断加强。以往的培训注重专业技艺培训，而在持续学习才能、投资与管理才能方面不够注重，因而，应该从理念和机制设计两个方面进一步优化。一是创新职业农民培育机制，建立多主体、全方位的培训体系；有针对性地对农业经纪人、种粮大户、家庭农场主等加强培训，鼓励他们“半工半读”，接受职业教育，使他们在运营理念、风险认识、市场认识、“互联网+”、农业产业化及绿色生态方面愈加专业。二是优化我国农业科技推行体系，借鉴美国农业教育与科研相结合的“产学研”模式，推进“科教下乡”，鼓励高校科研院所与种植大户积极协作，完善农业特派员制度。推进农业机器化程度，尤其是水稻插秧和烘干环节，完善农机质量规范化体系和售后服务体系。

7.3.2.2 注重新型农业经营主体培育，提高种粮大户的规模效率

国家应完善对种粮大户的补贴激励措施，尤其是粮食主产区产量稳定且诚心经营的种粮大户。建立物化补贴和项目补贴等多种补贴联动机制，对农地的平整、小型农田水利设施建设给予扶持。另外，鼓励种粮大户绿色生态安全生产，针对绿色环保产品进行鼓励和认证，降低农业面源污染，对粮食收购与销售实行分级分类，对造成重大农业面源污染的主体进行惩治。

7.3.2.3 创新职业农民人力资本培育理念，实现多元主体协同发展

首先，从宏观层面来讲，国家应树立动态扶持机制，完善支持种粮大户的相关法律法规。政府相关部门应基于种粮大户、家庭农场、农民专业合作社的视角，加大制度的供应和顶层设计，包括金融支持、技术指点、人力培训等多个方面。另外，应加强对合作社的监管和审核力度，防止以土地流转

合作社、农机合作社为名，行虚伪合作甚至非粮非农之实，减少“政策蛀虫”和“搭便车”行为对社会资源的耗费，对“假合作社”“空壳合作社”套利与蚕食补贴的行为勒令停止并处分。其次，从中观层面来讲，国家应建立多元利益主体的协同合作机制，引导龙头企业、合作社通过利益联合和效益共享，促进社员、普通农户、中央高校、涉农龙头企业协同完成“产—学—研”相结合的活动；对积极开展社会化劳动、新型职业农民培训且社会效益良好的合作社设置支持补贴，激发合作社开展社区教育培训的积极性。最后，从微观层面来讲，新型农业经营主体本身要精确定位、有序接受教育培训，在“干中学”，并总结经验，以提升农业消费效率；积极施行粮食消费供给侧结构性改革，向符合市场信号、契合消费者需求的绿色、低碳农业消费变革；树立多元主体人力资本培育机制，鼓舞并进一步开发合作社新型农民培训模式，发扬“以农业产业为中心，以乡下社区为载体，以农民群众为培训主体，以共同利益为链条”的精神。

7.3.3 动力机制

国家应着力优化粮食规模生产补贴政策。[32]一项新的政策在实施过程中会受到政策实施环境、决策者认知、消费者偏好等因素影响，因此必须在实践过程中不断修正，才能达到动态均衡、激励相容的效果。新形势下的农业补贴政策应该吸取粮食直补的经验与教训，不能再一味通过价格补贴单向促进粮食的“虚假繁荣”。细碎化的小农经营模式对补贴产生了路径依赖，逐步蚕食了我国粮食国际竞争力。持续以“黄箱”为主的补贴方式产生了畸高的成本费用与价格极差，直接的补贴无疑给我国财政增加了沉重负担，同时削弱了农产品的国际竞争力，压缩了粮食本就狭窄的“提质增效”机会窗口期。因此，粮食生产政策不应单纯地采用补贴策略，而应提高财政支持的精准度和效率，重点补齐农业基础设施、农业科技与农业服务水平的短板。针对我国农业经营杠杆度较小且盈亏平衡区过小的问题，应该在粮食主产区建立有针对性、激励相容的长效政策机制，实现粮食主产大省的责任分解和权责对等，既要调动新型粮农经营主体的积极性，还要让主产区各级政府乐意为之。[33]另外，鉴于我国各地区发展水平与资源禀赋的差异，尤其是近年来农业农村的异质化现状，各地区不应该千篇一律地制订或执行对农业规模经营主体一成不变的约束性、指导性措施，而应该给予农业规模经营一定程度的张力，给予其适当的探索空间，允许其在试错与借鉴中成长。

7.3.3.1 明确规模生产补贴目标，构建成本分担机制

第一，从科学的角度看，政策设计需要以政策目标为目的和依据，明确的目标和行动机制有利于政策效果的最大化。在新形势下，我国的农业补贴政策应以粮食主产区的新型农业经营者为重点对象，以提高其粮食可持续生产能力为重点。其中，粮食生产规模经营水平低下、农业社会化服务滞后等问题亟待解决。第二，在机制设计上，要区分规模生产补贴与粮食安全、农民增收、农村稳定和农业现代化的目标。应该吸取教训，意识到以往政策的多重目标导致了目标间的冲突和不相容。在顶层设计上，要区分多目标逻辑机制和协同继承结构。第三，建立政府、市场、社会共同参与的粮食规模化种植成本分担机制。在农业规模经营过程中，对提高粮食生产能力和国际竞争力具有明显促进作用的公共成本，应由政府或市场分担，而能够疏通市场、具有良好效益和效率的成本应由市场承担；对关系国家粮食安全的农产品细分市场，如种质资源培育、工程生物育种基础资源选择、油料种植加工等市场，国家应实行产业扶持政策等。[34]

7.3.3.2 明确规模化生产的种植成本，规范补贴责任行为

根据现阶段粮食消费成本的特点，停止诱导栽培尤为重要。首先，在单一因素成本方面，土地流转高昂的消费和销售成本是规模经营中最主要的成本。虽然农民经常探索土地产权、代农代管等多种形式，但由于委托代理成本较高、激励不相容等绩效约束，农地流转租赁市场不够活跃。基于此，国家应出台“农地流转补贴政策”，间接减轻规模农户的土地租赁成本负担。其次，在全要素成本方面，基础设施、农地制度和农业市场的不完善导致资源配置不合理，农业全要素消费率偏低。因此，必须注重建立农业社会化服务体系，不仅限于农业水利和防洪抗旱装备、农田永久性整理和土壤肥力的保持、农村机械化道路和农村电力等“硬件”方面，还要加强对农业科技环保、农业信贷金融、农业减灾防控、智能农业等“软件”的投入。最后，应建立地方与中央的责任清单和长效投入机制，形成政策合力，实现综合效应。注意提高产粮大县财政补贴比例，并赋予中央实施改革的权力，探索按照地方实践进行改革的途径。目前，我国新型农业经营主体仍处于初级成长阶段，根据这一阶段粮食生产成本的特点，开展引种栽培尤为重要。

7.3.3.3 实施动态补贴计算标准，促进补贴能源增长

新型农业经营主体的生产函数是一个动态演化过程。随着外部约束的变

化和内生资源配置的优化，新型农业经营主体在不同阶段的经营成本和效率是不同的。因此，施行动态补贴计算规范无疑更有利于新型农业经营主体的发展。第一，本书探讨了与要素价格挂钩的静态补贴机制。耕地租赁、从业人员、消费品等投入品价格不时下降，粮食价格连年下降，投入产出“剪刀差”持续扩大，给新型农业经营主体带来较大的成本压力。本书认为，可以参照“一揽子计划”或“猪粮价格比”等来制订粮食补贴的调整机制。第二，要建立全国范围内的新型食品、农业经营者静态数据库，对食品消费自愿波动、规模经济、绿色防控、信用等级高的经营者实行差别化和激励机制，从而促进我国食品质量和数量的“双安全”。第三，在我国粮食规模经营主体异质性的背景下，对农民专业合作社、龙头企业、家庭农场和种粮大户实行动态差别补贴战略。从理论上讲，合作社和龙头企业更愿意追求“剩余价值”，而非农、非粮企业则不同，因此，本书认为，应从种植和成长的角度，对家庭农场和种植者给予多样化、动态的支持。

7.3.3.4　建立成本责任监督机制，提高财政补贴绩效

加大资金补贴力度，提高政策效率，是当前农业补贴政策改革的重点。要加强对规模经营主体“瞒报”“谎报”行为的处罚和问责，使守法成本大于守法收益；要对信息核销负责人实施问责措施。如浙江省建立了运营商动态数据库，停止了大型运营商相关信息的“地下公开”，使其接受公众监督；与金融、银行、保险企业共享大型运营商贷款信息，将失信者的信息报送中国人民银行，划入中国人民银行征信系统，并上报有关部门，对相关逃债主体进行适当曝光。同时，要鼓励地方政府创新存款贴息、技术推广、服务补贴等扶持大型粮食经营者的方式，采取先服务后补贴、物化补贴等方式。对于完善的技术推广和服务补贴，要加快建立农业社会化服务体系，在粮食消费托管服务、病虫害统一防治、农业废物资源化利用等方面积极采取政府购买等扶持方式，这有助于农业面源污染净化与控制。

7.3.3.5　加大财政对农业的精准支持力度，提高补贴政策的可行性

在实践中，农业补贴的及时性是对“谁供给、如何供给、供给多少”问题的回答。对于新运营商的补贴政策设计，应从激励性补贴向功能性补贴转变，从隐性补贴向显性补贴转变。国家要创新整合财政投资机制，撬动社会资金多元化投资，提高资金预算、运用和监管效率。增量补贴主要针对规模过大的经营者，其中，土地补贴不应局限于“身份农民”，应提高“规模补贴”的规格和支持范围；增加“绿箱”政策和综合服务支持补贴，特别是社会服务、机

库大棚和绿色补贴控制、鼓励大户改善耕地和基础设备改造，采取“投资第一”的方式，建立对非农、非粮行为的惩罚机制。值得一提的是，要加强金融保险业对规模农户的支持，开辟规模农户购买农机或季节性资金的绿色通道，适当延长规模农户购买大型农机设备的还款期限；保险机构应为新型农业经营者开发多样化的保险产品。[35]

7.3.4 发力机制

国家应建立资本保障充足的持续激励机制。我国新型农业经营主体承担的粮食消费成本远远高于传统的间接消费成本。从水稻规模经营来看，每亩总成本高达1 808元，远高于926元的间接消费成本。农业社会化服务体系不健全，农业分工缺乏深度和广度，造成信息不对称和价格扭曲，导致总成本过高。农业面临的自然和社会双重风险使农业的附加成本居高不下。基于粮食消费的内在现实，从利益相关者的角度出发，可以在以下方面对政策进行完善。

7.3.4.1 完善粮食规模经营全成本体系，创新粮食补贴政策统筹机制

全成本视角之下的粮食成本构成有待进一步细化和探讨，特别是随着我国国际粮食消费环境的变化，应该以静态、零散、协调的思路分析各种农业消费成本。一是根据不同成本的构成特点和机制，完善农业消费要素的整合和流转机制，特别是建立农地流转信息平台，打破农地流转局限于农业生产“熟人社会”的局面。二是关注粮食规模经营者自身的“异质性”倾向，为过度同化消费能力和成本差异建立准确支撑。三是“降本”要立足于农业供给侧结构性改革的机遇窗口期，遵循“有序建设、突出重点”的原则。[35]

7.3.4.2 明确粮食规模经营主体，探索规模经营成本分担机制

粮食规模经营的多功能效应对保障粮食数量和质量安全、促进粮食综合消费、改善农业生态具有重要意义。根据粮食消费的多功能效应，可将粮食消费收入分为“公共收入”和“社会收入”。此后，种粮大户在不损失相应补偿的情况下承担了少量社会资本，社会效益高于种粮大户和粮食主产区的“公共效益”。国家应根据粮食规模经营的特点，理清政府、市场和社会的成本负担边界，创新成本分担机制。具体来说，政府要加大对农业基本装备、农业技术研发和实施等方面的投入和补贴，明确“社会”资本。特别是在规范粮田建设、高压水电线路整治、维护保养等方面，经营者应承担公共资本范围之内消费和管理环节的各种成本。农业大户要学习和推广农业科技在降低成本中

的应用，加强和深化代栽、土地托管等专业服务；政府可以尝试发放以奖代补的“社会化服务券”，鼓励中央储粮基地开展干粮仓储服务，探索发挥政府主导作用，促进农民与科研院所、小学、农业龙头企业的互利合作，形成政府搭台，高校科研院所发挥作用，满足种植者需求的社会化服务体系。应鼓励多种规模经营者建立“合作协会”，实行信息共享、资金互助、分工协作，对农业消费或社会化服务质量进行独立、公正的监测和评价，这有利于降低粮食规模经营成本，支持农民投资土地，建立农地流转市场价格的微观调控机制，避免人为抬高农地流转价格。

7.3.5　合力机制

无论是粮食主产区还是新型农业经营主体，尤其是家庭农场和种粮大户，资本要素供给端改革都受到资本的相对约束。因此，应该探索多主体、多渠道的模式来解决资金约束问题，如各级政府、各类金融机构、农业担保基金和农民互助基金合作社。

一是鼓励地方政府根据本地区农业和社会经济发展实际，制订粮食补贴和政策扶持方案。在不断加快粮食金融投资资金支持的同时，提高重点生产主体的资金使用效率。二是鼓励金融机构在风险可控的前提下，尽可能安排信贷资金支持粮食经营主体。三是各类保险机构要在充分调研农业适度规模经营市场的基础上，结合实际，根据各类主体的需要，探索适合粮食主产区和种粮大户生产特点的农业气象指标保险、全成本保险等保险类型。同时，要鼓励社会资本和多主体积极参与农业社会化服务体系建设。政府要重视农业市场化的管理和维护，尤其要注意投入的要素组合和利用效率。四是进一步加强以农田水利为重点的农业基础设施建设，加大对农田平整、土壤培肥和小型农田水利设施建设的支持力度。

完善农业社会化服务体系，可以大大降低规模生产的交易成本。对于我国当前的粮食生产来说，重塑和激活农业技术研发与推广体系，对于提高粮食生产效率具有更为现实的意义。首先，国家在建立农业科技推广体系的同时，还应注重激发基层多主体的服务积极性，鼓励合作社、家庭农场、种植者结合自身比较优势，共同建立社会服务组织，如农业种苗繁育基地、粮食烘干中心等，进一步细分农业服务市场，与合作社、龙头企业合作，探索“企业+农户”等产业整合形式的利益共享和稳定模式。此外，对私人成本的社会承诺问题也应建立可追溯性和惩罚机制。因此，新型经营主体要提高粮食主产区水土资源保护和管理能力，包括化肥农药的科学施用、农地利用与维护相结合、生态资本权益补偿等。其次，要针对农业基础设施的重要性和存量严重不足问题，探索农业基础设施立法，明确各级政府和利益相关者的投资责任，建立长期激励相容的投资机制，鼓励社会资本特别是种粮大户和其他利益相关者开展小型农田基础设施建设和管理，包括农田平整和渠道防渗。政府应“以奖代补”和“先建后补”，进行适当补偿。最后，鼓励科研机构紧紧抓住农业生产的需要，开发和应用适合不同粮食产地的实用农业装备和关键核心技术，提高粮食主产区机械化水平。

7.3.5.1 劳动力要素供给侧结构性改革

一方面，要放慢农民工市民化和新型城镇化的速度，鼓励农民增收流转土地，有偿加入耕地承包经营权，支持中央积极开展多种规模经营，着力激发以家庭农场、合作社和种粮大户为主的新型农业经营主体的参与积极性。另一方面，要鼓励多主体深化农业分工，创新合作机制，拓展农民共享分工经济的空间，实现“服务规模经济”，加强青年职业农民人力资本培养。

7.3.5.2 供给侧体制改革与创新要素“有恒心者恒心”

第一，良好的制度安排对提高买卖双方的积极性、降低交易成本有重要影响；良好的制度安排可以促进消费的发展，消除要素活动的障碍，降低社会交易成本。我国在粮食主产区农业供给侧结构性改革方面，要着力完善农地产权制度和要素市场化配置，减缓农地确权，完善宅基地“三权分离”机制；建立区域土地流转信息平台；政府还可以牵头建立农地资产流转中介机构评估管理制度，鼓励土地流转合作社成立，支持农民土地入股。

第二，“理念胜于制度，制度胜于技术。”适当的政策补贴可以鼓励农民流转耕地[36]，而不合理的补贴会导致扭曲的结果。例如，在现行的“三位一体”补贴之中，土地补贴过于倾向于农民，规模经营补贴过多，会导致鼓励扭曲的发生。为此，要从完全成本的角度，核定粮食规模消费成本，制定补贴政策，完善农地自由流转机制，建立激励相容的支持体系，准确定位政策目的，选择政策工具，加强政府综合服务支持，特别是对规模过大经营主体的综合服务支持，重点支持操作风险管理和金融信贷，发展农业竞争经济。[37]

7.3.5.3 资本要素供给端改革

国家应探索各级政府、各类金融机构、农业担保基金、农民资金互助合作社等多主体、多途径化解资金紧张的形式，一是鼓励中央根据当地农业和社会经济实际，制订粮食补贴和政策扶持方案，在不时放缓食品金融投资资金支持的同时，提高重点消费者的资金利用效率；二是鼓励金融机构在风险可控的前提下，多安排信贷资金支持粮食规模经营主体；三是各类保险机构要探索适合粮食主产区和种粮大户消费特点的保险品种，如农业气候指数保险和全成本保险，这是在充分调查农业过度规模经营市场的基础上，结合各类主体的实际需要而设立的。[38]同时，要鼓励社会资本和多主体积极参与农业社会化服务体系的建立，政府要重视农业市场化的管理和维护，特别是注重投入因素与应用效率的结合。

7.3.5.4 技术创新要素供给端改革

实践证明，“无效灌区”和“农机”对消费效率有明显的作用。因此，要进一步加强以农田水利为重点的农业基础设施建设，加大对农田平整、土壤肥力培育和小型农田水利装备的支持力度。完善农业社会化服务体系，从而大大降低大规模消费成本。对于我国当前的粮食消费而言，重塑和激活农业技术研发与实施体系具有积极的意义。首先，国家在建立农业科技实施体系的同时，还应注意调动基层多学科的服务积极性，鼓励合作社、家庭农场和种植者结合自身的优劣势，建立农业种苗繁育基地、粮食烘干中心等社会化服务机构，进一步细分农业服务市场，开展种植、种养、土地配套等专业化服务。其次，政府可以尝试通过以奖代补的方式发放“社会化服务券”，鼓励中央储粮基地开展烘干仓储服务；探索政府在促进农民与科研院所互利合作中的主导作用，形成以“政府搭台，高校科研院所发挥作用，满足种植者需求”为主题的社会化服务体系。最后，国家应鼓励多种规模经营主体建立“合作协会”，实行信息共享、资金互助、分工协作，对农业消费或社会化服务质量进行独立、公正的监测和评价，这有利于降低粮食规模经营成本。

参考文献

[1]刘洪彬，等．东北三省农村土地规模经营研究[J]．中国土地科学，2014(10)：12-19.

[2]单志芬，等．发展规模经营提高耕地资源利用率——黑龙江省农村土地规模经营的调研[J]．中国农业资源与区划，2010(1)：33-38.

[3]孙奕航．我国农户对粮食补贴政策的反应与评价研究[D]．杭州：浙江大学，2013.

[4]谢小蓉，李雪．农业基础设施与粮食生产能力的实证研究——吉林省例证(1989—2012年)[J]．学术研究，2014(7)：91-97，160.

[5]刘培生．我国粮食补贴政策的绩效研究[D]．昆明：云南大学，2015.

[6]张帅．浙江省粮食补贴政策研究[D]．杭州：浙江财经大学，2016.

[7]魏玉君，叶中华．美国粮食安全保障政策变迁：启示与借鉴[J]．世界农业，2019(3)：50-55，115.

[8]钟钰，李先德，马晓春．美日韩粮食补贴政策变化对我国的启示[J]．宏观经济管理，2010(12)：69-70.

[9]吴楠，吕清正．"黄箱"补贴制度的国际经验及其借鉴价值[J]．华东经济管理，2017，31(7)：118-123.

[10]王高华．日本韩国农业补贴政策及效果[J]．世界农业，2012(10)：61-64.

[11]徐振伟，徐金莲．在对外开放与国内保护之间：韩国粮食安全的挑战与选择[J]．太平洋学报，2013，21(11)：79-89.

[12]徐振伟．二战后美国对日本的粮食战略及其影响[J]．世界历史，2020(1)：88-107，15.

[13]蒋祚．日本农协谷物及农产品事业[J]．中国合作经济，2014(2)：53-57.

[14]温铁军，侯宏伟，计晗．日本高米价背后的农协垄断及其政党联系[J]．农业经济问题，2016，37(2)：100-109.

[15]李逸波，等．金砖国家职业农民培育的经验[J]．世界农业，2015(1)：173-176.

[16]娄昭，徐忠，张磊．巴西农业发展特点及经验借鉴[J]．世界农业，2011(5)：80-82，98.

[17]赵宗峰，赵邦宏，王丽丽．"金砖国家"职业农民培育比较及对中国的启示[J]．黑龙江畜牧兽医，2015(12)：25-27.

[18]张启文，钟一民，刘德宏．发展中国家农业社会化服务体系发展的共同特征[J]．1999(12)：56-58.

[19]李韬．粮食补贴政策增强了农户种粮意愿吗——基于农户的视角[J]．中央财经大学学报，2014(5)：86-94.

[20]周静．我国粮食补贴：政策演进、体系构成及优化路径[J]．西北农林科技大学学报：社会科学版，2020，20(6)：88-93.

[21]龚斌磊，张书睿，王硕，等．中华人民共和国成立70年农业技术进步研究综述[J]．农业经济问题，2020(6)：11-29.

[22]蔡保忠，曾福生．农业基础设施投入对不同粮食作物产出的影响研究[J]．农业现代化研究，2019，40(4)：646-645.

[23]曾福生，蔡保忠．农村基础设施是实现乡村振兴战略的基础[J]．农业经济问题，2018(7)：88-95.

[24]汪博兴，查良春．湖北省现代农业科技应用现状与技术需求分析[J]．农业经济，2013(8)：81-82.

[25]樊红梅，田愉，张晓娟．甘肃省农业科技投入的现状及思考[J]．开发研究，2012

(5)：37-40.

[26]王笳旭，李朝柱．农村人口老龄化与农业生产的效应机制[J]．华南农业大学学报：社会科学版，2020，19(2)：60-73.

[27]马彦丽，杨云．粮食直补政策对农户种粮意愿、农民收入和生产投入的影响——一个基于河北案例的实证研究[J]．农业技术经济，2005(2)：7-13.

[28]张爽．粮食最低收购价政策对主产区农户供给行为影响的实证研究[J]．经济评论，2013(1)：130-136.

[29]黄季焜，王晓兵，智华勇，等．粮食直补和农资综合补贴对农业生产的影响[J]．农业技术经济，2011(1)：4-12.

[30]臧文如．中国粮食财政直接补贴政策对粮食数量安全的影响评价研究[D]．成都：四川农业大学，2012.

[31]郧宛琪．家庭农场适度规模经营及其实现路径研究[D]．北京：中国农业大学，2016.

[32]李静．粮食生产型家庭农场适度规模研究[D]．合肥：安徽大学，2016.

[33]朱明阳．粮地经营规模对粮食生产效率的影响研究[D]．郑州：河南大学，2020.

[34]邵亚青，陶佩君．河北省粮食主产区不同生产经营规模对小麦、玉米综合效率的影响[J]．河北农业大学学报：社会科学版，2019(5)：30-34.

[35]张路雄．我国耕地制度存在的问题及政策选择[J]．红旗文稿，2009(6)：9-12.

[36]何宏莲，韩学平．黑龙江省农村土地流转与规模经营保障机制研究[J]．东北农业大学学报：社会科学版，2010(5)：35-37.

[37]何宏莲，王威武．农地规模经营与农村社会保障制度关联分析[J]．商业研究，2011(12)：207-211.

[38]张路雄．我国耕地制度存在的问题及政策选择[J]．红旗文稿，2009(6)：9-12.

8 对策与建议：科学引导农户经营分化，提升农户营粮效率，确保国家粮食安全

农户经营分化呈现多样化发展态势，既有基础农户的数目主导化、核心化发展，也有新型农业经营主体的多元化和渗透性发展，以及体量的主导化与集聚性发展。农户经营分化呈现层次性分化态势，即农户家庭经营趋向社会性及自我满足的功能。新型经营主体高度市场化。农户经营分化逐步向两个趋势发展，一个是小农户的小型化、核心化、细碎化的经营趋势，另一个是大型经营主体的规模不断扩大，造成边际效益递减趋势。农户经营分化对粮食生产的影响可以从“去粮化”“趋粮化”和“主粮化”，以及粮食生产经营的土地效率、劳动效率及资金效率等方面进行衡量。

为了引导与推进农户经营分化、提升营粮效率，本书根据中部粮食主产区的实际状况，从深化粮食供给侧结构性改革、涵养粮食生产人地资源、推行粮食生产适度规模经营、创新农业组织与社会化服务体系等方面提出对策与建议。

8.1 深化粮食供给侧结构性改革，确保主粮生产安全

粮食供给侧结构性改革包含粮农产品供给的量的维持、品质的升级和结构的优化。这 3 个维度的供给侧的自然基础是耕地资源，社会性基础是农户经营性投入的基本意愿，产业性基础是粮农产品的合理配比。深化粮食供给侧结构性改革的重要措施是切实落实永久性粮田的保护制度，夯实粮食供给侧自然资源基础；切实推动粮农产品基本收益保障，筑牢粮食供给的社会性基础；利用市场机制调节粮食作物/经济作物的结构与比例，直接回应粮食供给侧结构性改革。

8.1.1 永久性粮田，永久性保护

第一，以动态性粮食需求倒推粮食供给，保护永久性粮田的总量。

2020—2035 年，中部粮食主产区供应量在全国三大主粮中的占比要保证水稻占 45%，小麦占 62%，玉米占 27%以上，倒推的高标准粮田供应面积要稳定在 3.6 亿亩。分粮食品种的粮田供应面积分别为：小麦/玉米品种的旱地供应面积为 2 亿亩，水稻品种的水田供应面积为 1.6 亿亩。要将各类不同粮食品种的用地供应、耕地播种面积供应分解到省，具体为：河南省永久性粮田确保量为 6800 万亩，小麦播种面积为 6600 万亩，玉米播种面积为 6900 万亩，水稻播种面积为 820 万亩；湖北省永久性粮田确保量为 4200 万亩，小麦播种面积为 200 万亩，玉米播种面积为 600 万亩，水稻播种面积为 6000 万亩；湖南省永久性粮田确保量为 5600 万亩，小麦播种面积为 100 万亩，玉米播种面积为 300 万亩，水稻播种面积为 7200 万亩；江西省永久性粮田确保量为 3100 万亩，小麦播种面积为 100 万亩，玉米播种面积为 200 万亩，水稻播种面积为 5100 万亩；安徽省永久性粮田确保量为 5400 万亩，小麦播种面积为 2200 万亩，玉米播种面积为 1800 万亩，水稻播种面积为 4800 万亩。

第二，固定基本农田建设配比，提升粮田的基础性产出水平。

要根据粮食产出需求与永久性粮田的总保有量，配套推算粮食的单位面积产出量，在永久性粮田的保有范围的省级范围内，根据对应品种粮食产出保有量，推算永久性粮田应达到的单产标准。根据单产的常态化稳产水平，配套进行基本农田建设配比。

具体来看，中部 5 省的玉米/小麦主产区永久性粮田按照 15 年基础稳固性的标准，实现“有排有灌、重在灌溉、排灌分开”的农田水利基建标准，配套投资为 1000 元/亩（2019 年的投资价格基准，下同）。“强弱分设，有动（力）有常（规），架杆到畔”的电力配套投资为 500 元/亩。“（机）耕行（车）分置、专养专护、管养城标、居业分立”的农村生产道路配套投资为 5000 元/亩。进行基本农田建设的标准化配套，以 15 年为一个大的配套建设周期，以 5 年为一个微户、管理及小的建设周期进行滚动跟进及循环配套。针对农田水利、电力和道路设施每年的维护、运营、管理，分别按照 100 元/亩和 200 元/亩的标准进行年度配套跟进。

第三，以动态物化技术实体性匹配，保护粮田的生态化、绿色产出。

要根据农业可持续发展及化肥农药零增量的后续安排的要求，在粮食产出保有量的前提下，对粮食生产的绿色化、机械化、数字化进行物化的投入

跟进与匹配。

具体来看，中部5省的玉米/小麦主产区永久性粮田的化肥、农药“双零点方案”Ⅱ期安排，遵循“以轮休蓄肥力，以带作隔植保，以绿肥补化肥，以管理补施药”的原则，实行“十四五”化肥农药总量渐减、增量负增的后续安排，化肥、植保的配套补贴为每年100元/亩。“社区单元，合作主体，服务购买，打包补贴”的农药机械合作社的配套补贴为200元/亩。按照“示范、扶持、表征、推广”的原则，推行“互联网+农业”、农业物联网的每年50元/亩配套补贴。补贴标准与政策按照5年的小周期标准推进，2021—2025年为第一个周期，暂按照3个周期设计。

第四，建立基本农田动态地理信息管理系统，确保基本农田保护的数据化运行。

农田动态地理信息管理系统是我国“互联网+农业”、信息化农业及农业物联网发展的一个重要技术支撑，在东北大农场、东部地区，现代农业快速推广，渐成趋势，在中部地区尚未启动。针对农业信息化建设，中部地区要以基本农田保护为重点，推动农田动态地理信息管理系统的建设，当务之急是搭建基本平台，谋划好模块的建设。在2022年之前搭建好框架，2023年实现耕地规划管理模块、耕地休耕轮耕动态管理模块上线运行，2025年实现地力评价模块、地力演化模块、耕地适应性评价模块、耕地质量动态变化模块、耕地动态占补平衡管理模块、耕地养分与施肥管理模块的上线试运行。

8.1.2 为粮农经营粮食的基本收益与保障托底

当前，在我国农户粮食经营、新型农业经营主体粮食经营中，存在粮食经营的经济性收益与社会性收益、经营粮食产品收益和经营经济作物收益、经营农业收益和经营非农业收益的差距甚至“倒挂”。因此，对粮农经营粮食的外部性溢出进行内部化处理，是事关粮食经营基本收益和收益保障托底的大事，对农户及各类新型农业经营主体的营粮积极性的保护至关重要。

第一，国家要改变直补方式，确定以粮食商品生产为主的重点补贴原则，即按出售的商品粮数量进行补贴及粮食出售量的累进补贴，从而将有限的资金用在提高粮食生产能力、确保国家粮食安全方面。粮食直补的增量要向规模种植的农户倾斜，提高规模种植农户的补贴标准，不仅要鼓励农民种粮，还要鼓励农民进行规模种植，向规模化经营要效益。

第二，国家要实行向种粮农户免费供应良种的政策。根据国家优势农产品区域布局规划和粮食市场需求变化，完善良种补贴制度，免费向种粮农户供应良种，加大粮食区域化种植和品种结构优化调控力度，以便在中部粮食主产区形成粮食生产的区域化布局，实现专业化生产和品种结构的优质化及良种化，促进粮农经济效益的不断提高。

第三，国家要增大农机购置补贴力度。由于种植规模较小，粮食收入占农民现金收入的比重偏低（一般为15%左右），使农业走向兼业化、副业化。近年来，主产区粮食连续增产，这主要得益于农业机械的应用和推广，因此，必须把农机购置补贴提到一个更高的层次。但从目前的补贴政策看，农机购置补贴明显偏低。河南作为产粮大省，近年来平均每个粮食生产基地县农机购置补贴为60万元左右，补贴数额偏少。因此，建议国家加大对中部粮食主产区农机购置的补贴力度，扩大补贴规模，重点支持农机服务专业队和种粮大户，通过提高主产区农业机械化水平促进粮食增产、粮农增收。

第四，国家要开展对农民专业合作组织的专项补贴，使农民在不改变农村家庭承包经营的前提下，通过生产或销售环节的合作获得规模效益。建议结合《中华人民共和国农民专业合作社法》或地方性法规，加快对农民专业合作组织的认证，在此基础上增加对农民合作组织的项目补贴。现阶段，政府要充分发挥大型龙头企业在资金、技术、人才方面的优势，结合农户的需要，引导建立中介服务组织，通过中介服务组织的桥梁纽带作用，提高产销一体化经营水平。要鼓励供销合作社、农村基层组织、种粮大户领办或协办农民专业合作组织，建立农民专业合作经济组织发展基金，重点用于支持具有发展前景和组织带动能力比较强的农民专业合作组织，以提高农民组织化程度。

第五，国家要优化农民转移性收入制度的设计。在种粮农民直补制度调整中，秉承“保存量，调增量”的原则，在不减少原农户的“直补”额度的情况下，再造一个“直补”总量，专门补给转入耕地的种粮大户，在政策调整中实现确保普通农户转移性收入不打折扣和切实调动专业农户种粮积极性的“共赢”。厘清农户户籍变动、耕地承包状况、耕地流转状况，确保在新的“直补”制度优化中各省级财政有足够的承受能力；通过大力发展产业集聚区，实现农村劳动力非农就业结构的升级；大力发展农业产业集聚，实现农村劳动力农业就业结构的升级。

8.1.3 优化农业种植结构，实现经济作物/粮食作物种植结构的刚性与弹性平衡

在市场经济发展中，任何一种产品的供给都绝非多多益善，这是市场的基本法则。我国的粮食确实需要一个较高的自给率，但对目标的追求要适可

而止，必须与整个经济环境和发展趋势相平衡，否则，粮食生产得越多，国家的负担也就越重；同时，粮食生产过多，势必引起粮食价格的下跌，导致农民种粮的实际收入下降。这意味着粮食生产多了，对国家、对粮农都带来了不利影响。粮食生产过多的结果显然使利益分配关系更加扭曲。所以农业供给侧结构性改革首先要优化农业种植结构，实现粮食作物和经济作物的弹性平衡。我国粮食政策选择的方向应当是保护和培育粮食生产潜力，重点应放在科研投资和农田基本建设上，以期当未来需要更多的粮食时，可以从容地生产出来，而不是不惜代价地追求粮食实际产量的快速增长。要将现实的土地生产力适当调向对提高我国城乡居民生活品质具有重要作用的经济作物的生产，确保粮食作物/经济作物生产随时能够平衡且快速、自然地切换。

8.2 以利益为导向留住农村优质劳动力，涵养粮食生产的人力资源基础

8.2.1 实施农村人才振兴，解决“谁来营粮”“谁愿营粮”的问题

当前，解决“谁来营粮”“谁愿营粮”的问题，既涉及“固本求元”的问题，也涉及“推陈出新”的问题。“固本求元”就是要稳定我国基本农户从事农业生产，特别是粮食生产的积极性；“推陈出新”就是要培育新型粮食生产经营主体。解决“谁来营粮”“谁愿营粮”的问题，培育新型营粮主体，既解决新型职业农民的问题，也解决新型农业经营主体的问题。新型职业农民是指有文化、懂技术、会经营、高素质的农民。提高小农家庭劳动力的教育水平，增加小农家庭中受过农业技术培训的人数，能有效提高小农户粮食生产效率。加强农村基础教育，加快农村文化建设，引导社会资源投入农村教育与技术培训事业，培养懂技术、会经营的高素质的新型职业农民，使得新型职业农民可以充分有效利用各种资源，提高农业生产效率，降低农业生产经营成本，不仅保障了我国的粮食安全，也为我国农村经济发展和农业现代化建设奠定了基础。

8.2.2 加强营粮农民培训，解决优质营粮、高效营粮的问题

国家要加大对营粮农民的培训，既包括对普通营粮农户的培训，也包括对新型粮农的培训。通过培训，打造新型职业粮食生产经营主体，可以解决

优质营粮和高效营粮的问题。采取企业龙头培训带动和发散式面源铺开的农业技术推广等手段培养新型粮农，可以通过农业教育、农民科技培训等项目方式运作，也可以采用政府主导下的公共服务购买的方式来进行。在新型粮农培训上，政府的重要任务是列出培训菜单，农民自主选择培训的内容。要积极动员社会力量开展新型粮农培训，构建以政府为主导的多元化培训格局。在这个格局中，政府为主导，农政业务部门(农技推广站)挑头，网络资源建设是技术通道。农村营粮型专业合作组织、营粮型家庭农场和种粮大户对营粮培训需求最敏感，对培训的扩散效应也最强，因此，他们是培训的重点对象。要积极推进新型粮农培训的立法工作。国家要通过设立专项资金、建立多元化的培育主体和推进新型粮农培训立法，构建面向新型粮食安全的粮农培训体系。

8.2.3 吸引新型营粮主体下乡、返乡，解决好营粮后继乏人的问题

安徽省从 2017 年开始推进“皖粮粮食产后服务”工程，一是通过鼓励工商资本下乡，为粮农提供“产后服务”，逐步建成了覆盖全省产粮大县的粮食产后服务体系。二是推进“皖粮人才”工程，鼓励涉农专业中专及以上学历、大学全专业本科及以上学历和返乡创业的农村青年经营粮食生产，在财政资金援助、农地整合提供及“双创”项目配套等方面提供优惠的政策配套与经费支持。通过吸引城市资本、工商资本下乡，引导农村大学生、外出务工青年返乡，为粮食生产与经营涵养新型营粮主体，解决营粮后继乏人的问题。

8.3 推行粮食生产适度规模经营，找到营粮规模和效率的最大公约数

8.3.1 因地制宜，实现营粮的区域适度规模化

粮食生产适度规模经营的直接表现形式就是土地流转。除此之外，还可以推进纵向适度规模化、横向适度规模化和环节流程的规模化，以及通过组织建设促进适度规模化。纵向适度规模化为农业的社会化服务体系建设，横向适度规模经营为田园综合体建设。国家要立足中部地区实际情况，发挥各级政府在农地流转上的引领作用，为中部地区农业、农地及粮食生产的适度

规模经营提供保障和政策支持。首先，要加快农村剩余劳动力的非农化转移和农村人口的城镇化迁移，创造农业适度规模经营充分且必要的条件。中部地区多为农业大省和农村人口大省，农村剩余劳动力绝对数量和占比均较高，仅就推动农业适度规模经营而言，这就是一个约束性的因素。因此，中部地区应立足便利的交通位置，南北通达、东西联动的交通条件，大力推进农村剩余劳动力的跨区域转移。其次，中部地区要抓住东部沿海地区向内地进行产业转移的大好机遇，加快发展乡镇企业和小城镇建设，吸纳农村剩余劳动力，对吸纳农村剩余劳动力较多的乡镇企业给予政策倾斜和税收优惠。再次，要继续推进城乡一体化社会保障体系建设，为失地农民提供可靠的生活保障。最后，要加强农业适度规模经营的信息服务和制度保障。针对农业适度规模经营出现的各类组织形式，政府有关部门应给予信用贷款、法律援助等方面的支持。

8.3.2 因粮食种类制宜，实现不同粮食品种的适度规模化

国家应探索农业企业化经营模式，实现组织化生产。从中部粮食主产区农业适度规模经营发展的现实状况来看，多年的家庭生产模式，导致农民的思想意识及技术使用、管理水平等相对落后，在以成立农民股份合作社模式实现规模化经营过程中，出现了利益分配不均、合作意识不强、双方信任度较差等问题。在市场经济条件下，农业要想真正发展，就必须实行企业化经营，建立规范的企业经营管理制度，规范农户的经营权和所有权，进而有效解决小农经济的各种利益矛盾，推动农业生产由“生产导向”向“消费导向”转变，由重产量、轻质量向重产量、更加注重质量转变，进而打造出更多的中部地区农业品牌，形成品牌效应，实现农业增效和农民增收。

8.3.3 以农地合理流转及“三权分置”的制度创新推动适度规模经营

农地的流转已经从农村家庭承包经营初期的自然流转形态变为制度化的流转形态。“三权分置”改革既是农地流转的政策框架，又是促进农地流转的理论基础，还是促进农地流转的动力机制。“三权分置”及当前的农地流转已经成为中国农村正规制度设计。因此，政府应该参与到农地流转、“三权分置”中来，以“三权分置”改革的制度供给回应农户经营分化的需求，以“三权分置”改革为政策目标出发点，以农地流转为政策响应的通道，以适度规模经营为政策的目标，将“三权分置”、农地流转和适度规模经营进行“一揽子”设

计、一体化改革。各级政府建立正规的土地流转平台，就像城市中的“二手房交易大厅”一样，建立“农地流转交易大厅”，为农地流转双方搭建土地流转服务平台，保持转入方、转出方农地流转信息网络畅通，提供政策、法律知识。健全农地流转机制，以“三权分置”改革为起点发起的土地确权维护了普通农户基本土地产权的需要，加快农地流转是粮食生产新兴主体发展适度规模经营的第一要素。为维护农户产权安全感的稳定性，国家应进一步落实农地确权登记制度，力求做到土地颁证全覆盖，强化农地产权的法律稳定性。深化农地产权制度改革，保证每个农民“得证、识证、用证”，保障农地产权的事实稳定性。为此，一要通过建立健全政府主导、政策给力的县、乡、村农地流转服务体系，加快土地承包确权发证，让农民有条件、有保障地流转出承包土地；二要规范流转合同，合理确定流转费用，建立浮动补偿机制；三要积极探索土地信托、反包倒租、土地流转股份制等土地流转新形式，建立流转双方的利益联结关系，让新型粮食生产主体尽早吃下土地投入的“定心丸”。

8.4 推动粮食经营的组织化建设，以组织优化提升营粮效率

8.4.1 巩固基础农户的原生组织地位，最大化发挥小农户粮食自我满足的基本面作用

小农户经营的基本面仍然是我国农业经营主体的典型代表面。在粮食生产上，无论是粮食的可获性、粮食消费的社会公正性，还是粮食生产综合效率，小农户营粮的技术效率和规模效率都高于各类新型农业经营主体，小农户更有能力在粮食生产上达到其潜在产出水平，小农户的粮食生产规模也更接近最优规模。在某种程度上可以说，与小农户相比，各类新型农业经营主体在粮食生产上并不具有明显优势。因此，我国在大力提倡发展各类新型农业经营主体时，不应动摇小农户经营粮食的基本立场，在粮食生产上更不能剥夺小农户的基本权利、损伤小农户的基本利益。要秉承小农户在相当长的一段时期内仍将是我国主要的农业生产经营主体的基本立场。在促进各类新型农业经营主体发展的同时，要极力促进小农户与各类新型农业经营主体的和谐发展，使其分别发挥自身的优势。要在促进我国粮食生产、保障国家粮食安全方面充分发挥小农户的作用，保障小农户粮食生产经营的主体基础面。

8.4.2 创新三大新型营粮组织，扩充粮食生产保障的主体面

种粮大户、营粮家庭农场和粮食专业合作社是三大经营粮食生产新型主体。针对新型粮食生产经营主体，各级政府要特事特办，加大扶持力度。首先，强化财政扶持。在完善针对普通农户种粮直接补贴的“普惠制”的基础上，设立专项补贴，建立针对三类新型粮食生产经营主体的“特惠制”，将财政补贴增量有重点、有目的地投向三类新型粮食生产经营主体，有条件的省域可以尝试再打造一个针对三类新型粮食生产经营主体的财政增量。其次，要完善信贷支持政策。把新兴粮食生产经营主体作为优先支持对象，对不同规模的新型粮食生产经营主体提供不同额度的信贷支持；设立新型粮食生产经营主体专项保险，合理设定保费，财政给予适当补贴，提高保险额度，积极受理灾后理赔，降低投入风险。最后，抓好流通环节针对新型粮食生产经营主体的专项服务。引导粮食企业尤其是国有粮食购销企业围绕帮助新型粮食生产经营主体实现粮食增产增收，搞好粮食流通环节服务，以提升粮食产后管理效率，提升粮食全产业链的生产经营效率。

8.4.3 推进社会化服务组织(体系)建设，筑牢粮食生产服务保障的横截面

社会化服务组织建设是农业生产效率，特别是粮食生产效率的最大调节器。推进社会化服务组织建设，首先，要厘清各类农业社会化服务组织的组织职能，做好各类农业社会化服务组织的组织定位工作，通过正确而精准的组织体系定位发挥不同组织在体系中的作用。粮食生产与经营的大田类农业社会化服务体系，如农技推广、植保、粮食产品质量安全监管、粮食产品加工技术标准等粮食生产社会化服务体系，应定位于非营利性公共服务，由政府负责提供。其次，要培育农业社会化服务组织的主体服务能力。通过整合农、林、水、气象等服务资源，盘活存量服务资源，投入运营一大批“一站式”基层农业公共服务中心，以村集体经济组织和新型农业经营主体为载体，推动农业社会化服务体系的触角向新型农业经营主体延伸，向营粮型家庭农场、种粮大户倾斜。最后，要通过提升农业社会化服务组织的服务效率，提升粮食生产经营效率。在加快推进农业社会化服务体系的基础上，全面提升农业社会化服务组织的服务效率，引导农业社会化服务组织为普通农户、营粮型家庭农场、粮食生产专业合作社和种粮大户提供优质、高效的专项服务、产业链服务、区域性综合服务等。国家应加密农业社会化服务体系的服务点，

织密农业社会化服务体系的服务网，从而实现农业社会化服务的“点、线、面、体”的有机结合。

参考文献

[1]彭开丽．“三权”分置背景下农户土地流转决策的形成机理与实证检验——基于湖北省672户农户的调研[J]．南京农业大学学报：社会科学版，2020(2)：116-127.

[2]李成贵．中国农业结构的形成、演变与调整[J]．中国农村经济，1999(5)：18-24.

[3]姜长云，杜志雄．关于推进农业供给侧结构性改革的思考[J]．南京农业大学学报，2017(1)：6-11.

[4]翁鸣．农业供给侧结构性改革理论与实践探索[J]．中国农村经济，2017(8)：42-47.

[5]关付新．中部粮主产区新型粮农培育问题研究——基于洞庭湖区粮农的分析[J]．农业经济问题，2010(7)：69-77.

[6]周明星，刘晓．培养新型粮农：天津滨海新区粮农职业转型培训的实践[J]．中国成人教育，2011(9)：101-104.

[7]杨大蓉．粮食安全视域下的新型农业生产主体经营创新策略[J]．江苏农业科学，2015(4)：426-428.

[8]孟倩倩．新时期河南省农业适度规模经营研究[J]．农业经济，2016(4)：25-26.

[9]王向辉，李婕，周慧敏，等．河南省新型农业社会化服务体系建设探讨[J]．现代农业科技，2020(23)：237-241.

[10]王海英，林云．农业社会化服务体系建设的当阳实践及经验借鉴[J]．社会科学动态，2018(4)：72-77.

[11]刘俊，黄永志．“量身定制”服务好新兴粮食生产主体[N]．粮油市场报，2014-6-19第B02版．

[12]龚天辰．小农粮食生产效率及其影响因素研究[D]．合肥：安徽大学，2018.

[13]韩旭东，王若男，杨慧莲，等．土地细碎化、土地流转与农业生产效率——基于全国2745个农户调研样本的实证分析[J]．西北农林科技大学学报：社会科学版，2020(5)：143-153.